Heike Bechtold
Das große Vorarlberger Gipfelbuch

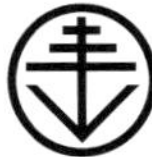

Heike Bechtold

Das große Vorarlberger Gipfelbuch

101 x hoch hinaus

Tyrolia-Verlag · Innsbruck-Wien

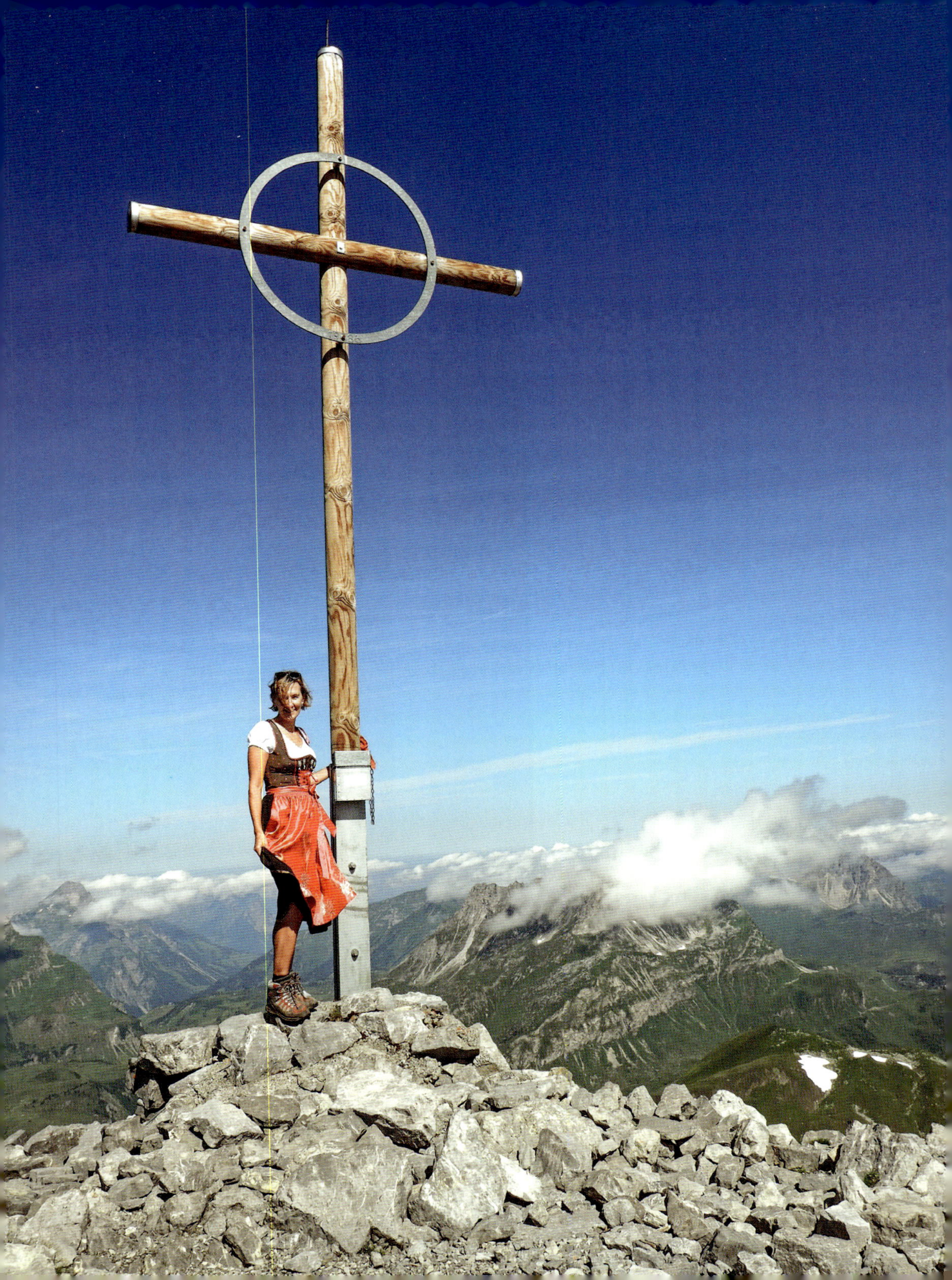

Vorwort

Beim Wandern wollte ich immer schon hoch hinaus, auf den höchsten Punkt eines Berges, auf den Gipfel. Auch wenn der Anstieg noch so anstrengend war, der Gipfel war immer Motivation und Belohnung zugleich. Die Aussicht von hoch oben ändert die Perspektive und beschert etwas, das man nur in den Bergen erleben kann: Man nennt es Gipfelglück.

Wandern in den Bergen macht den Kopf und die Seele frei, der Alltag tritt in den Hintergrund, man kehrt verändert ins Tal zurück. Auf diese beglückende Erfahrung möchte ich nicht mehr verzichten. Die Energie, die aus dieser Quelle kommt, bestätigt sich für mich immer wieder. Wie gut, dass man für dieses Glück nicht in die Ferne reisen muss! Mit diesem Buch möchte ich meinen „Gipfelschatz" mit Ihnen teilen und Sie für die Schönheit und Besonderheit unserer Vorarlberger Berglandschaft begeistern.

Die Bergwelt des „Ländles" ist unglaublich vielfältig und abwechslungsreich. So ist es nicht verwunderlich, dass zwischen dem niedrigsten Gipfel, der sich in diesem Buch findet, dem 1095 m hohen Hirschberg, und dem höchsten, dem 3312 m hohen Piz Buin, ganze 2200 m Höhenunterschied liegen. So verschieden wie diese beiden Berge, so unterschiedlich und abwechslungsreich sind auch die anderen 99 Gipfelziele.

Bei der Auswahl der Berggipfel war es mir wichtig, eine möglichst große Bandbreite an unterschiedlichen Tourenmöglichkeiten aufzuzeigen. Die Wanderungen erstrecken sich dabei über ganz Vorarlberg, führen aber auch ins grenznahe Tirol und nach Liechtenstein. Das Buch entführt in den hügeligen Bregenzerwald, bringt das beschauliche Große Walsertal näher, stellt einige der imposanten hochalpinen Gipfel in der Silvretta vor und begleitet auf die beeindruckenden Berge der Arlbergregion oder des Montafons.

Die meisten Touren empfehlen sich während der Sommermonate, einzelne Wanderungen können aber auch ganzjährig unternommen werden. Bewusst wurden bei der Auswahl auch einige kürzere Wanderungen berücksichtigt; ein paar andere hingegen sind nur als eineinhalbtägige Tour für erfahrene Berggeher zu empfehlen. Alle Berggipfel sind für Wanderer erreichbar – bis auf zwei Ausnahmen: Piz Buin und Zimba sind ausgewachsene und anspruchsvolle Bergtouren, die aufgrund ihrer Prominenz in einem Vorarlberger Gipfelbuch aber einfach vorgestellt werden müssen.

Ob erholungssuchende Genusswanderer, bewegungslustige Familien mit Kindern oder erfahrene Gipfelstürmer: Mit dieser Tourensammlung wird jede und jeder „ihren" bzw. „seinen" Gipfel finden.

In diesem Sinne wünsche ich allen viel Vergnügen beim Erkunden der Vorarlberger Gipfelwelt und stets eine sichere und gesunde Rückkehr nach Hause.

Heike Bechtold, Rankweil im Frühling 2021

An einem wunderschönen Sommertag auf der Nördlichen Wösterspitze (Tour 54)

Inhaltsverzeichnis

Zu den Tourenbeschreibungen

Das Wanderwegekonzept der Vorarlberger Landesregierung sieht drei unterschiedliche Wegkategorien vor, die entsprechend markiert sind.

Markierung weiß-gelb: 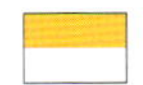

Spazier- und Wanderwege – in der Regel gut ausgebaut und sehr sicher, leicht begehbar und bequem.

Markierung weiß-rot-weiß: 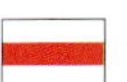

Bergwanderwege – üblicherweise gut begehbar, Schuhe mit griffiger Sohle empfohlen; meist naturnah angelegte Wege, Teilstrecken können schmal, steinig und exponiert sein, alpine Gefahren teilweise vorhanden.

Markierung weiß-blau-weiß: 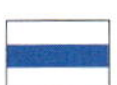

Alpiner Steig – Bergerfahrung, Trittsicherheit und Schwindelfreiheit erforderlich sowie ein hohes Maß an Eigenverantwortung geboten; erhöhte alpine Risiken, nur für Geübte geeignet.

Schwierigkeitsbewertung:

In diesem Buch werden die vorgestellten Wanderungen nach einer eigenen Schwierigkeitsskala mit den Kategorien leicht, mittel oder schwer gekennzeichnet. Ausschlaggebend für **Einstufung der Schwierigkeiten** ist die schwierigste Stelle der Tour. Diese Einteilung orientiert sich zwar grundsätzlich an den Wegekategorien des Vorarlberger Wanderwegekonzeptes, basiert aber zusätzlich auf der persönlichen Wahrnehmung und Erfahrung der Autorin. Die unterschiedlichen Anforderungen charakterisieren sich so:

Leicht: 

- Gut markierte Wanderwege, breit und einfach angelegt

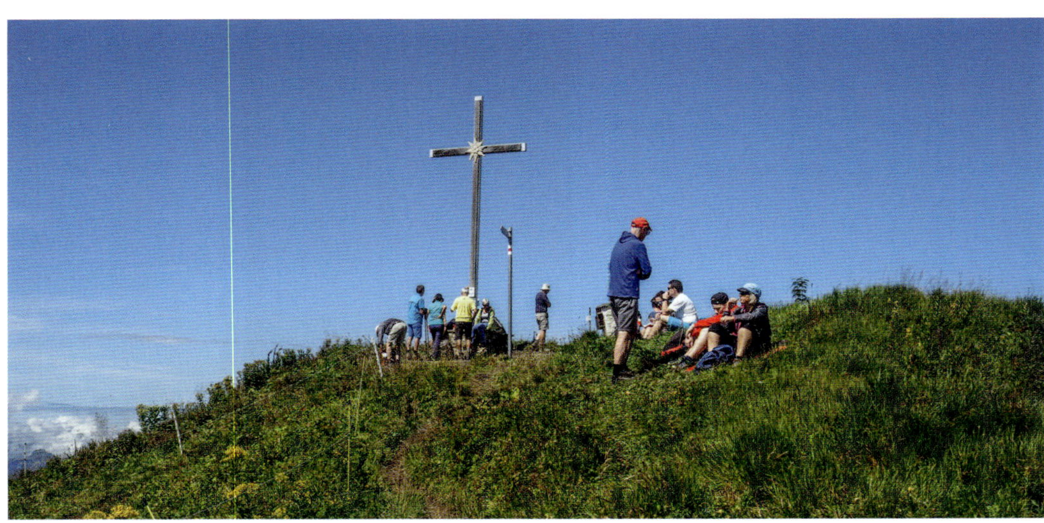

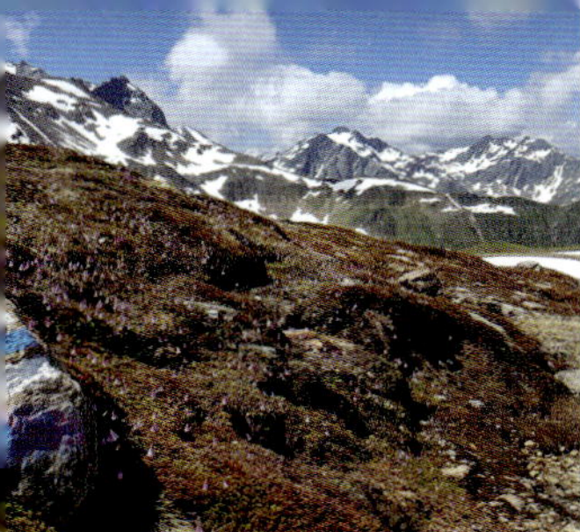

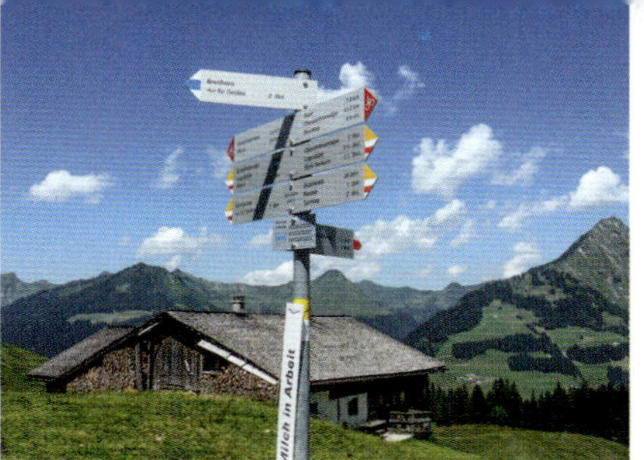

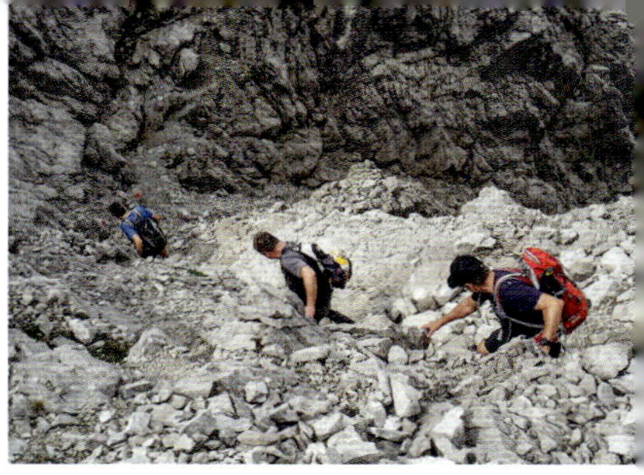

- Keine besonderen Anforderungen, auch Personen mit wenig Erfahrung oder Kinder können diese Wege normalerweise gut bewältigen.
- Leichte Bergschuhe oder feste Turnschuhe mit griffiger Sohle werden empfohlen.

Mittel: 

- Überwiegend gut begehbare Wanderwege, die jedoch teils schmal und steinig sein können oder höhere Stufen aufweisen. Anspruchsvolle Abschnitte sind durch Seile und Ketten gesichert. Teilweise sind ausgesetzte Stellen zu passieren.
- Ein gewisses Maß an Trittsicherheit und Schwindelfreiheit ist nötig, die Hände können teilweise zum Einsatz kommen.
- Gute körperliche Verfassung wird vorausgesetzt.
- Bergschuhe sind notwendig.

Schwer: 

- Schmale, steile, teils abschüssige Wege und Steige, die auch durch loses Geröll oder leichte Felspassagen sowie über schmale Grate führen können.
- Markierungen fehlen teilweise, Sicherungen sind nicht immer vorhanden, abschnittsweise ist wegloses Gelände zu bewältigen.
- Mit erhöhten alpinen Gefahren (z. B. Steinschlag) ist zu rechnen.
- Die Hände kommen häufig zum Einsatz.
- Erfahrung im alpinen Gelände, Trittsicherheit, Schwindelfreiheit und Orientierungsvermögen sind nötig sowie eine sehr gute körperliche Verfassung.
- Feste Bergschuhe sind ein Muss.

Außerordentlich schwer: 

Zwei Gipfel, nämlich Piz Buin (Tour 61) und Zimba (Tour 78), übersteigen den Schwierigkeitsrahmen von Bergwandertouren. Bei diesen Touren handelt es sich um eine Hoch- bzw. Klettertour, die nur mit Bergführer bzw. mit Seil und entsprechender Sicherungstechnik begangen werden können.

Die Schwierigkeiten einer Wanderung können sich je nach Wetterverhältnissen rasch verändern. Was bei guten **Wetterbedingungen** eine einfache Wanderung ist, kann bei Nässe schnell problematisch werden. Aus diesem Grund gehört das Einholen der aktuellen Wetterprognose unbedingt zur Tourenplanung. Längere oder anspruchsvollere Touren sind nur bei sicherem Wetter und besser nicht allein anzutreten.

Wetter:

Prognosen für das Bergwetter in Vorarlberg erstellt die Zentralanstalt für Meteorologie und Geodynamik (www.zamg.ac.at), diese werden vom Österreichischen Rundfunk detailliert veröffentlicht (https://wetter.orf.at/vorarlberg/). Gute kompakte Wettervorhersagen bietet auch: www.meteoblue.com

Gehzeit:  2–2½ Std.

Alle vorgestellten Wanderungen werden mit der zu erwartenden Gesamtgehzeit (ohne Pausen) beschrieben.

Höhenunterschied:  300 Höhenmeter

Bei jeder Tour wird die im Aufstieg zu bewältigende Höhendifferenz angegeben.

Anreise:

Viele der beschriebenen Touren sind gut mit öffentlichen Verkehrsmitteln erreichbar. Fahrpläne und Informationen finden Sie beim Verkehrsverbund Vorarlberg unter www.vmobil.at.

Sicher Bergwandern

10 Empfehlungen des Alpenvereins

Als Natursport bietet Bergwandern große Chancen für Gesundheit, Gemeinschaft und Erlebnis. Die folgenden Empfehlungen der alpinen Vereine dienen dazu, Bergwanderungen möglichst sicher und genussvoll zu gestalten.

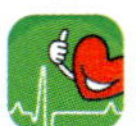

1
Gesund in die Berge

Bergwandern ist Ausdauersport. Die positiven Belastungsreize für Herz und Kreislauf setzen Gesundheit und eine realistische Selbsteinschätzung voraus. Vermeide Zeitdruck und wähle das Tempo so, dass niemand in der Gruppe außer Atem kommt.

2
Sorgfältige Planung

Wanderkarten, Führerliteratur, Internet und Experten informieren über Länge, Höhendifferenz, Schwierigkeit und die aktuellen Verhältnisse. Touren immer auf die Gruppe abstimmen! Achte besonders auf den Wetterbericht, da Regen, Wind und Kälte das Unfallrisiko erhöhen.

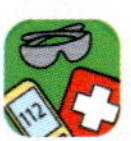

3
Vollständige Ausrüstung

Passe deine Ausrüstung deiner Unternehmung an und achte auf ein geringes Rucksackgewicht. Regen-, Kälte- und Sonnenschutz gehören immer in den Rucksack, ebenso Erste-Hilfe-Paket und Mobiltelefon (Euro-Notruf 112). Karte oder GPS unterstützen die Orientierung.

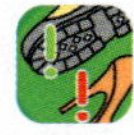

4
Passendes Schuhwerk

Gute Wanderschuhe schützen und entlasten den Fuß und verbessern die Trittsicherheit! Achte bei deiner Wahl auf perfekte Passform, rutschfeste Profilsohle, Wasserdichtigkeit und geringes Gewicht.

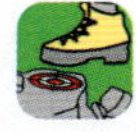

5
Trittsicherheit ist der Schlüssel

Stürze, als Folge von Ausrutschen oder Stolpern, sind die häufigste Unfallursache! Beachte, dass zu hohes Tempo oder Müdigkeit deine Trittsicherheit und Konzentration stark beeinträchtigen. Achtung Steinschlag: Durch achtsames Gehen vermeidest du das Lostreten von Steinen.

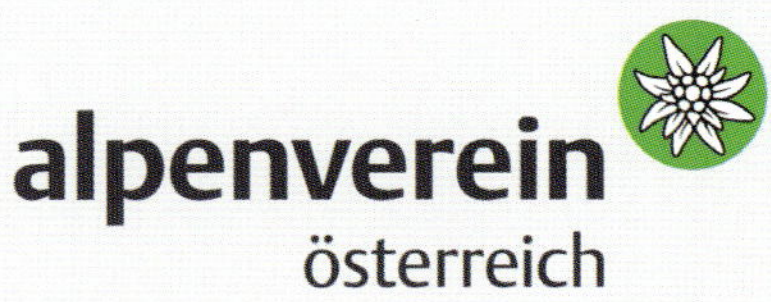

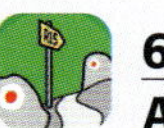

6

Auf markierten Wegen bleiben

Im weglosen Gelände steigt das Risiko für Orientierungsverlust, Absturz und Steinschlag. Vermeide Abkürzungen und kehre zum letzten bekannten Punkt zurück, wenn du einmal vom Weg abgekommen bist. Häufig unterschätzt und sehr gefährlich: Steile Altschneefelder!

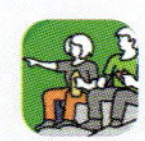

7

Regelmäßige Pausen

Rechtzeitige Rast dient der Erholung, dem Genuss der Landschaft und der Geselligkeit. Essen und Trinken sind notwendig, um Leistungsfähigkeit und Konzentration zu erhalten. Isotonische Getränke sind ideale Durstlöscher. Müsliriegel, Trockenobst und Kekse stillen den Hunger unterwegs.

8

Verantwortung für Kinder

Beachte, dass Abwechslung und spielerisches Entdecken für Kinder im Vordergrund stehen! In Passagen mit Absturzrisiko kann ein Erwachsener nur ein Kind betreuen. Sehr ausgesetzte Touren, die lang anhaltende Konzentration erfordern, sind für Kinder nicht geeignet.

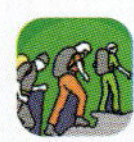

9

Kleine Gruppen

Kleine Gruppen gewährleisten Flexibilität und ermöglichen gegenseitige Hilfe. Vertraute Personen über Ziel, Route und Rückkehr informieren. In der Gruppe zusammen bleiben. Achtung Alleingänger: Bereits kleine Zwischenfälle können zu ernsten Notlagen führen.

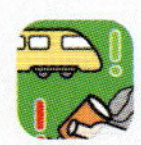

10

Respekt für Natur und Umwelt

Zum Schutz der Bergnatur: Keine Abfälle zurücklassen, Lärm vermeiden, auf den Wegen bleiben, Wild- und Weidetiere nicht beunruhigen, Pflanzen unberührt lassen und Schutzgebiete respektieren. Zur Anreise öffentliche Verkehrsmittel verwenden oder Fahrgemeinschaften bilden.

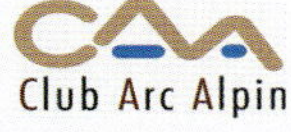

Diese Empfehlungen wurden im CAA international abgestimmt und von der Mitgliederversammlung 2012 beschlossen. Mitglieder des CAA: Alpenverein Südtirol (AVS), Fédération Française des Clubs Alpins et de Montagne (FFCAM), Club Alpino Italiano (CAI), Deutscher Alpenverein (DAV), Liechtensteiner Alpenverein (LAV), Österreichischer Alpenverein (ÖAV), Planinska Zveza Slovenije (PZS), Schweizer Alpen-Club (SAC).

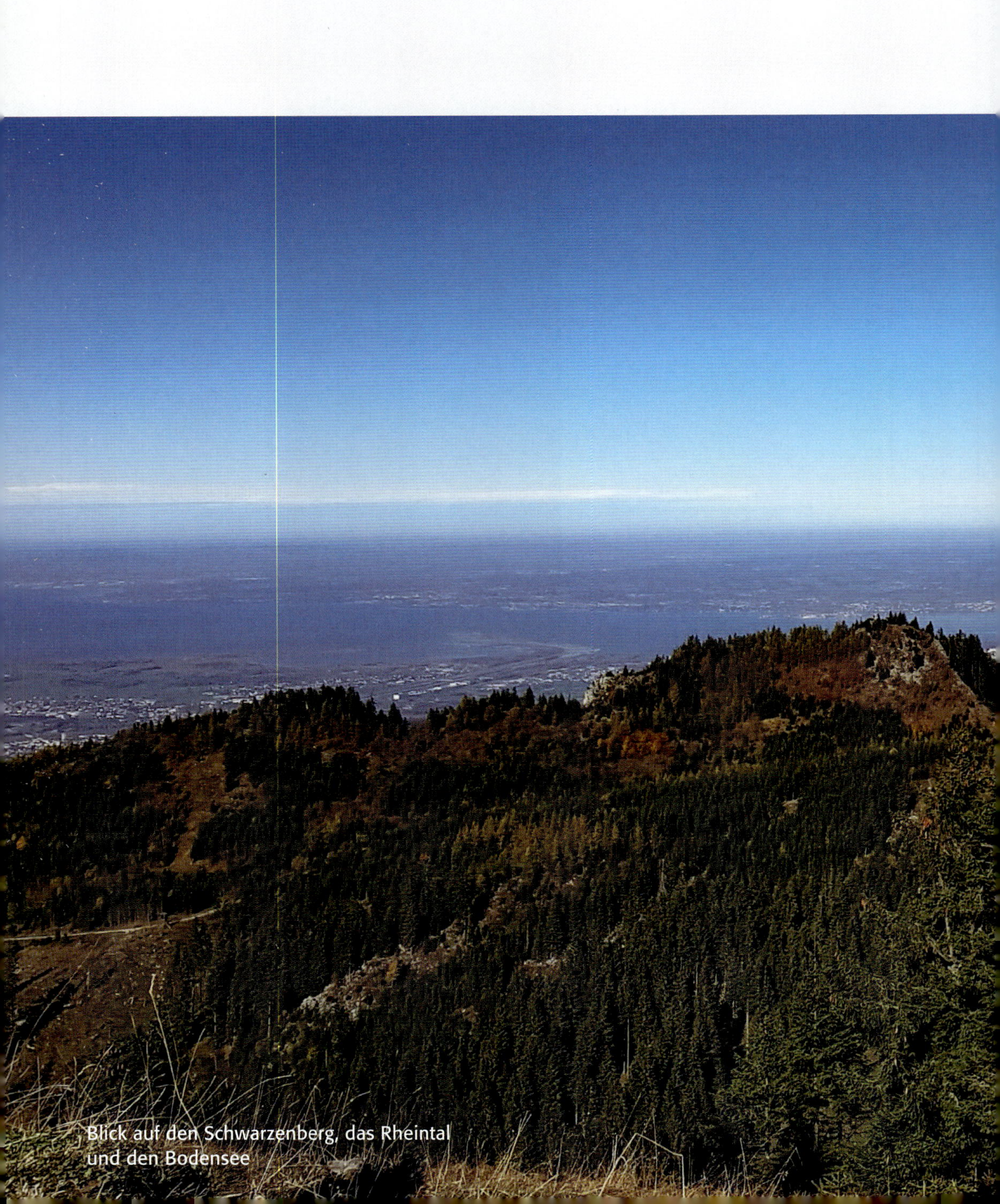

Blick auf den Schwarzenberg, das Rheintal und den Bodensee

Rheintal

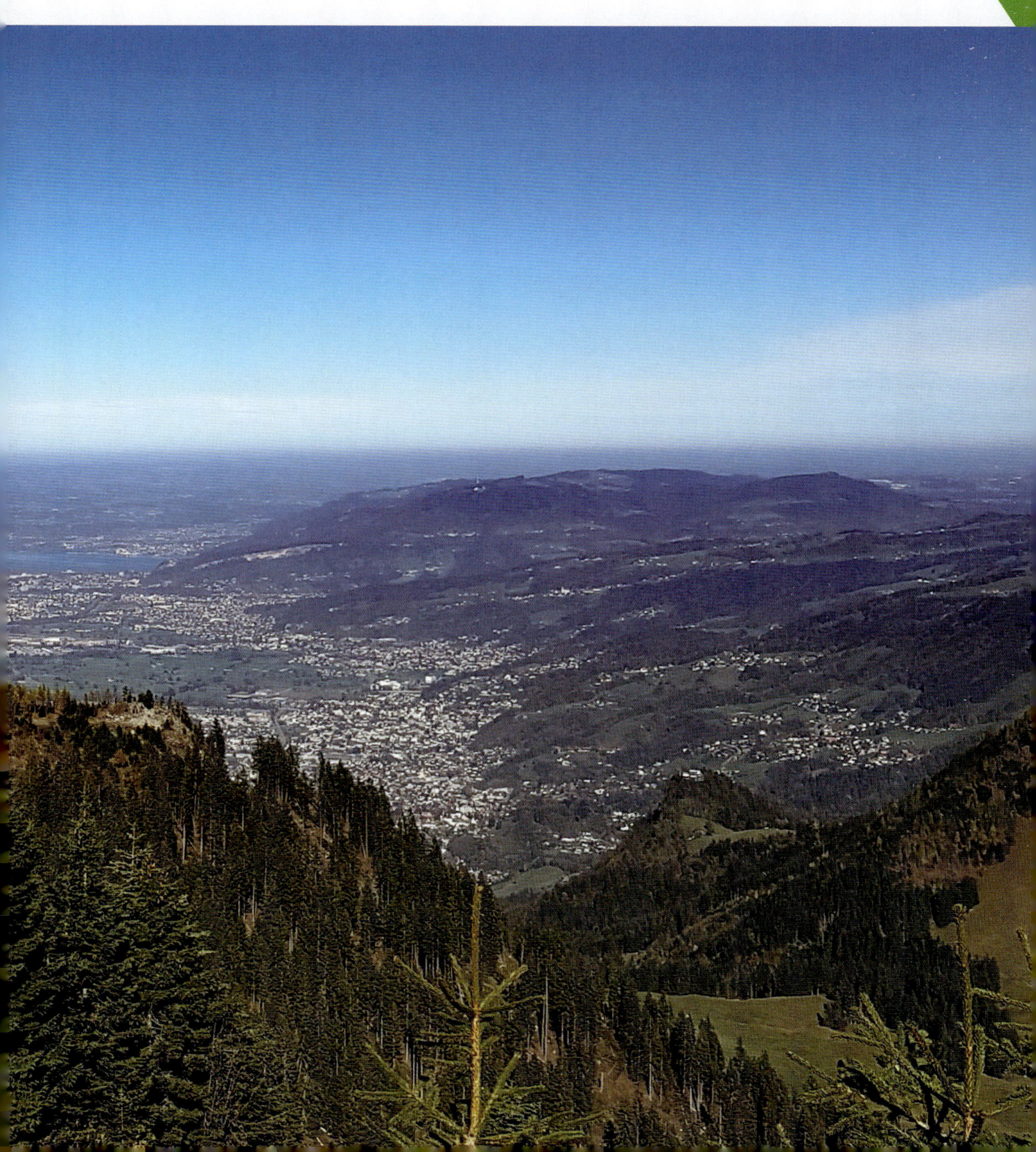

1

Gerenfalben, 1938 m

Gemütliche Familienwanderung im Furkagebiet

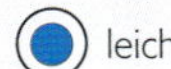 leicht  2–2½ Std.  300 Höhenmeter

Ausgangspunkt: Kommt man von Laterns, finden sich direkt an der Furkastraße einige wenige Parkmöglichkeiten. Idealerweise parkt man unterhalb der Altgerachalpe in einer scharfen Rechtskurve.
Einkehrmöglichkeit: Jausenstation „Charly" am Furkajoch.
Wegbeschreibung: Vom Ausgangspunkt direkt an der Furkastraße geht es auf einem breiten Fahrweg ❶ etwa 20 Minuten gemütlich bergauf zur Altgerachalpe ❷. Hinter der schön gelegenen Alpe führt ein einfacher, von Alpenrosen- und Heidelbeerbüschen gesäumter Wanderweg mäßig ansteigend bergauf. Nach weiteren 20 bis 30 Minuten kommen wir zur Abzweigung Bettlerweg. Von hier aus könnte man auch zum schön gelegenen Freschenhaus (1½ Std.) weiterwandern. Wir halten uns aber in nordöstlicher Richtung weiter bergauf Richtung Gipfel. Anfangs ist der Weg gut erkennbar, später nicht mehr ganz so deutlich. Da das Gipfelkreuz ❸ aber immer wieder zu sehen und das Gelände gutmütig ist, kann man sein Ziel nicht verfehlen. Besonders jüngeren Wanderern wird es bestimmt besser gefallen, querfeldein zum höchsten Punkt zu gelangen.
Schnelle Geher können nach einer Gesamtgehzeit von etwa einer Stunde bereits den schönen Blick vom Gipfel genießen. Vor allem der nahe Hohe Freschen ist gut zu sehen. Auch der Blick auf die Alplandschaft des Furkagebiets sowie auf die Schweizer Berge ist wunderbar. Bei guter Sicht sind sogar die Schesaplana, der Piz Buin oder Lindau am Bodensee zu sehen.
Hinweis: Wer mit Hund unterwegs ist, sollte diesen im Bereich der Alpe (Weidevieh) an der kurzen Leine führen.

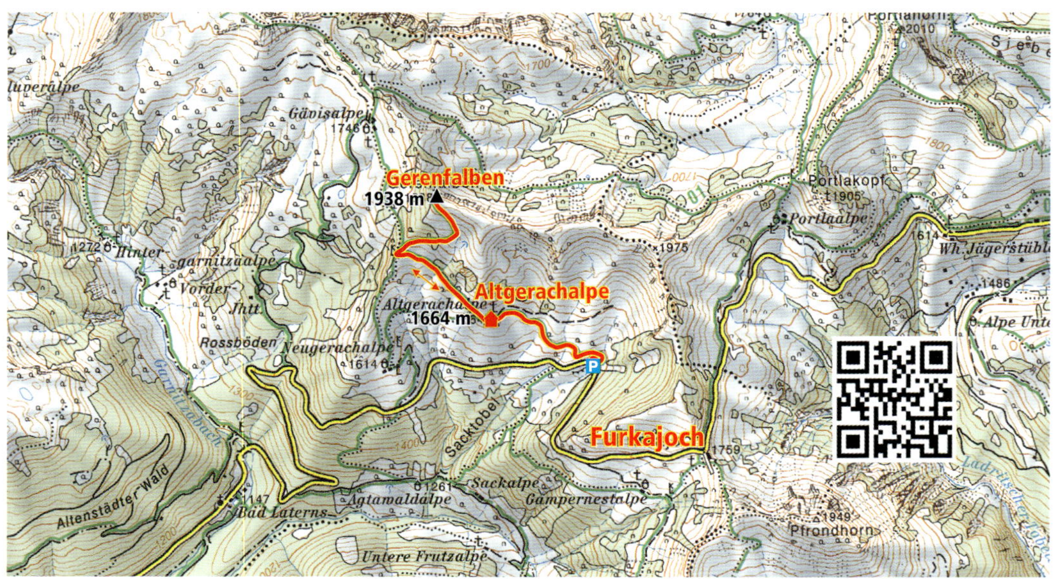

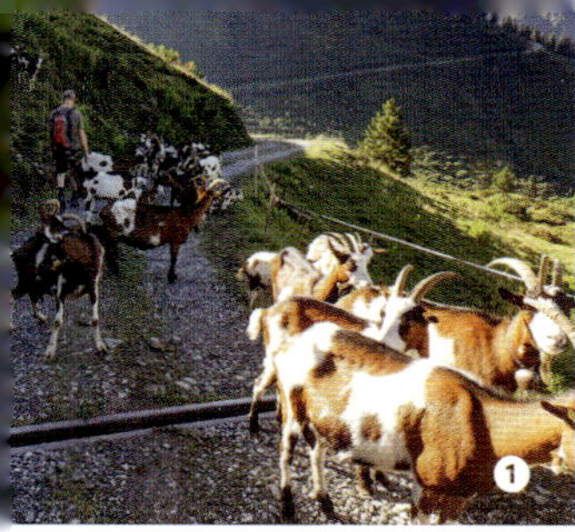

1

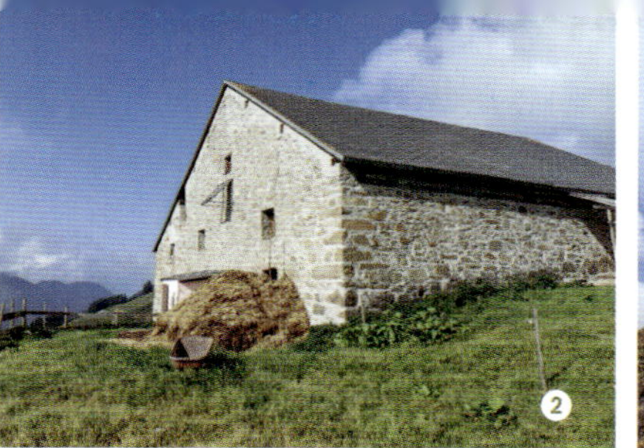

2

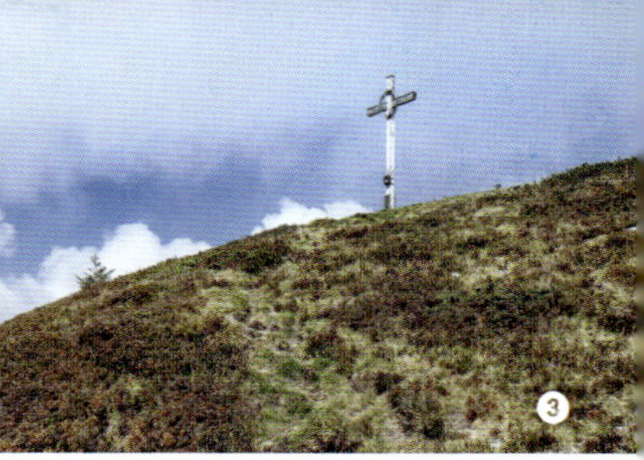

3

Die kurze, sonnige Wanderung zum Gerenfalben gleicht von den Gesamtanforderungen her eher einem Spaziergang und bietet daher eine lohnende Gelegenheit, gemeinsam mit jüngeren Kindern einen Berggipfel zu erreichen und miteinander die Bergwelt im Furkagebiet und das schöne Gipfelpanorama ❹ zu genießen.

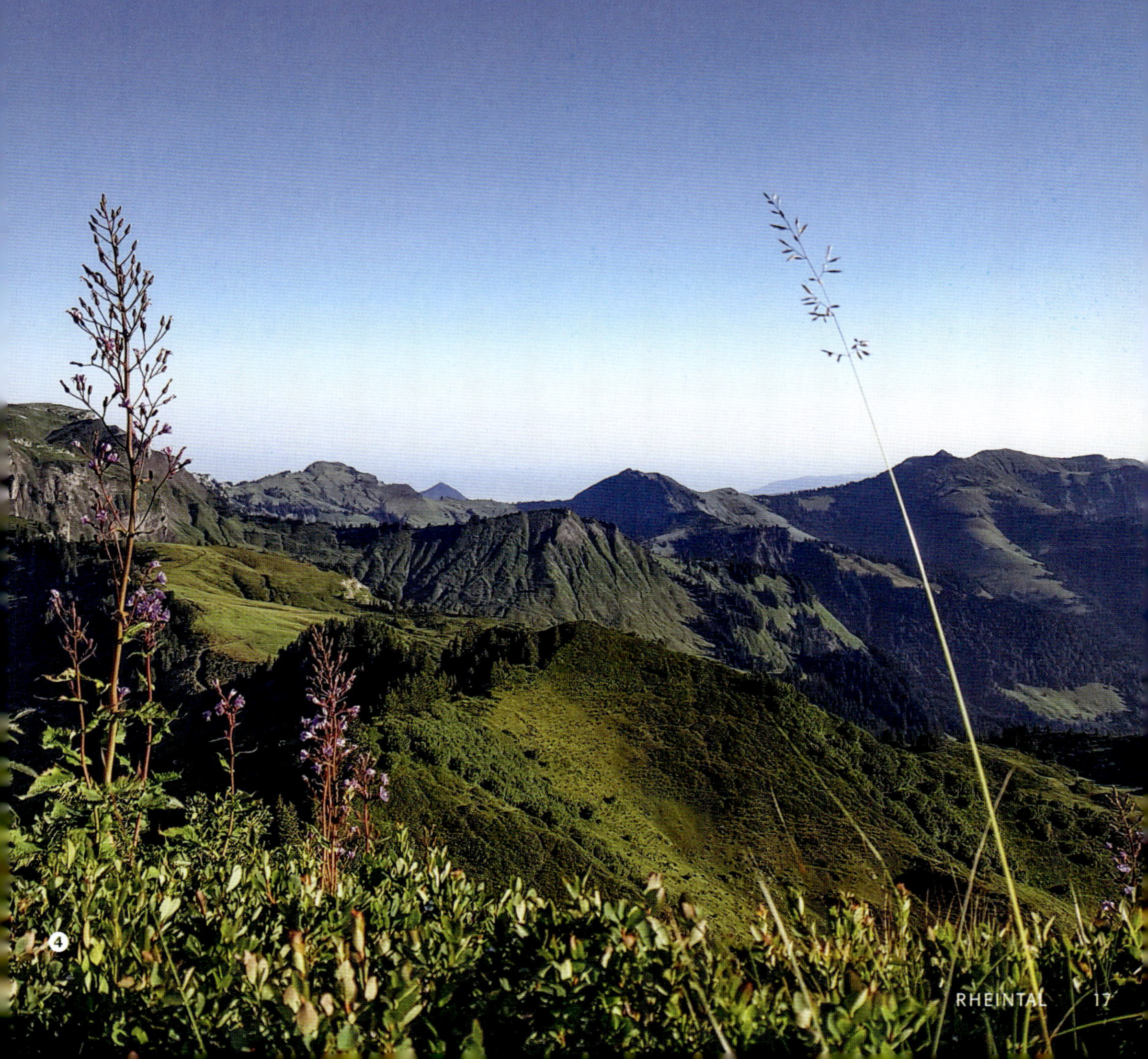

4

2

Hoher Freschen, 2004 m

Beliebter Aussichtsberg im Naturschutzgebiet

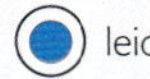 leicht
 3–4½ Std.
630 Höhenmeter

Der Hohe Freschen im Naturschutzgebiet Hohe Kugel – Hoher Freschen – Mellental ist ein äußerst beliebter und daher auch stark frequentierter Gipfel, der mit der ganzen Familie begangen werden kann, denn von der Bergstation der Sesselbahn Laterns-Gapfohl sind „nur" mehr gut 600 Höhenmeter zu überwinden. Wer außerhalb der Bahnbetriebszeiten unterwegs sein will und den längeren Anstieg nicht scheut, kann auch direkt an der Talstation Gapfohl starten. Der beschilderte Anstieg folgt größtenteils einem Fahrweg und führt in etwa 1–1½ Stunden mäßig steil meist durch den Wald zur Bergstation. Der Hohe Freschen ❶ kann oft bis in den Dezember hinein begangen werden.

Neben dem Freschenhaus ❷ befindet sich ein wunderbarer frei zugänglicher Alpenkräutergarten und die St.-Bernhard-Kapelle ❸ (während des Sommers geöffnet). In unmittelbarer Nähe der Kapelle liegt auch die Freschenhöhle, eine der ältesten Höhlen Vorarlbergs. Ein Besuch der knapp 700 m langen Höhle ist nur im Rahmen einer geführten Exkursion angeraten.
Ein lohnender Abschluss dieser Wanderung ist eine Einkehr auf der Terrasse ❹ des Freschenhauses mit herrlichem Panoramablick.

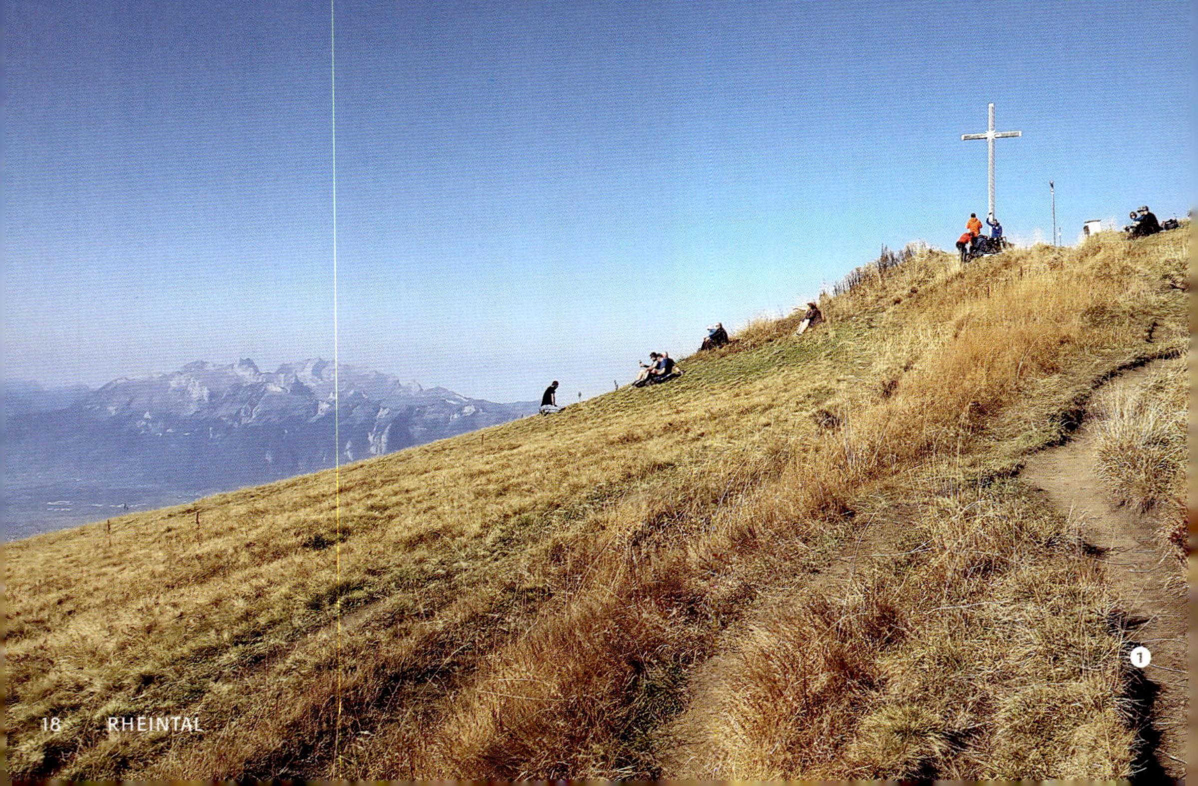

❶

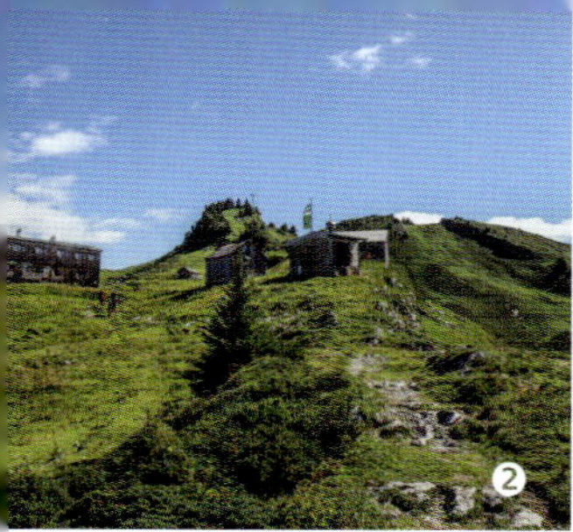

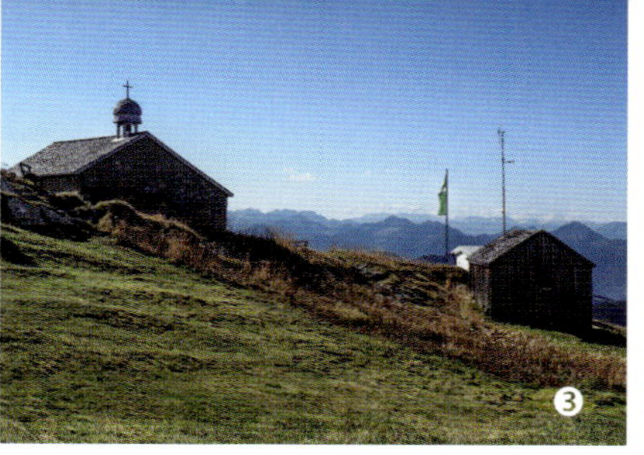

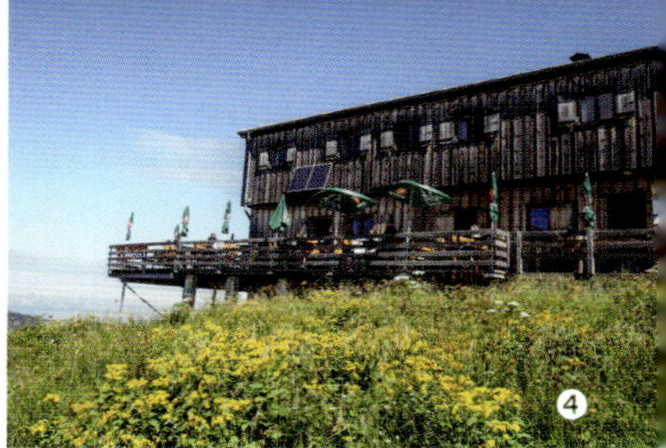

Ausgangspunkt: Geöffnet während den Sommerferien täglich, von Ende Mai bis Ende Juni und von Mitte September bis Mitte Oktober Betrieb immer samstags, sonntags und feiertags von 9.00 bis12.30 Uhr und 13.30 bis 16.30 Uhr.

Einkehrmöglichkeiten: Freschenhaus, Untere Saluver Alpe, Falba-Stuba.

Wegbeschreibung: Ab der Bergstation des Sesselliftes folgt man bergauf der weiß-rot-weißen Beschilderung zum Hohen Freschen. Es geht zuerst an der Falba-Stuba, danach rechts an der Rankweiler Schihütte vorbei und weiter bergauf zur Gapfohl Alpe. Kurz nach dieser Alpe zieht der Weg rechts hinauf zum Gapfohler Fürkele. Von dort zunächst abwärts über die Schipiste und später eher flach nach links auf einem Güterweg zur malerisch gelegenen Unteren Saluver Alpe. Bis hierher ist der Weg sonnig, mäßig steil und breit. Ab der Saluver Alpe wird er dann spürbar steiler. Auf dem Weg zum Gipfel passiert man schließlich noch die Obere Saluver Alpe, ehe man nach einer Gesamtgehzeit von etwa 1 ½ Stunden das Freschenhaus erreicht. Zum Gipfel sind es nochmals etwa 30 bis 40 Minuten. Auf dem höchsten Punkt ist man selten allein, was dem herrlichen Panorama keinen Abbruch tut. Vom höchsten Punkt ist auch der Binnelgrat gut zu sehen, der steil und ausgesetzt in Richtung Ebnit führt.

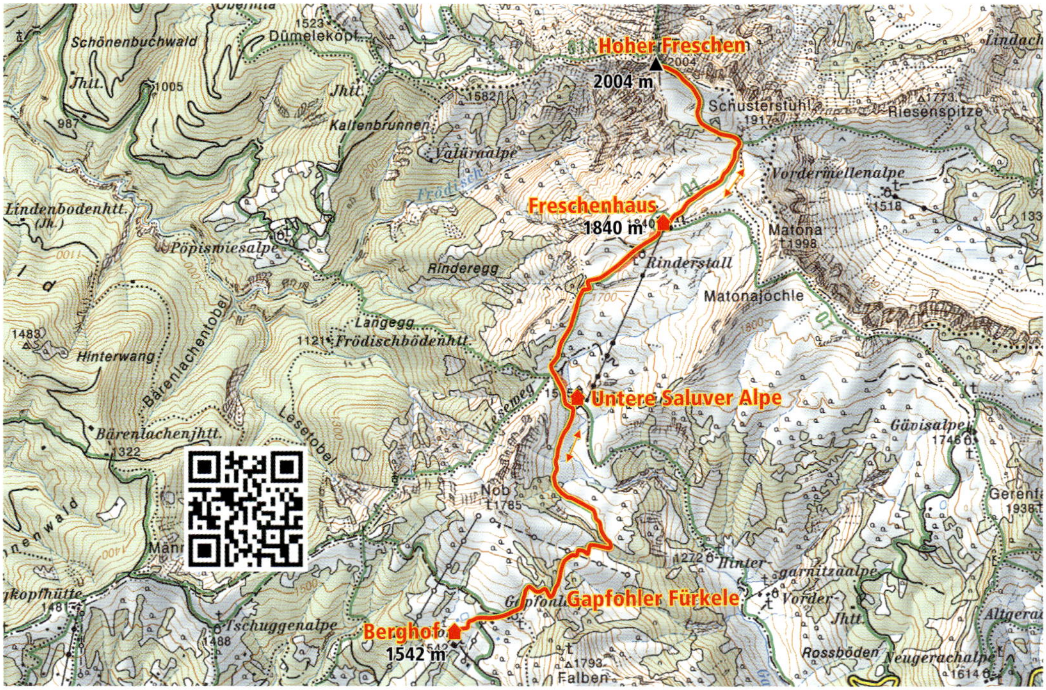

3

First, 1617 m

Ein weniger begangener Nachbargipfel der Hohen Kugel

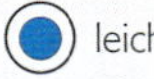 leicht

3–4 Std.

 740 Höhenmeter

Diese sonnseitige Familienwanderung kann praktisch das ganze Jahr über begangen werden. Anders als bei der Hohen Kugel ist man hier oft ganz allein auf dem Gipfel. Und das, obwohl der First in Sachen Aussicht locker mit seiner bekannten Nachbarin mithalten kann. Besonders attraktiv ist die Wanderung im Herbst und Winter, wenn im Tal der Nebel liegt und man auf dem Weg zum First das Licht und die Wärme der Sonne so richtig genießen kann. 1

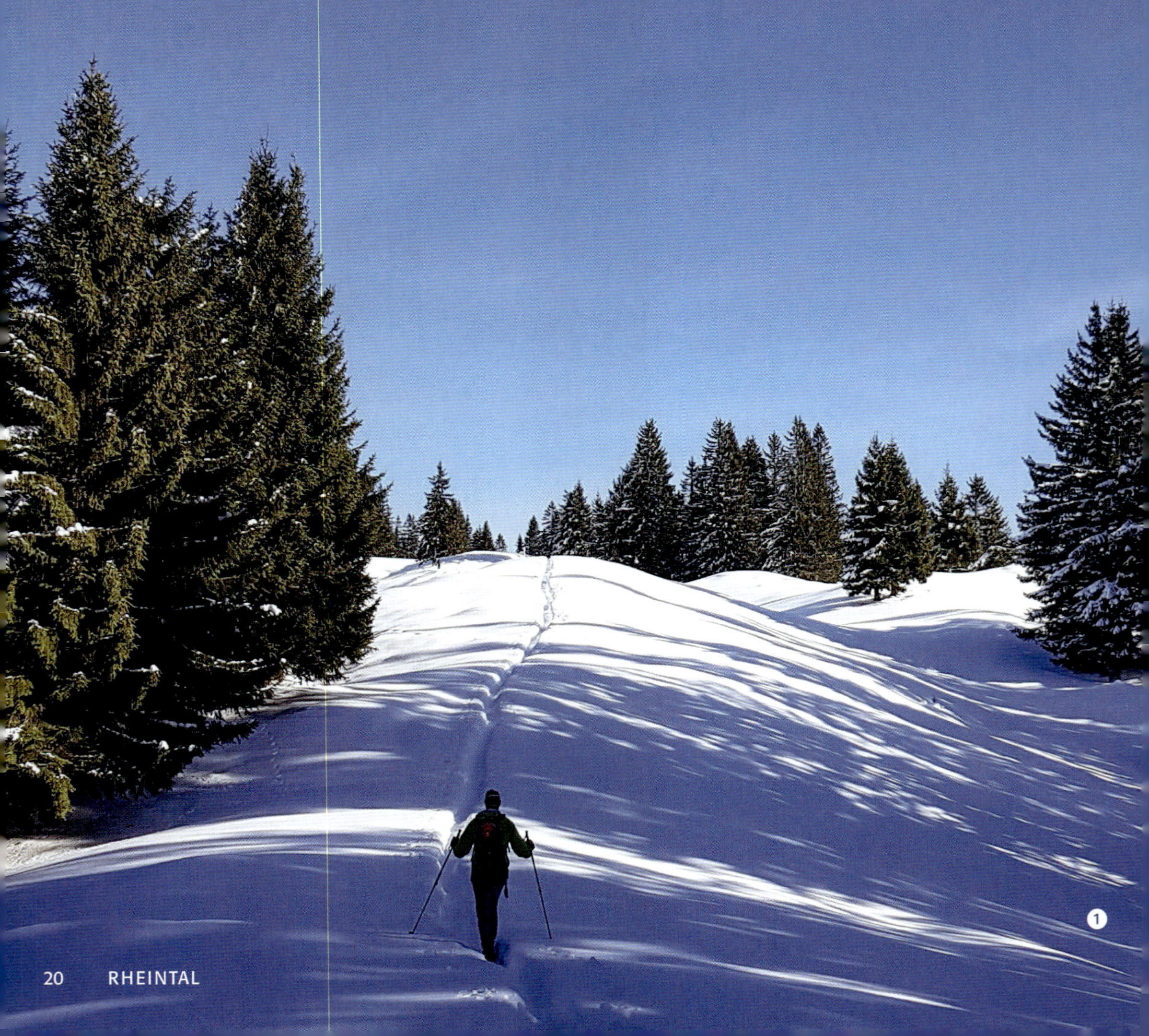

1

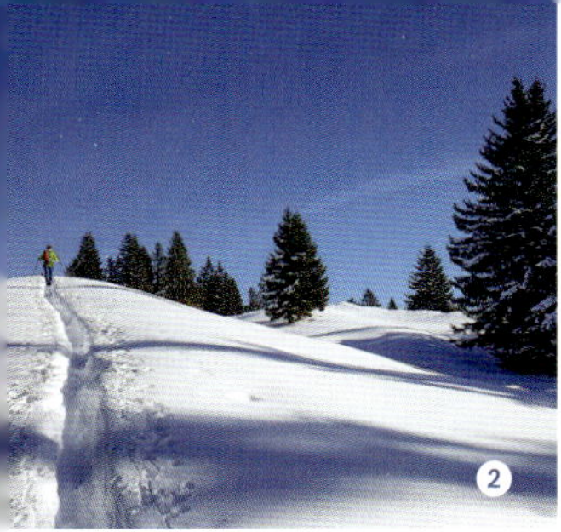

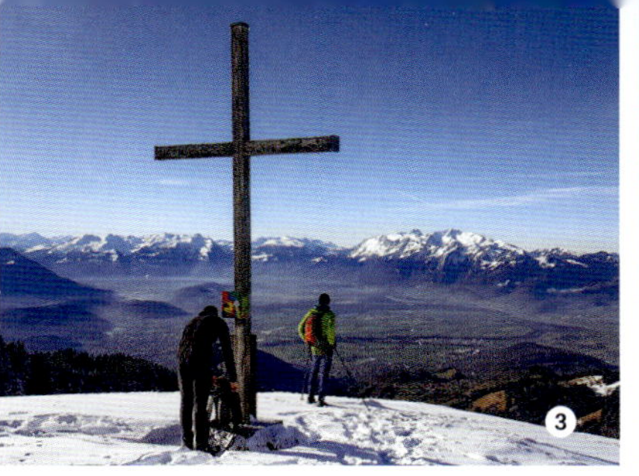

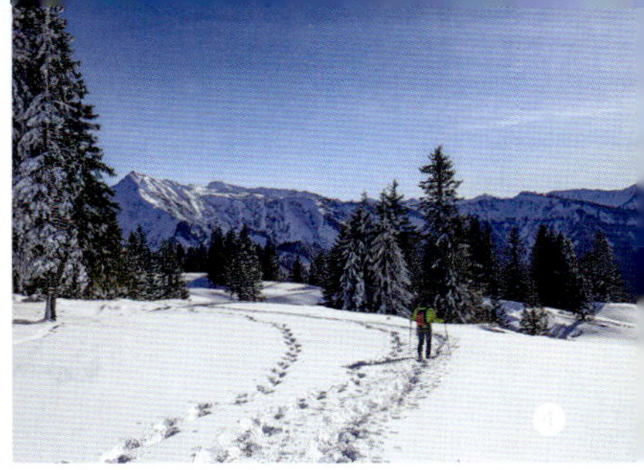

Ausgangspunkt: Parkplatz beim Kloster Viktorsberg.
Einkehrmöglichkeiten: Almeinalpe, Gasthof „Schöne Aussicht", Hotel Viktor, Viktorsberg.
Wegbeschreibung: Vom Parkplatz beim Kloster geht man am Gasthof „Schöne Aussicht" vorbei, anschließend für kurze Zeit abwärts und sodann flach auf einem breiten Weg in Richtung Fußballplatz. Dort zweigt man links auf einen breiten, viel begangenen Weg ab, der in weiten Kehren bergwärts zur Almeinalpe führt. Das Rheintal und die Schweizer Berge im Westen sind gut zu erkennen. Hinter der Alpe wird der Weg kurzzeitig deutlich steiler und führt in etwa 10 Minuten zu einer Weggabelung, an der wir uns rechts halten. Bald schon führt der Weg teils sehr steil durch den Wald aufwärts.
Über Wurzeln und kleine Stufen geht es steil und etwas anstrengend in Richtung Gipfel. Nachdem der Weg den Wald verlassen hat, zieht er über einen Hang weiter bergauf ❷ und anschließend an der Ostseite des Berges entlang. Nach einer Linksabzweigung sind es nur noch wenige Höhenmeter bis hinauf zum höchsten Punkt ❸.
Wer auf demselben Weg ins Tal zurückkehrt ❹, kann den Tag auf der Terrasse der Almeinalpe ausklingen lassen. Wer auf einer anderen Route zurückgehen möchte, kann bei der Weggabelung oberhalb der Alpe den geradeaus weiterführenden Weg über die Letze wählen und die Wanderung mit einer gemütlichen Einkehr in einem der beiden Gasthäuser am Ausgangspunkt beschließen.
Gut zu wissen: Ein weiterer Wanderweg führt vom Sportplatz in Fraxern auf den First.

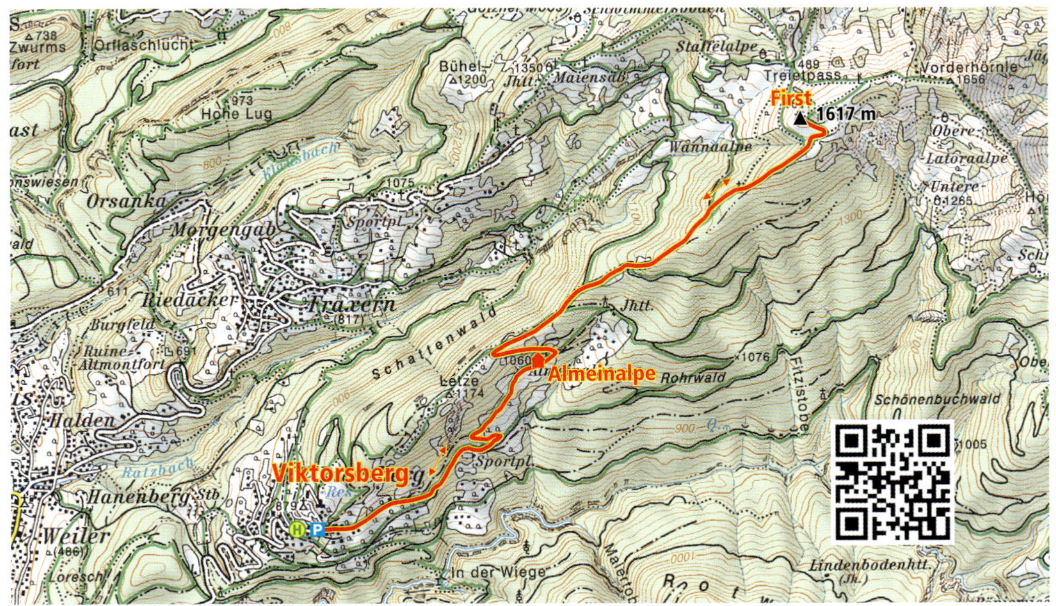

4 Hohe Kugel, 1645 m

Dieser Gipfelausflug geht fast immer

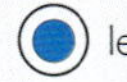 leicht   2¼–2¾ Std.    650 Höhenmeter

Ausgangspunkt: Gebührenpflichtiger Parkplatz beim Sportplatz oberhalb von Fraxern. Im Ortszentrum Fraxern vor der Kirche von der Hauptstraße rechts abbiegen und den Wegweisern bergauf zur Sportanlage folgen.

Einkehrmöglichkeiten: Maiensäß Alpe, Jausenstation bei der Sportanlage.

Wegbeschreibung: Die „Normalroute" führt eine Zeit lang über eine geteerte Straße, die sich aber leicht auf Waldpfaden abkürzen lässt. Weil diese Varianten schöner sind, werden sie hier als Anstiegsroute beschrieben: Vom oberen Ende des Parkplatzes führt ein schmaler Pfad direkt neben der Jausenstation aufwärts. Bald sieht man rechts ein Feldkreuz ❶ und gelangt auf den breiten Fahrweg, dem man für ca. 50 m folgt, bis man ihn nach links auf einem Waldweg verlassen kann. An einer Hütte am Wegrand ist die weiß-rot-weiße Markierung zu sehen, der wir bergwärts folgen, bis der Weg wieder in den geteerten Fahrweg mündet. Auf diesem Fahrweg geht es etwa 150 m weiter, bis links der Straße, vor einem Schild „Forststraße", ein unscheinbarer Weg in den Wald zieht. Über Wurzeln geht es zunächst steil aufwärts, dann am Waldrand entlang weiter bis zu einem Kiesweg, wo links abgebogen wird. Nach 100 m folgt eine markierte Rechtsabzweigung. Ein schmaler Weg führt nun bergwärts durch den Wald. Anschließend immer in nordöstlicher Richtung am Waldrand entlang, bis man schließlich zur Alpe Maiensäß gelangt. Von dort geht es zuerst über einen breiten Rücken auf einem sonnigen Weg weiter, später führt der Wanderweg wieder durch den Wald. Eher steile Abschnitte wechseln sich mit flachen Wegstücken ab. Das letzte Wegstück führt vom Fuß des Berges hoch in einen Sattel und von dort in wenigen Minuten zum höchsten Punkt ❷.

Gut zu wissen: Es existieren noch weitere attraktive Zugänge auf die Hohe Kugel, z. B. von Ebnit oder von Millrütte. Die Gehzeit beträgt von beiden Ausgangspunkten aus etwa 2½–3½ Stunden.

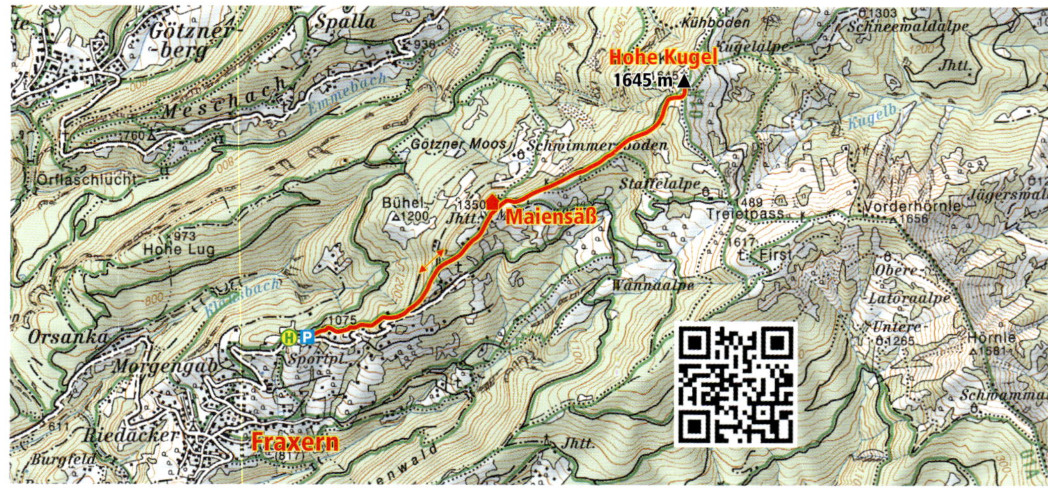

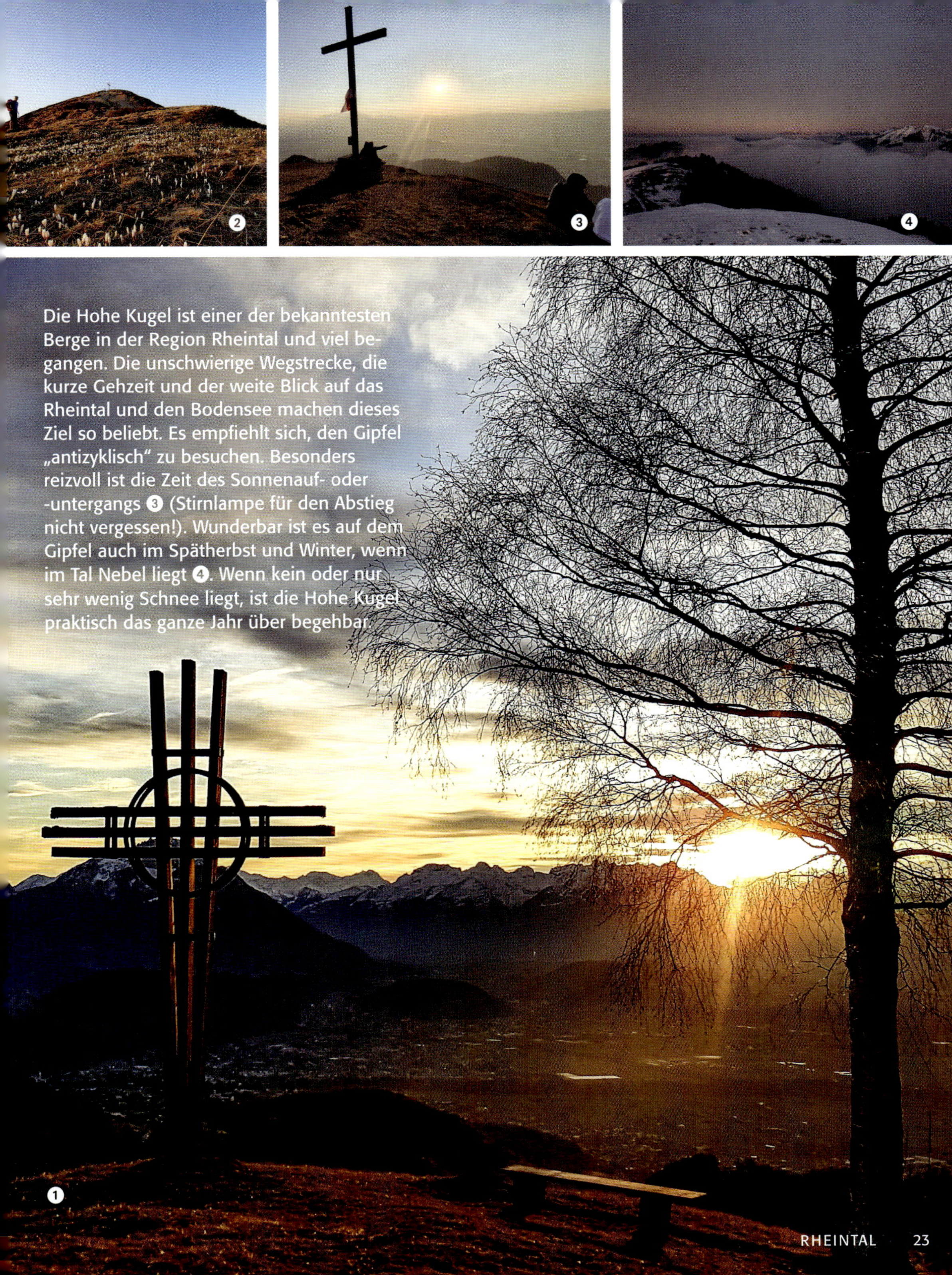

Die Hohe Kugel ist einer der bekanntesten Berge in der Region Rheintal und viel begangen. Die unschwierige Wegstrecke, die kurze Gehzeit und der weite Blick auf das Rheintal und den Bodensee machen dieses Ziel so beliebt. Es empfiehlt sich, den Gipfel „antizyklisch" zu besuchen. Besonders reizvoll ist die Zeit des Sonnenauf- oder -untergangs ③ (Stirnlampe für den Abstieg nicht vergessen!). Wunderbar ist es auf dem Gipfel auch im Spätherbst und Winter, wenn im Tal Nebel liegt ④. Wenn kein oder nur sehr wenig Schnee liegt, ist die Hohe Kugel praktisch das ganze Jahr über begehbar.

5

Kapf, 1153 m

Aussichtsgipfel mit grandiosem Panorama

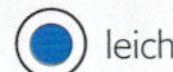 leicht  $1\frac{3}{4}$–$2\frac{1}{4}$  420 Höhenmeter

Diese gemütliche, familientaugliche Wanderung punktet vor allem mit der kurzen Gehzeit und dem herrlichen Ausblick auf den Bodensee und das Rheintal. Auch in den Abendstunden ist diese kleine Wanderung sehr schön, wenn man auf dem Gipfel den Sonnenuntergang mit Blick über die Schweizer Berge erlebt ❶. In diesem Fall für den Abstieg die Stirnlampe nicht vergessen!

Ausgangspunkt: Parkplatz bei der Kirche in Meschach, Anfahrt über Götzis.

Einkehrmöglichkeiten: Gasthaus „Spalla" und „Berghof".

Wegbeschreibung: Direkt gegenüber der Kirche beginnt ein schmaler, weiß-rot-weiß markierter Waldweg. Dieser sogenannte Schreckweg führt nun für längere Zeit über Wurzeln und leichte Stufen aufwärts durch den Wald ❷. Der Weg ist im Großen und Ganzen für die gesamte Familie leicht zu bewältigen. An einigen wenigen leicht ausgesetzten Stellen sollten jüngere Kinder jedoch an die Hand genommen werden. Etwa 20 Minuten unter dem Gipfel passiert man einen schönen Aussichtspunkt mit herrlichem Blick auf das Rheintal und den Bodensee ❸. Von dort geht es anfangs auf einem breiten Weg flach weiter, vor dem Gasthof „Spalla" biegt man links auf einen schmalen Weg ab, der bis zum höchsten Punkt führt ❹.

Gut zu wissen: 1. Alternativ gibt es auch eine längere Variante auf den Kapf, ausgehend vom Schwimmbad in Götzis. Die Gehzeit verlängert sich damit um ca. $1\frac{3}{4}$ Stunden.

2. Der Kapf bietet einen sehr anspruchsvollen Klettersteig mit Schwierigkeiten bis D/E.

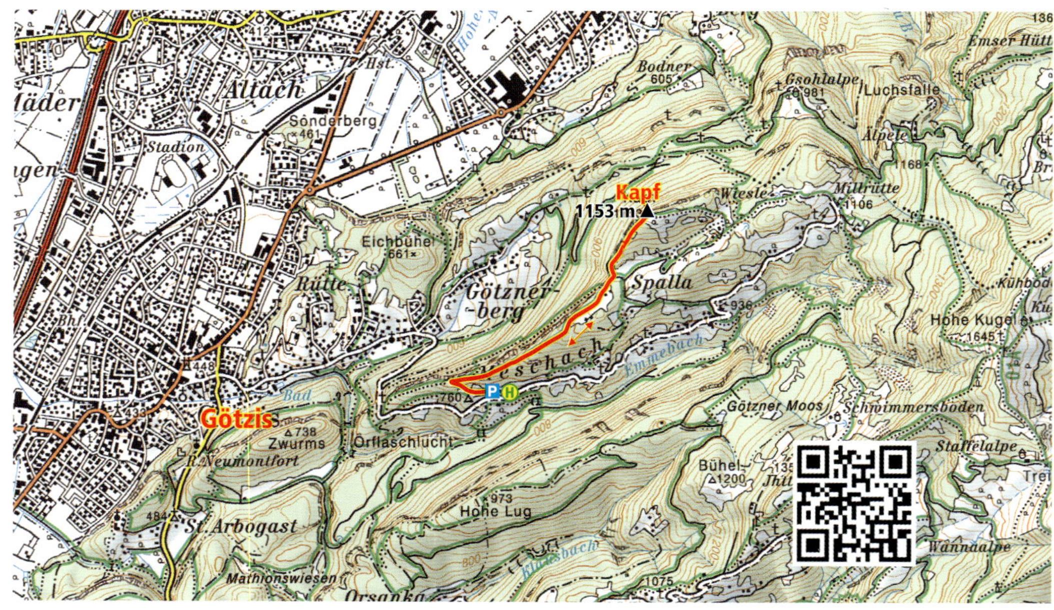

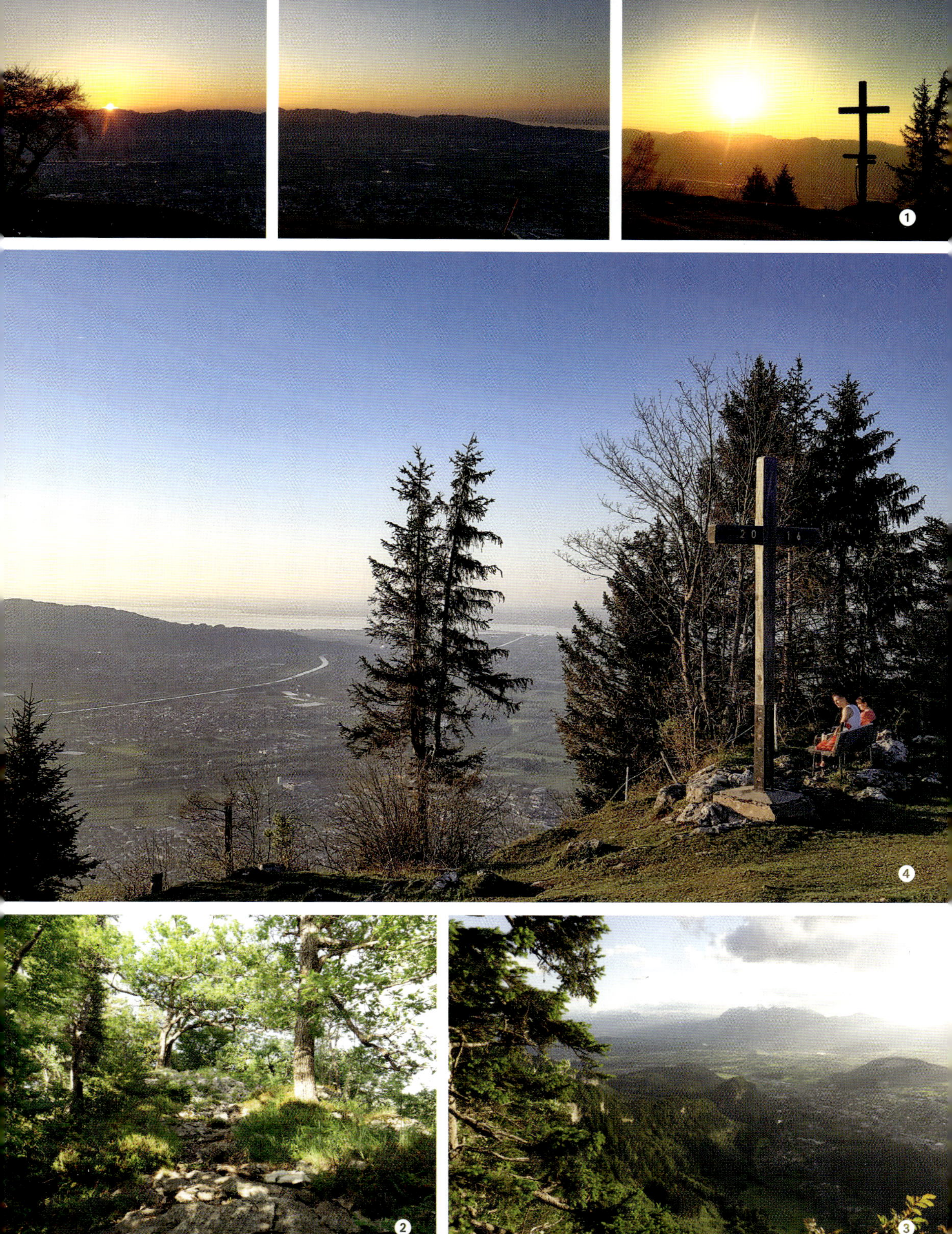
1
20 16
4
2
3

6

Mörzelspitze, 1830 m

Familienwanderung zum Dornbirner Firstkamm

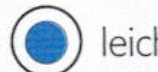 leicht  2¾–3¼ Std.  600 Höhenmeter

Auch wenn die Anfahrt etwas langwierig und abenteuerlich ist, sie lohnt sich in jedem Fall. Denn der Weg auf einen der schönsten Aussichtsberge von Dornbirn ist äußerst abwechslungsreich, bietet immer wieder wechselnde Aussichten ❶, und vom Gipfel blickt man auf den Bodensee, den Bregenzerwald und weit bis ins Montafon hinein.

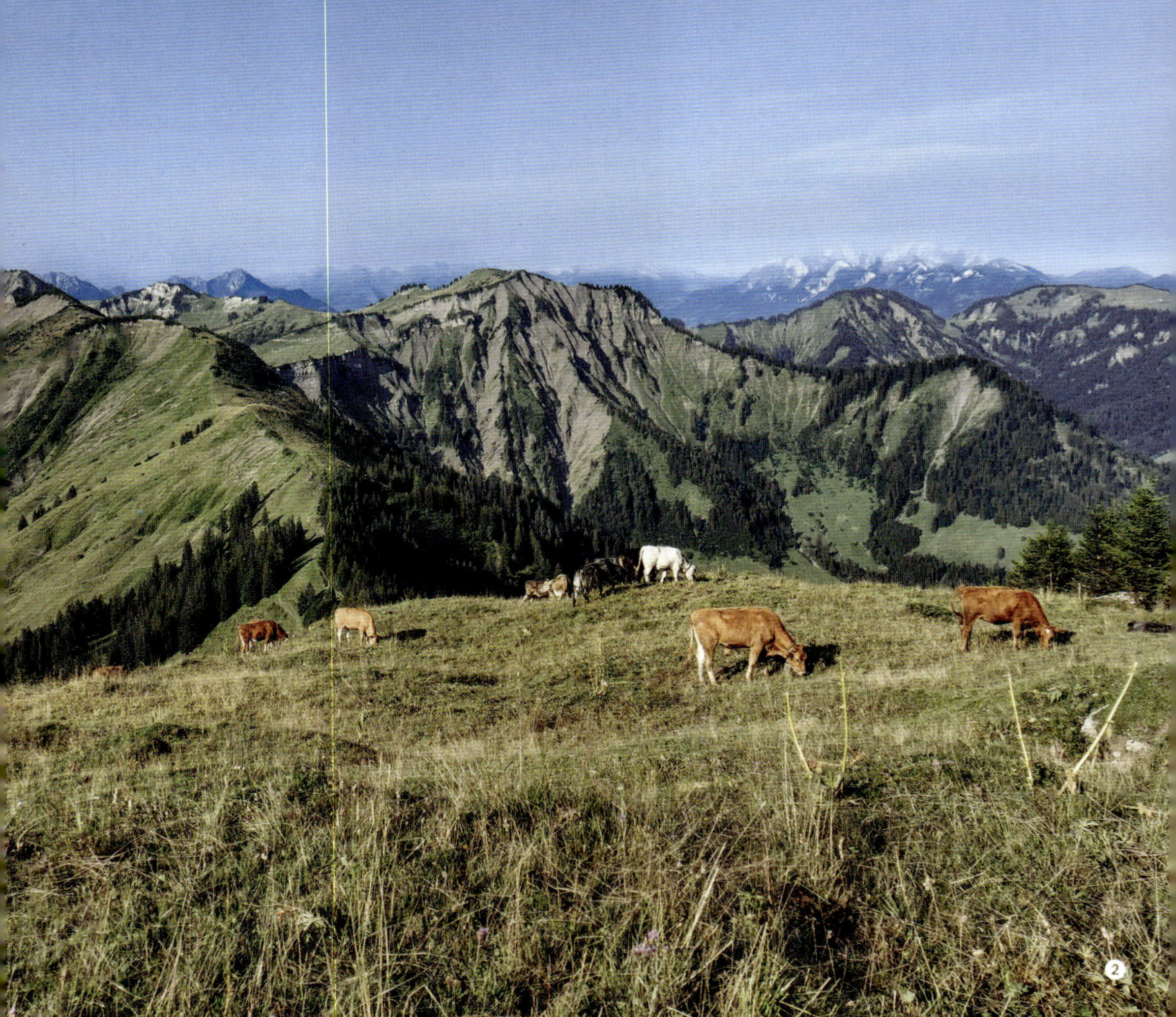

❷

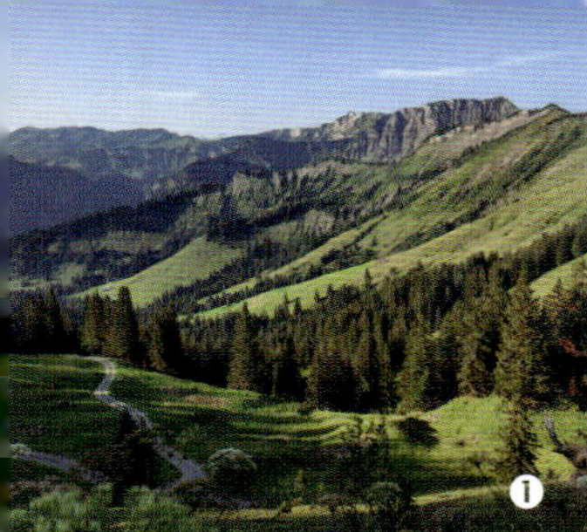

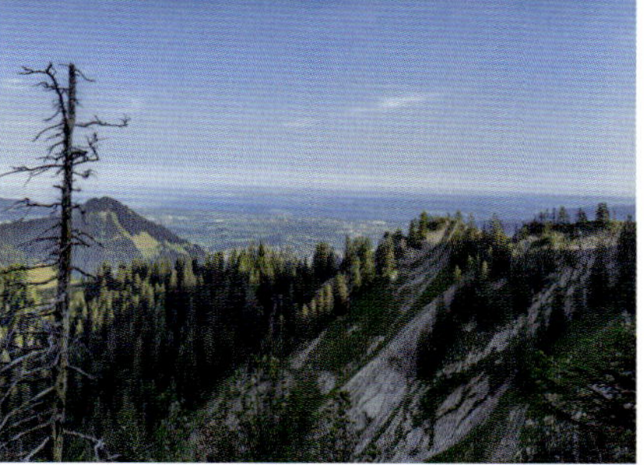

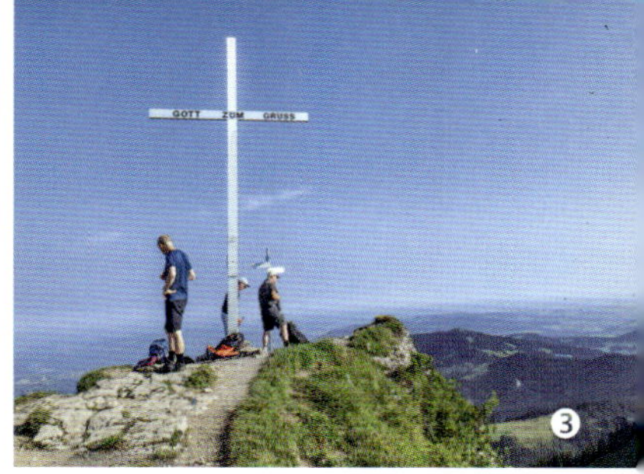

Ausgangspunkt: Kleiner Parkplatz unterhalb der Unterfluhalpe. Anfahrt über Dornbirn-Gütle in Richtung Ebnit. Der QR-Code führt zur „Niedere". Dort befindet sich die Linksabzweigung Richtung Unterfluhalpe, ab hier sind es noch 6 km bis zum Parkplatz. Kurz vor der Alpe geht es rechts über eine kleine weiß-rot-weiß markierte Holzbrücke. Die Anfahrt ist recht abenteuerlich, denn die Straße ist sehr schmal, abschüssig und teils nur geschottert. Es gibt nur wenige Ausweichstellen, man muss also auch gut rückwärts fahren können.

Wegbeschreibung: Die Route führt von der Alpe auf einem sonnigen Weg ein paar Minuten dem Bach entlang bergauf, ehe sie nach links abzweigt. Für etwa eine Viertelstunde wandert man auf einem sehr steilen Weg weiter. Danach geht es bis zu den Salzböden auf einem breiten, meist sonnigen Weg gemächlich aufwärts. Links ist das schöne Bergdorf Ebnit zu erkennen. Auch der Gipfel der Mörzelspitze ist schon gut auszumachen. Nach den Salzböden biegt man auf einen schmalen, teils verwachsenen Trampelpfad ab, der auf einem Kamm zwei Mal an exponierten Stellen vorbeiführt. Kinder sollten dort sicherheitshalber an die Hand genommen werden. Kurz unter dem Gipfel quert man eine schöne Alpwiese mit Weidevieh ❷, ehe man die letzten Meter zum höchsten Punkt in Angriff nimmt. Der Gipfel wird in ca. $1\frac{1}{2}$ – $1\frac{3}{4}$ Stunden erreicht ❸.

Gut zu wissen: 1. Wem die mühsame Anfahrt bis zur Unterfluhalpe zu beschwerlich ist, kann alternativ bereits 500 m nach der Abzweigung „Niedere" parken und von dort zu Fuß in knapp 2 Stunden zur Alpe wandern. Noch besser ist es, mit der Buslinie 177 ab Bahnhof Dornbirn zur Haltestelle Niedere zu fahren.
2. Auf der Anfahrt passiert man in Dornbirn-Gütle den Zugang zur bekannten und sehenswerten Rappenlochschlucht, die zusammen mit der Alplochschlucht zu den größten Schluchten Mitteleuropas zählt.

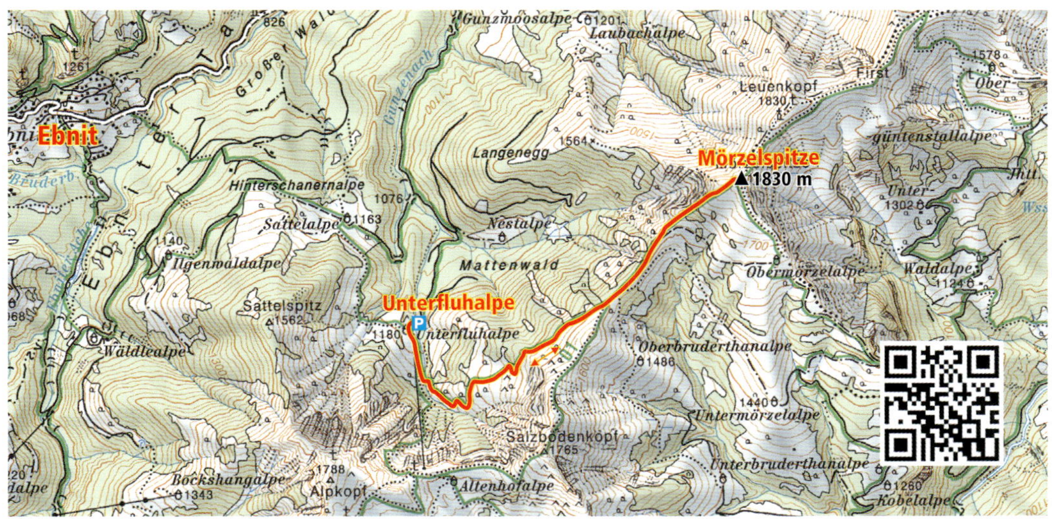

7 Schöner Mann, 1532 m

Schöner Mann – schöner Weg – schöner Ausblick

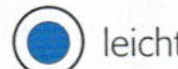 leicht  2–3 Std.  380 Höhenmeter

Ausgangspunkt: gebührenpflichtiger Wanderparkplatz Schuttannen, Hohenems; Anfahrt über Hohenems – Emsreute.

Einkehrmöglichkeit: Berggasthaus Schuttannen.

Wegbeschreibung: Vom Parkplatz des Hohenemser Naherholungsgebietes Schuttannen ❶ führt ein breiter Güterweg über Wiesen bergauf. Man folgt der Markierung in Richtung Schönermannalpe. Es geht vorbei am Schilift bis zur Abzweigung Eulenwinkel. Der Weg führt flach durch den Wald weiter Richtung Schönermannalpe, bis er sich nach rechts wendet. Leicht ansteigend geht es vorbei an der nahen Hinterbergalpe. Etwa 50 m nach der Alpe kann der Forstweg abgekürzt werden. Ein schmaler Pfad führt rechts über den Hang hinauf, um dann weiter oben wieder auf den Güterweg zu treffen. Weiter geht es in südwestlicher Richtung bis vor die Schönermannalpe. Kurz vor der Alpe zieht ein breiter, unmarkierter Wiesenweg rechts bergauf. Diesem Wiesenweg folgt man in einem weiten Bogen bis hinauf an den Waldrand, der nach ca. 20 Minuten (ab der Alpe) erreicht wird. Man geht die letzten Höhenmeter weglos bergauf, bis man auf ein etwas verstecktes, schmales Weglein trifft, das in den Wald hineinführt. Es ist teilweise schon ziemlich verwachsen und führt bergwärts nach Nordosten. Nach weiteren zehn Minuten lichtet sich der Wald, das Gipfelkreuz kommt in Sicht ❷ und ist bald erreicht. Zurück geht es abwärts in östlicher Richtung, zuerst durch den Wald, dann über einen Grashang. Schon nach kurzer Zeit mündet der Weg in den Forstweg oberhalb der Hinterbergalpe. Ab dort geht es auf dem Anstiegsweg zurück nach Schuttannen.

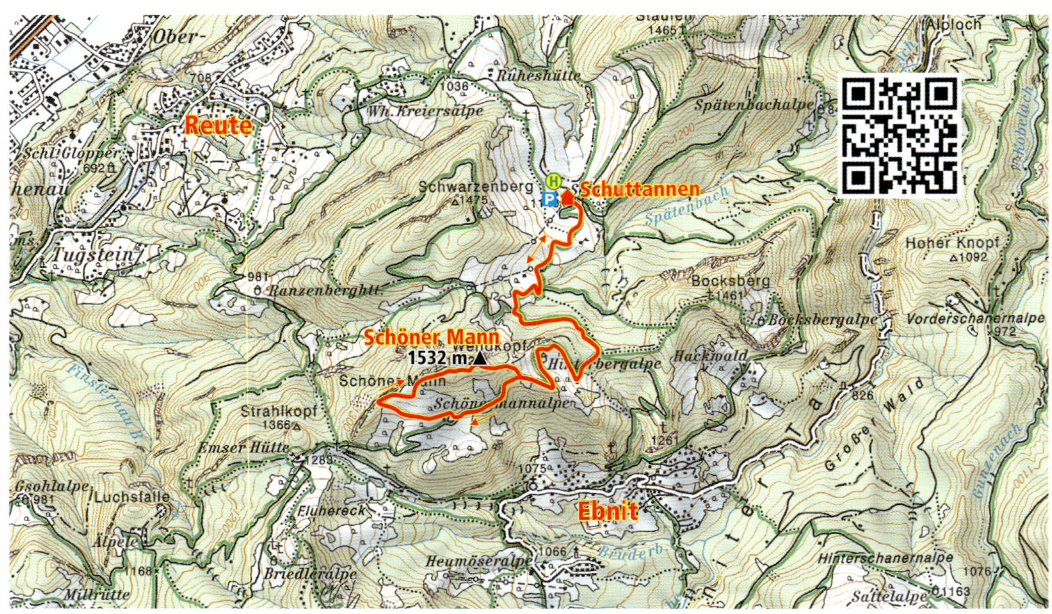

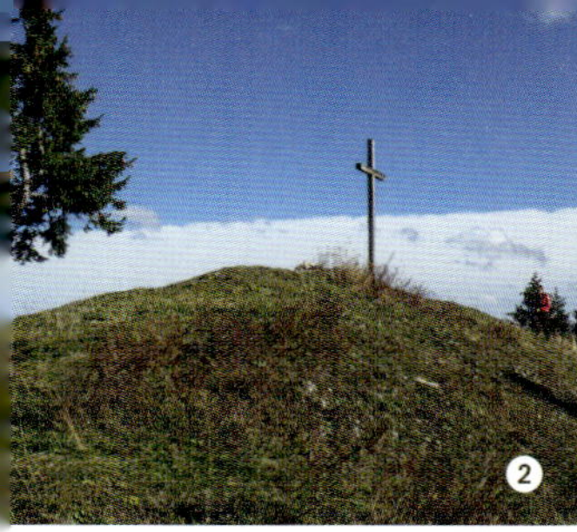

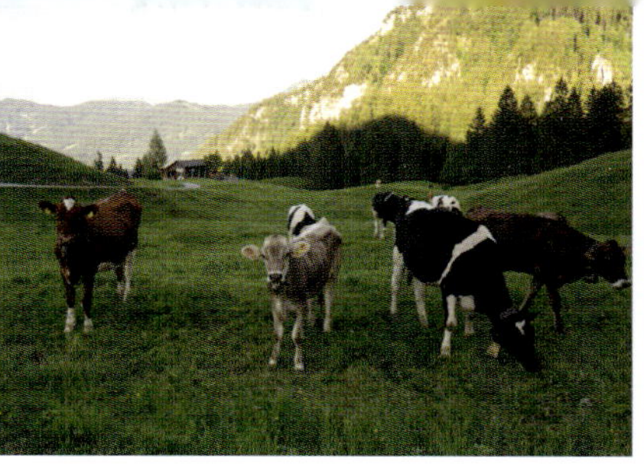

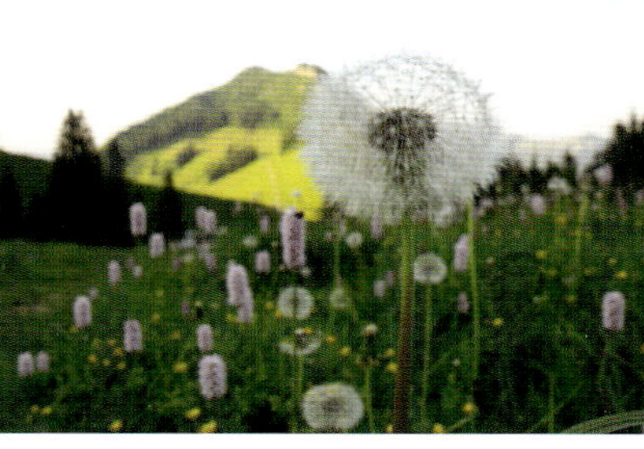

Obwohl diese kleine Rundwanderung kurz und einfach ist und mit einem herrlichen Ausblick aufwartet, wird der Schöne Mann überraschend wenig besucht. Vom Gipfel zeigen sich das Rheintal, der Hohe Freschen, die Schweizer Berge und der Bodensee von ihrer schönsten Seite. Vor allem im Spätherbst, wenn im Rheintal Nebel liegt, ist es wunderschön und herrlich warm auf dem Schönen Mann. Der Name bezeichnet übrigens eine auffällige Felsformation am Westende des Bergrückens.

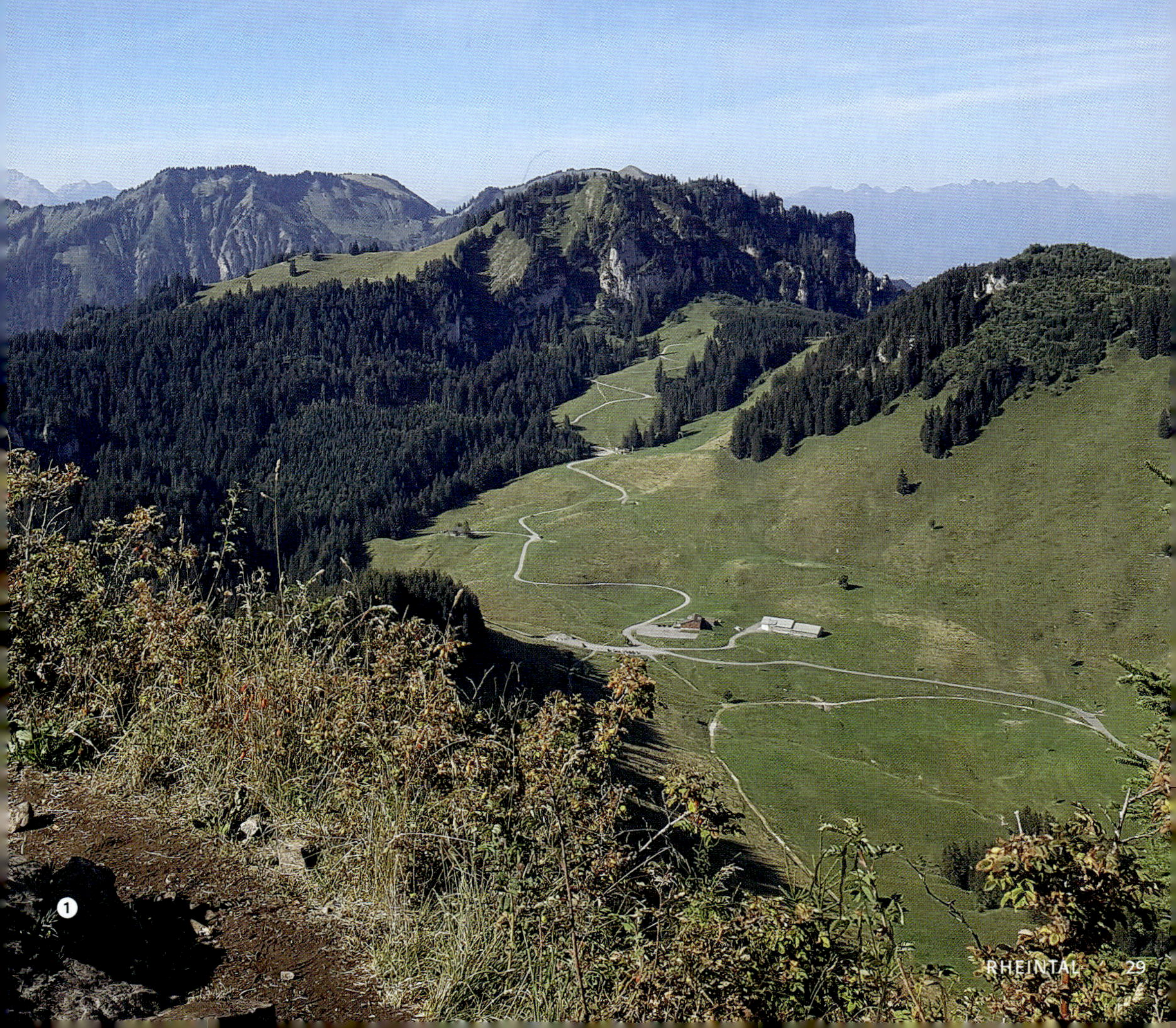

8

Bocksberg, 1461 m

Über luftige Leitern auf einen Gipfel mit Bodenseeblick

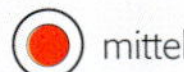 mittel  1¾–2¼ Std.  320 Höhenmeter

Die Wanderung zum beliebten und häufig besuchten Bocksberg ist zwar kurz, aber äußerst abwechslungsreich und spannend, sind doch im Gipfelbereich ein paar ausgesetzte und anspruchsvolle Stellen zu bewältigen. Vom Parkplatz in Schuttannen sieht man bereits das Gipfelkreuz ❶, das in weniger als einer Stunde zu erreichen ist.

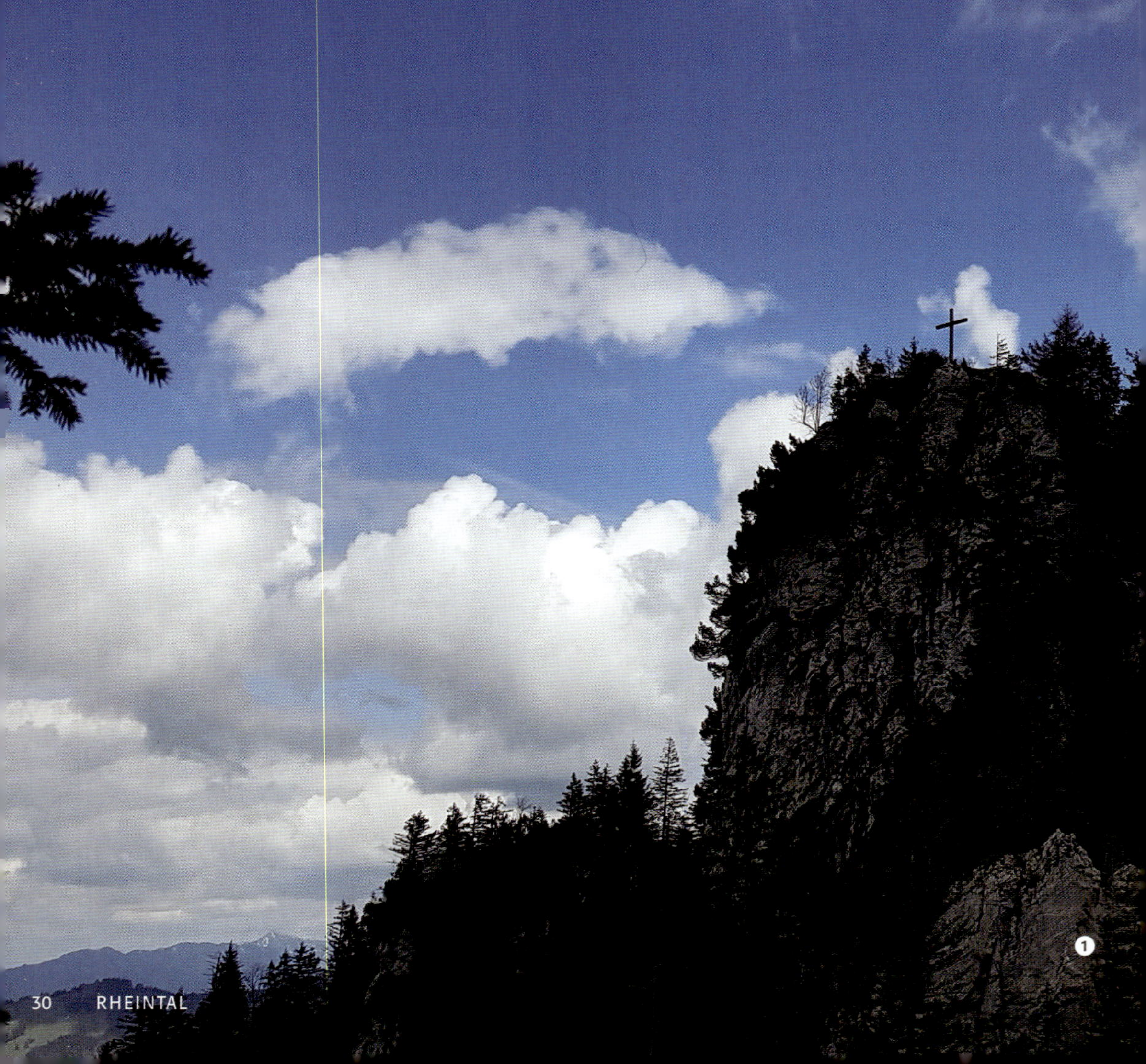

❶

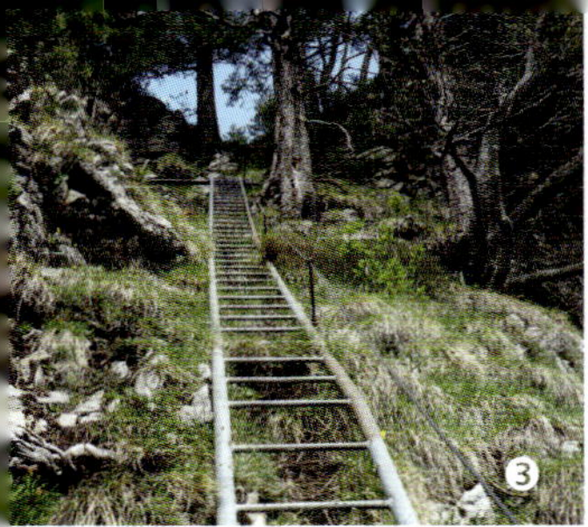

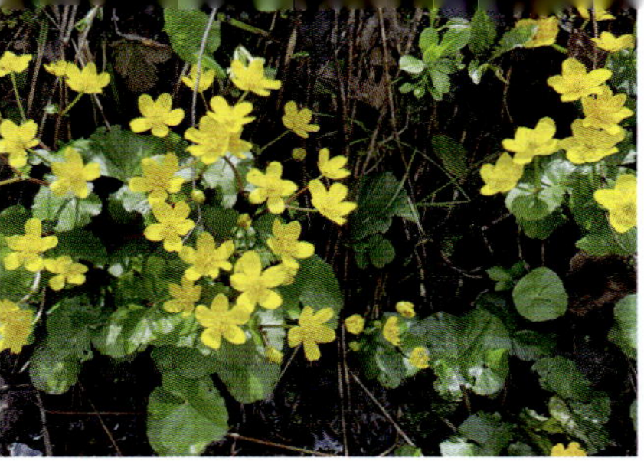

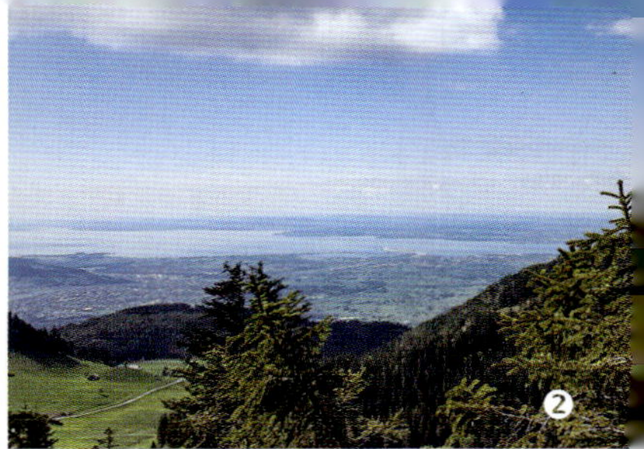

Ausgangspunkt: gebührenpflichtiger Wanderparkplatz Schuttannen, Hohenems; Anfahrt über Hohenems – Emsreute.
Einkehrmöglichkeiten: Berggasthaus Schuttannen.
Wegbeschreibung: Vom Parkplatz des Hohenemser Naherholungsgebietes Schuttannen folgt man der weiß-rot-weißen Markierung auf einem breiten Kiesweg bergauf. Wenige Minuten nachdem die Talstation des Schleppliftes passiert wurde, gelangt man zu einer Abzweigung. Hier biegt man links ab. Flach geht es durch den Wald zu einer Weggabelung, wo der Weg in einen schmaleren Pfad mündet, der nun deutlich steiler durch den Wald bergwärts führt. Bald schon ist der Kamm unmittelbar vor dem Bocksberg erreicht. Schon vom Kamm aus reicht der Blick bis zum Bodensee ❷ und weit über Lindau hinaus. Ab hier ist der weiß-blau-weiß beschilderte Weg nur noch trittsicheren und schwindelfreien Gehern zu empfehlen. Auf dieser letzten Etappe müssen drei teils lange Metallleitern ❸ überwunden werden. Kurz unter dem Gipfel sind Passagen mit Sicherungsseilen versehen, trotzdem ist dieser Bereich bei Nässe unbedingt zu meiden. Nach dieser Stelle ist der Gipfel schnell erreicht, jetzt kann man den Blick unbeschwert über das Rheintal, die Schweizer Berge und den Bodensee schweifen lassen.
Gut zu wissen: Wer auf den Bocksberg möchte, die Passage mit den Leitern aber lieber umgehen will, kann den einfacheren, aber längeren Weg (ca. 1 ½ Std.) von Ebnit aus gehen.

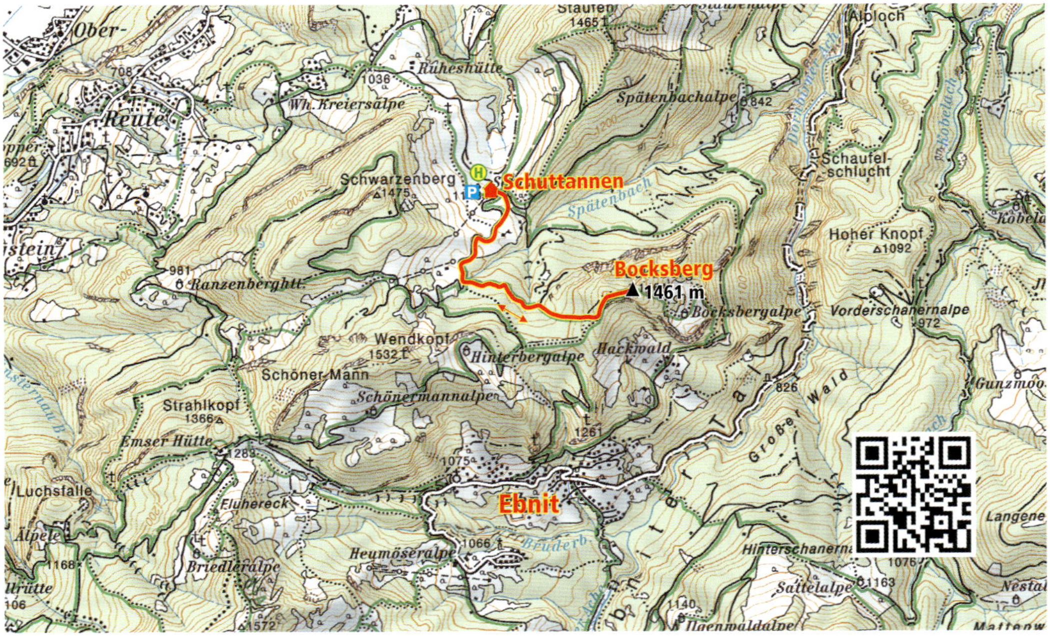

9

Schwarzenberg, 1475 m

Familientaugliche Rundwanderung

leicht  2¼–3 Std. 330 Höhenmeter

Die Wanderung auf den Schwarzenberg ist ideal, wenn man einen kurzen und einfachen Bergausflug machen möchte. Der Weg zum Gipfel ist nicht besonders lange, jedoch ziemlich steil und daher durchaus etwas anstrengend. Trotz der geringen Gipfelhöhe hat man einen herrlichen Blick auf das Rheintal, den Bodensee ❶, die Damülser Mittagsspitze, den Hohen Ifen und die Schweizer Berge ❷. Der Sonnenuntergang über dem Bodensee ist vom Gipfel des Schwarzenbergs übrigens besonders schön anzusehen.

Ausgangspunkt: gebührenpflichtiger Wanderparkplatz Schuttannen, Hohenems; Anfahrt über Hohenems – Emsreute.

Einkehrmöglichkeit: Berggasthaus Schuttannen.

Wegbeschreibung: Vom Parkplatz in Schuttannen weist eine weiß-rot-weiße Markierung bergauf. In weiten Kehren zieht ein Fahrweg hinauf in Richtung Schlepplift ❸. Zuerst geht es an der Talstation vorbei, kurz darauf passiert man die Bergstation ❹. Bald danach folgt eine langgezogene Linkskurve, der breite Weg führt kurzzeitig durch den Wald. An der Abzweigung Rheintalblick/Stiefelbrünnele geradeaus vorbei und auf dem Fahrweg etwa 10 Minuten weiter bis zu einer Weggabelung, bei der man links abbiegt. Nach einem kurzen Steilstück ist das Gipfelkreuz erreicht. Zurück geht es auf demselben Weg bis zum Fahrweg, um dort nun links in Richtung Rheintalblick abzubiegen. Ein breiter Weg bringt uns leicht absteigend zum Aussichtspunkt Rheintalblick. Von dort folgt man der weiß-rot-weißen Markierung zum Stiefelbrünnele. Sie weist links auf einem schmalen Kiesweg aufwärts durch den Wald. Es geht teils steil weiter, bis der Weg in den Fahrweg mündet, auf dem man hergekommen ist. Auf ihm zurück zum Ausgangspunkt.

Gut zu wissen: Konditionsstarke und trittsichere Geher können vom Wanderparkplatz Schuttannen aus gleich vier Gipfel an einem Tag besuchen: Bocksberg, Staufen, Schöner Mann und Schwarzenberg.

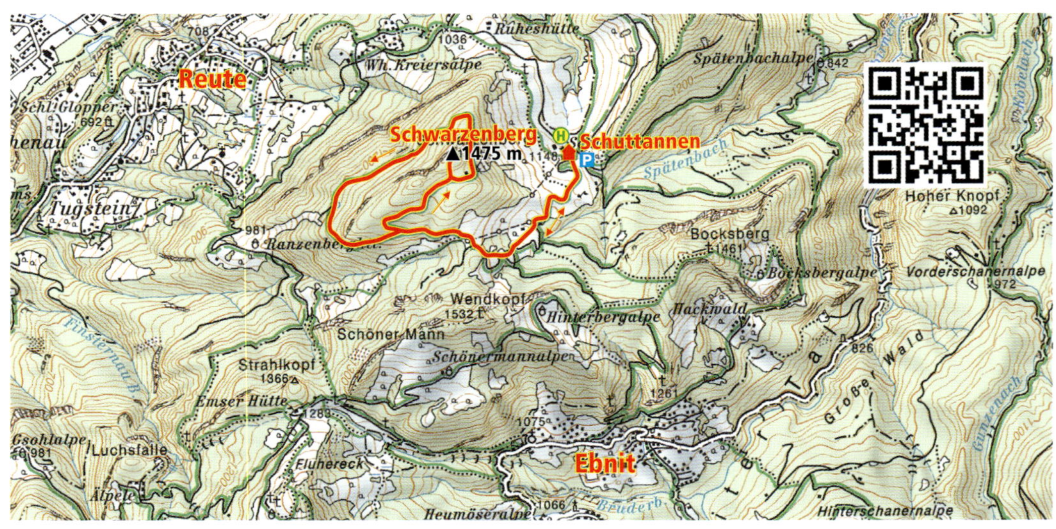

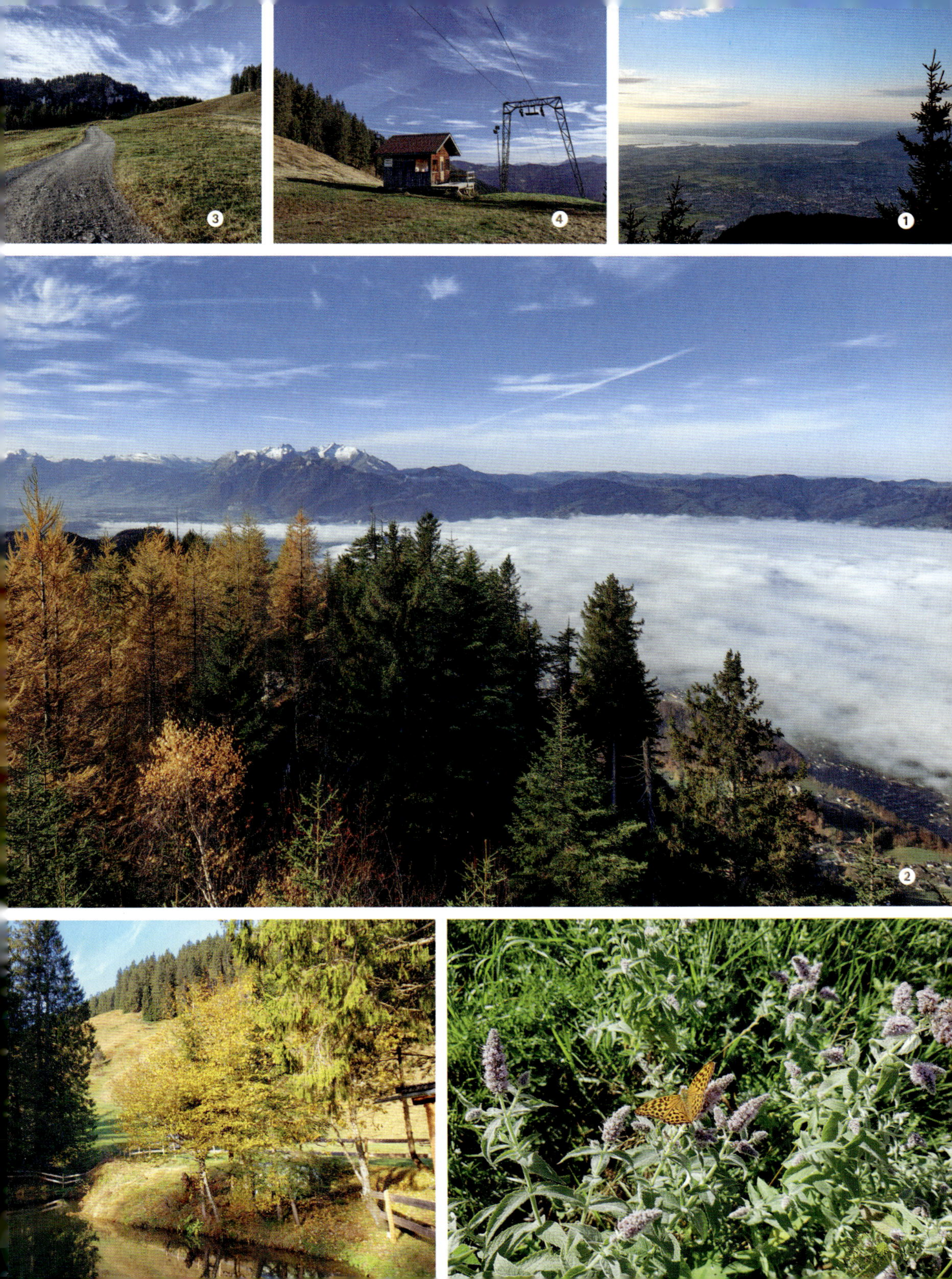

10

Staufen, 1465 m

Kleiner Gipfel mit großartigem Bodenseeblick

mittel   1½–2 Std.    320 Höhenmeter

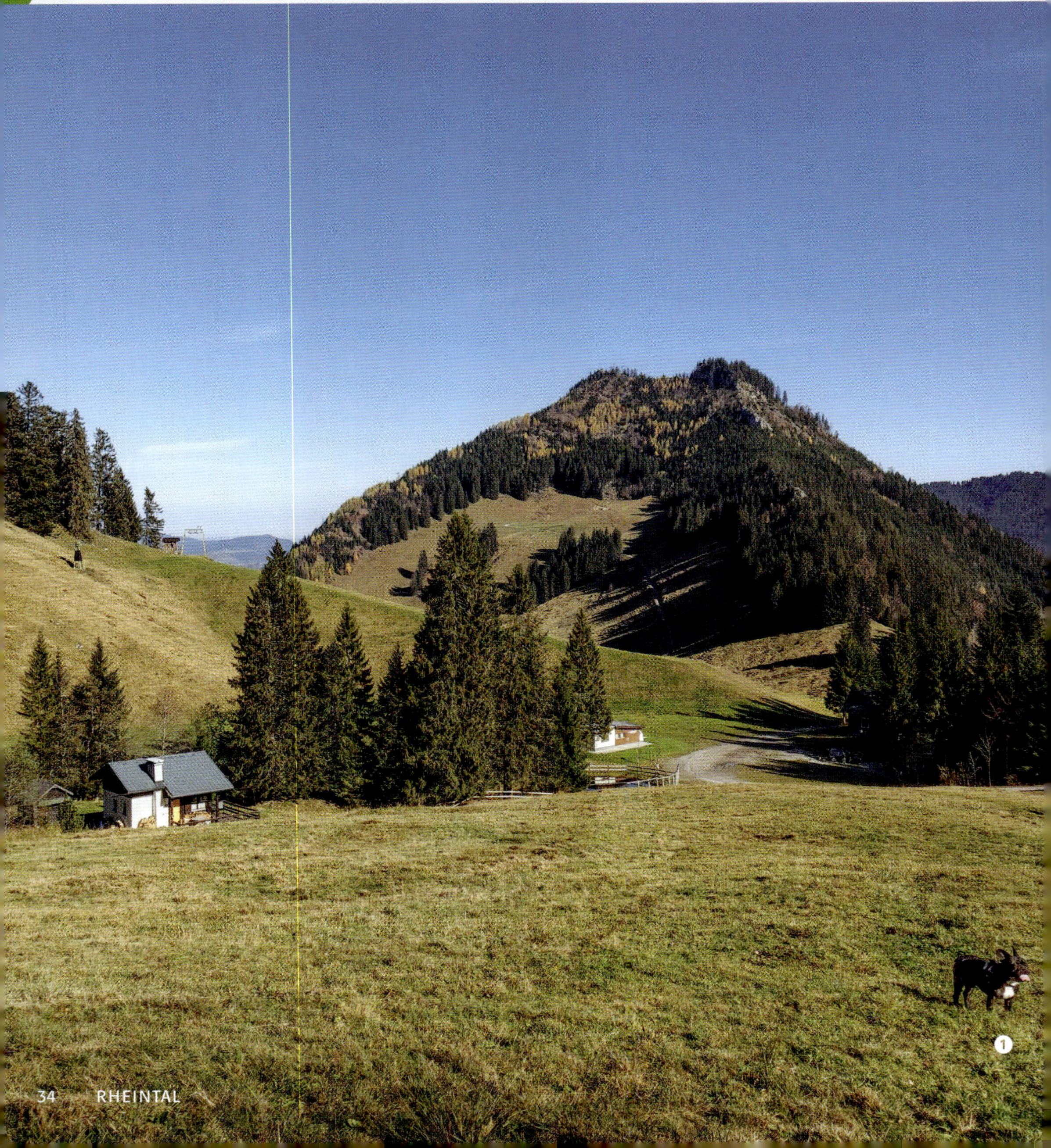

1

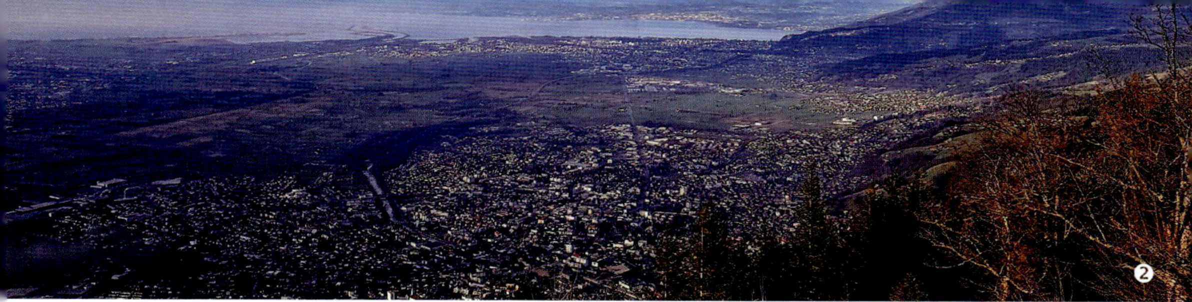

Der traumhafte Rundblick vom Staufen ❶ auf das Rheintal, den Bodensee und die Schweizer Berge lockt zu jeder Tageszeit Wanderer an. Dank der kurzen Gehzeit und der spannenden Aufstiegsroute ist die Wanderung auch für Familien mit etwas älteren Kindern empfehlenswert. Wer das einmalige Panorama in aller Seelenruhe genießen will ❷, sollte den Gipfel antizyklisch besuchen, zum Beispiel am frühen Morgen. Auch der Abend, der mit einem spektakulären Sonnenuntergang über dem Bodensee lockt, ist eine gute Option.

Ausgangspunkt: gebührenpflichtiger Wanderparkplatz Schuttannen, Hohenems; Anfahrt über Hohenems – Emsreute.

Einkehrmöglichkeiten: Berggasthaus Schuttannen.

Wegbeschreibung: Vom hinteren Ende des Wanderparkplatzes führt ein breiter, sonniger Weg leicht ansteigend in nordöstliche Richtung, die weiß-rot-weiße Markierung weist den Weg. Nach etwa 45 Minuten kommt man in den Wald und trifft auf eine Abzweigung, an der man sich rechts hält. Nun geht es steil bergauf, immer wieder sind etwas höhere Stufen zu überwinden. Für jüngere Kinder ist dieser Wegabschnitt eher schwierig zu meistern, größere Kinder werden ihn spannend und aufregend finden. Zum Glück ist er nicht allzu lang, der Gipfel ist bald erreicht.

Gut zu wissen: Eine Aufstiegsalternative ist die Route von der nahen Bergstation des Karren in Dornbirn. Die Gehzeit vom Karren zum Staufen beträgt etwa 1 ½ Stunden.

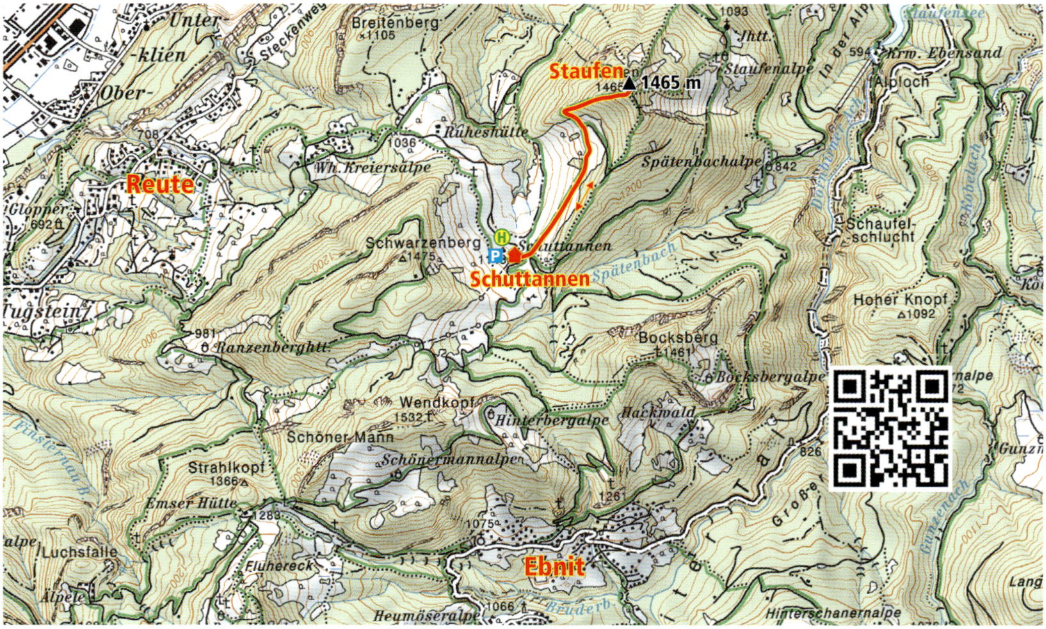

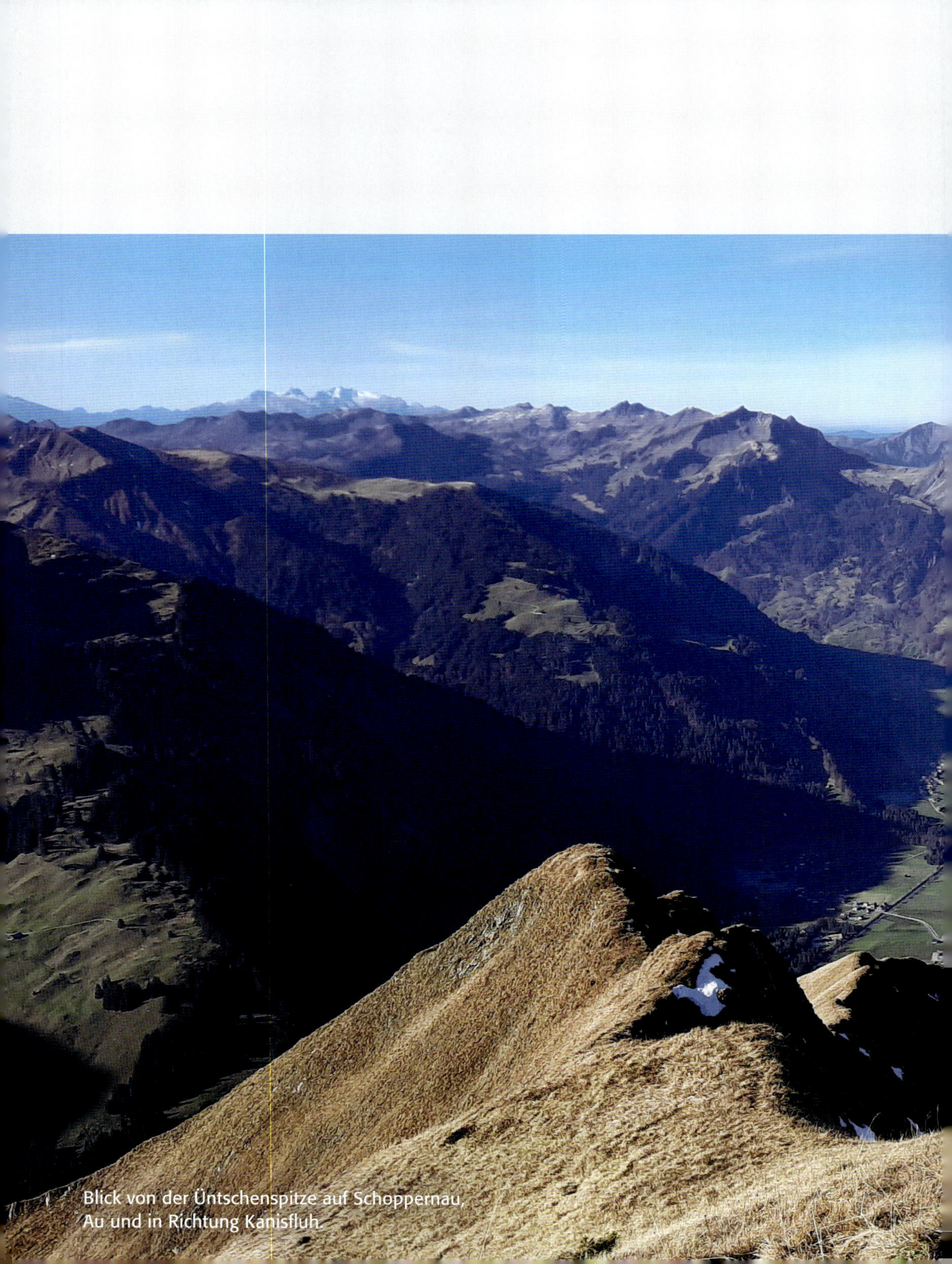
Blick von der Üntschenspitze auf Schoppernau, Au und in Richtung Kanisfluh.

Bregenzerwald

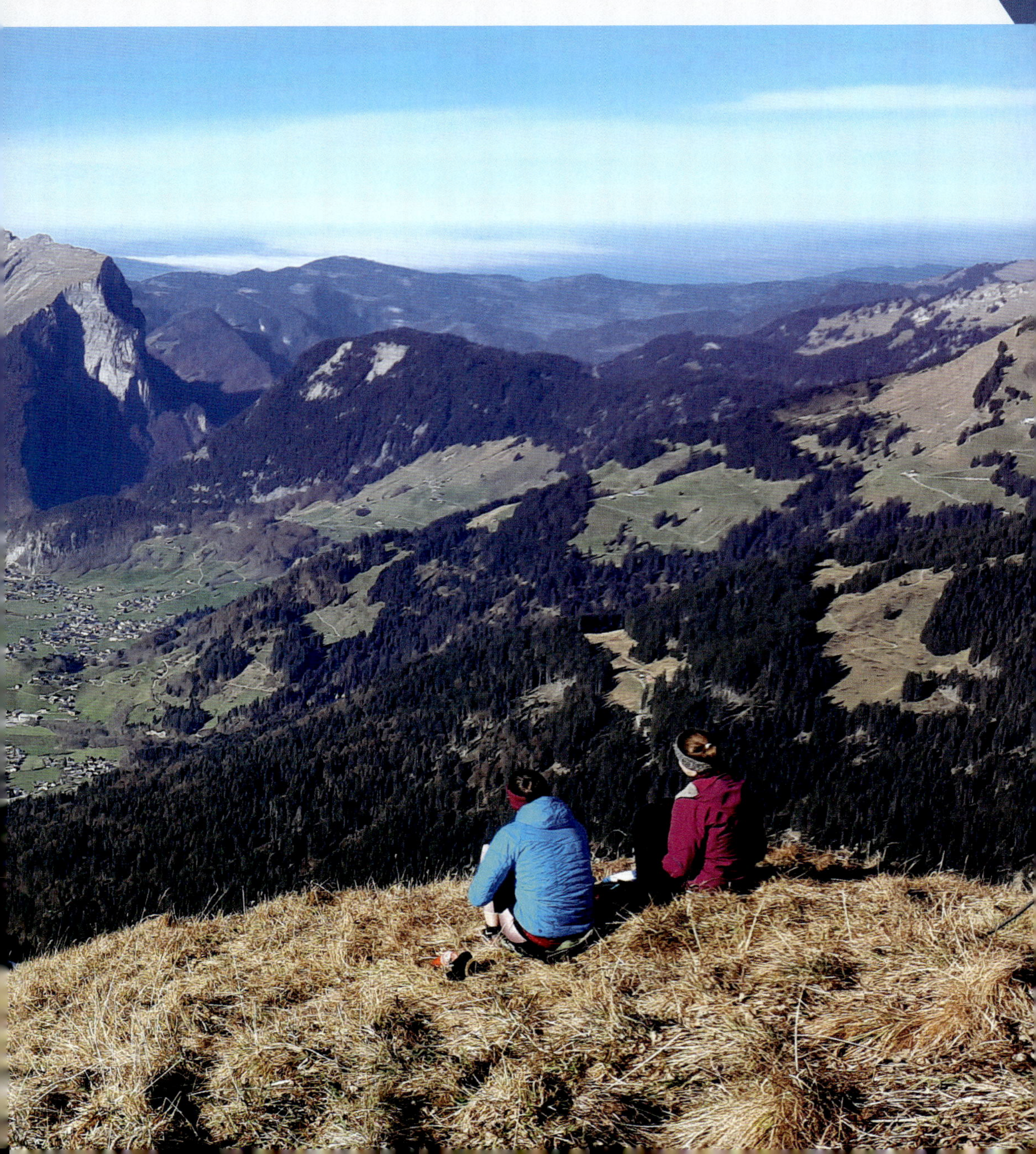

11

Braunarlspitze, 2649 m

Geniale Hochgebirgstour für routinierte Berggeher

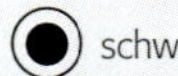 schwer  5¾– 7¼ Std.  1140 Höhenmeter

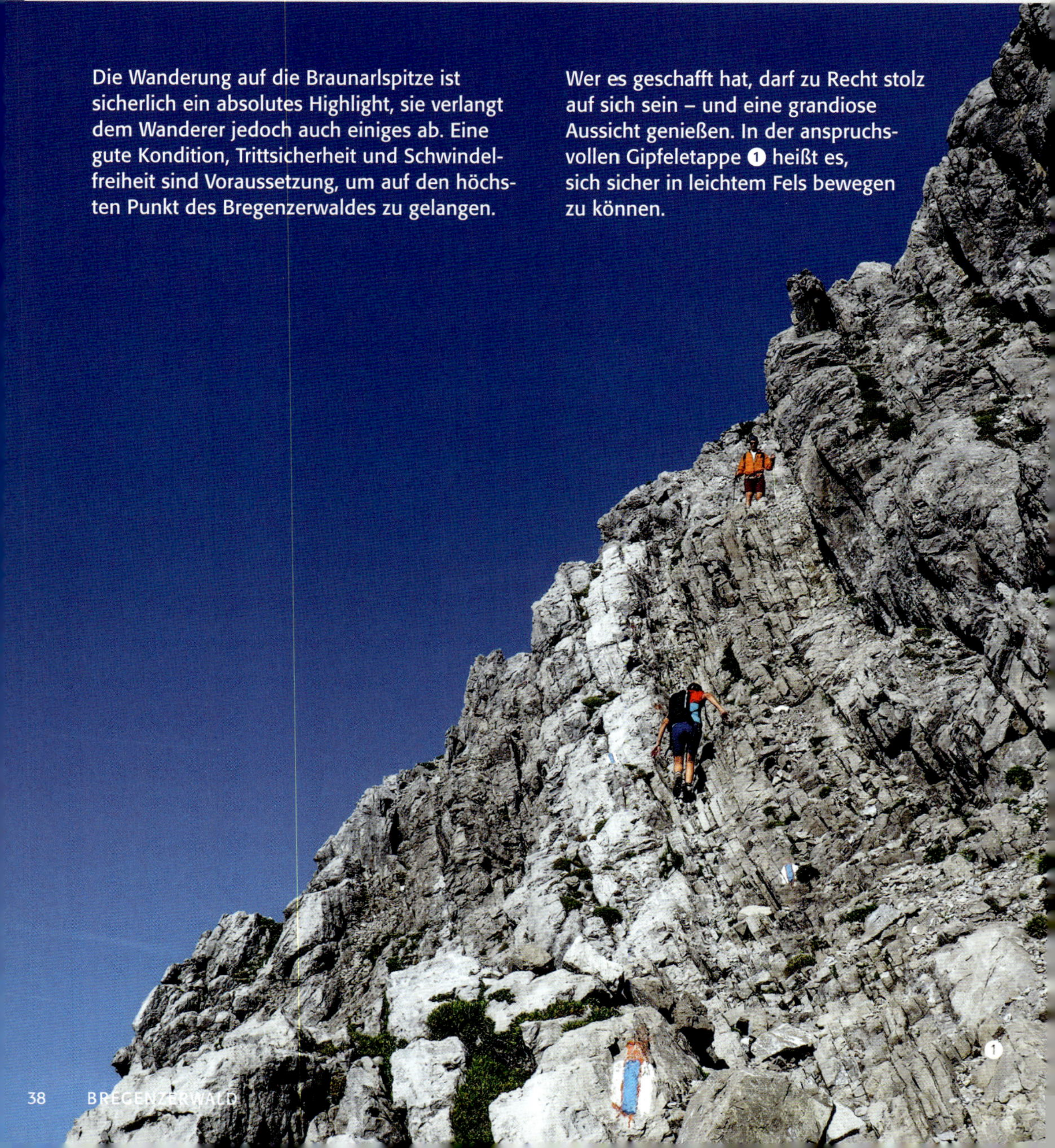

Die Wanderung auf die Braunarlspitze ist sicherlich ein absolutes Highlight, sie verlangt dem Wanderer jedoch auch einiges ab. Eine gute Kondition, Trittsicherheit und Schwindelfreiheit sind Voraussetzung, um auf den höchsten Punkt des Bregenzerwaldes zu gelangen.

Wer es geschafft hat, darf zu Recht stolz auf sich sein – und eine grandiose Aussicht genießen. In der anspruchsvollen Gipfeletappe ❶ heißt es, sich sicher in leichtem Fels bewegen zu können.

❶

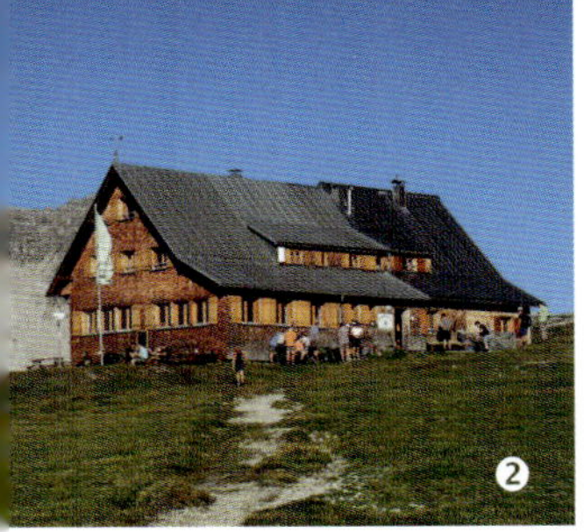

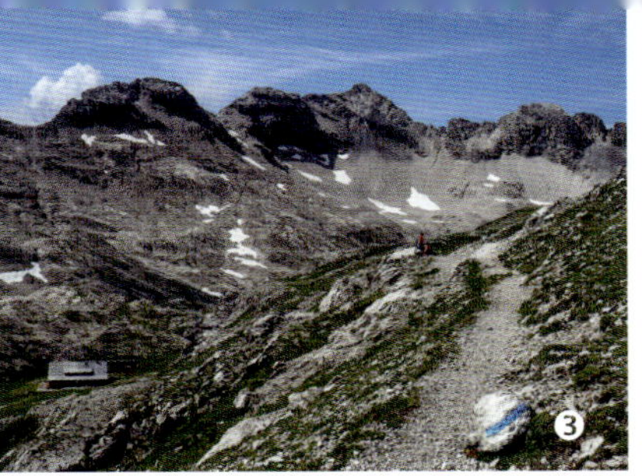

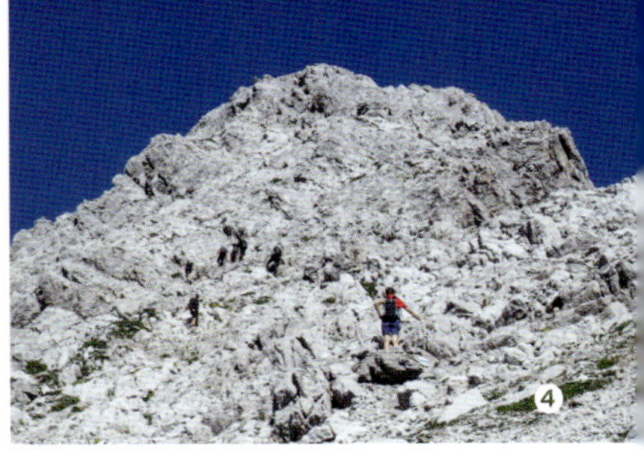

Ausgangspunkt: Bushaltestelle „Gasthaus Älpele Zug", wenn man mit dem Wanderbus von Lech kommt. Oder Parkplatz beim Gasthaus „Älpele", wenn man mit dem Pkw anreist. Die Anfahrt erfolgt von Lech aus, ab der Schranke in Zug besteht Mautpflicht. Der Mauttarif für Pkw beträgt € 20,– (Stand 2021). Achtung: Die Zufahrt zum Parkplatz beim Gasthaus „Älpele" ist zwischen 8:00 und 16:30 Uhr (und mittwochs ganztägig) den Wanderbussen vorbehalten!

Einkehrmöglichkeiten: Göppinger Hütte, Gasthaus „Älpele".

Wegbeschreibung: Der Start erfolgt beim urigen Gasthaus „Älpele" in Zug. Vom Unteren Älpele geht es anfangs durch den Wald, anschließend über freie Alpflächen bis zum Oberen Älpele. Der einfache weiß-rot-weiß markierte Weg führt weiter bis zur Göppinger Hütte. Dieser Abschnitt ist auch für Kinder gut zu gehen. Die schön gelegene Göppinger Hütte ist nach etwa 1 ½ bis 2 Stunden erreicht ❷. Ab der Hütte wird der nun nach Nordosten führende Weg deutlich anspruchsvoller ❸. Das imposante und viel begangene Ziel sieht man bereits vor sich. Ab der Abzweigung „Braunarlspitze 1 Stunden." führt ein schmaler, sehr steiler Serpentinenweg bis zum Einstieg in schwierigeres Gelände. Nun geht es über griffige Felsen steil bergauf, die Hände kommen nun öfters zum Einsatz ❹. Auf dieser Gipfeletappe sind auch einzelne ausgesetzte und ungesicherte Stellen zu meistern. Erfahrene Bergsteiger werden diesen Teil der Tour besonders mögen!

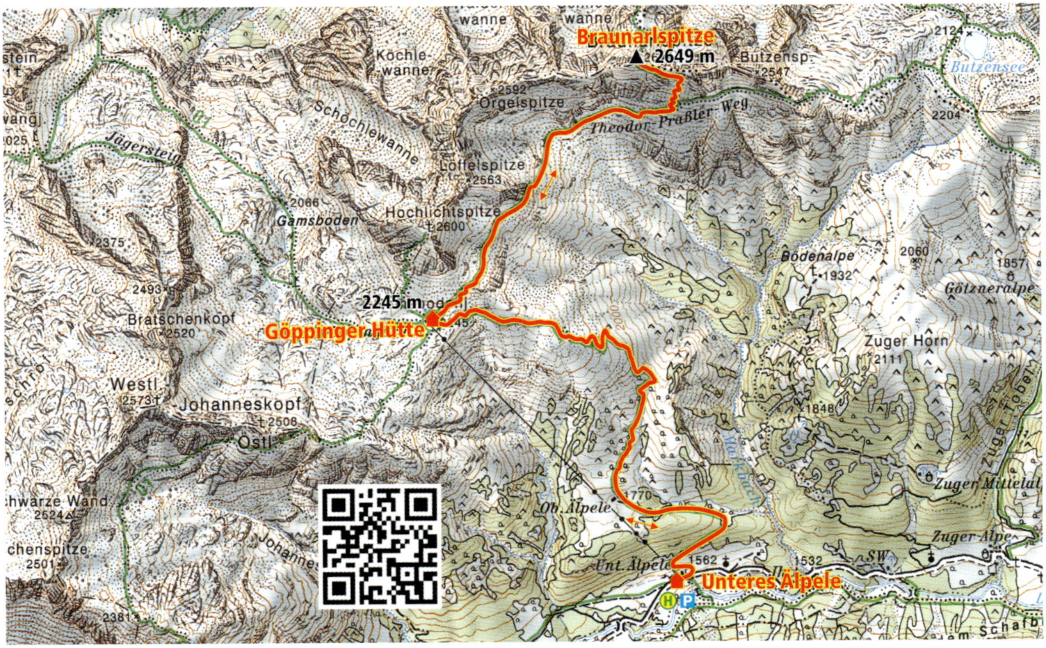

12

Hochkünzelspitze, 2397 m

Imposanter Felskoloss im hintersten Bregenzerwald

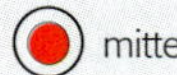 mittel  5¼– 6¼ Std.  1300 Höhenmeter

Ausgangspunkt: Bushaltestelle Schröcken – Landsteg bzw. kleiner Parkplatz an der Galerie bei Landsteg (direkt an der Bregenzerwaldstraße L200 zwischen Schoppernau und Schröcken).

Einkehrmöglichkeit: Biberacher Hütte.

Gut zu wissen: 1. Speziell an warmen Sommertagen ist ein früher Aufbruch zu empfehlen, da die Morgensonne beim Aufstieg von Landsteg zum Schadonapass bereits kräftig einheizt.

2. Bis zum Schadonapass bzw. zur Biberacher Hütte ist die Wanderung recht einfach und auch mit gehfreudigen, etwas größeren Kindern möglich.

3. Nahe der Biberacher Hütte befindet sich ein Klettergarten, hier finden sich verschiedene gut gesicherte Routen.

Wegbeschreibung: Der Weg zur schön gelegenen Biberacher Hütte ❶ führt zunächst durch den Wald, bald lichtet sich dieser jedoch, und es geht meist recht steil in freiem Gelände bergauf. Im oberen Teil verläuft der Weg dann etwas flacher weiter bis zum aussichtsreichen Schadonapass, wo sich sehr schön das Große Walsertal präsentiert. Man lässt die Biberacher Hütte links liegen (die Einkehr bietet sich besser beim Abstieg an) und folgt der Markierung rechts bergauf Richtung Hochkünzelspitze ❷.

Der gut angelegte Bergweg führt nun in nördlicher Richtung, links unter dem vorgelagerten Giglturm ❸ vorbei, zum Gipfel ❹. Kurz unter diesem passiert man eine etwas exponierte Stelle, die jedoch mit einem Drahtseil gesichert ist.

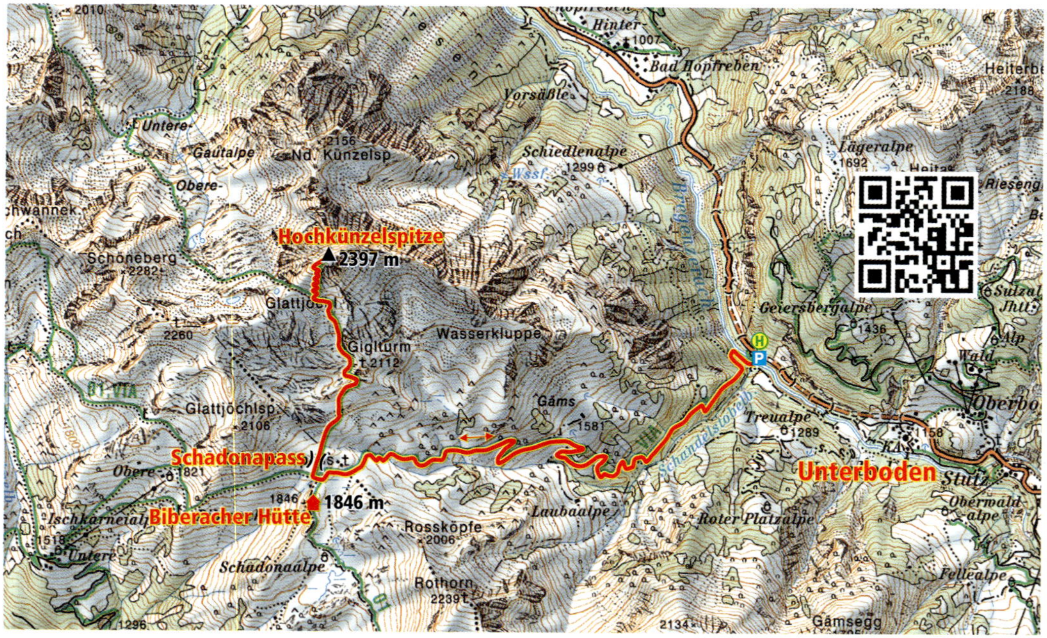

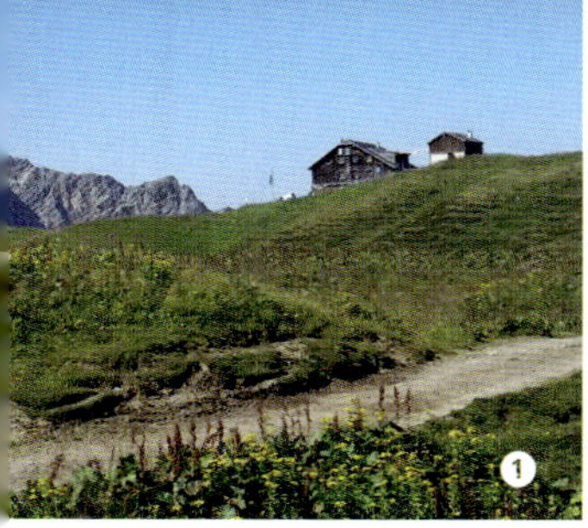
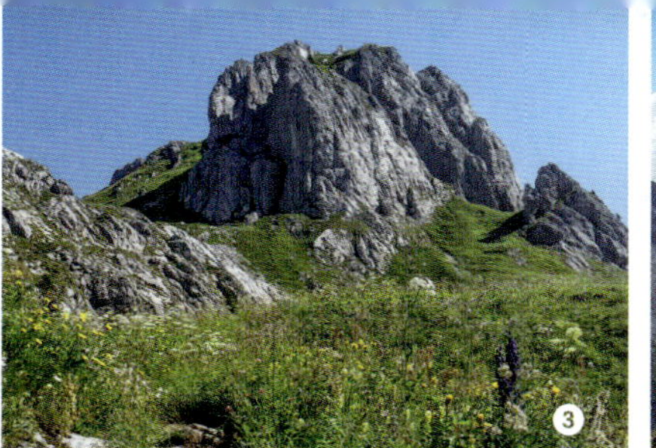
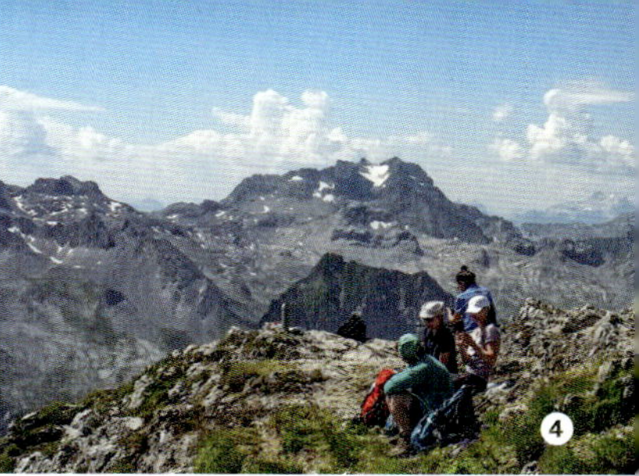

Die Landschaft hier im hintersten Bregenzerwald zählt zum Schönsten, was die Vorarlberger Bergwelt zu bieten hat. Einzigartige Ausblicke auf die umliegenden Alpflächen und Berge machen bereits den Anstieg zur Biberacher Hütte bzw. zum Schadonapass sehr kurzweilig. Der Gipfelanstieg selbst erfordert Trittsicherheit und gute Kondition, dafür warten dort oben unvergessliche Ausblicke ❹.

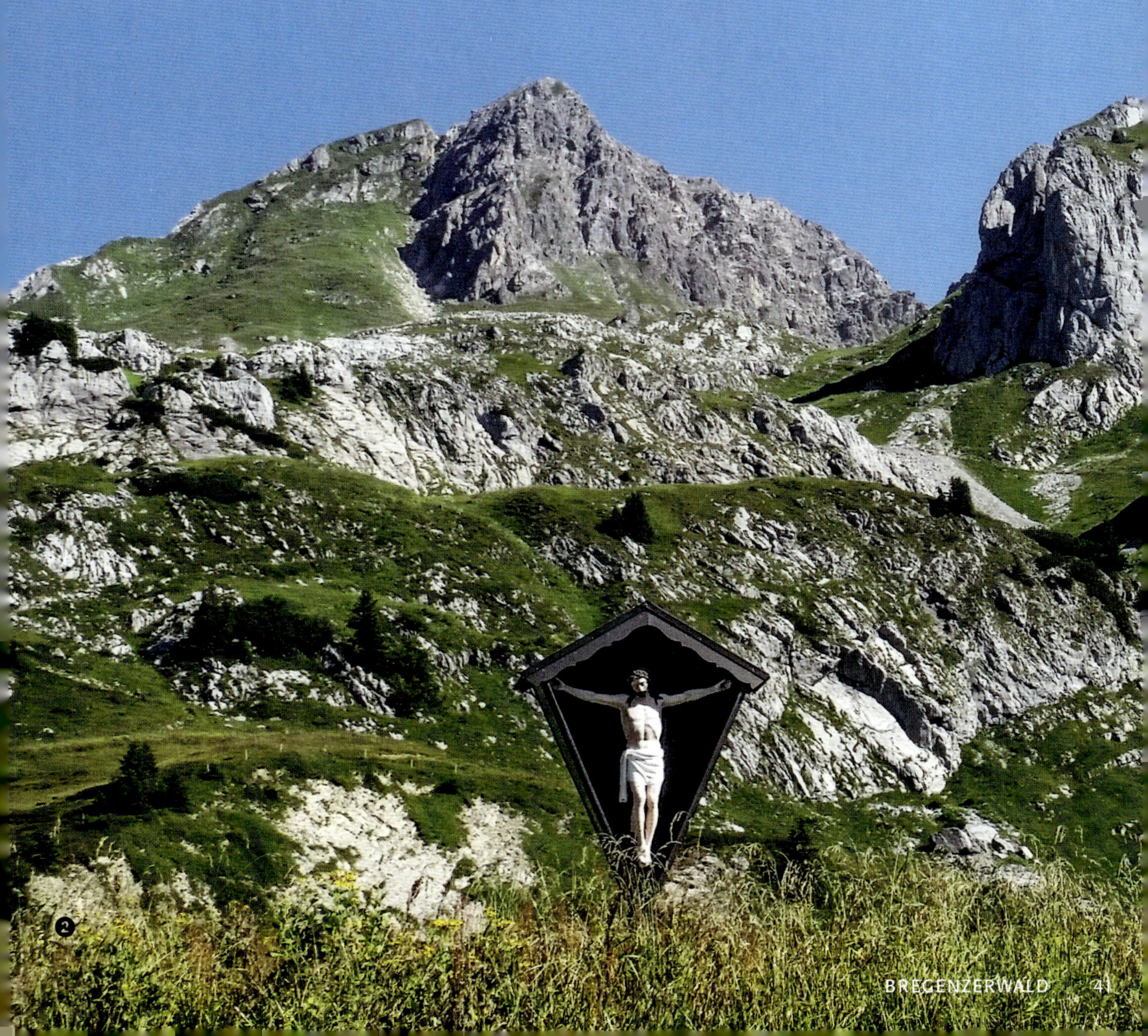

13

Portlahorn, 2010 m

Einfache und kurze Gratwanderung

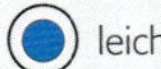 leicht  1¾– 2¼ Std.  300 Höhenmeter

Die Wanderung auf das leicht erreichbare und aussichtsreiche Portlahorn besticht durch die vielfältige Flora und Fauna in diesem Naturschutzgebiet. Mit etwas Glück können Gämsen beobachtet werden. Der malerische Blaue See ❶ ist ein weiterer landschaftlicher Höhepunkt. Eine ideale Tageszeit, um das beliebte Portlahorn zu besuchen, ist der frühe Abend. Dann sind die umliegenden Berge in ein wunderschönes warmes Licht getaucht, und man kann die Aussicht in aller Stille genießen.

Ausgangspunkt: Parkplatz an der L51 unterhalb der Portla Alpe, ca. 1,4 km vom höchsten Punkt, dem Furkajoch, in Fahrtrichtung Damüls entfernt. Anfahrt entweder über Rankweil – Laterns, über den Bregenzerwald – Damüls oder über das Große Walsertal – Damüls.

Einkehrmöglichkeiten: Portla Alpe, Jausenstation „Charly" am Furkajoch.

Gut zu wissen: Bitte beachten Sie, dass es an der Furkastraße unterhalb der Alpe nur eine sehr begrenzte Anzahl von Parkplätzen gibt. In Fahrtrichtung Furkajoch/Laterns gibt es jedoch noch weitere Parkmöglichkeiten.

Wegbeschreibung: Zunächst geht es vom Parkplatz an der Straße in wenigen Minuten hinauf zur Portla Alpe. Die Portla Alpe ist eine Rinderalpe, beim Durchqueren der Weiden sollte daran gedacht werden, genügend Abstand zum Vieh zu halten, vor allem wenn ein Hund mitgeführt wird. Von der Alpe geht es gemütlich ansteigend auf einem verzweigten Wegenetz empor zum Sattel, dem sogenannten Portlafürkele. Der rechte weiß-rot-weiß gekennzeichnete Weg führt hinauf auf den Bergrücken und dann nach links unschwierig über den Südgrat in Richtung Gipfel ❷. Schon von Weitem ist das Gipfelkreuz zu erkennen. Von unterwegs hat man eine wunderbare Aussicht auf die Damülser Mittagsspitze und die umliegenden Berge ❸. Nach weniger als einer Stunde ist man am Portlahorn angekommen ❹ und sieht den Bregenzerwald, das Laternsertal und die Schweizer Berge vor sich.

Der Rückweg erfolgt zuerst nach Norden in Richtung Sünser Joch. Nach einer knappen Viertelstunde kommt man zu einer Abzweigung. Dort scharf links abbiegen. Unterhalb befindet sich der kleine malerische Blaue See, der sich für einen Zwischenstopp anbietet. Ab dem See verläuft der Rückweg Richtung Portla Alpe parallel zum Gratweg, auf dem man angestiegen ist.

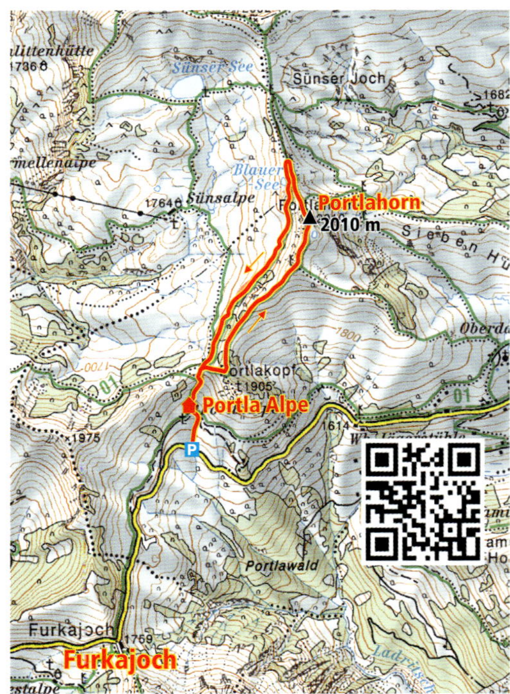

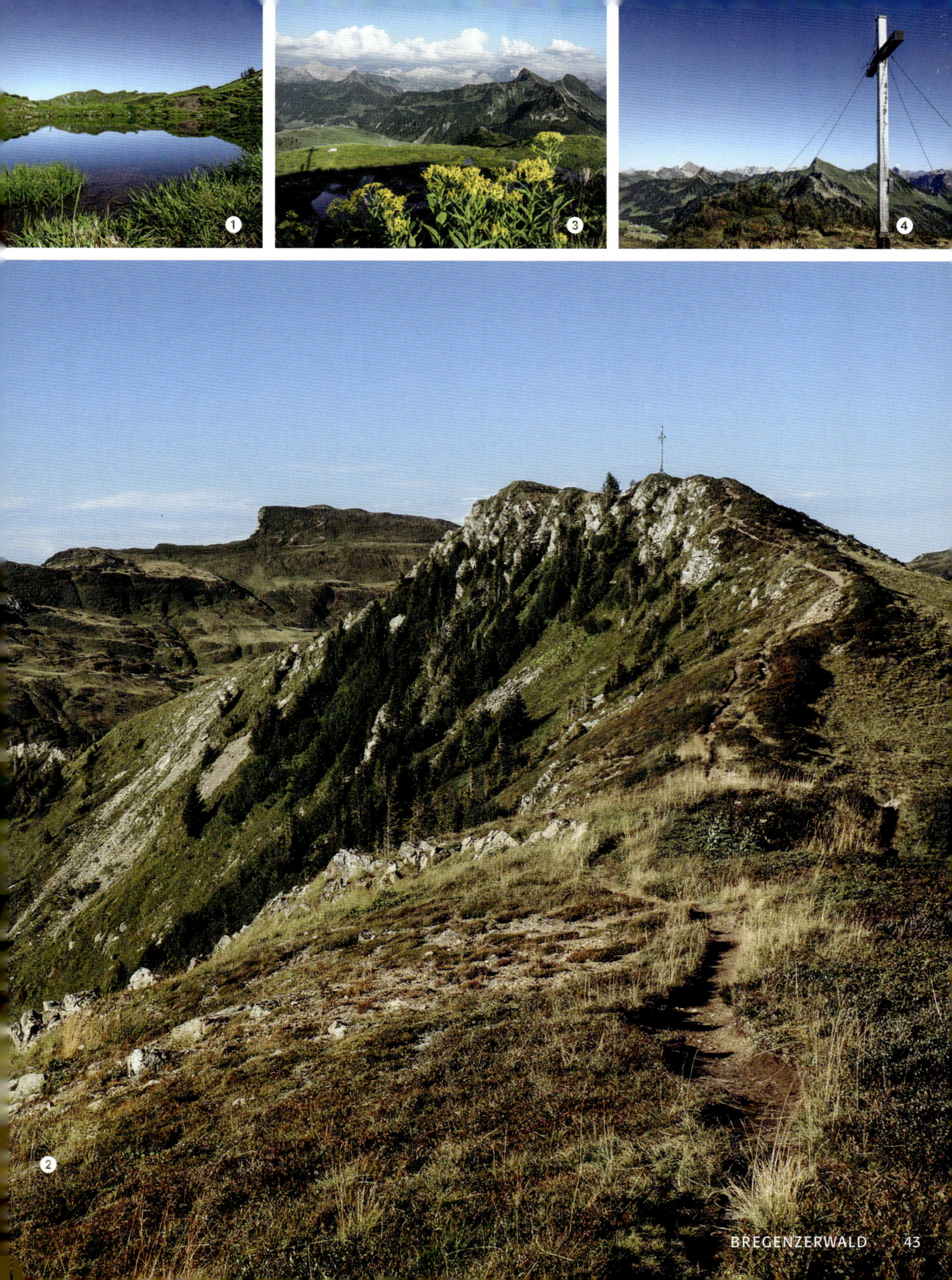

14 Sünser Spitze, 2061 m

Panoramareiche Rundwanderung

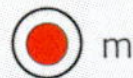 mittel  3½– 4½ Std.  400 Höhenmeter

Obwohl nur 2061 m hoch, bietet die Sünser Spitze ein Panorama, das seinesgleichen sucht. Die leichte Erreichbarkeit und die unschwierige Wegstrecke dieser Rundwanderung machen diesen Gipfel zu einem meiner absoluten Favoriten: Das Verhältnis von Aufwand zu Ausblick ist kaum zu übertreffen.

Ein Sonnenaufgang oder -untergang auf dem Gipfel der Sünser Spitze ist ein unvergessliches Erlebnis. Am besten man übernachtet dazu gleich dort oben unterm Sternenzelt.

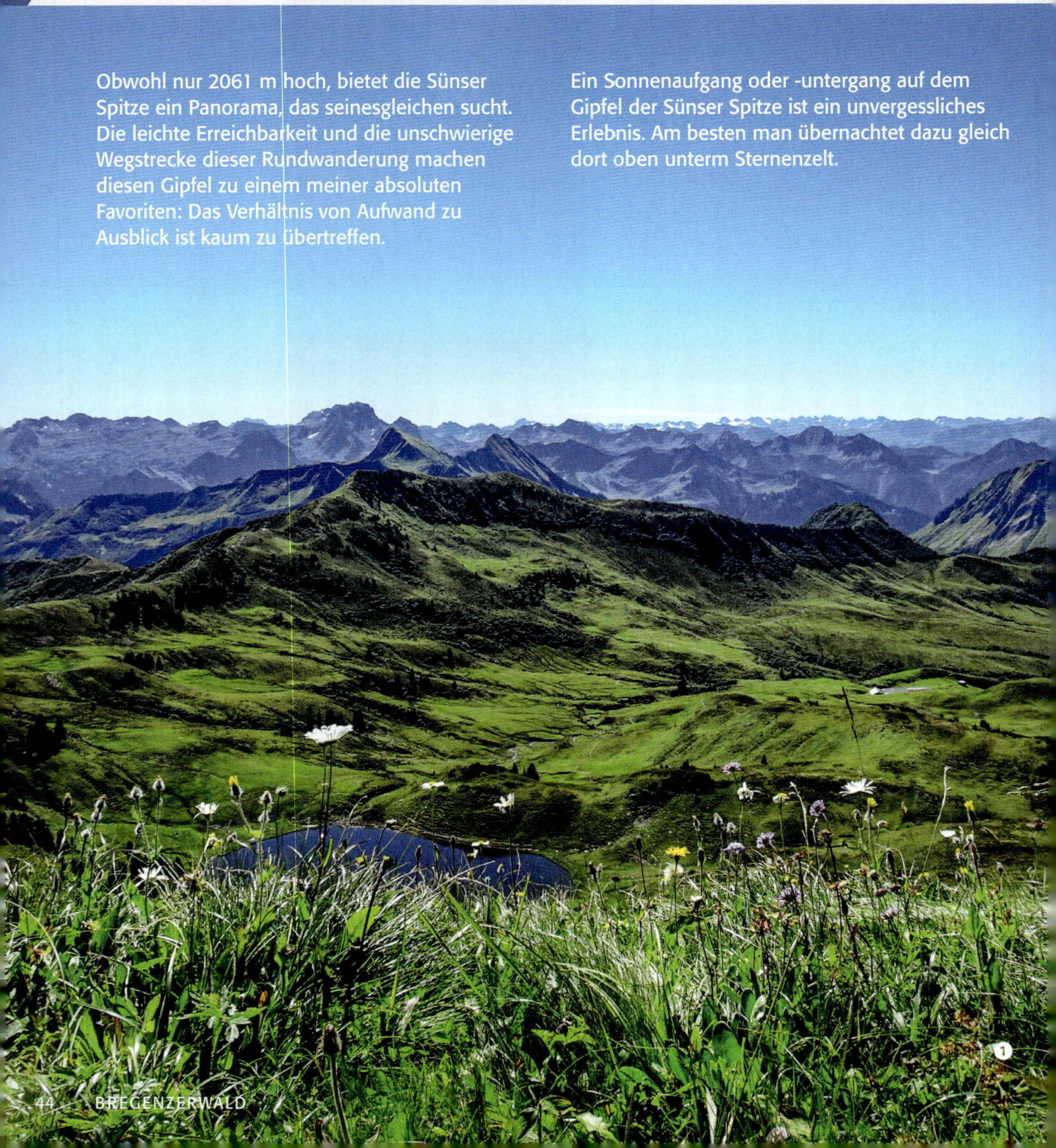

1

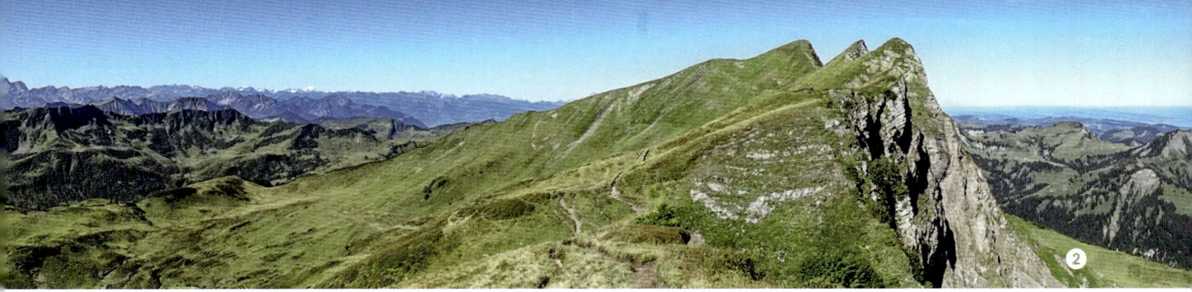

Ausgangspunkt: Parkplatz an der L51 unterhalb der Portla Alpe, ca. 1,4 km vom höchsten Punkt, dem Furkajoch, in Fahrtrichtung Damüls entfernt.
Einkehrmöglichkeiten: Portla Alpe, Jausenstation „Charly" am Furkajoch.
Wegbeschreibung: Vom Parkplatz an der Straße geht man nur wenige Minuten hinauf zur Portla Alpe, wo in den Sommermonaten Vieh weidet. Bei der Alpe befindet sich eine Markierung, die hoch zum Portlafürkele weist. Dieser Markierung folgen. Der Anstieg ins Fürkele ist eher steil, dauert aber nicht lang.

Von dort geht es, stets der weiß-rot-weißen Markierung folgend, geradeaus zuerst etwas bergab, dann längere Zeit fast eben dahin in Richtung Sünsalpe. Oberhalb dieser Alpe ist ein kleiner Bach zu queren. Bald schon kommt am höchsten Punkt des Weges ein Schild, das den Weg zum Sünser See ❶ weist. An diesem Bergsee in malerischer Lage weidet im Sommer das Vieh. Man geht an der Südseite des Sees entlang und gelangt schließlich über einen ansteigenden Weg in einem weiten Bogen zum Gipfelgrat.

Nun folgt der anstrengende Teil der Wanderung, denn bis zum See waren noch kaum Höhenmeter zu bewältigen. Die meisten folgen jetzt. Es geht stetig aufwärts, einmal mehr, einmal weniger steil. Der lange Gipfelgrat, der nach Norden zum Gipfelkreuz führt, ist jedoch einfach zu gehen, nur einige wenige Stellen sind etwas ausgesetzt. An diesen Stellen ist es ratsam, jüngere Kinder an der Hand zu nehmen.

Der Gipfel der Sünser Spitze ❷ bietet eine unglaubliche Aussicht, obwohl er nur etwas mehr als 2000 m hoch ist, sind unzählige namhafte Berge zu sehen: Piz Buin, Rote Wand, Schesaplana, Zimba, Widderstein, Hoher Ifen und viele mehr – die Liste ließe sich endlos fortsetzen.

Der Rückweg führt zuerst in östliche Richtung. Auf einem schmalen Pfad geht es bergab. Nach ein paar Minuten kommt eine Weggabelung, bei der man sowohl den nach oben als auch den abwärts führenden Weg wählen kann: Beide Varianten sind möglich. Am Ende dieses Weges geht es rechts bergab zum Sünser Joch, von wo eine Markierung zum Blauen See weist. Kurz geht es bergauf, etwa zehn Minuten später ist der kleine, aber sehr malerische See erreicht.

Von dort folgt man der Beschilderung auf einem schmalen, teils verwachsenen Pfad zurück zum Fürkele und über die Portla Alpe zurück zum Ausgangspunkt.

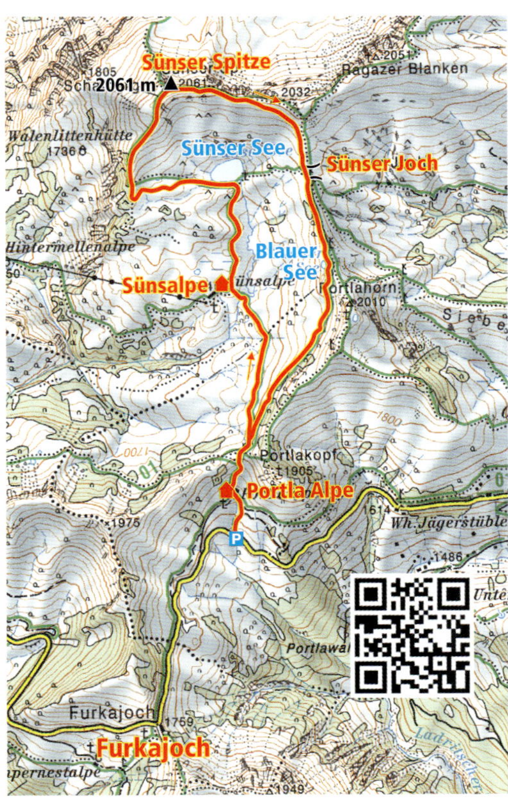

15

Hochblanken, 2068 m

„Zimmer frei" unterm Sternenzelt

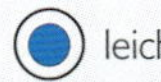 leicht  1¾– 2½ Std.  270 Höhenmeter

Der Hochblanken steht zu Unrecht etwas im Schatten der viel begangenen benachbarten Damülser Mittagsspitze. Dabei bietet er ein wunderbares Panorama und einen unschwierigen Aufstieg. Zudem ist dieser Berg dank des großen, komfortablen Gipfelbereiches und der kurzen Gehzeit bestens für ein Gipfelbiwak geeignet. Der Blick vom Gipfel auf die umliegenden Berge bis hin zum Bodensee ist zwar zu jeder Tageszeit schön, das Erlebnis eines Sonnenauf- und -untergangs von dort oben ist aber ein ganz besonderes Highlight.

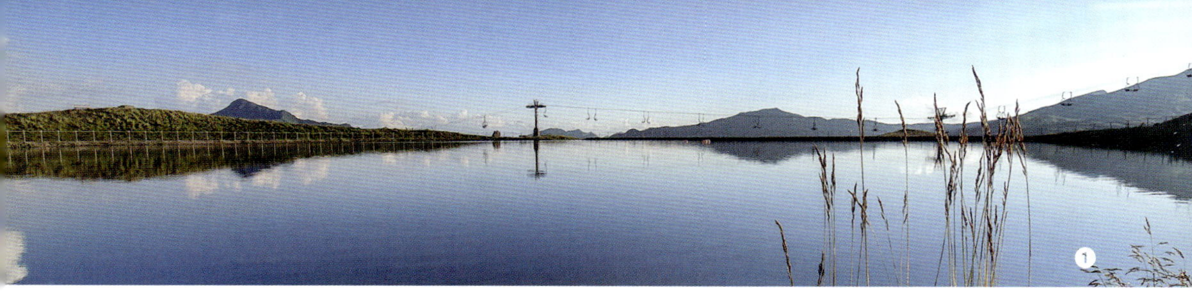

Ausgangspunkt: Bergstation Uga Express, Parkplatz an der Talstation in Damüls. Sommer-Betriebszeiten (Mitte Juni bis Mitte Oktober) von 9:00 bis 12:35 Uhr sowie von 13:30 bis 16:30 Uhr; samstags, sonn- und feiertags durchgehender Betrieb. Fahrbetrieb bei Wanderwetter.

Einkehrmöglichkeiten: Uga Alpe, „Elsenalpstube" bei der Bergstation der Seilbahn, diverse Gasthäuser in Damüls.

Gut zu wissen: Mit der Bregenzerwald Card ist die Benützung der Seilbahnen im Bregenzerwald kostenlos.

Hinweis: Wer nicht auf gleichem Weg zurückwandern will, kann die Tour zu einer Rundwanderung über den Ragazer Blanken erweitern und von dort zur Talstation des Uga Express´ zurückkehren.

Wegbeschreibung: Von der Bergstation des Uga Express´ folgt man der Beschilderung kurzzeitig bergab und wandert vorbei an der schön gelegenen Uga Alpe. Von dort zieht ein breiter weiß-rot-weiß markierter Weg mit einem herrlichen Blick auf die imposante Mittagsspitze nach Nordwesten. Es geht gemütlich mit nur wenig Steigung auf einem Kiesweg dahin, schon bald passiert man einen malerischen kleinen See ❶.

Gemächlich ansteigend führt der Weg in Richtung Bergstation der Seilbahn Hohes Licht, die sich unterhalb des Gipfels befindet. Etwa eine Viertelstunde nach Passieren der Bergstation beginnt dann der steile, jedoch kurze Anstieg auf den Hochblanken ❷, der über einen ausgewaschenen und lehmigen Pfad bergauf zum höchsten Punkt führt.

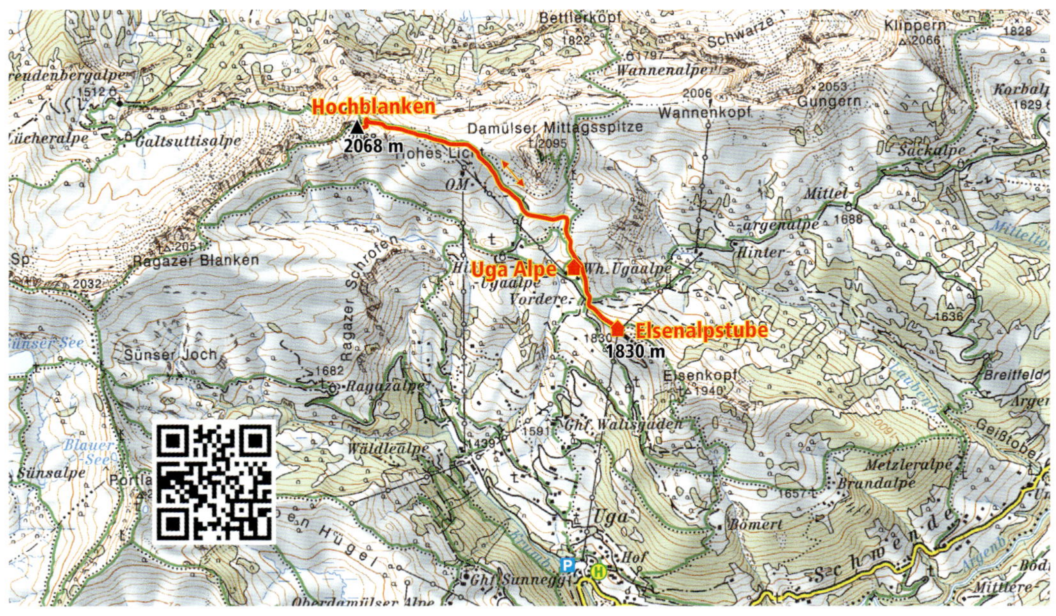

16

Damülser Mittagsspitze, 2095 m

Genusswanderung auf einen markanten Berg

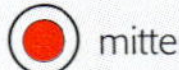 mittel  1¾–2¼ Std.  280 Höhenmeter

Für jeden bergerfahrenen und trittsicheren Wanderer, der die Region Damüls erkunden möchte, ist es ein Highlight, einmal auf deren höchsten Punkt zu stehen. Dementsprechend beliebt ist die formschöne Damülser Mittagsspitze ❶ bei Einheimischen und Gästen, zumal sie mithilfe der Seilbahn recht schnell zu erreichen ist. Der Gipfelanstieg darf dabei aber keineswegs unterschätzt werden ❷.

Ausgangspunkt: Bergstation Uga Express, Parkplatz an der Talstation in Damüls. Sommer-Betriebszeiten (Mitte Juni bis Mitte Oktober) von 9:00 bis 12:35 Uhr sowie von 13:30 bis16:30 Uhr; samstags, sonn- und feiertags durchgehender Betrieb. Fahrbetrieb bei Wanderwetter.

Einkehrmöglichkeiten: Uga Alpe, „Elsenalpstube" bei der Bergstation der Seilbahn, diverse Gasthäuser in Damüls.

Gut zu wissen: 1. Mit der Bregenzerwald Card ist die Benützung der Seilbahnen im Bregenzerwald kostenlos.

2. Trotz der Seilsicherungen an einigen schwierigen Stellen ist ungeübten Wanderern von der Besteigung der Damülser Mittagsspitze abzuraten. Auch für jüngere Kinder ist dieser Gipfel nicht geeignet ❸.

3. Ein absolutes Erlebnis ist das imposante Höhenfeuer, das die Bergrettung alljährlich im August bei Einbruch der Dunkelheit auf der Damülser Mittagsspitze entzündet. Ein Fackelzug führt dann vom Gipfel wieder zurück ins Tal.

Wegbeschreibung: Gleich bei der Bergstation des Uga Express' offenbart sich ein großartiger Blick auf das Ziel der Wanderung: die imposante Mittagsspitze ❹. Anfangs folgt man der Markierung auf einem breiten Wanderweg abwärts bis zur Uga Alpe, wo auch eingekehrt werden kann. Anschließend geht es ansteigend und einfach in nördlicher Richtung weiter, bis man an den Fuß der Damülser Mittagsspitze gelangt. Hier wird links abgebogen. Ein teilweise mit Seilen gesicherter Steig führt durch felsiges Gelände in Richtung Gipfel. Am höchsten Punkt angelangt, bietet sich ein eindrucksvolles Panorama mit Blick auf den Bregenzerwald und das Lechquellengebirge. ❺

Hinweis: Wer diese kurze Wanderung verlängern möchte, kann in weniger als einer Stunde gemütlich zu Fuß zur Talstation wandern, anstatt mit dem Uga Express hinabzufahren.

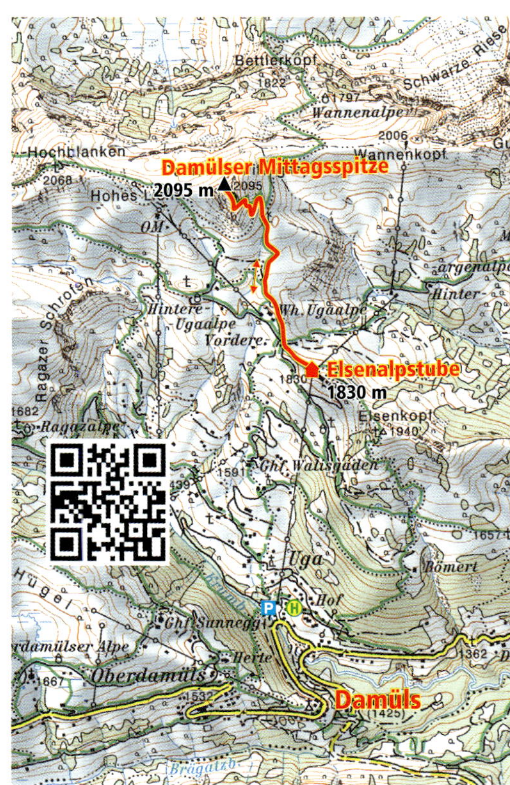

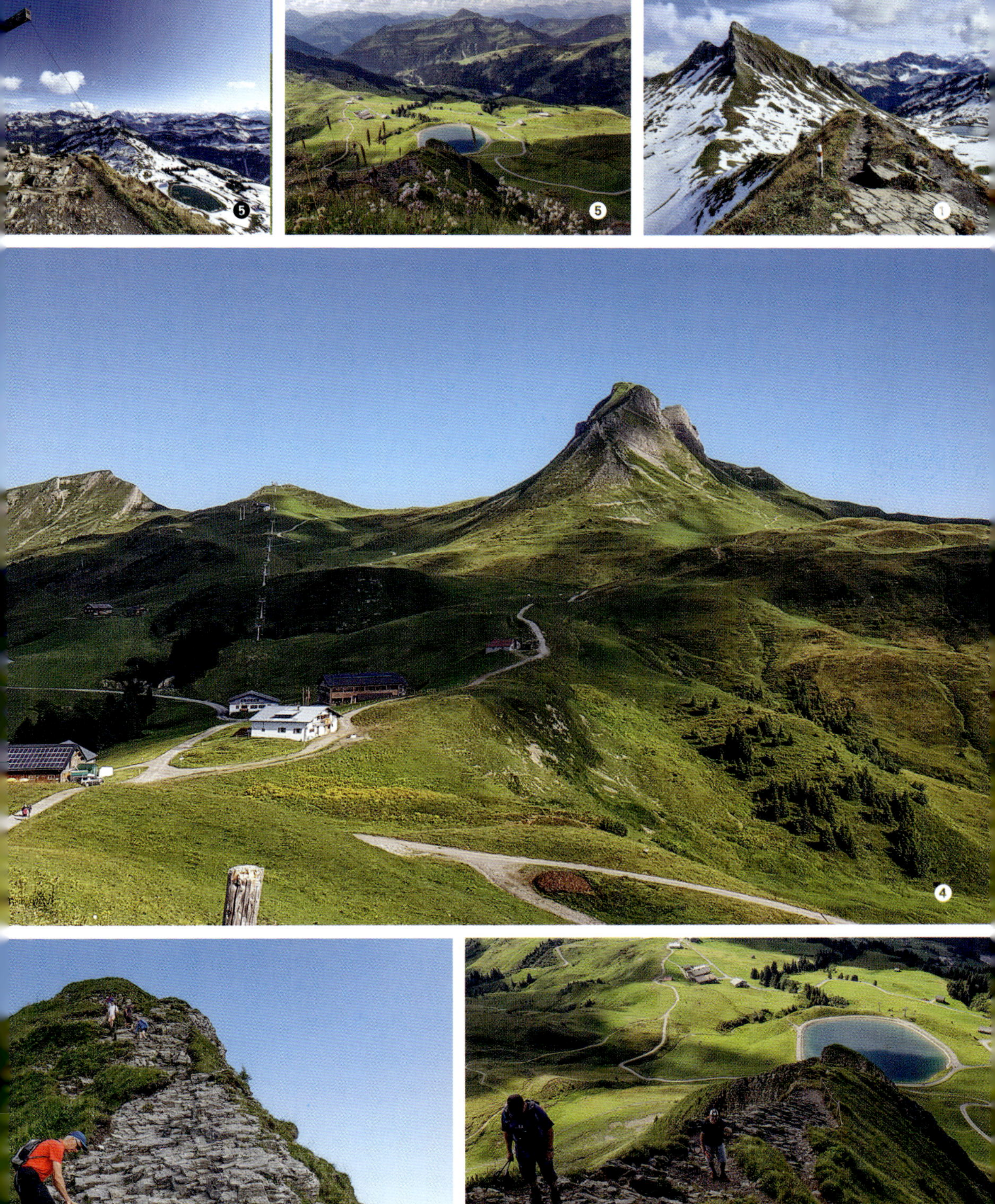

17

Üntschenspitze, 2135 m

Auffällige grüne Bergpyramide mit 1a-Rundblick

 mittel  3¾–5 Std.  1150 Höhenmeter

Die bis zum Gipfel bewachsene Üntschenspitze wacht als markante Berggestalt über Schoppernau im hinteren Bregenzerwald. Vielleicht wird der Gipfel deshalb so gern von den Einheimischen besucht.

Der Aufstieg entlang des Güterwegs mag zunächst etwas langwierig erscheinen, die Üntschenspitze entschädigt aber mit einem kaum zu überbietenden Rundblick für alle Mühen.

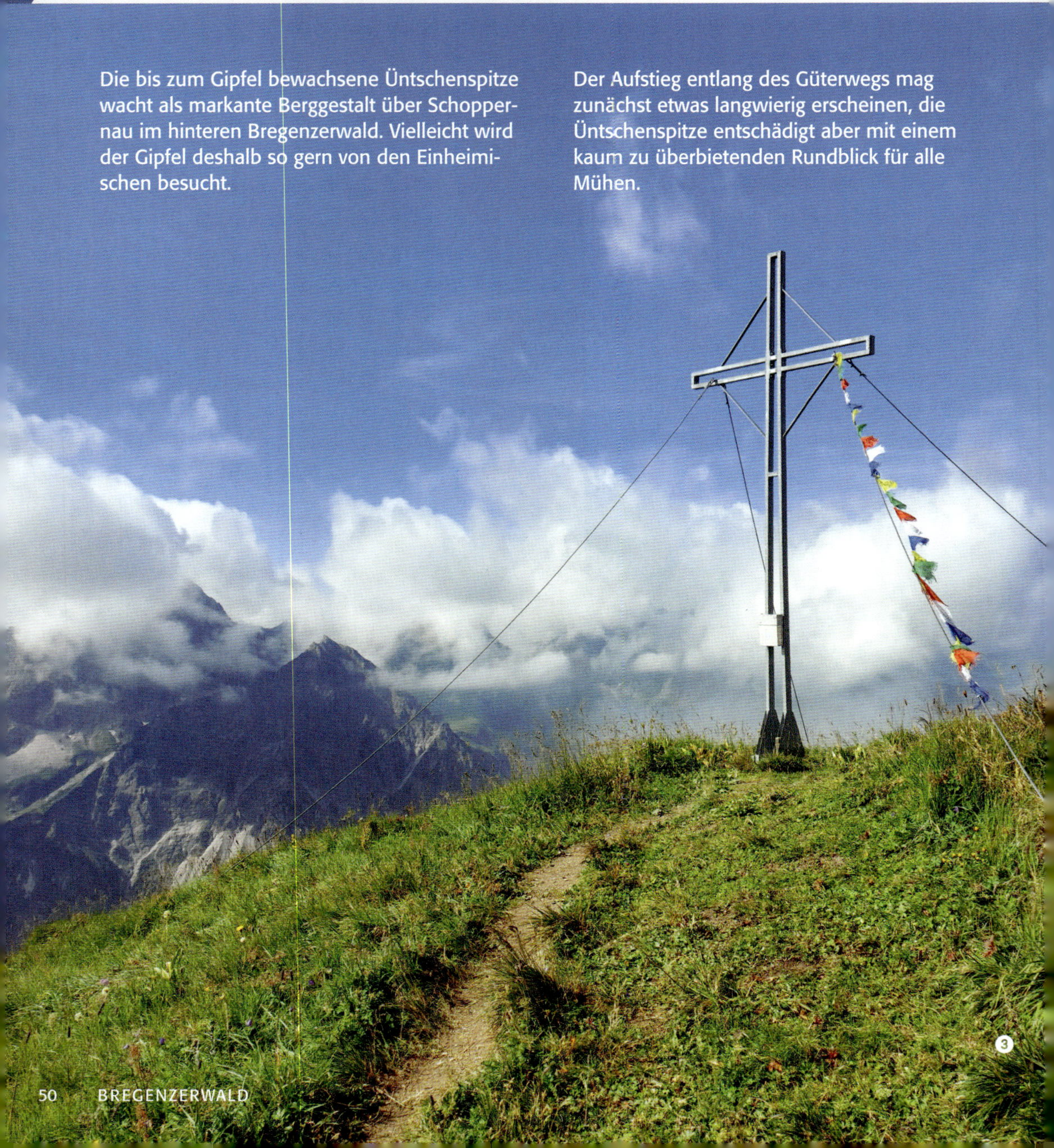

3

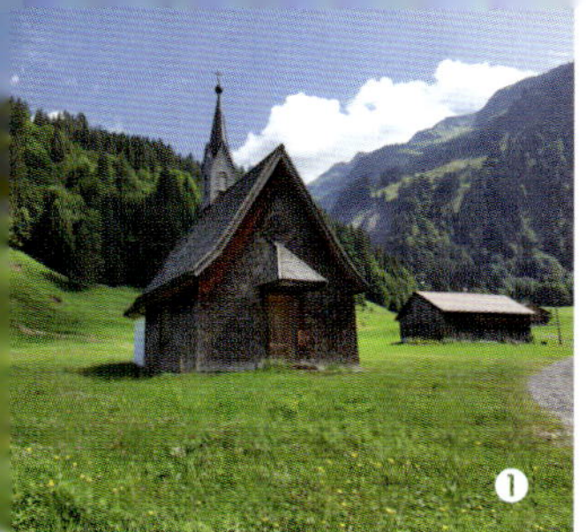

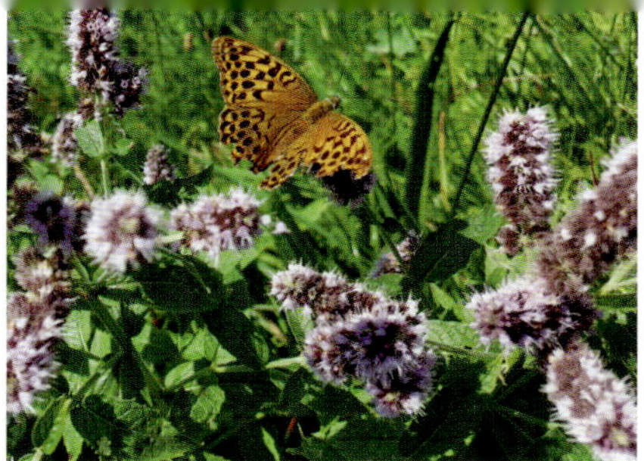

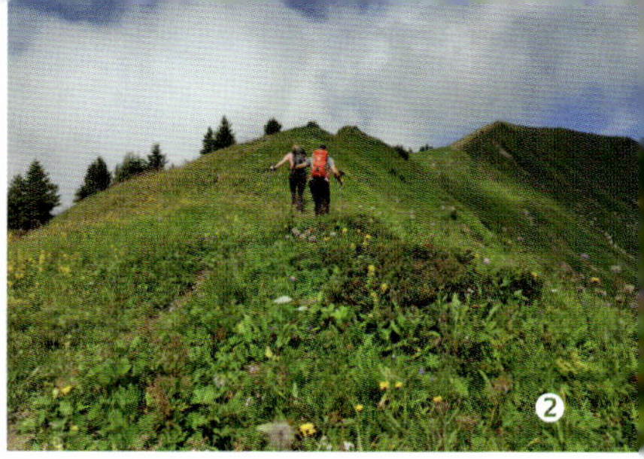

Ausgangspunkt: Vorsäß Hinterhopfreben, Haltestelle des Linienbusses Linie 852 von Schoppernau beim unmittelbar benachbarten Landhaus Bad Hopfreben. Mit dem Pkw von Au-Schoppernau über die Bregenzerwaldstraße B200 Richtung Schröcken, etwa 5 km ab dem Zentrum Schoppernau, begrenzte Parkmöglichkeiten am Ausgangspunkt.
Einkehrmöglichkeiten: Landhaus „Bad Hopfreben", diverse Gasthäuser in Schoppernau.
Wegbeschreibung: Bereits vom Ausgangspunkt sieht man den markanten Gipfel in nördlicher Richtung. Man folgt dem weiß-rot-weiß markierten Güterweg, der an der idyllischen Marienkapelle ❶ vorbei durch das Vorsäß führt, kurz danach geht es links bergauf in bewaldetes Gebiet. Es lohnt sich, öfter stehen zu bleiben, sich umzudrehen und die imposanten Gipfel zu betrachten, die hier ringsum im Blickfeld sind, allen voran die Hochkünzelspitze, der Zitterklapfen und natürlich die Kanisfluh. Sobald man das Vordere Üntschenberg-Vorsäß erreicht hat, ist etwa ein Drittel des Güterwegs geschafft. Bei der Vorderüntschenalpe endet er schließlich. Der mächtige Felskoloss des nahen Widdersteins rückt ins Sichtfeld, und die schöne Alpe lädt zum Verweilen ein.
Nun geht es auf einem schmalen Fußweg über eine Wiese steil bergauf ins Häfnerjoch. Weiß-rot-weiß markierte Holzpfähle weisen den Weg, an einigen steilen Stellen sind Stufen mit Holzbalken eingebaut. Beim Joch zweigt man links ab und wandert auf einem schönen Weglein ❷ nun immer am Kamm entlang unschwierig zum Gipfel der Üntschenspitze ❸.
Gut zu wissen: 1. Vom Häfnerjoch bietet sich eine gute Möglichkeit, einen kurzen Abstecher auf die nahe Güntlespitze zu unternehmen.
2. Die Wanderung auf die Üntschenspitze kann auch zu einer Rundwanderung (insgesamt ca. 5 Std.) ausbaut werden, wenn man kurz nach dem Häfnerjoch links hinunter Richtung Pisialpe wandert und so nach Schoppernau zurückkehrt. In diesem Fall empfiehlt es sich, für die Anfahrt den Linienbus zu nützen.
3. Unweit vom Vorsäß Hinterhopfreben liegt in einer Waldlichtung das historische Jagdschloß Villa Maund, das vom englischen Bankier und Alpinisten Sir John Oakley Maund 1890 erbaut wurde. Die Villa Maund ist in Privatbesitz, kann jedoch für Hochzeits- oder andere Feierlichkeiten über das Hotel-Gasthof „Adler" in Schoppernau gebucht werden.

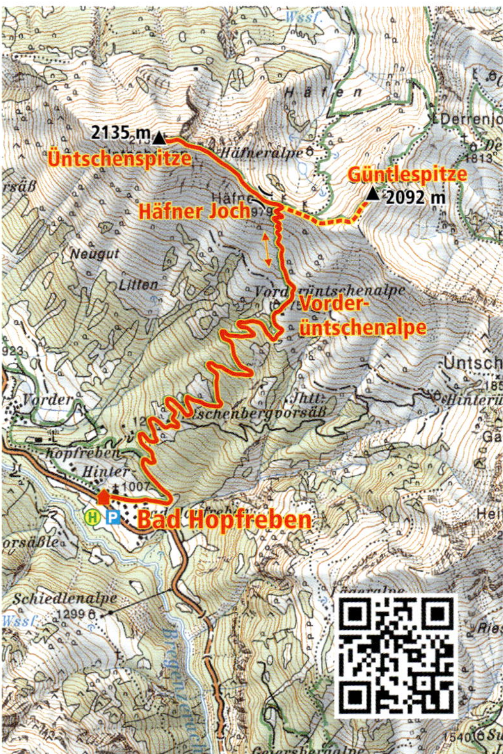

18 Kanisfluh, 2044 m

Der markanteste und schönste Berg des Bregenzerwaldes

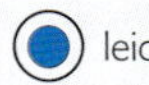 leicht  2–3 Std.  580 Höhenmeter

„Üsere Kanis", wie die Kanisfluh ❶ von den Bewohnern der Region liebevoll genannt wird, ist ein mächtiges Massiv im hinteren Bregenzerwald und landauf, landab bekannt. Kein Wunder, denn die Aussicht vom Gipfel sucht ihresgleichen. Zudem sind auf der Kanisfluh häufig Steinböcke anzutreffen, die sich oft ohne jede Scheu im Gipfelbereich bewegen. Auf der „Kanis" wird man also kaum allein sein.

Ausgangspunkt: Parkplatz unterhalb vom Alpengasthaus „Edelweiß", Au

Einkehrmöglichkeit: Alpengasthaus „Edelweiß", Au.

Gut zu wissen: 1. Es gibt auch die Möglichkeit, von Mellau aus mit der Mellaubahn zur Bergstation Roßstelle zu fahren und von dort über die Alpe Kanis zum Gipfel zu wandern (ca. 3–3½ Std.).

2. Das Tourismusbüro Au-Schoppernau organisiert von Mitte Juni bis Mitte Oktober geführte Sonnenaufgangswanderungen.

Wegbeschreibung: Vom Parkplatz geht man in wenigen Minuten zum Alpengasthaus „Edelweiß" ❷ und folgt von dort einem breiten weiß-rot-weiß markierten Weg in westlicher Richtung bergauf. Bald wird der Weg schmäler und führt oberhalb der Oberen Alpe vorbei, wo er sich nach Nordwesten wendet. Ein steiniger Pfad zieht bergwärts bis zum Hählesattel. Am Sattel angekommen ist links der Hohe Stoß zu sehen, ein mächtiger und imposanter Felsriese ❸. Man folgt nun dem Weg nach rechts entlang des Kamms und wandert in wenigen Minuten zur Holenke, wie der höchste Punkt des Kanisfluhmassivs genannt wird. Spätestens jetzt wird klar, warum so viele Menschen immer wieder auf die Kanisfluh wandern, denn das Panorama ist unübertroffen ❹. Der Hohe Ifen, die Drei Türme, die Schesaplana und der Widderstein sind nur einige der namhaften Berggrößen, die vom Gipfel aus zu sehen sind ❺.

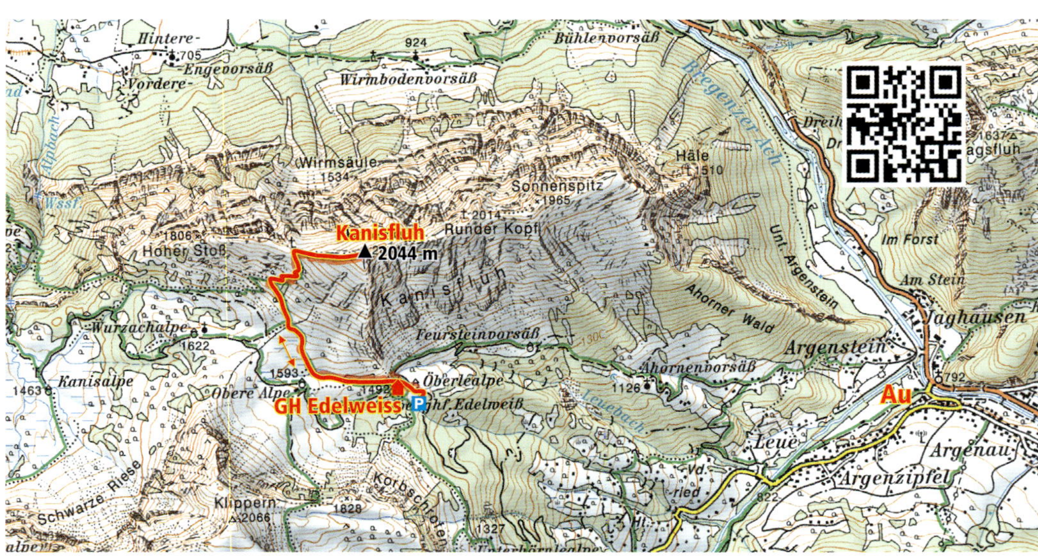

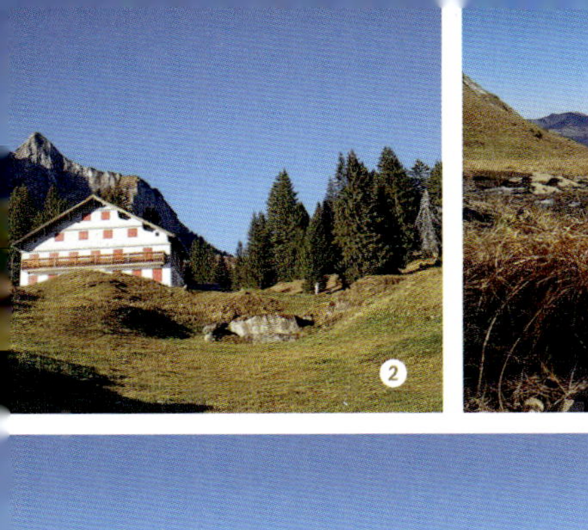

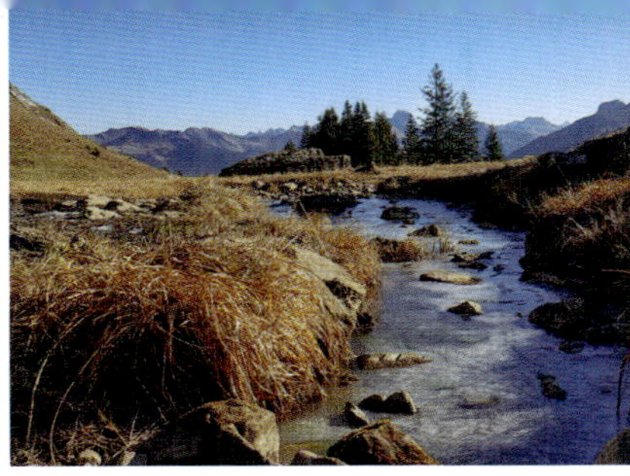

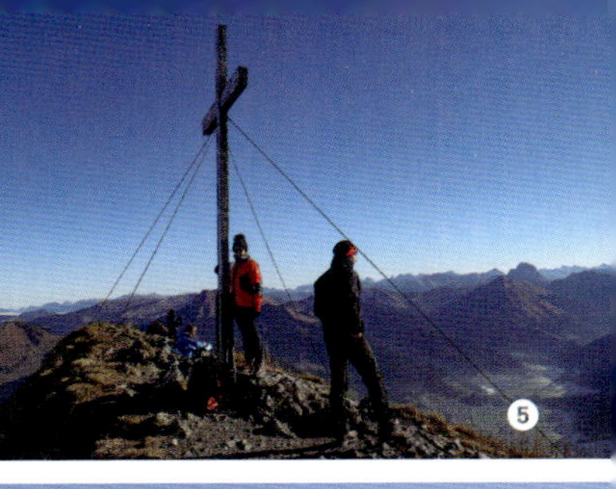

1

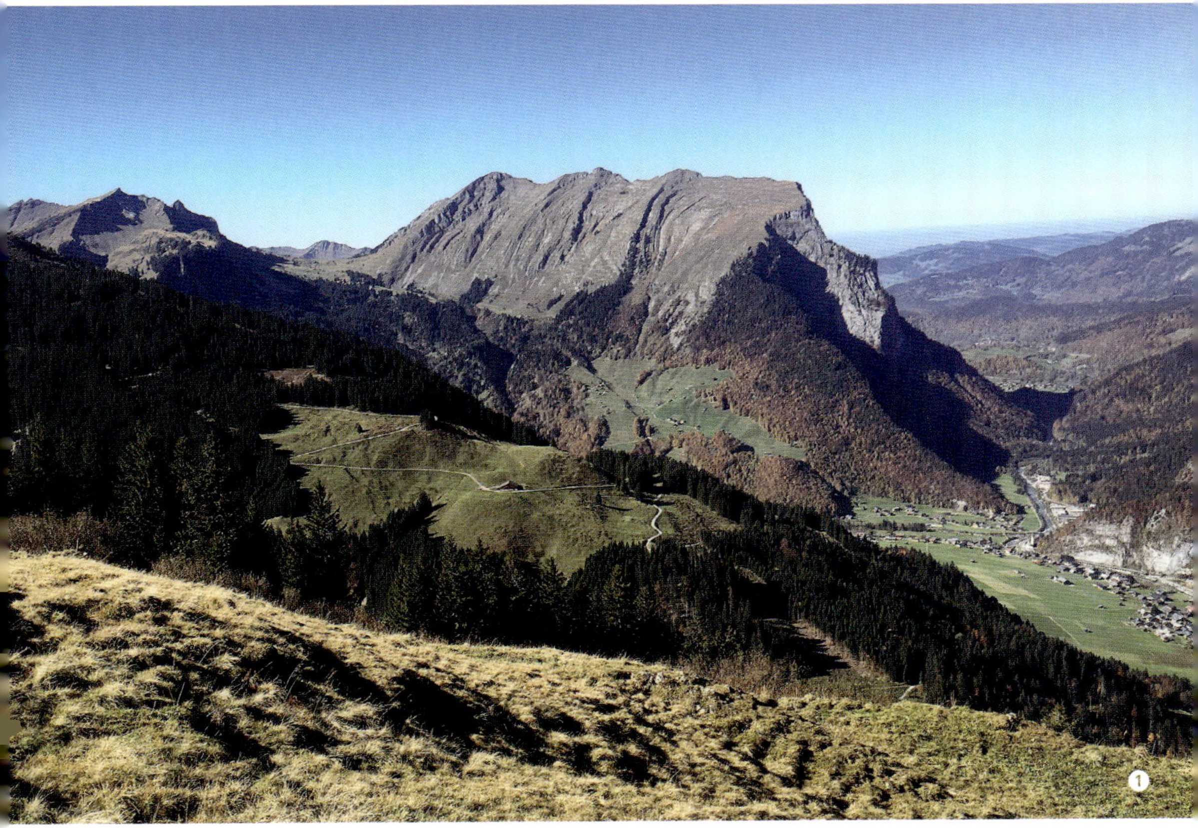

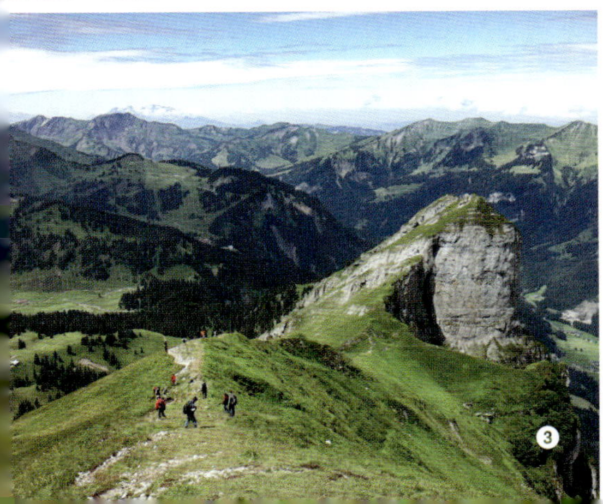

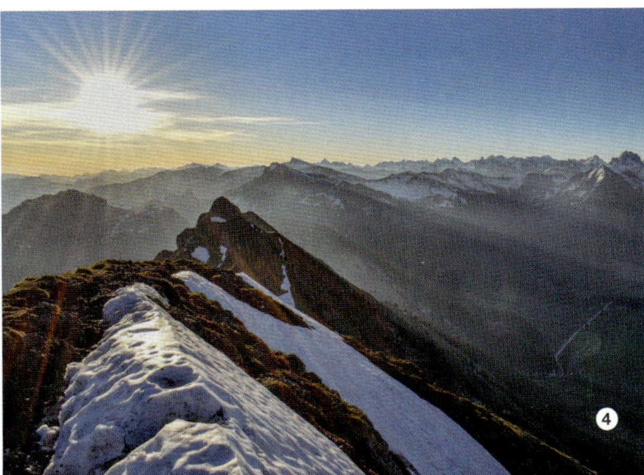

19

Diedamskopf, 2090 m

Ein Panorama, das seinesgleichen sucht

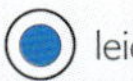 leicht  5–6 Std.  1250 Höhenmeter bergauf / 550 Höhenmeter bergab

Der Diedamskopf ❶ ist als Schigebiet über die Landesgrenzen hinaus bekannt. Aber auch im Sommer ist der Gipfel ein beliebter Anziehungspunkt für Wanderer und Paragleiter.

Viele fahren mit der Bahn hinauf, um das Panoramarestaurant zu besuchen und die traumhafte Aussicht zu genießen. Bei guter Sicht sollen vom Diedamskopf etwa 300 Gipfel zu sehen sein. Wer den Berg vom Tal aus eigener Kraft erwandern will, sollte einige Ausdauer mitbringen, denn der Höhenunterschied ist nicht zu unterschätzen. Der Abstieg lässt sich knieschonend mit der Bahn verkürzen.

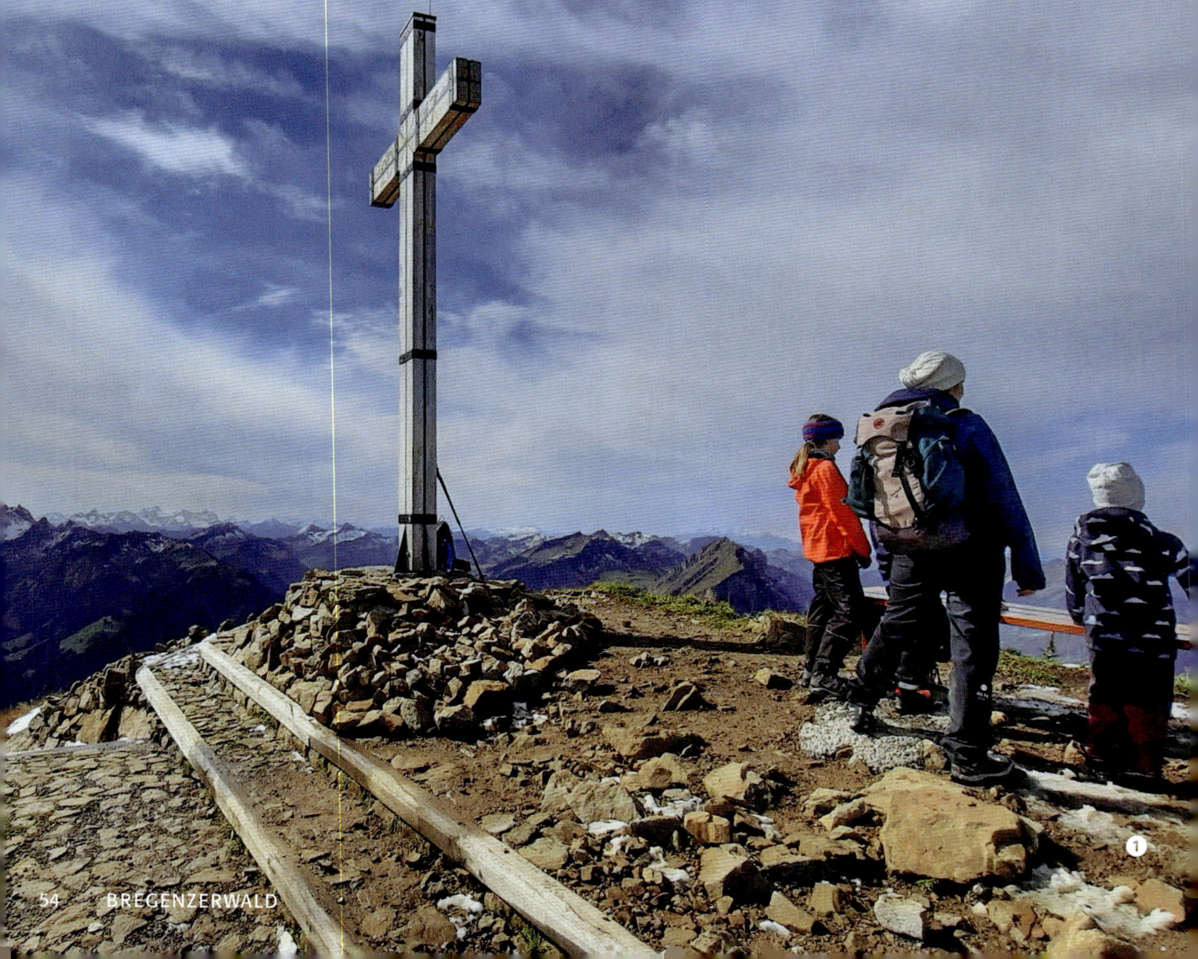

❶

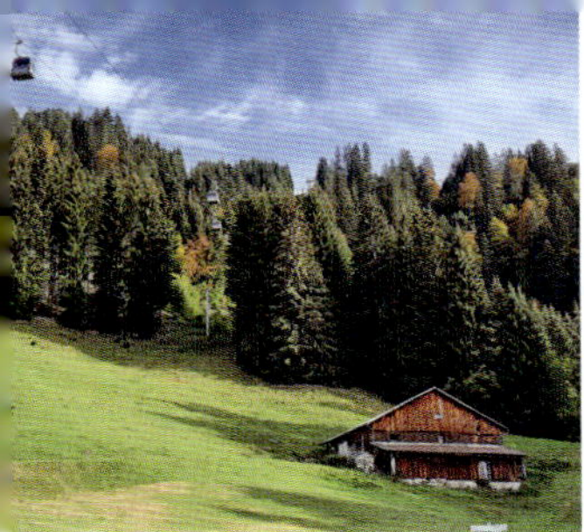

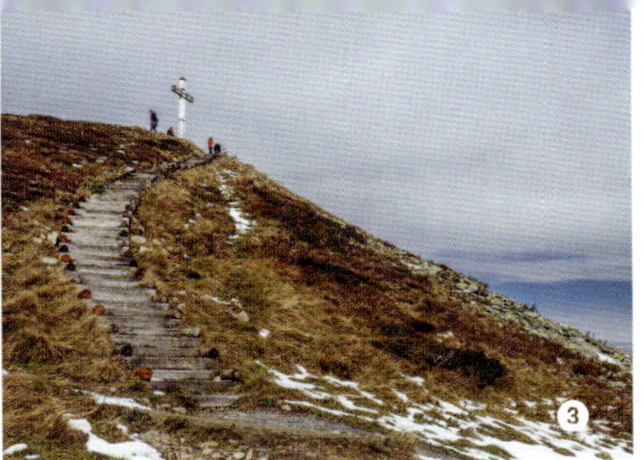

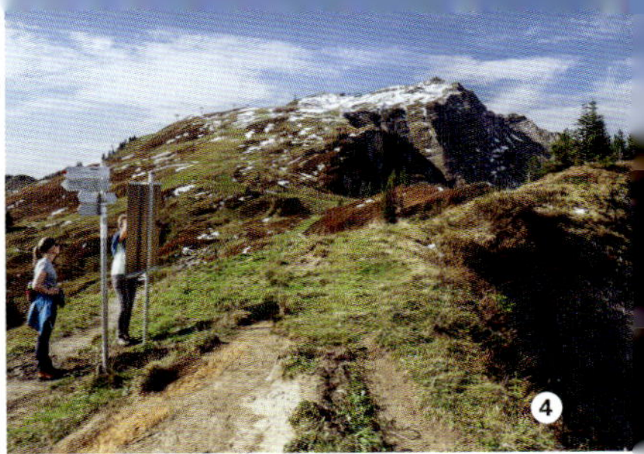

Ausgangspunkt: Parkplatz an der Talstation der Diedamskopfbahn in Schoppernau.

Einkehrmöglichkeiten: Auf den Diedamsalpen sowie an Tal-, Mittel- und Bergstation der Diedamskopfbahn, www.diedamskopf.at.

Gut zu wissen: Obwohl die Tour von der Wegbeschaffenheit als leicht einzustufen ist, darf sie nicht unterschätzt werden, denn die Gehzeit für den Aufstieg beträgt etwa 3–3½ Stunden. Mithilfe der Diedamskopfbahn kann die Wanderung aber sowohl im Aufstieg als auch im Abstieg abgekürzt werden. Wer beispielsweise erst an der Mittelstation startet, spart sich im Aufstieg ca. 2¼ Stunden.

Wegbeschreibung: Von der Talstation folgt man der Straße „Halde" bergauf. Kurz nach der ersten Linkskehre kommt eine Abzweigung, bei der man rechts Richtung „Mittelstation Diedamskopf" abbiegt. Nach wenigen Minuten passiert man die „Kanis-Appartments". Ab hier ist die Straße nicht mehr geteert, führt jedoch als breiter und einfacher weiß-rot-weiß markierter Fahrweg in Richtung Diedamskopf weiter bergauf. Nach etwa 45 Minuten wird die Kälberbodealpe erreicht, über der die Gondeln der Diedamsbahn in luftiger Höhe dahingleiten. Nun führt der Weg teilweise durch den Wald, dann wieder über freie Alpwiesen bergauf. Der gesamte Anstieg bis zur Bergstation erfolgt auf einem breiten gekiesten Fahrweg, der sich ab und zu etwas in die Länge zieht, weshalb Ausdauer von Vorteil ist. Für Kurzweiligkeit sorgen die vielen schönen Ausblicke auf Kanisfluh, Üntschenspitze, Hochkünzelspitze, Zitterklapfen und in die Talorte von Au-Schoppernau. Von der Kälberbodenalpe ❷ geht es weiter zur Unterdiedamsalpe und anschließend zur Alpe Mitteldiedams, wo man Alpprodukte genießen und auch kaufen kann. Nach weiteren 45 Minuten erreicht man die Oberdiedamsalpe. Von dort gelangt man rasch auf den Bergrücken, wo sich wunderschöne Ausblicke in Richtung Hoher Ifen und Allgäuer Alpen auftun. Bald schon ist der Gipfel erreicht ❸.

Beim Rückweg geht es zuerst den gleichen Weg retour, später hält man sich aber dann in Richtung Kreuzle ❹. Vom Kreuzle folgt man dem Wegweiser zur Mittelstation, die den Wanderer knieschonend zurück zum Ausgangspunkt bringt. Der Weg führt zuerst in südlicher Richtung bergab, dann nach Westen. Die Gehzeit vom Gipfel zur Mittelstation beträgt 2–2½ Stunden. Wer nicht bis zur Mittelstation hinuntergehen will, kann auch von der Bergstation ins Tal fahren.

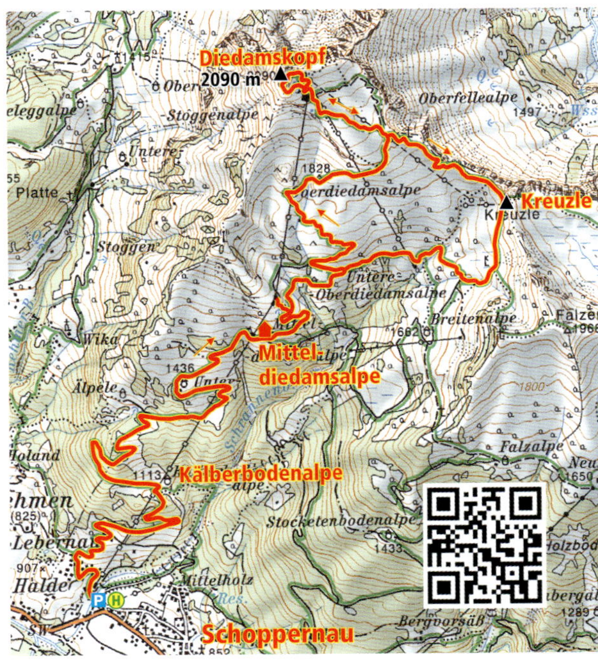

20

Bullerschkopf, 1761 m

Große Rundwanderung über mehrere Alpen

leicht bzw. mittel (je nach Variante) 4½–6 Std.  650 Höhenmeter

Ausgangspunkt: Bergstation „Baumgartenhöhe" der Bergbahnen Bezau, Parkplatz an der Talstation. Die Bahn fährt von 9:00 bis 17:00 Uhr, www.seilbahn-bezau.at.
Einkehrmöglichkeit: Panoramarestaurant „Baumgarten", Sammerealpe, Stongenalpe.
Wegbeschreibung: Von der Bergstation „Baumgartenhöhe" geht es zunächst auf einem breiten Panoramaweg leicht ansteigend mit wunderbarem Ausblick zur Niederen Höhe. Nun wird der Weg schmaler. Er führt abwärts durch eine Karstlandschaft, dann hinauf zur Stongerhöhealpe und über die Wiese steil hinauf zur Stongerhöhe. Von dort geht es rechts über den weiß-blau-weiß markierten Hasenstrick ❶ hinauf auf die viel besuchte Winterstaude. Dieser alpine Steig ist leicht ausgesetzt, jedoch mit Fixseilen gesichert. Wer nicht schwindelfrei ist, sollte besser von der Stongerhöhealpe den Weg über die Lingenauerealpe auf die Winterstaude wählen (siehe Variante in der Karte).
Von der Winterstaude folgt man dem Fußweg in südöstlicher Richtung bergab, nach wenigen Minuten kommt ein Wegweiser, bei dem es rechts hinab zur Stongenalpe geht. Wir bleiben jedoch auf dem Kamm und gehen geradeaus weiter in Richtung Bullerschkopf. Der Fußweg zieht in leichtem Auf und Ab dem Kamm entlang nach Osten, am schlichten Holzkreuz der Hohen Kirche vorbei. Ein letzter kurzer Anstieg ❷ über eine Wiese ist noch zu bewältigen, dann ist der Bullerschkopf erreicht. Ein kompaktes Holzkreuz ziert den grasbewachsenen Gipfel ❸, von dem man einen herrlichen Blick zurück auf die steil abfallende Flanke der Winterstaude hat.
Vom Bullerschkopf geht es in östliche Richtung bergab, nach wenigen Minuten führt rechts in einem Bogen ein schmaler Weg hinab zur Geißtobelalpe. Achtung: Nicht hinab zur Bullerschalpe gehen! Die Geißtobelalpe ist erst nach dem Passieren eines kurzen Waldstückes sichtbar. In diesem Bereich muss man gut auf die Wegfindung achten! Von der Geißtobelalpe führt der Weg hinab zur Geserstobelalpe. Ab hier sind die Wege wieder gut beschildert. Unschwierig geht es zum Schreiberesattel, dann leicht bergab zur bewirtschafteten Sammerealpe und weiter zur Schreiberealpe. Ab hier führt der Güterweg flach entlang des Bächleins durch die malerische Ebene des Stonger Moos ❹ zur Stongenalpe. Von der Stongenalpe folgen wir der Beschilderung Richtung „Baumgarten Bergbahn" und wandern über die Hintere Niederealpe hinauf zur Bergstation. Der Rückweg zieht sich etwas in die Länge, und die meisten werden froh sein, dass die Bahn sie komfortabel hinunter ins Tal befördert.

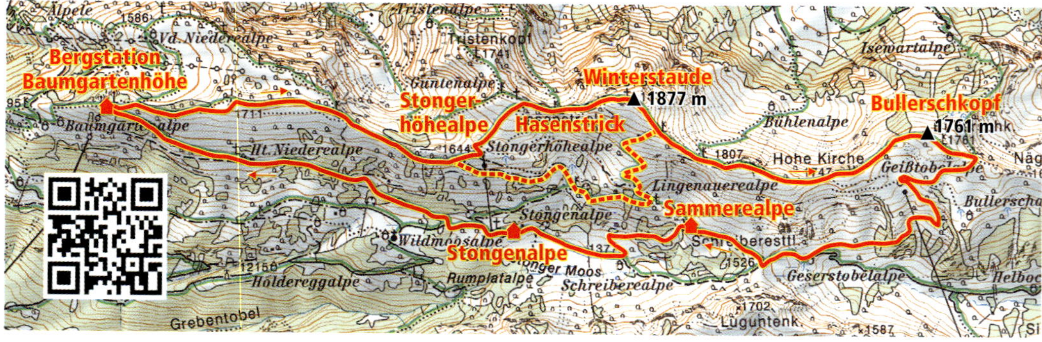

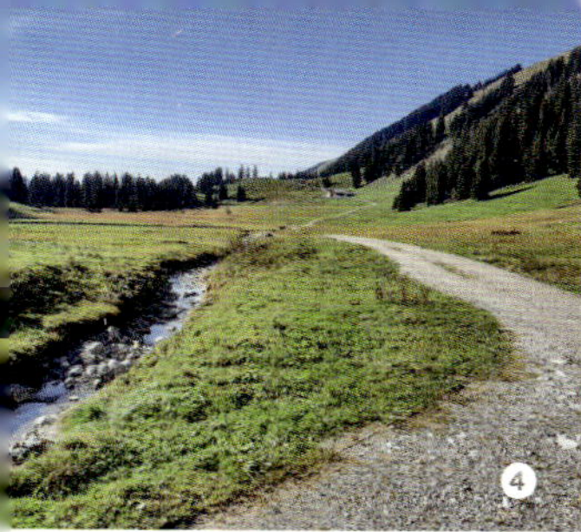
4

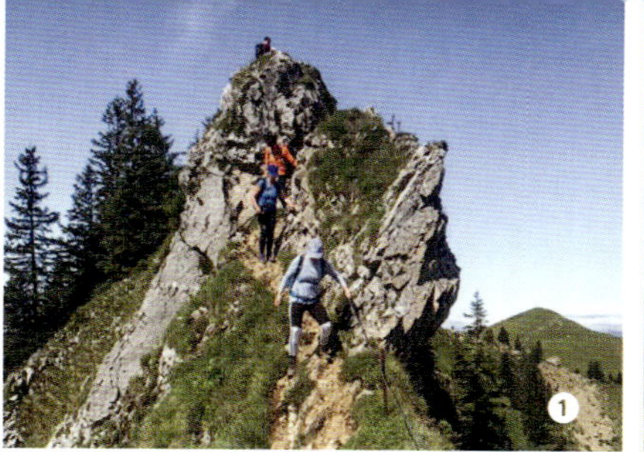
1

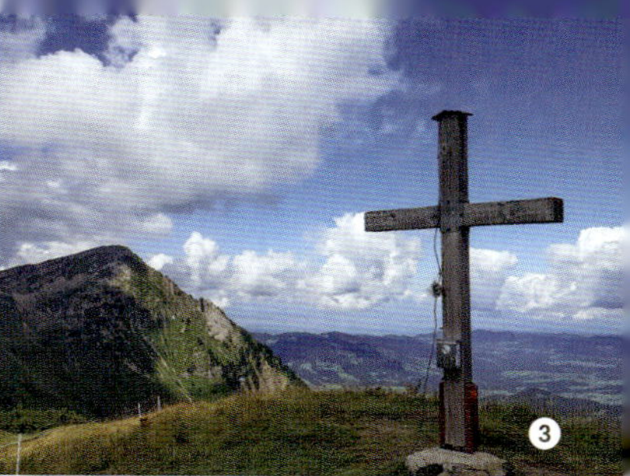
3

Diese abwechslungsreiche Rundwanderung über zwei Gipfel und mehrere Alpen ist bis auf den sogenannten Hasenstrick einfach zu gehen, erfordert aufgrund ihrer Länge aber Ausdauer. Wer den Hasenstrick vermeiden will, kann ihn umgehen. Höhepunkt der Tour ist der schöne Fußweg, der von der Winterstaude am aussichtsreichen Kamm über die Hohe Kirche zum Bullerschkopf führt.

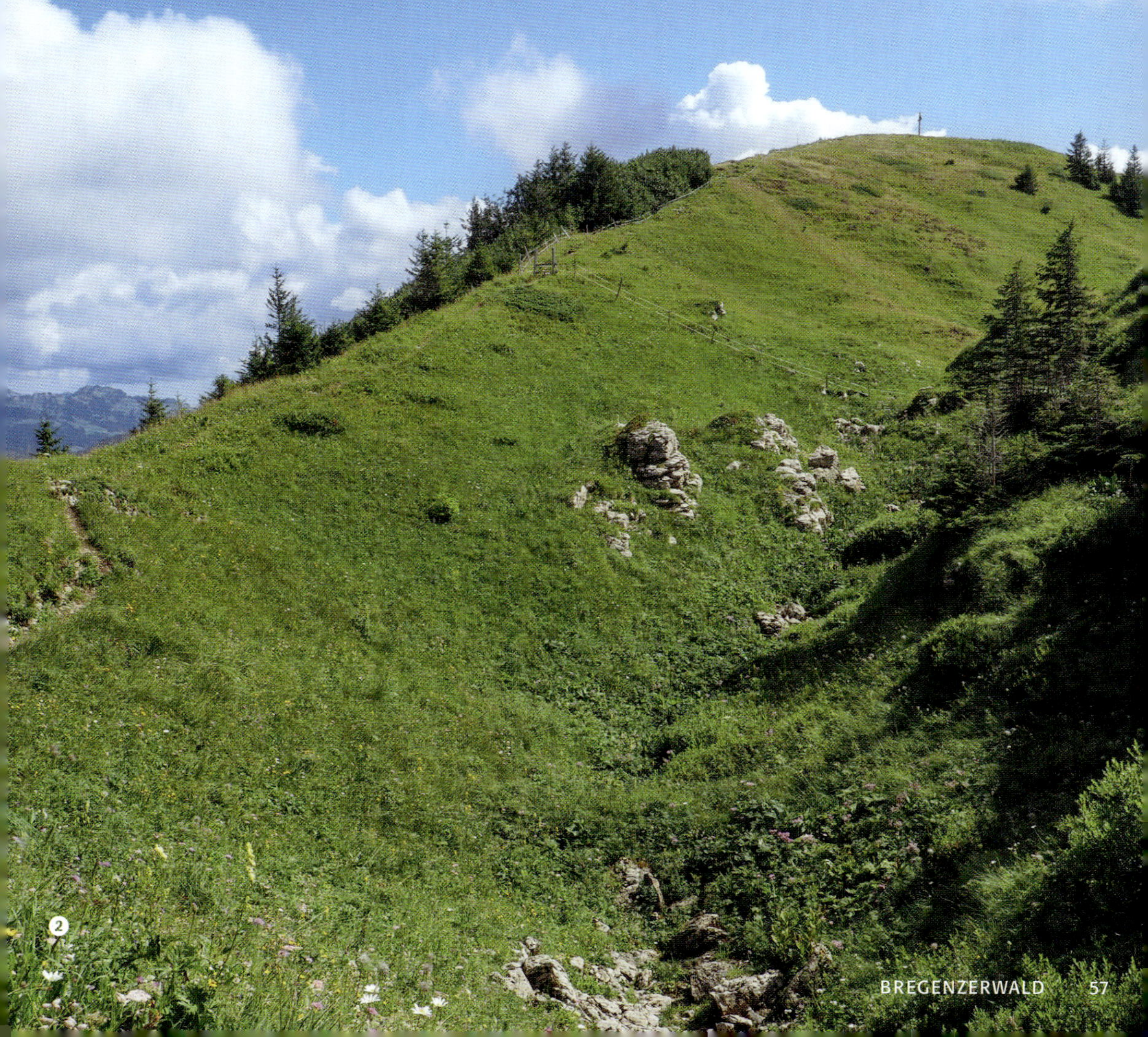

2

21

Winterstaude, 1877 m

Aussichtsreiche Halbtagestour im Bregenzerwald

 leicht bzw. mittel (je nach Variante)  3¼– 4¼ Std.  470 Höhenmeter

Die Winterstaude ❶ lockt auch viele Besucher an, die dort oben den Sonnenauf- oder -untergang mit spektakulärem Blick auf den Bodensee erleben wollen. Abgesehen von einer etwas ausgesetzten Passage am Anfang des sogenannten Hasenstricks, die jedoch leicht umgangen werden kann, ist der Weg einfach zu gehen und familientauglich. Der Hasenstrick selbst verlangt jedoch Trittsicherheit und Schwindelfreiheit.

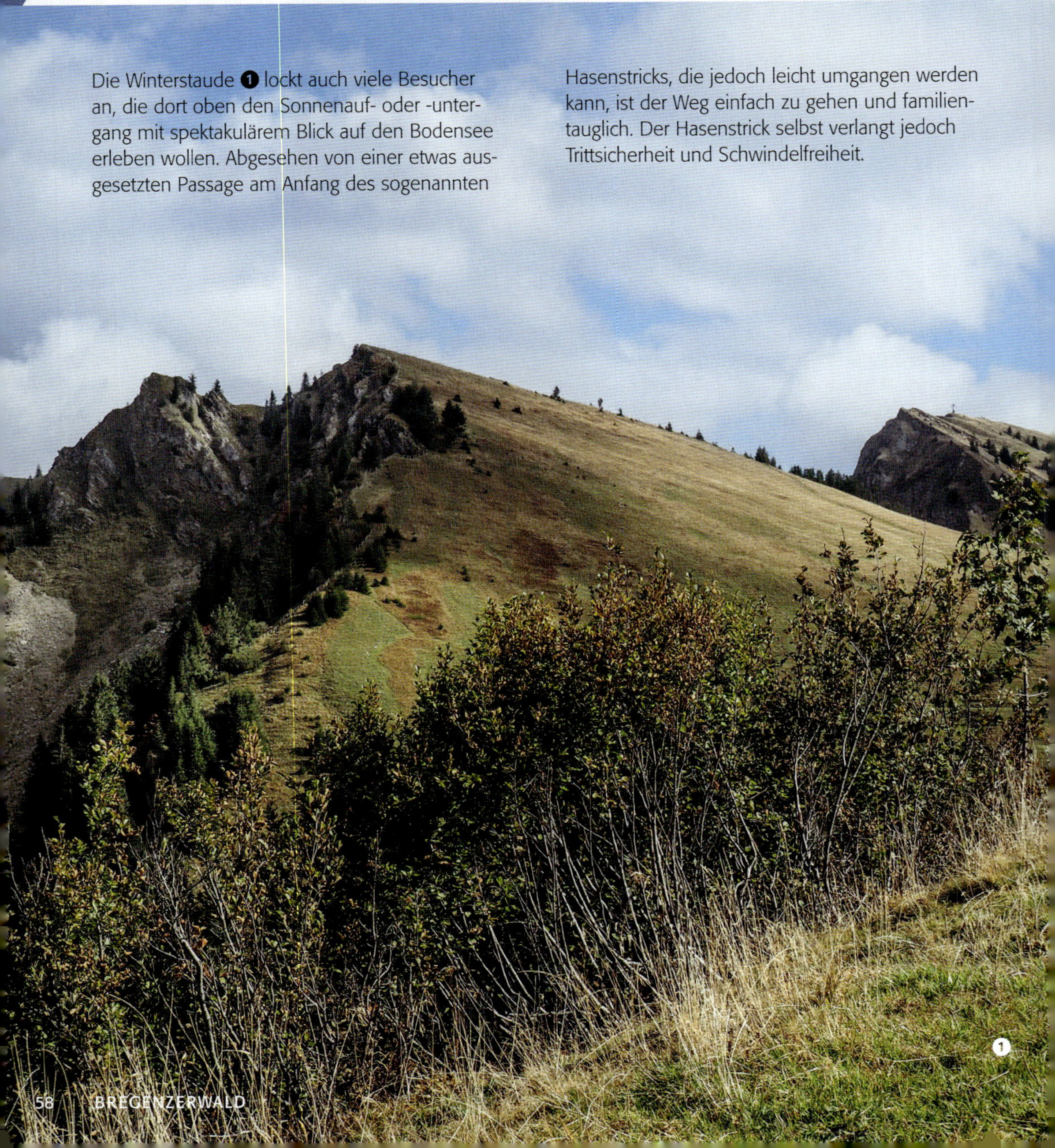

❶

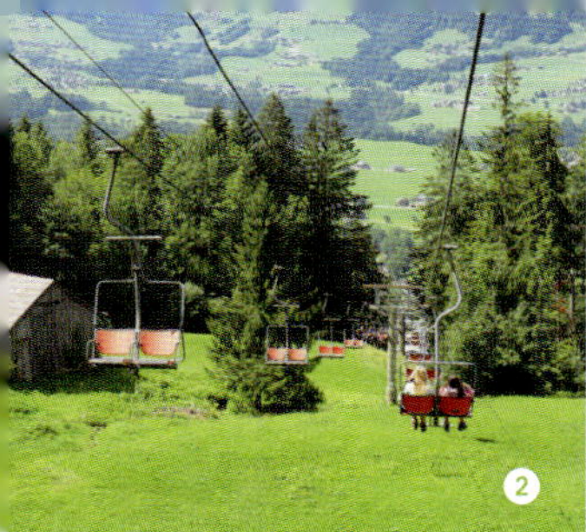

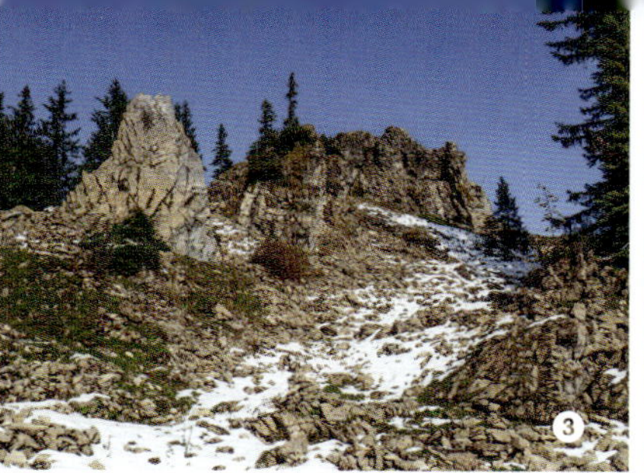

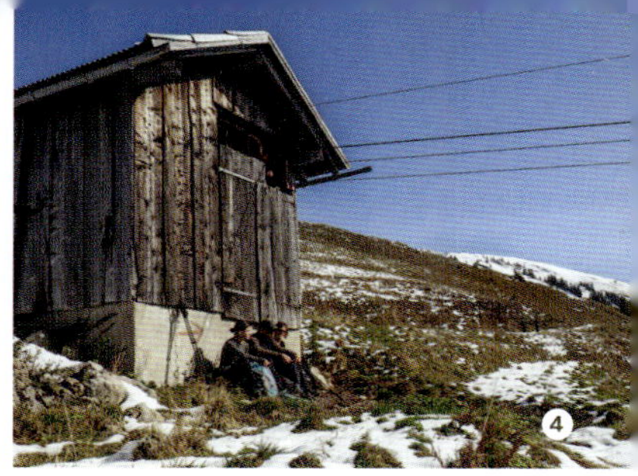

Ausgangspunkt: Bergstation „Niedere" der Bergbahnen Andelsbuch, Parkplatz Talstation. Die Bahn fährt von 9:00 bis 12:00 Uhr und von 13:00 bis 16:45 Uhr. www.bergbahnen-andelsbuch.at.

Einkehrmöglichkeiten: Panoramarestaurant „Baumgarten", Berggasthof „Niedere".

Gut zu wissen: Man kann auch von der Baumgartenhöhe, die von Bezau aus mit der Seilbahn Bezau zu erreichen ist, auf die Winterstaude wandern (siehe vorhergehende Tour).

Wegbeschreibung: Ein uriger Zweier-Sessellift bringt den Wanderer von Andelsbuch zur Bergstation „Niedere" ❷. Bereits hier hat man einen wunderbaren Blick auf den Bodensee und die hügelige Landschaft des Bregenzerwaldes und der Allgäuer Alpen. Zu Beginn führt ein breiter Wanderweg leicht ansteigend in einem weiten Bogen gemütlich Richtung Bergstation „Baumgartenhöhe" der Bergbahn Bezau. Ab dort geht es zu Beginn auf einem breiten Panoramaweg auf dem Bergrücken leicht ansteigend in Richtung Osten. Nach etwa einer Viertelstunde erreicht man die Niedere Höhe, den höchsten Punkt im Kammverlauf der Niedere Alpen. Von dort hat man eine prachtvolle Aussicht, die Winterstaude ist als hohe Spitze in östlicher Richtung gut zu sehen. Nun führt der schmaler werdende Weg teils mit leichten Stufen und über Wurzeln abwärts durch ein spannendes Karstgebiet ❸. Nachfolgend geht der Pfad kurz bergauf und mündet schließlich in den breiten Kiesweg zur Stongerhöhealpe ❹. Danach führt der Weg über Wiesen steil aufwärts zur Stongerhöhe. Von hier hat man einen hervorragenden Blick auf die nahe Winterstaude. Über den weiß-blau-weiß markierten Hasenstrick, einen alpinen Steig, geht es in gut einer halben Stunde zum Gipfelkreuz. Wer diesen Gratbereich meiden möchte, kann den einfachen Wanderweg von der Stongerhöhealpe über die Lingenauerealpe wählen, der von Südosten zum Gipfel führt.

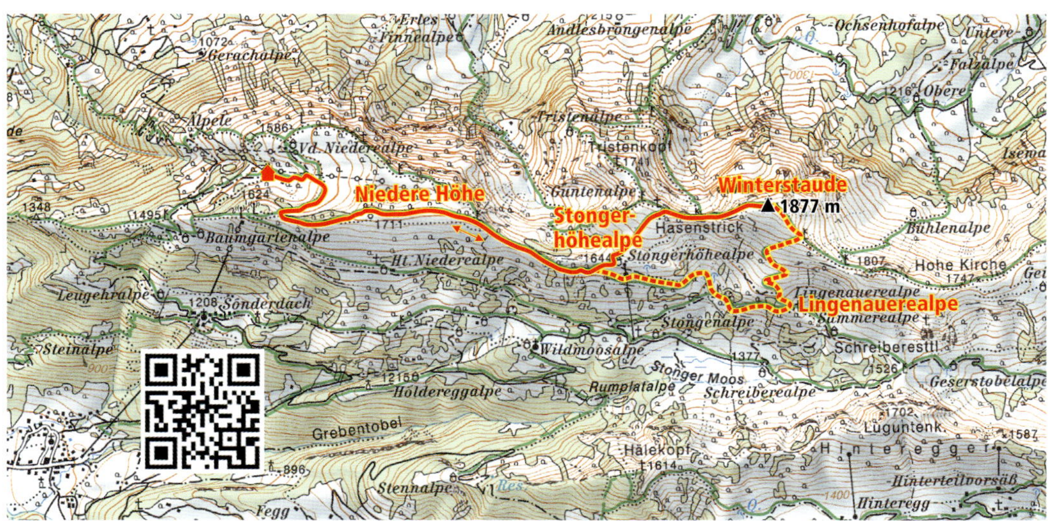

22

Brüggelekopf, 1182 m

Auf den Hausberg von Alberschwende

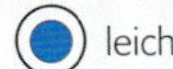 leicht  1¾–2¼ Std.  460 Höhenmeter

Diese beliebte Familienwanderung punktet mit einer kurzen Gehzeit, einfachen Wegen und herrlichen Ausblicken auf den Bodensee und die hügelige Landschaft des vorderen Bregenzerwaldes ❶. Auch kleineren Kindern wird diese gemütliche Wanderung gefallen. Ein besonderes Schmuckstück im großen Gipfelbereich ist eine mächtige, etwa 200 Jahre alte Buche, die sich direkt neben dem Gipfelkreuz befindet ❷.

Ausgangspunkt: Parkplatz Schilifte Alberschwende.

Einkehrmöglichkeit: Alpengasthof „Brüggele".

Gut zu wissen: 1. Der Brüggelekopf ist viel begangen, man trifft dort nicht nur zahlreiche Wanderer, sondern auch viele, die mit dem Mountainbike bis zum Alpengasthof „Brüggele" fahren.
2. Vom Ortszentrum in Alberschwende führt in den Wintermonaten ein schöner Winterwanderweg auf den Brüggelekopf.

Wegbeschreibung: Ausgehend vom Parkplatz des Liftes in Alberschwende folgt man der weiß-rot-weißen Markierung in Richtung Brüggelekopf. Es geht über einen sonnigen geteerten Güterweg aufwärts, gesäumt von Blumenwiesen ❸. Nach etwa 10 Minuten biegt man bei einer Abzweigung nach rechts ab. Mäßig ansteigend führt der Weg über freie Wiesenflächen nach Südosten weiter. Nach etwa einer halben Stunde folgt ein Wegabschnitt, der steiler durch den Wald führt. Sobald der Weg den Wald verlässt, geht es am Waldrand entlang über einen Hang bergauf. Nach einer Gesamtgehzeit von etwa einer Stunde ist der Alpengasthof „Brüggele" erreicht, der nur wenige Gehminuten unter dem Gipfel liegt ❹. Die Aussicht vom Gipfel auf den Bodensee, das Rheintal und Alberschwende ist vor allem bei klarem Wetter wunderschön.

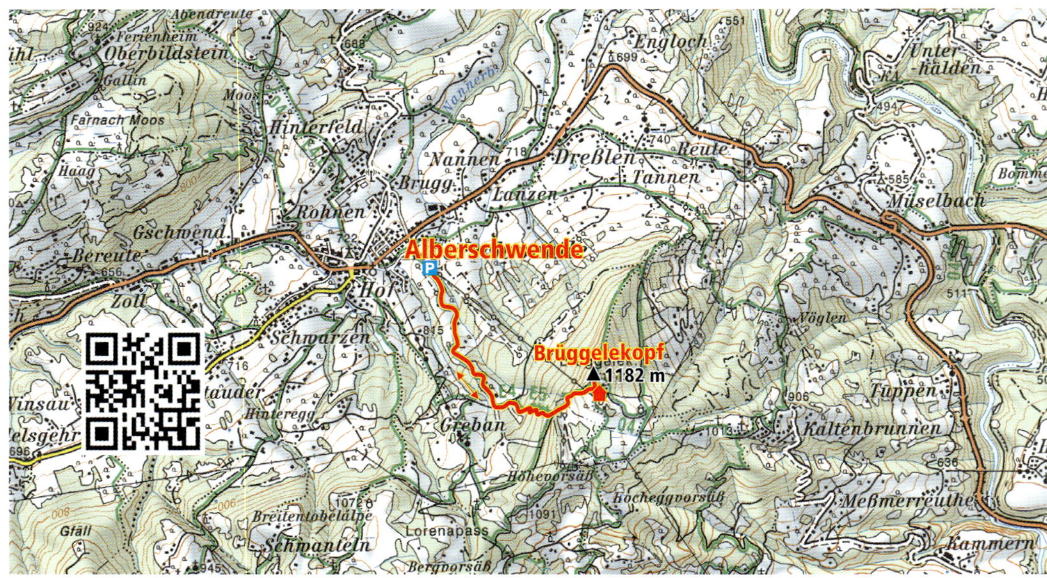

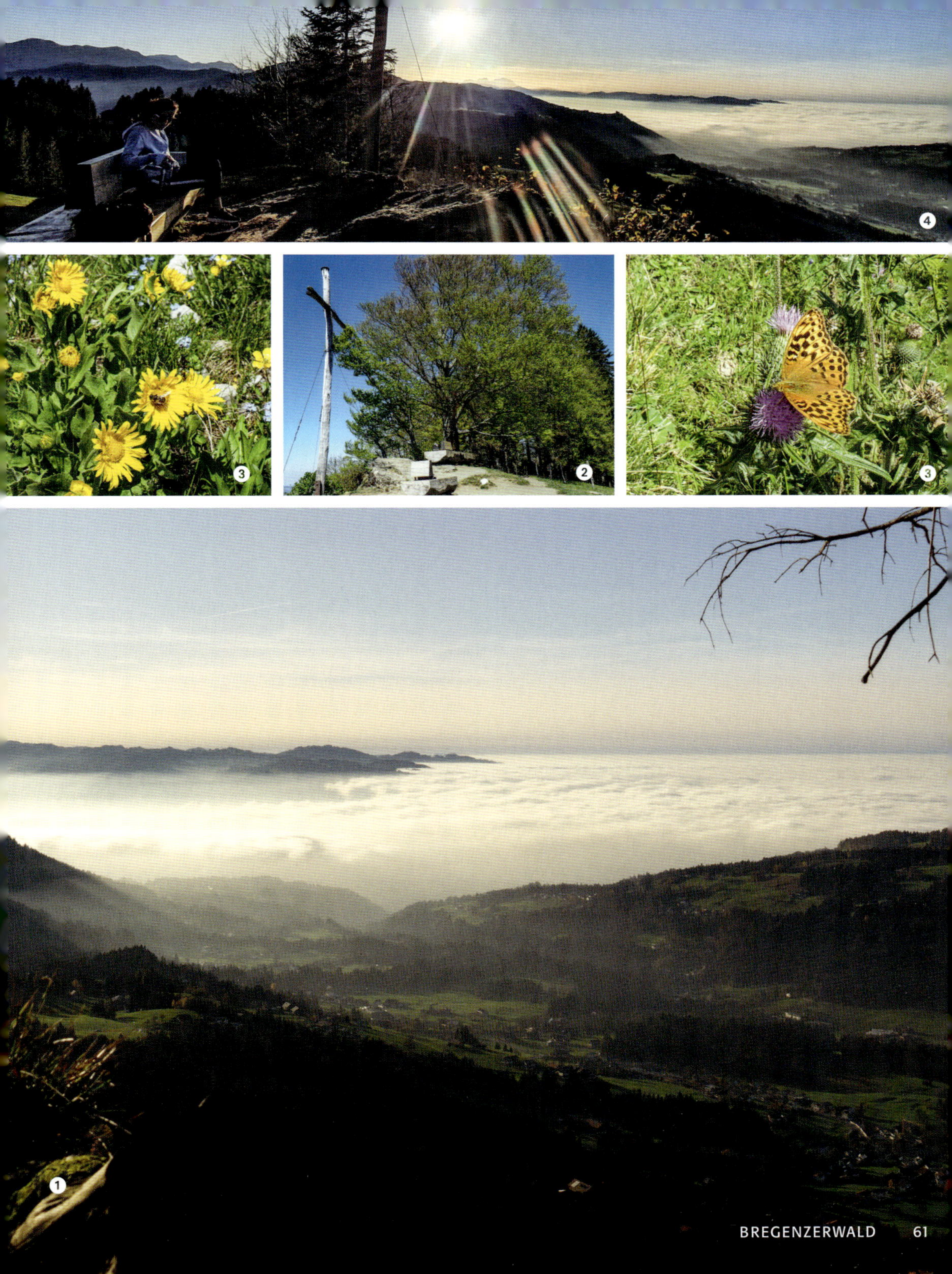

23

Hittisberg, 1328 m

Rundwanderung mit anstrengendem Aufstieg

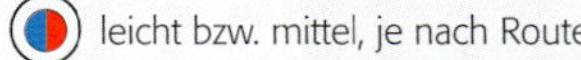
leicht bzw. mittel, je nach Route

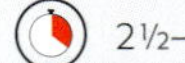
2½–3 Std.

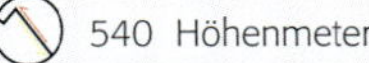
540 Höhenmeter

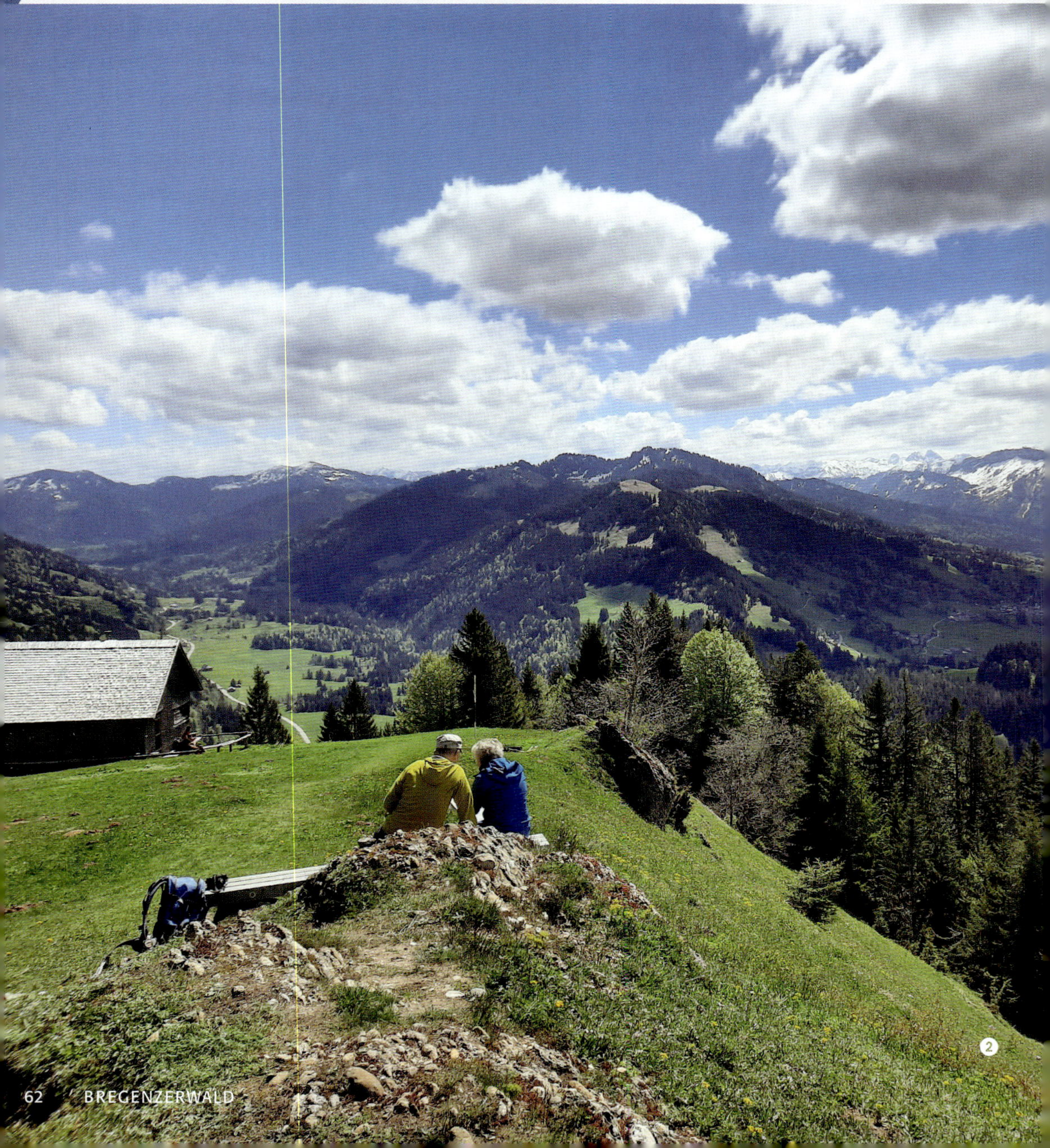

2

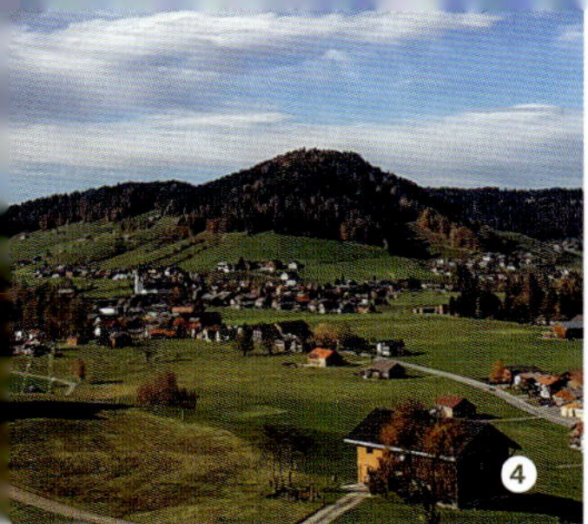

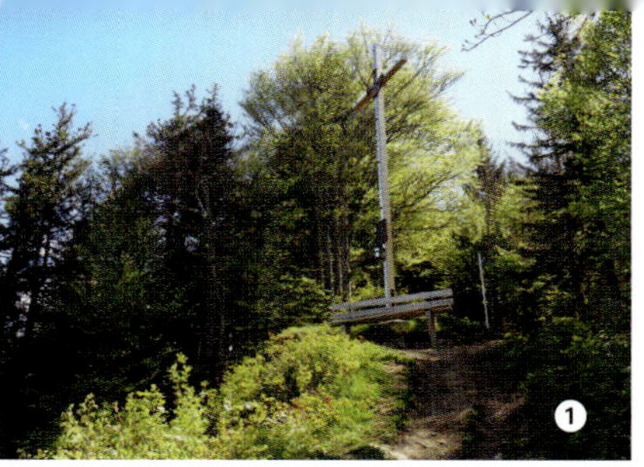

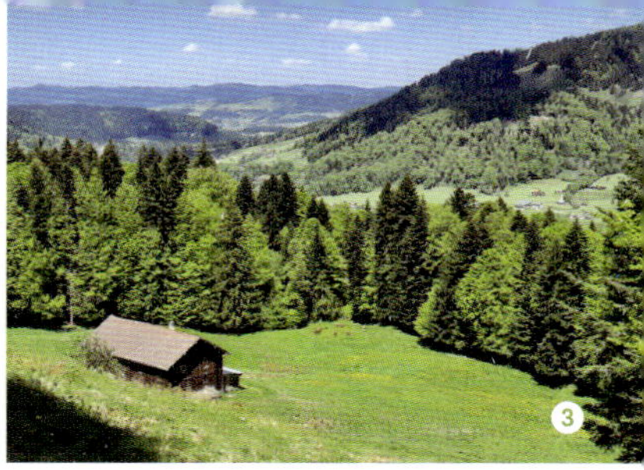

Die Aussicht vom Hittisberg ist gleich doppelt reizvoll – kein Wunder, hat der Berg doch zwei Gipfel. Wer die Route über die Gferenalpe wählt und die hier beschriebene Rundwanderung machen will, muss mit einem sehr steilen, anstrengenden Gipfelanstieg rechnen. Wer dagegen über die beiden Hittisbergalpen hin- und zurückwandert, erreicht etwas einfacher die beiden Gipfel. Für Kinder ist diese Variante empfehlenswerter.

Ausgangspunkt: Parkplatz im Zentrum bzw. Dorfplatz von Hittisau.

Einkehrmöglichkeiten: Gasthäuser in Hittisau.

Wegbeschreibung: Vom Ausgangspunkt im Ortszentrum geht es entlang der Straße durch das Dorf, bis man beim Hotel „Das Schiff" rechts abzweigt. Die weiß-rot-weiße Beschilderung weist den Weg. Nun führt eine Teerstraße leicht ansteigend durch den Ortsteil Heideggen, bis man schließlich den Wald erreicht und weiter zur Gferenalpe wandert. Bei der Abzweigung kurz nach der Alpe folgt man dem Weg nach links. Es geht nun sehr steil und anstrengend bergauf. Wer den steilen, aber zum Glück eher kurzen Aufstieg zum Gipfelkreuz des Hittisbergs gemeistert hat, wird mit einem wunderbaren Blick auf das Gemeindegebiet von Hittisau und ins Allgäu belohnt.

Vom Gipfelkreuz auf dem westlichen Hittisberg ❶ geht es noch etwa eine Viertelstunde flach hinüber zum Hauptgipfel ❷, wo sich aber kein Gipfelkreuz befindet. Das Panorama ist jedoch wunderbar: Der Hohe Ifen, die Winterstaude und die Nagelfluhkette zeigen sich von ihren schönsten Seiten.

Zurück nach Hittisau führt die Route auf einem teilweise steilen Waldweg, erst vorbei an der Oberen Hittisbergalpe, später passiert man die Untere Hittisbergalpe ❸. Der Markierung folgend geht es weiter nach Bütscheln, von wo man schließlich unschwierig über schöne, sonnige Wiesen ❹ zurück ins Ortszentrum vom Hittisau wandert.

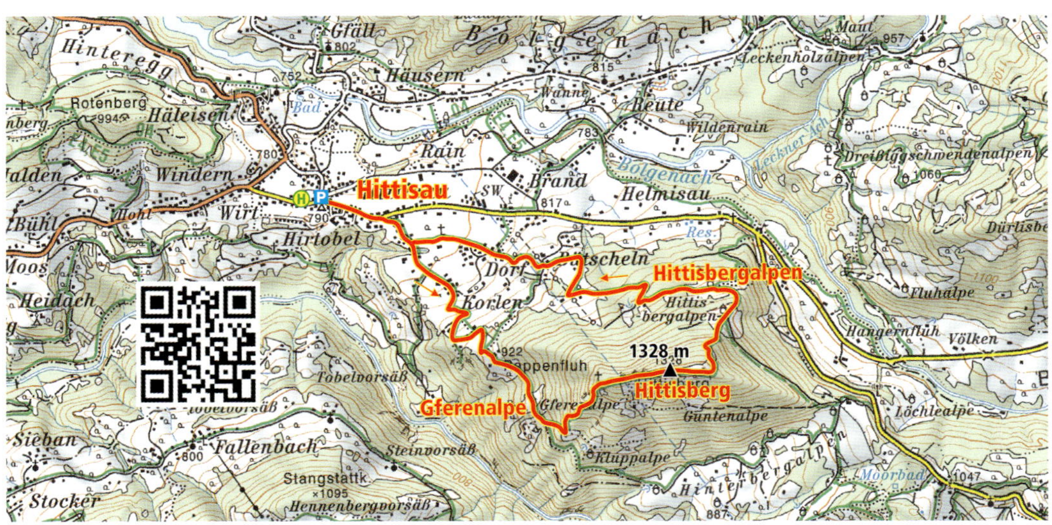

24

Hochhäderich und Falken, 1564 m

Aussichtsreiche Grenzberge im Naturpark Nagelfluhkette

 leicht (Hochhäderich) bzw. schwer (Falken)  3¼–4¼ Std.  450 Höhenmeter

Ausgangspunkt: Bewirtschafteter Parkplatz beim Almhotel „Alpenarena Hochhäderich". Anfahrt über Riefensberg oder Hittisau.

Einkehrmöglichkeiten: Hennenmooshütte, Berggasthof „Hochhäderich", Alpengasthof „Hörmoos", Almhotel „Hochhäderich".

Wegbeschreibung: Hinter dem Almhotel „Hochhäderich" führt ein geteertes Sträßchen bergwärts. Rechter Hand wartet eine Hängebrücke, über die man den Weg abkürzen kann, die aber vor allem Kindern Spaß machen wird. Nach 15 bis 20 Minuten ist die Hennenmooshütte erreicht. Hier sieht man schön nach Hittisau und in den Vorderen Bregenzerwald. Die Straße führt links weiter hinauf zur Gehrenalpe. Von dort sind es noch wenige Kehren bergan, bis es zuletzt recht flach zum Berggasthof „Hochhäderich" geht. Direkt über der Hütte erhebt sich der Gipfel ❶ mit dem großen Metallkreuz. Vom Hochhäderich aus genießt man einen hervorragenden Rundblick. Ein paar Meter hinter dem Gipfelkreuz führt der weiß-blau-weiß markierte Steig in östlicher Richtung zum Falken. An einigen Stellen wirkt der Grat schmal und ausgesetzt. Der Weg ist jedoch sehr gut angelegt und großzügig mit Fixseilen gesichert ❷. Nach ca. 15 bis 20 Minuten ab dem Hochhäderich kommt eine Weggabelung, bei der man sich zwischen zwei Varianten entscheiden muss: Nach links unten führt die einfachere Variante, rechts hinauf der schwierigere Wegabschnitt über eine steile, seilgesicherte Felspassage. Beide Wege kommen später wieder zusammen. Das letzte Stück geht über einen Wiesenweg zum Gipfel des Falken ❸. Nach genossener Rast geht man etwa 10 Minuten den gleichen Weg retour bis zu einem Wegweiser, wo man dem Weg rechts nach Hörmoos und Steibis folgt. Über Wurzeln und Stufen zieht der weiß-blau-weiß markierte Steig durch den Wald bergab, der Weg kann bei Nässe stellenweise rutschig sein. Bald trifft man auf freie Alpwiesen, dann mündet der Weg rechts in einen Güterweg. Nun geht es links den Güterweg bergab. Kurz nach einer 90-Grad-Linkskurve kommt man zu einer Weggabelung, wo es rechts zur Hörmoosalpe ❹, links zur Vorderen und Mittleren Häderichalpe weitergeht. Über beide Wege erreicht man das Hubertushaus und von dort den Parkplatz Hochhäderich.

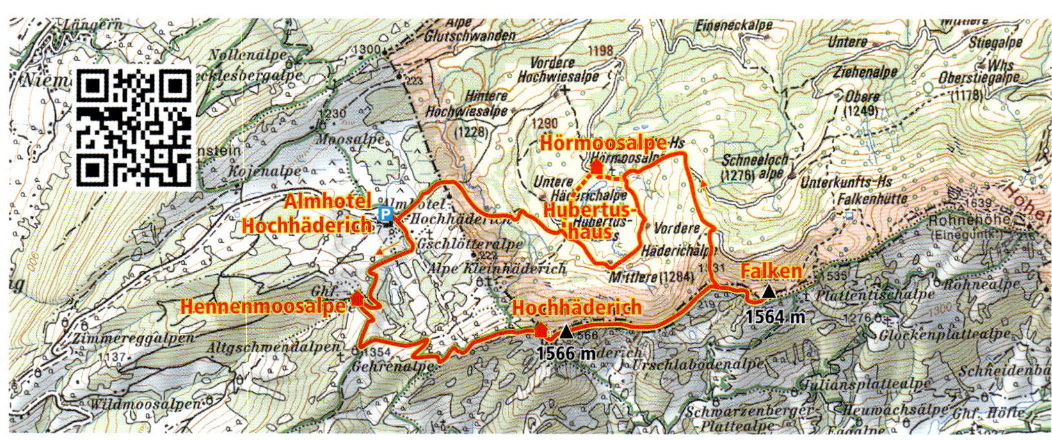

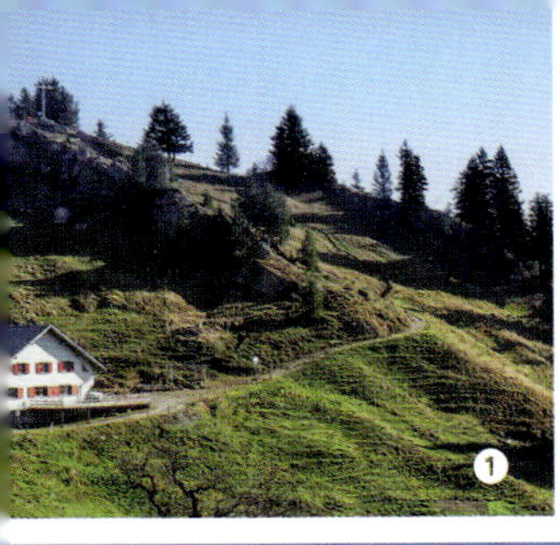

1

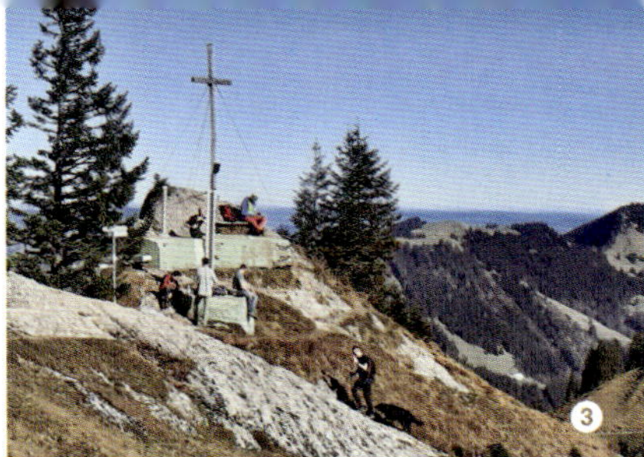

3

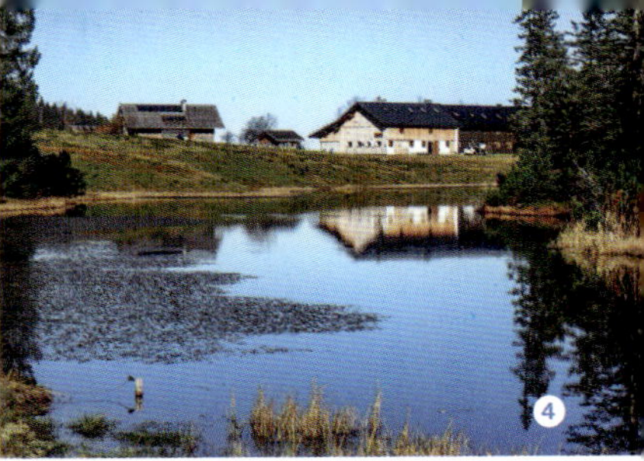

4

Die Route auf den Hochhäderich ist sehr einfach und auch für Familien mit jüngeren Kindern gut geeignet. Der weiterführende Gratweg Richtung Falken dagegen ist nur trittsicheren und schwindelfreien Wanderern zu empfehlen, auch wenn alle exponierten Stellen mit Fixseilen gesichert sind. Erfahrene Berggeher werden dort oben allerdings erst richtig Spaß finden.

Der Naturpark Nagelfluhkette, der erste grenzüberschreitende Naturpark von Deutschland und Österreich, zeichnet sich durch seine vielfältigen Lebensräume aus. Flüsse und Seen, Schluchten und Wälder, Moore und Feuchtwiesen, Alpflächen und alpine Rasen ermöglichen eine einzigartige Artenvielfalt.

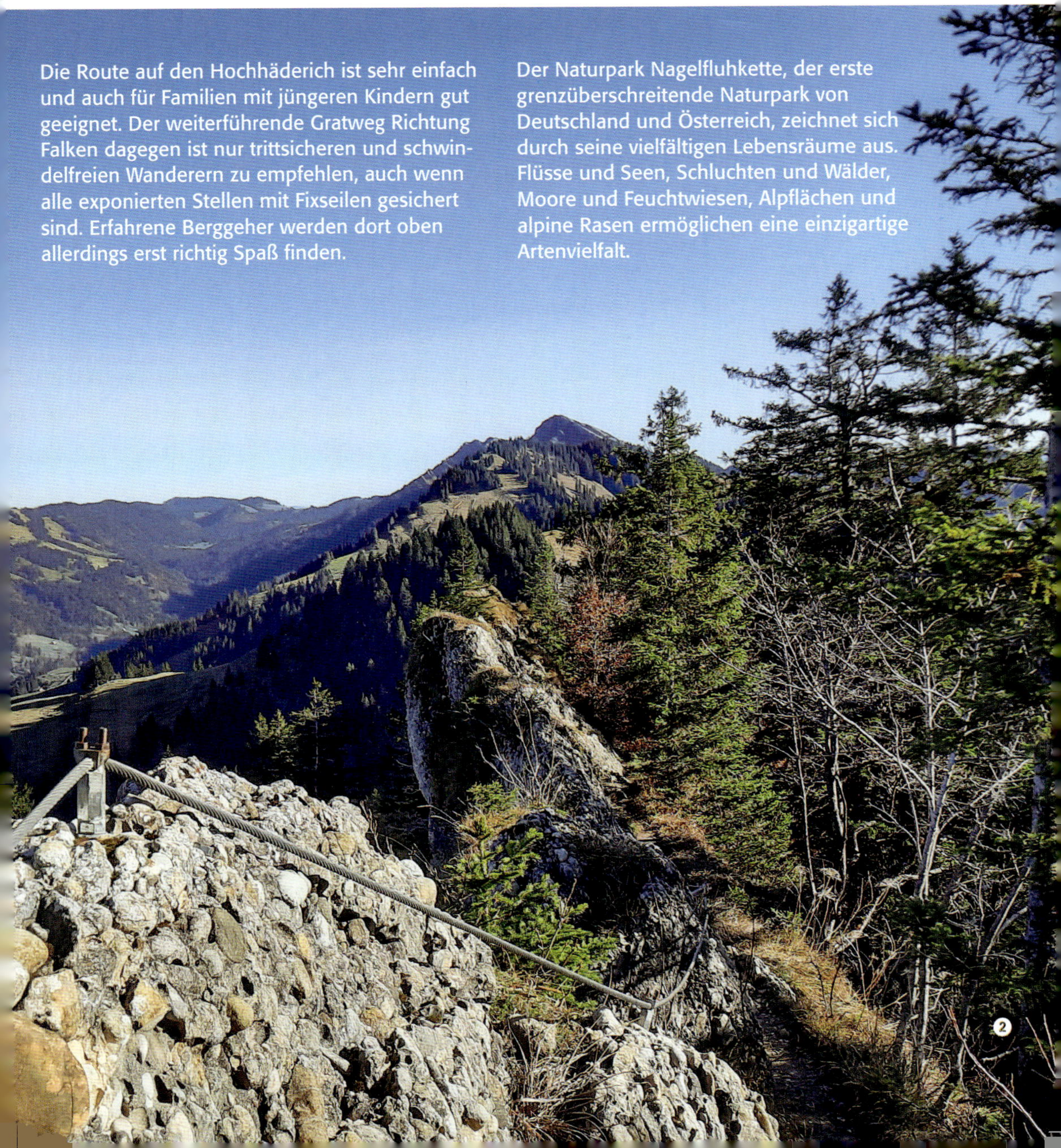

2

25

Hirschberg, 1095 m

Gemütliche Sommertour für die ganze Familie

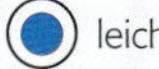 leicht  2– 2½ Std.  450 Höhenmeter

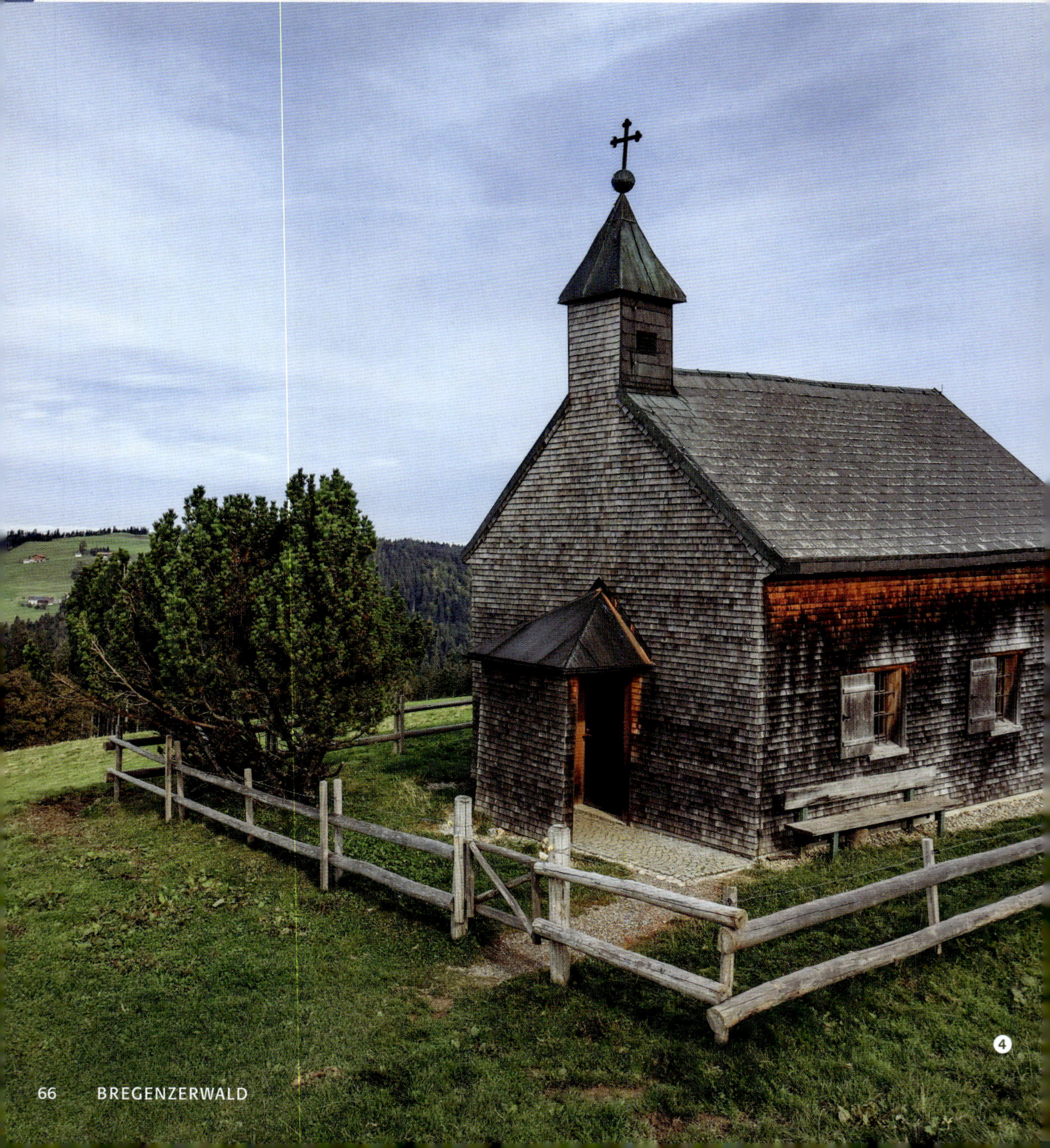

4

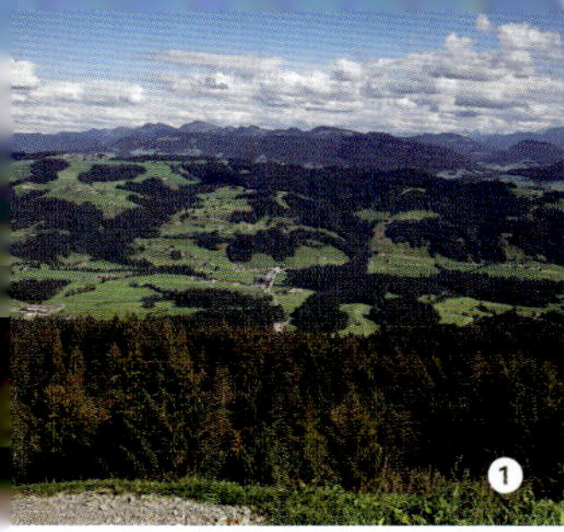

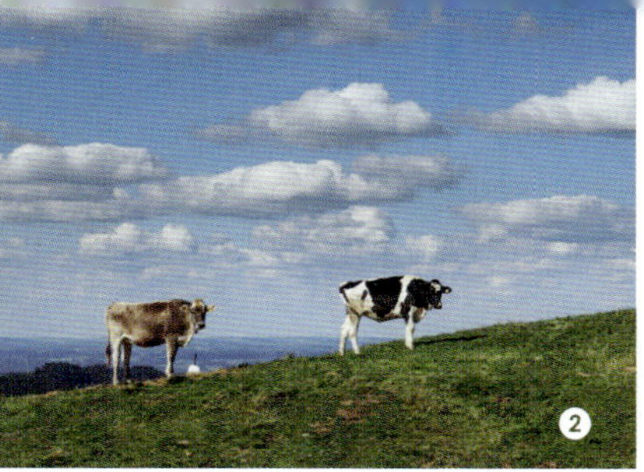

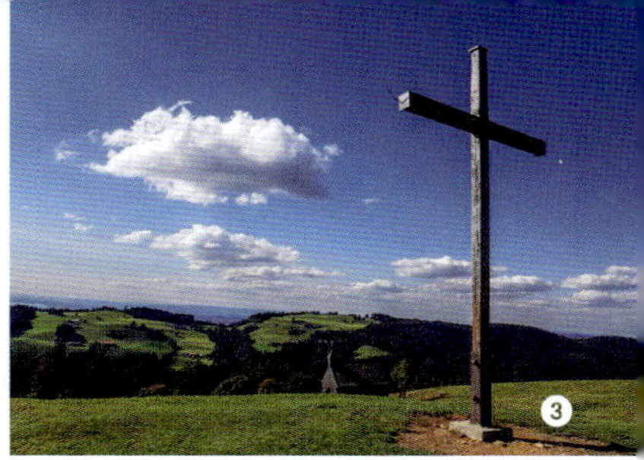

Diese kurze Wanderung, die sehr gut mit Kindern unternommen werden kann, eignet sich gut für heiße Sommertage, da ein Großteil der Wegstrecke durch herrlich schattigen Wald führt. Vom höchsten Punkt ist die hügelige Landschaft des vorderen Bregenzerwaldes wunderschön anzusehen ❶. Außerdem bieten der Bodensee, der Pfänder und die Schweizer Berge ein herrliches Panorama.

Ausgangspunkt: Parkplatz bei der Kirche in Langen bei Bregenz.

Einkehrmöglichkeiten: Die etwa 5 Min. unterhalb des Gipfels liegende Hirschbergalpe bietet von Mitte Mai bis Mitte September Getränkeausschank. Im Ausgangsort Langen befindet sich der Gasthof „Adler“.

Gut zu wissen: 1. Die Gipfelregion des Hirschbergs sowie große Teile des Westhanges wurden 1974 zum Naturschutzgebiet erklärt.

2. Der Hirschberg ist auch von Eichenberg oder von der Pfänder-Bergstation aus zu erreichen.

Wegbeschreibung: Vom Parkplatz bei der Kirche weist die Beschilderung über die Hauptstraße. Nach Überqueren der Straße kommt man zu einem Schild, das den Weg zum Hirschberg in zwei Richtungen weist: über einen steilen Wiesenweg oder entlang der geteerten Straße. Wir folgen der Markierung über den steilen Wiesenweg bergauf. Später geht es durch den Wald, bis man schließlich auf einen asphaltierten Weg trifft. Diesem folgt man für ein paar Minuten, bis in einer Rechtskurve, bei einem natürlichen Wasserbecken, der Weg erneut in den Wald hineinführt (Achtung: Der Weg in den Wald hinein ist offenbar eine Abkürzung, hier ist keine Markierung vorhanden!). Eine Zeit lang zieht ein gemütlicher Pfad unterhalb eines Bauernhofs durch den Wald, dann geht es kurz auf einem Forstweg weiter, bis dieser in eine geteerte Straße mündet. Bei der nachfolgenden Abzweigung „Gretaloch“ wandert man etwa 5 Minuten entlang der Straße und nimmt dann eine weitere unmarkierte Abkürzung, die rechts in den Wald hineinführt. Bald quert der breite Waldweg eine große Wiese, danach wird rechts abgebogen und ein paar Minuten später ist man schließlich am Wegweiser „Hirschberg 15 Minuten“ angekommen. Jetzt folgt der Schlussanstieg auf den Gipfel ❷: Es geht im Bogen um den Berg herum, bis das nahe Gipfelkreuz in Sicht kommt ❸. Etwas unterhalb des Gipfels befindet sich eine hübsche kleine Kapelle ❹.

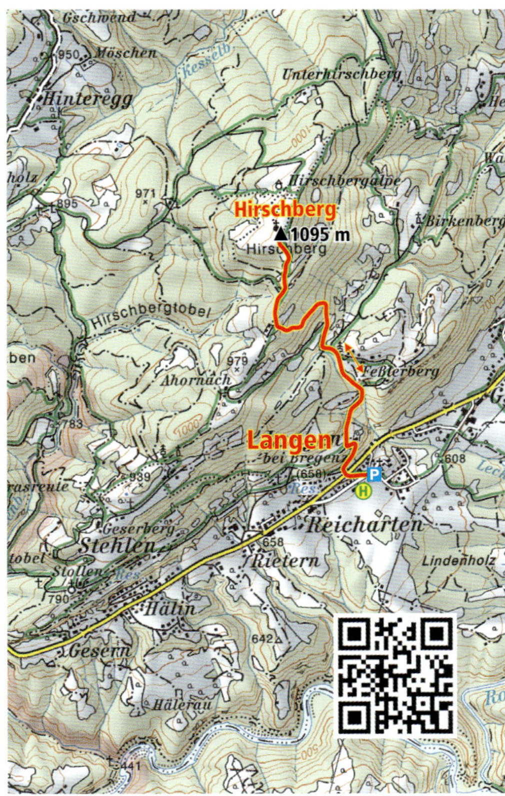

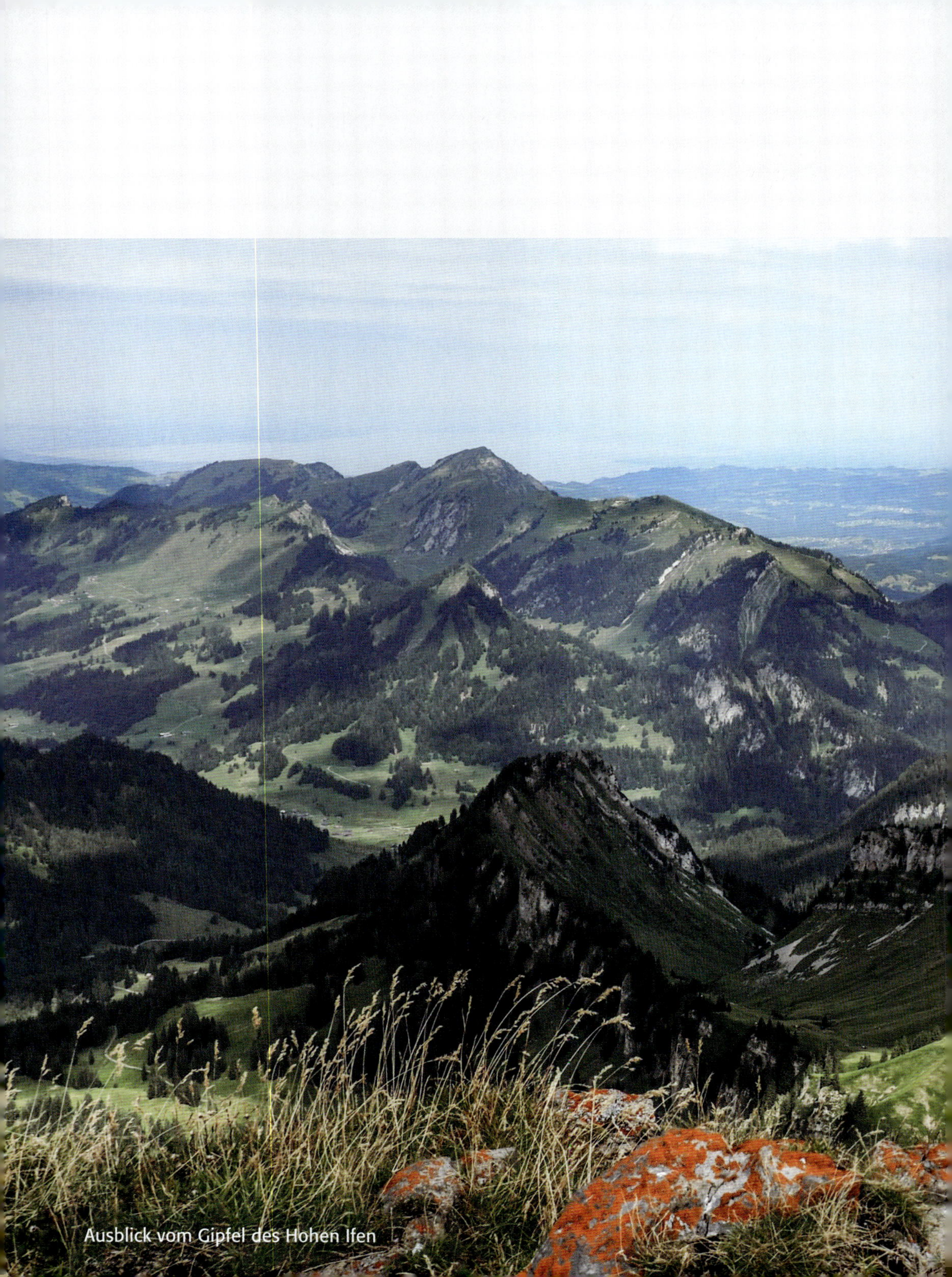

Ausblick vom Gipfel des Hohen Ifen

Kleinwalsertal

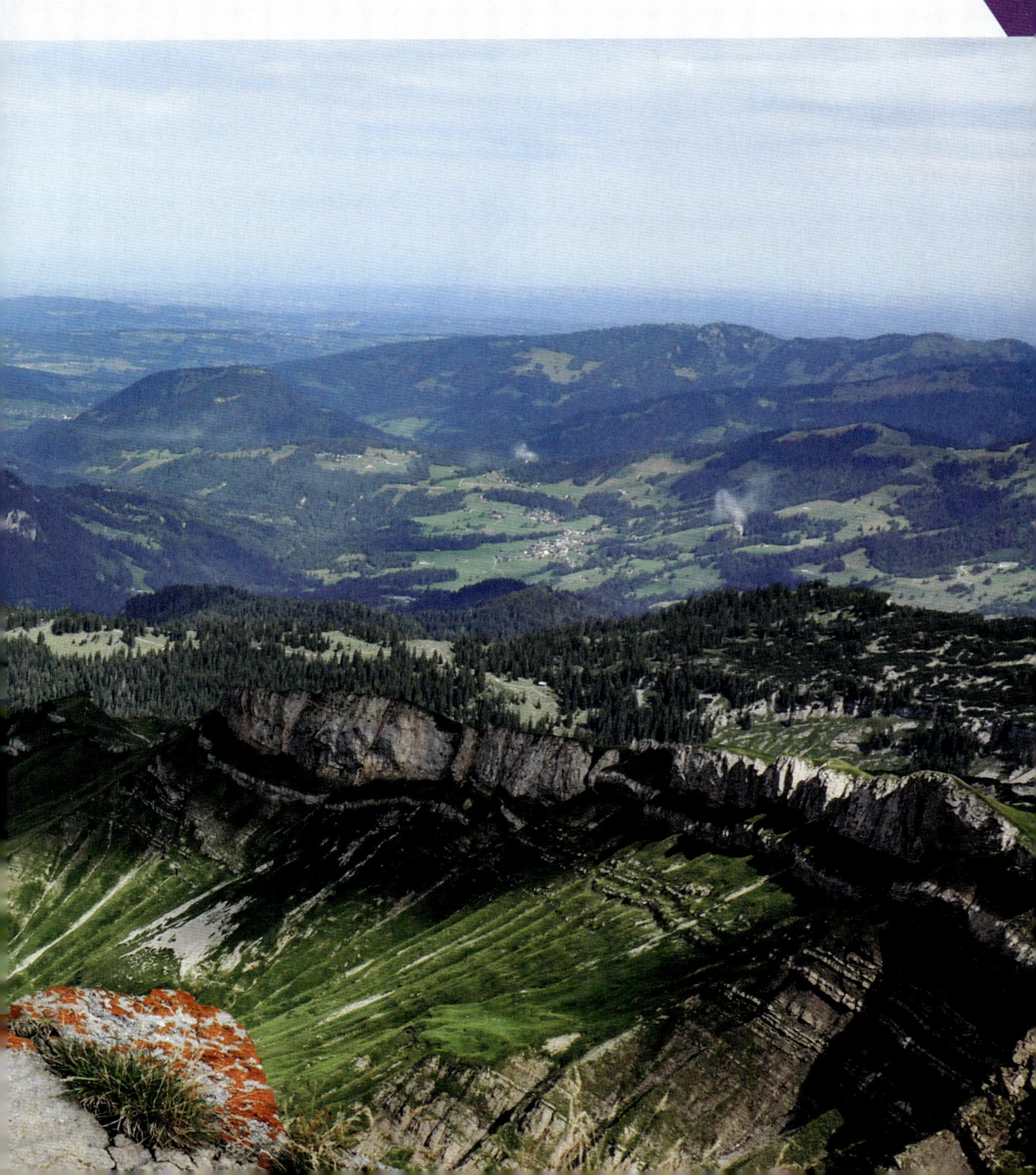

26

Geißhorn, 2366 m

Abwechslungsreich durch eine wunderschöne Landschaft

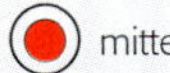 mittel  5¼– 6½ Std.  1160 Höhenmeter

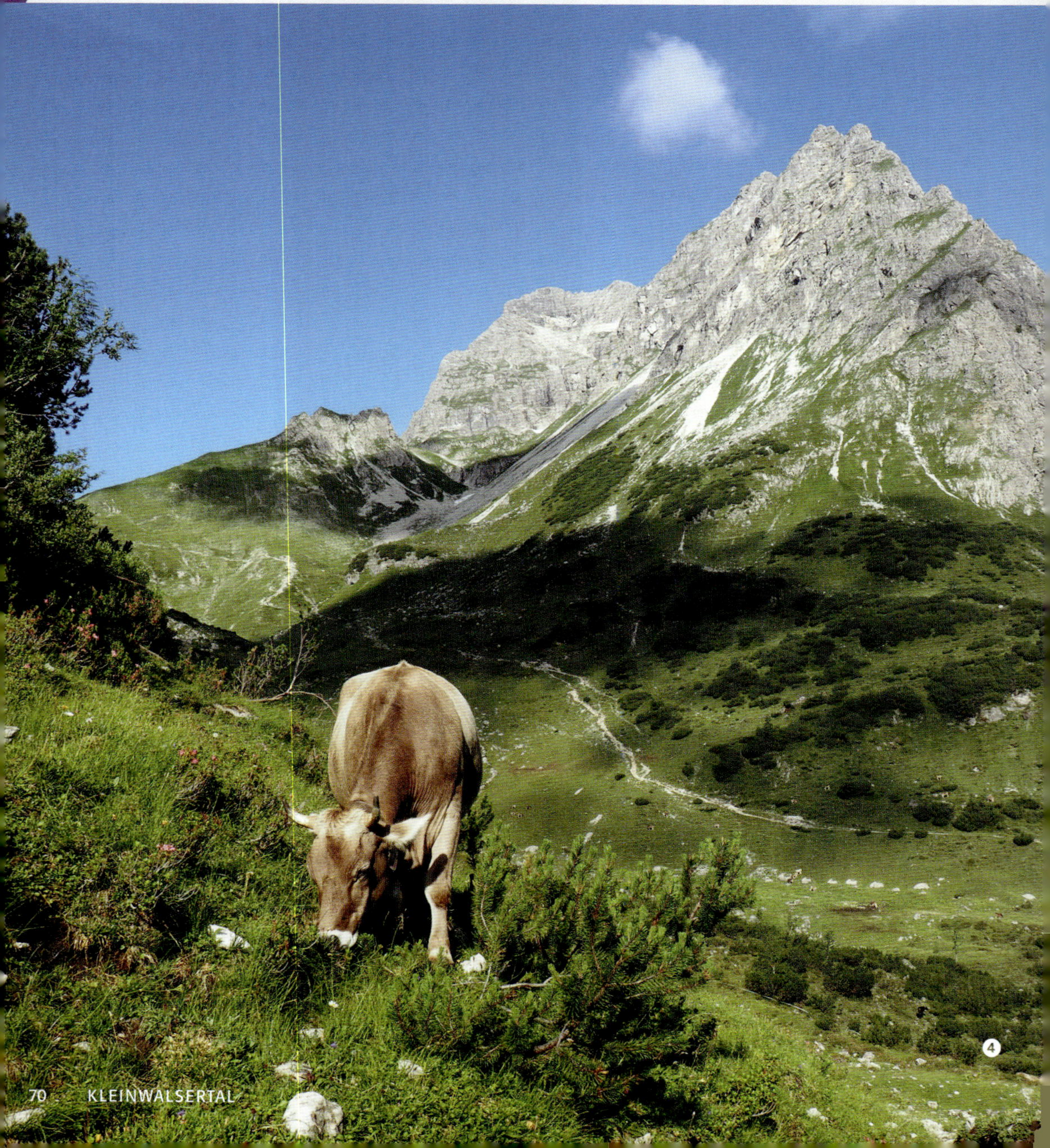

4

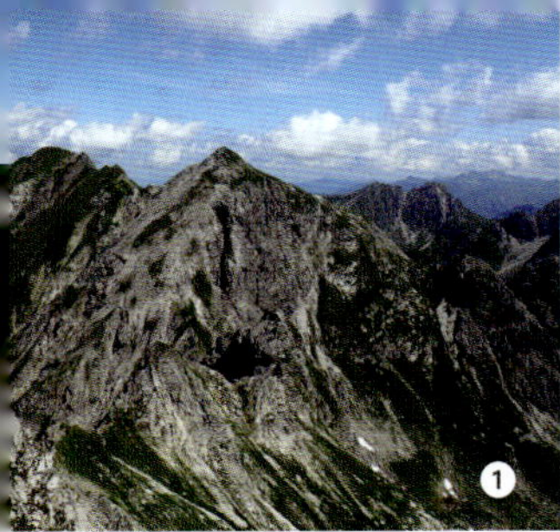

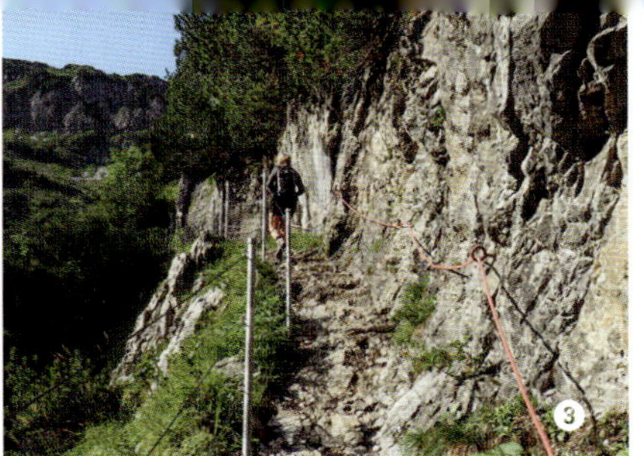

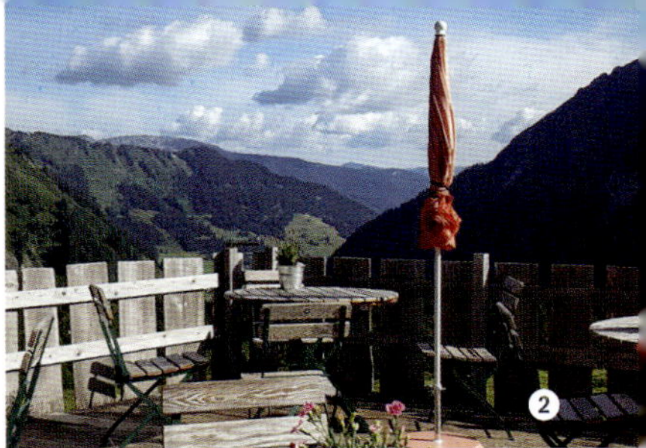

Die beliebte und viel begangene Wanderung auf das Geißhorn führt anfangs durch eine wunderschöne Alplandschaft, später über eine malerische Hochebene und zuletzt steil hinauf zum Gipfel, wo sich ein wunderbarer Blick auf das Kleine Walsertal und die Region Hochtannberg eröffnet ❶.

Ausgangspunkt: Bewirtschafteter Parkplatz Weiher, Mittelberg, an der Bödmerstraße.

Einkehrmöglichkeiten: Hintere Gemstelalpe, Obere Gemstelalpe.

Gut zu wissen: Das Geißhorn kann auch von Hochkrummbach aus bestiegen werden.

Wegbeschreibung: Vom Ausgangspunkt folgt man der weiß-gelben Markierung in Richtung Gemsteltal. Zunächst geht es gemütlich entlang der Breitach nach Osten, dann weiter nach Süden. Der Weg ist breit und führt mit wenig Steigung durch eine idyllische Alplandschaft, vorbei an Weidevieh bergauf. Bis zur Hinteren Gemstelalpe ist der Weg einfach und auch mit kleineren Kindern noch gut zu gehen. Oberhalb der Alpe wird der jetzt weiß-rot-weiß markierte Wanderweg merklich steiler und schmaler. Über grobe Steine und Geröll geht es in Richtung Obere Gemstelalpe ❷, die sich wunderbar für einen Zwischenstopp eignet. Teile des steilen und manchmal felsigen Weges sind seilgesichert ❸.

Bald nach der Alpe geht es in einem Bogen weiter nach Osten, vorbei an der nicht bewirtschafteten Sterzerhütte. Längere Zeit wandert man eher flach dahin, dreht man sich um, hat man einen einzigartigen Blick auf den imposanten Felskoloss des Widdersteins ❹. Der Weg führt durch Alpflächen, man passiert kleine und malerische Seentupfer. Bei der Abzweigung Koblatpass führt ein Weg nach links steil bergauf bis zu einer weiteren Linksabzweigung, von wo aus der steile und viel begangene Gipfelanstieg erfolgt. Der Pfad zum Gipfel führt durch felsiges Gelände, für den schmalen und steinigen Weg ist Trittsicherheit nötig.

Hinweis: Wer nicht auf dem gleichen Weg absteigen möchte, kann die Tour zu einer Rundwanderung ausbauen und über die Mindelheimer Hütte, die Kemptener Scharte und das malerische Wildental nach Mittelberg zurückkehren. Für diesen Abstieg muss mit 4–5 Stunden Gehzeit gerechnet werden.

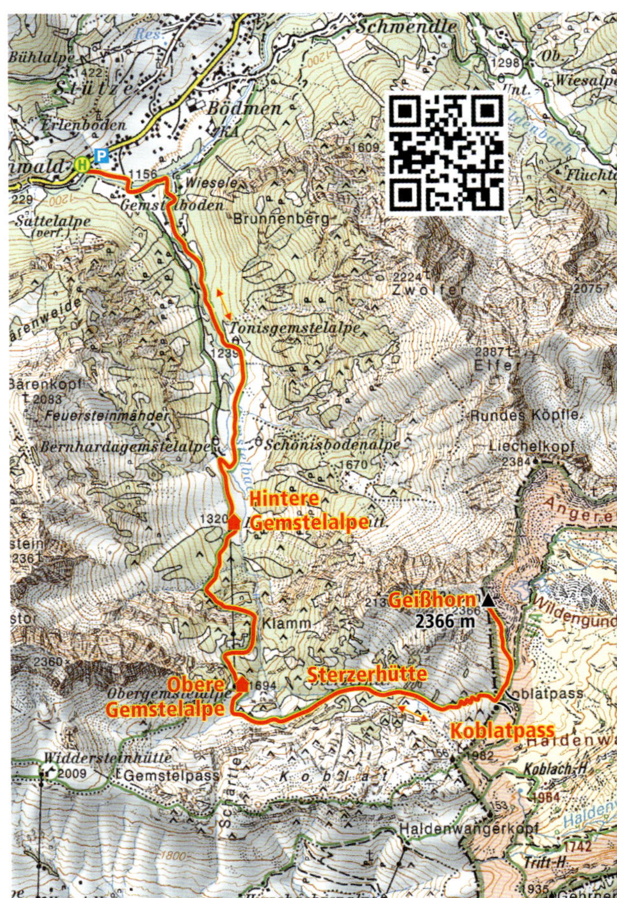

27 Kemptener Köpfle, 2191 m

Anspruchsvoll und eindrucksvoll zugleich

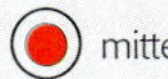 mittel  5–6½ Std.  990 Höhenmeter

Die abwechslungsreiche Wanderung auf das Kemptener Köpfle mit Einkehrmöglichkeit auf der schön gelegenen Mindelheimer Hütte führt durch eine wunderbare Landschaft und bietet mit etwas Glück die Gelegenheit, Steinböcke zu beobachten. Für den Gipfelanstieg sind Trittsicherheit und Schwindelfreiheit nötig.

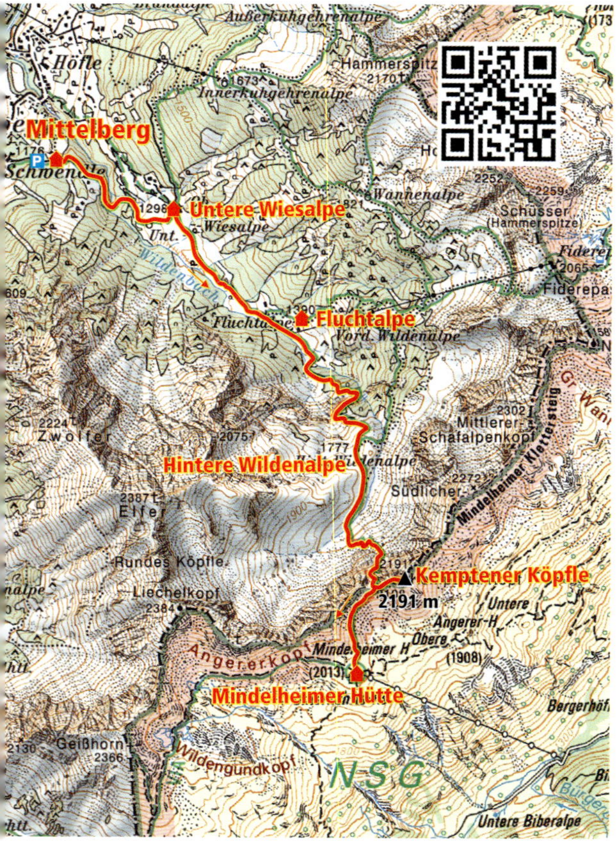

Ausgangspunkt: Bewirtschafteter Parkplatz beim Alpengasthof „Bergheim Moser", Mittelberg. Weitere Parkmöglichkeiten finden sich beim Gasthaus „Schwendle" sowie bei der Abzweigung Wildentalstraße/Schwendlestraße.

Einkehrmöglichkeiten: Mindelheimer Hütte, Bergheim Moser, Untere Wiesalpe, Fluchtalpe.

Gut zu wissen: In unmittelbarer Nähe befindet sich der Mindelheimer Klettersteig (Schwierigkeitsgrad C), einer der bekanntesten Klettersteige im Allgäu.

Wegbeschreibung: Vom Bergheim Moser geht es auf einem breiten Güterweg einfach und mit wenig Steigung zur Unteren Wiesalpe. Der viel begangene Wanderweg führt sehr malerisch durch das reizvolle Wildental ❶ weiter zur Fluchtalpe. Bunte Blumenwiesen wechseln sich ab mit Weideflächen, immer wieder plätschert der Bach neben dem Weg. Nach der Fluchtalpe wird das Gelände steiler. In vielen Kehren führt ein schmaler weiß-rot-weiß markierter Weg steil bergauf bis zur Hinteren Wildenalpe (1777 m). Von der Alpe geht es hinab zum malerischen Wildenbach, der anschließend gequert wird. Danach führt die Route in schmalen Kehren durch felsiges Gelände bergauf zur Kemptener Scharte. ❷ Der Weg wird zunehmend steil und anspruchsvoll, immer wieder sind einzelne Passagen sehr hilfreich seilgesichert. Auf der Kemptener Scharte angekommen, biegt man links ab und gelangt über einen weiß-blau-weiß markierten Steig in etwa 10 Minuten steil empor zum Gipfel ❸. Die Aussicht auf die nahe Mindelheimer Hütte und auf die hochalpine Umgebung ❹ ist herrlich. Von der Kemptener Scharte lohnt sich beim Abstieg auf jeden Fall ein Abstecher hinab zur nahe gelegenen Mindelheimer Hütte ❺. Der schmale Pfad in Richtung Hütte bietet häufig die Gelegenheit, Steinböcke zu beobachten, die es sich auf den Felsen oberhalb des Wegs in der Sonne gemütlich machen ❻.

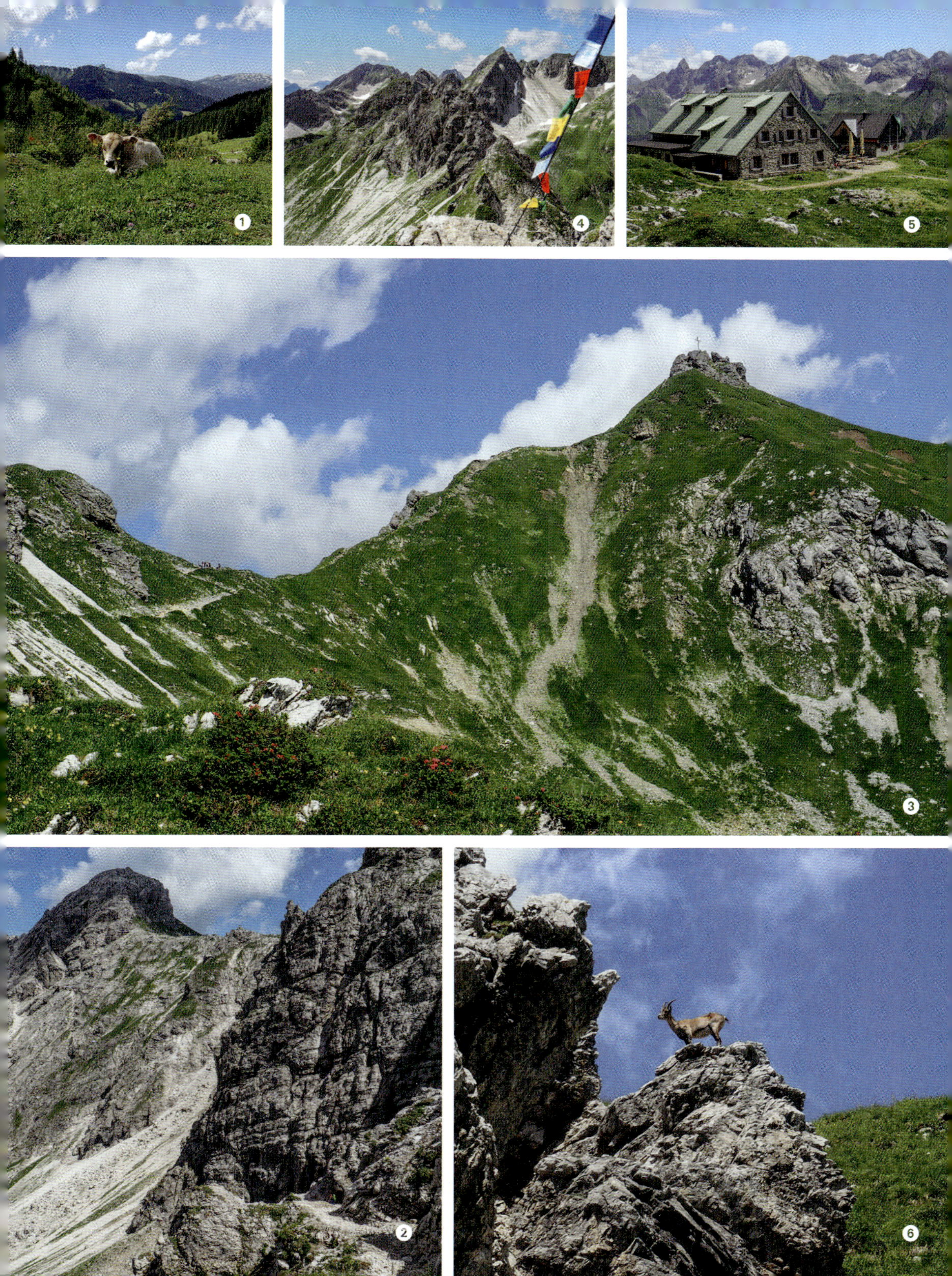

Hoher Ifen, 2230 m

28

Genusswanderung auf einen beliebten Gipfel

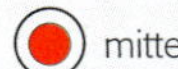 mittel  2½ –3½ Std.  650 Höhenmeter

Wer schon einmal auf dem Hohen Ifen war, kann verstehen, warum dieser Gipfel so häufig begangen wird. Von dort oben hat man einen unbeschreiblichen Blick auf die einzigartige Karstlandschaft des Gottesackerplateaus.

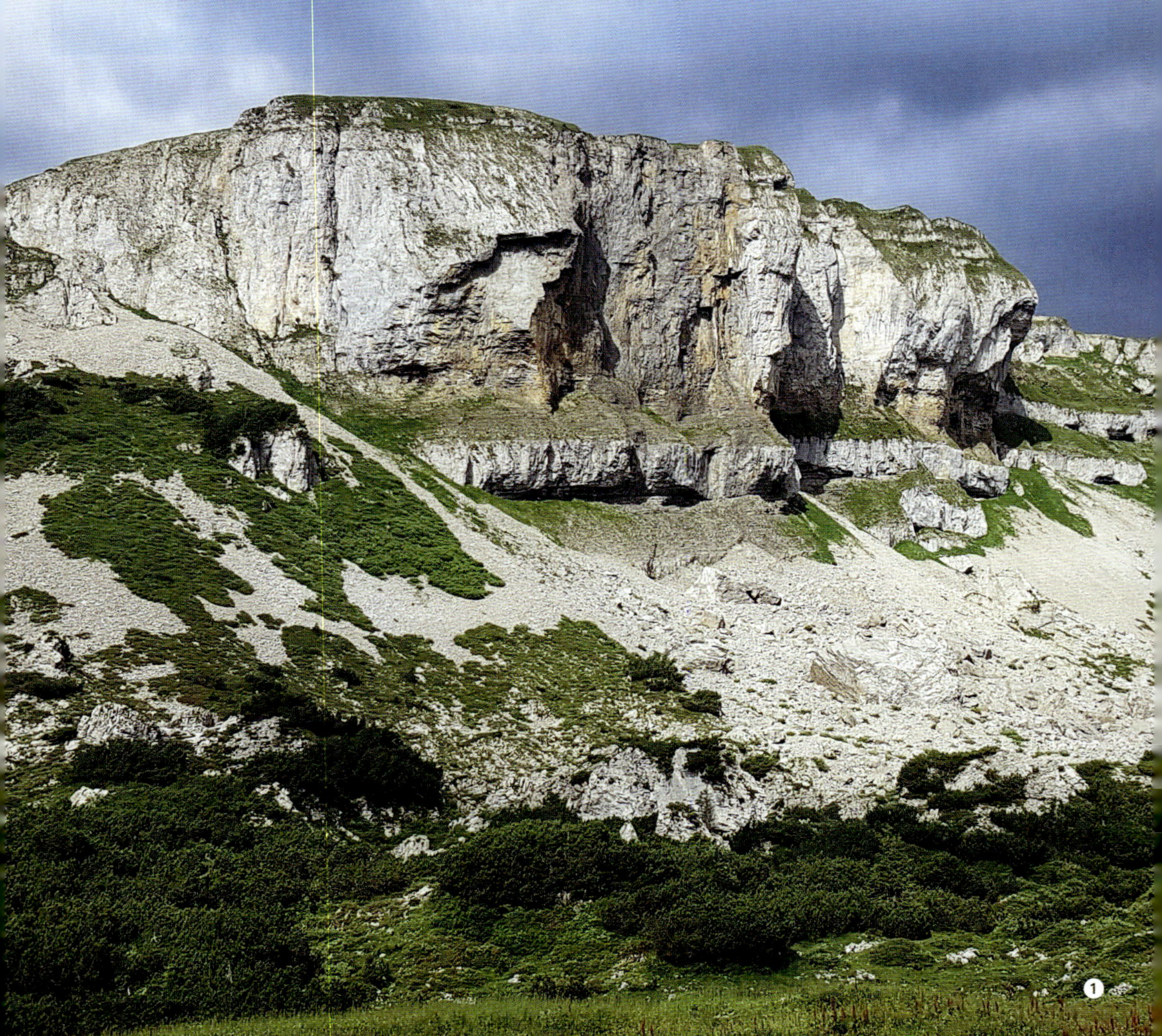

1

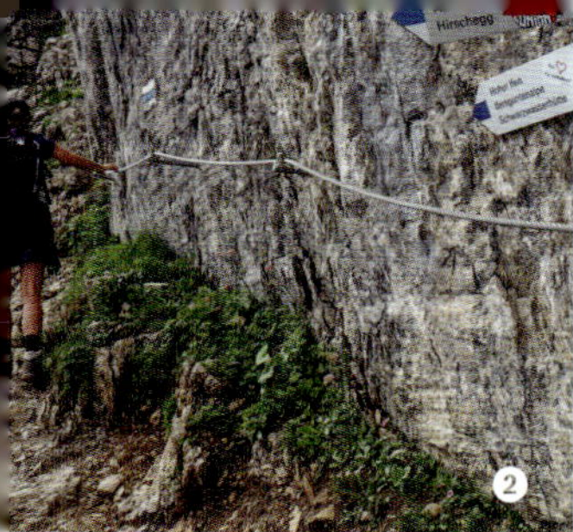

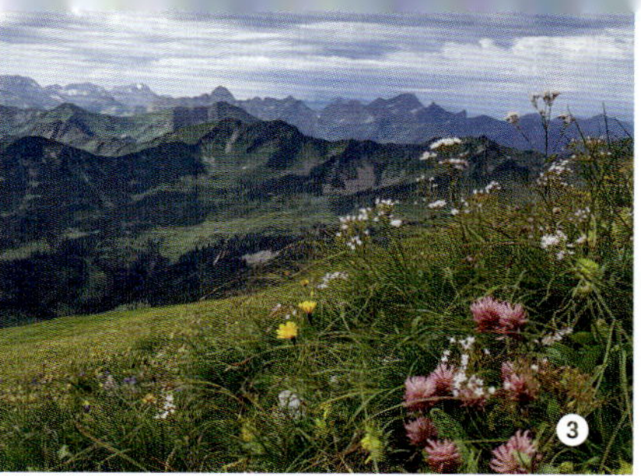

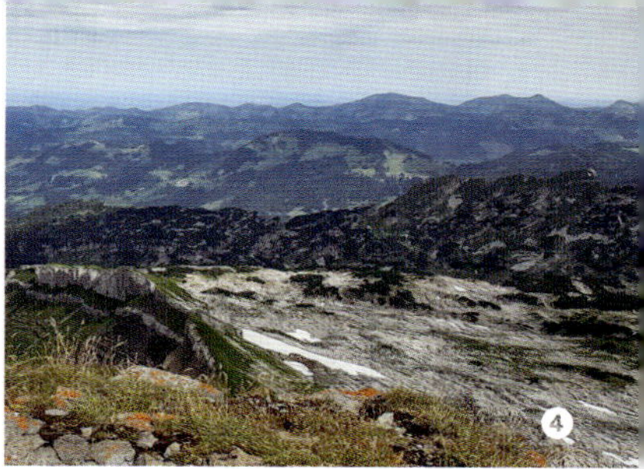

Ausgangspunkt: Bergstation der Ifenbahn, Parkplatz an der Talstation in Hirschegg. Die Bahn fährt im Sommer täglich von 8:30 bis 16:45 Uhr.

Einkehrmöglichkeiten: Bei der Berg- und Talstation der Ifenbahn.

Gut zu wissen: Aufgrund seiner Einzigartigkeit und seiner überregionalen Bedeutung ist das Gebiet Hoher Ifen – Gottesackerplateau auf österreichischer Seite als Pflanzenschutzgebiet, auf deutscher Seite als Vogelschutzgebiet ausgewiesen.

Wegbeschreibung: Ab der Bergstation, direkt bei der Ifenhütte, führt der viel begangene weiß-rot-weiß markierte Wanderweg über Wiesen und Weideflächen in Kehren stetig bergauf Richtung Nordwesten. Bald wird es flacher und man sieht das außergewöhnliche Ifenmassiv in seiner beeindruckenden Größe direkt vor sich. Mit geringer Steigung führt der Weg durch die Ifenmulde ❶ zu einer beschilderten Abzweigung, bei der links abgebogen wird. Vom Fuß des Berges führt ein schmaler Serpentinenweg durch felsiges Gelände steil aufwärts. Der schwierigste Teil dieser jetzt weiß-blau-weiß markierten Wegstrecke ist mit Seilen gesichert, trotzdem sind für den schmalen und teils abschüssigen Steig Schwindelfreiheit und Trittsicherheit erforderlich ❷. Da diese Passage sehr schmal und viel begangen ist, staut es sich hier des Öfteren. Ist man endlich auf dem Bergrücken angekommen, wendet man sich nach rechts und wandert nun nur mehr leicht ansteigend dem Gipfel zu. Diese letzte Etappe ist landschaftlich besonders reizvoll, wandert man doch bei beeindruckendem Panorama auf über 2000 m Höhe durch wunderschön blühende Blumenwiesen ❸. Wer will, kann vom Gipfel aus noch einen Abstecher auf das nahe Hahnenköpfle und das Gottesackerplateau ❹ (Tour 29) machen.

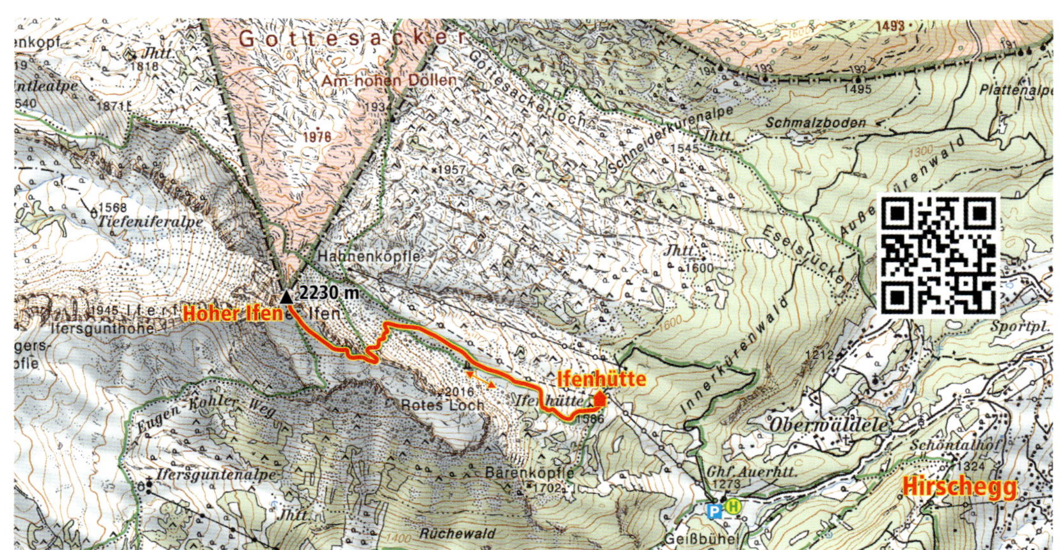

29 Hahnenköpfle, 2085 m

Rundwanderung mit beeindruckenden Ausblicken

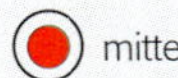 mittel  4½–5½ Std. 500 Höhenmeter bergauf/800 Höhenmeter bergab

Ausgangspunkt: Bergstation der Ifenbahn, Parkplatz an der Talstation in Hirschegg. Die Bahn fährt im Sommer täglich von 8:30 bis 16:45 Uhr.

Einkehrmöglichkeiten: Bei der Berg- und Talstation der Ifenbahn.

Gut zu wissen: Der Weg vom Anfang des Gottesackers bis zur Talstation der Ifenbahn zieht sich etwas in die Länge und es ist ratsam, ausreichend zu trinken mitzunehmen.

Wegbeschreibung: Ab der Bergstation, direkt bei der Ifenhütte, geht es zu Beginn über Wiesen, vorbei an grasendem Weidevieh, in ein paar Kehren bergauf. Der weiß-rot-weißen Markierung folgend wandert man bald gemütlich durch die sogenannte Ifenmulde. Der Blick auf das mächtige, nach Nordosten steil abfallende Ifenmassiv ist gewaltig ❶. Für längere Zeit führt der einfache Wanderweg in nordwestliche Richtung leicht aufwärts. Erst kurz unterhalb des Gipfels wird der Weg etwas anspruchsvoller, steiniger und steiler. Über Stufen geht es mit Blick auf das nahe Gipfelkreuz des Hohen Ifens empor zum höchsten Punkt. Zurück geht es zunächst auf demselben Weg bis zum Wegweiser unterhalb des Restaurants „Bergadler" bei der Bergstation der Ifen-II-Bahn ❷. Dort zweigt unser Pfad nach links ab und führt hinauf zum Gottesackerplateau ❸. Wer nur einen kurzen Abstecher hierher unternehmen möchte, kann denselben Weg zurück zum Ausgangspunkt wählen. Der hier empfohlene Weiterweg ist jedoch sehr lohnenswert und spannend, führt er doch über die schroffen, von vielen Spalten und Rissen durchfurchten Kalksteinflächen des Gottesackers ❹. Hier heißt es, gut auf die Markierungen zu achten! Da und dort sprießen Blumen aus den Felsritzen und setzen bunte Farbtupfer in diese bizarre Karstlandschaft. Ohne große Höhenunterschiede geht es nun immer Richtung Norden bis zum Wegweiser bei der Gottesackeralpe, die jedoch nicht mehr als solche zu erkennen ist, da es keine Hütte mehr gibt. Nun folgen wir dem Weg rechts hinab in Richtung Hirschegg-Wäldele. Von dort auf einem Sträßchen zurück zur Talstation der Ifenbahn.

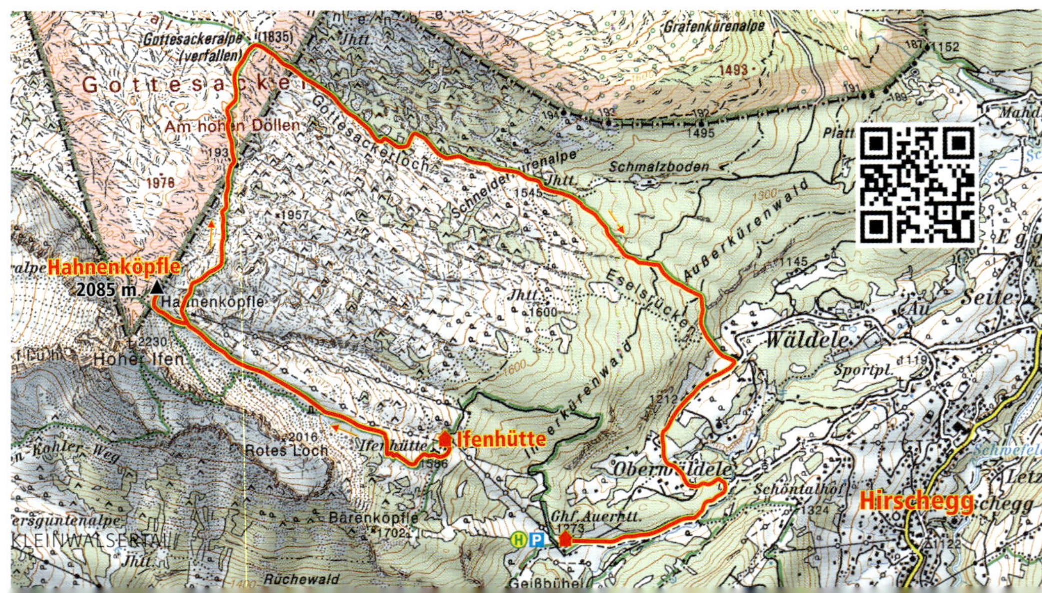

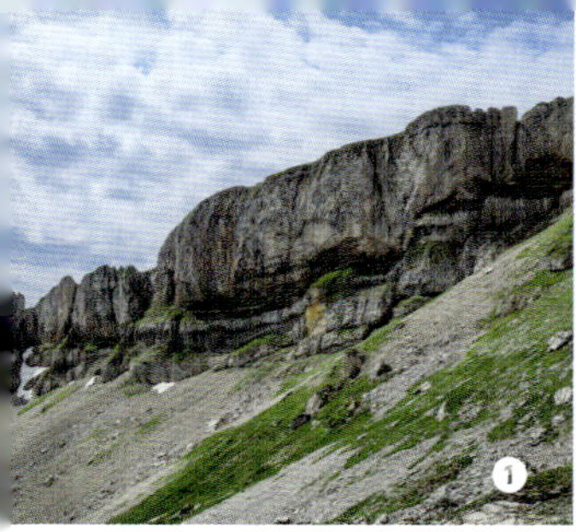

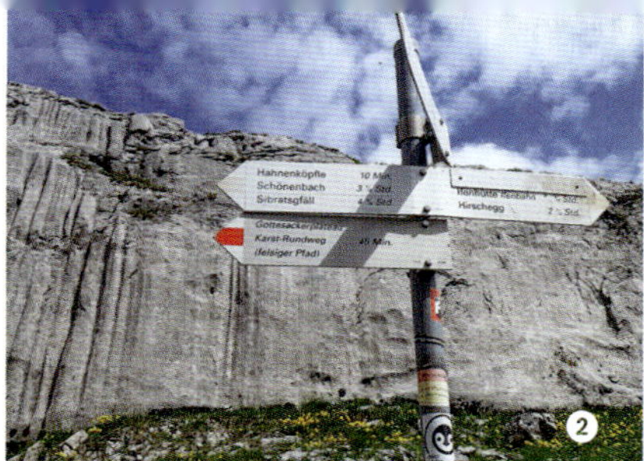

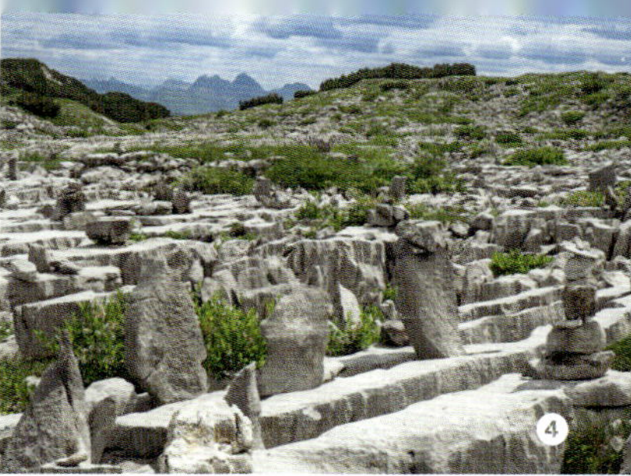

Das Hahnenköpfle liegt eingebettet zwischen Gottesackerplateau und Hohem Ifen. Der gut beschilderte und viel begangene Weg zum Gipfel führt entlang des beeindruckenden Ifenmassivs, der Rückweg durch diese besonders interessante Karstlandschaft. Laut einer Sage war das Gottesackerplateau einst eine Alpe, die reichen Ertrag abwarf. Ein Bettler, der dort um eine Spende bat, wurde aber mit Hohn abgewiesen, worauf dieser die Alpe verfluchte. Daraufhin verwüsteten Unwetter die Weiden, bis nur noch eine zerklüftete Steinwüste zu sehen war.

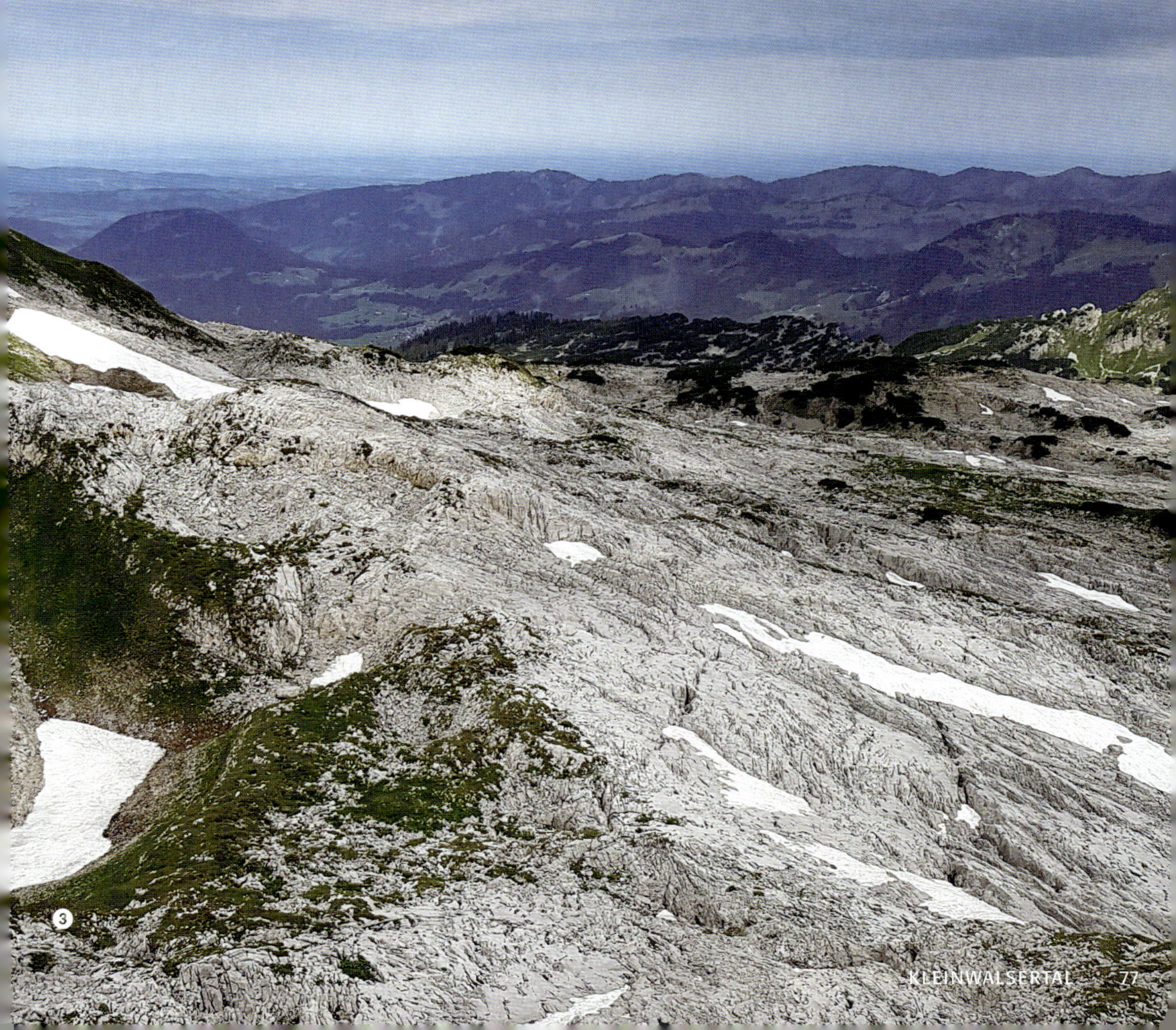

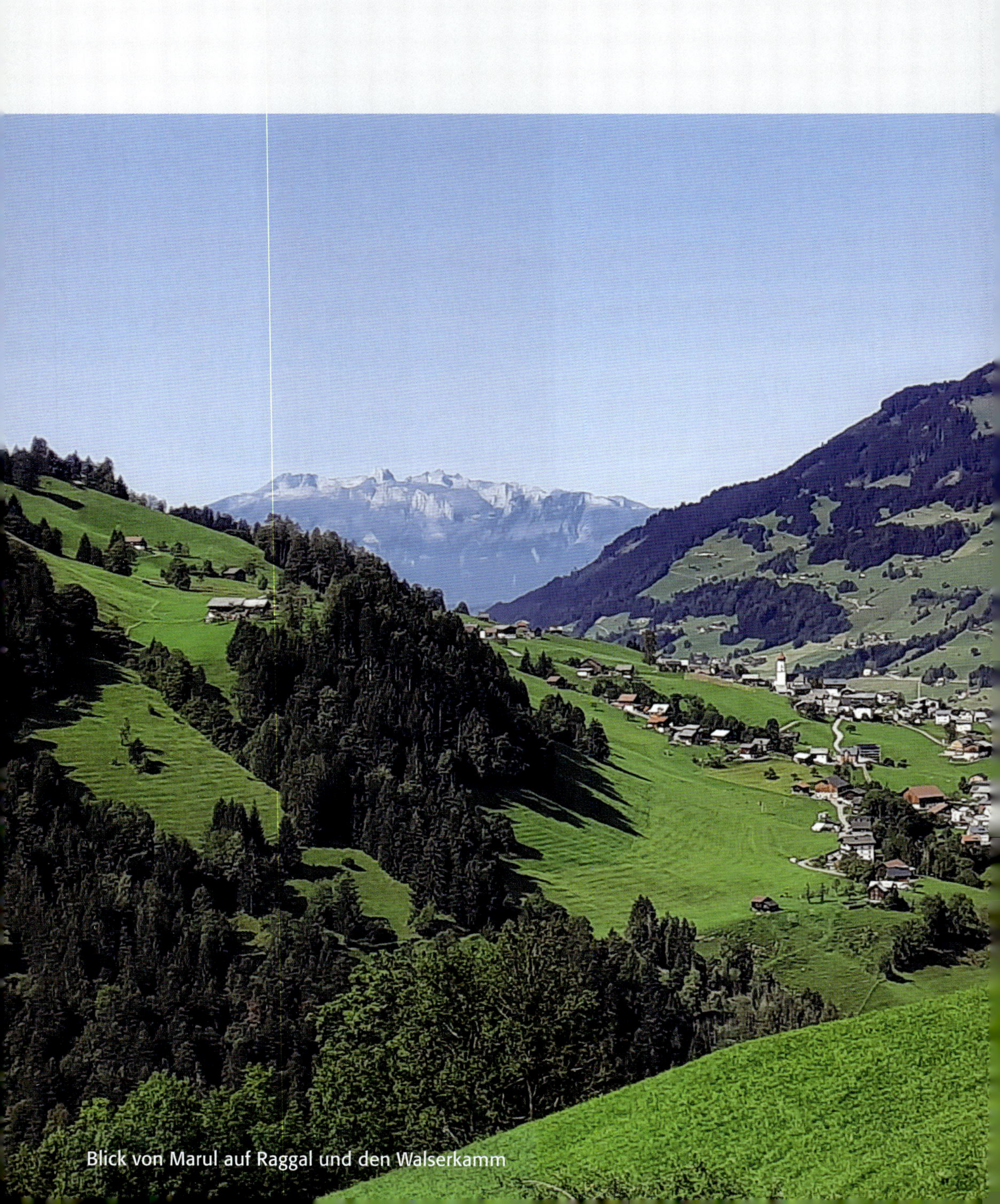

Blick von Marul auf Raggal und den Walserkamm

Großes Walsertal

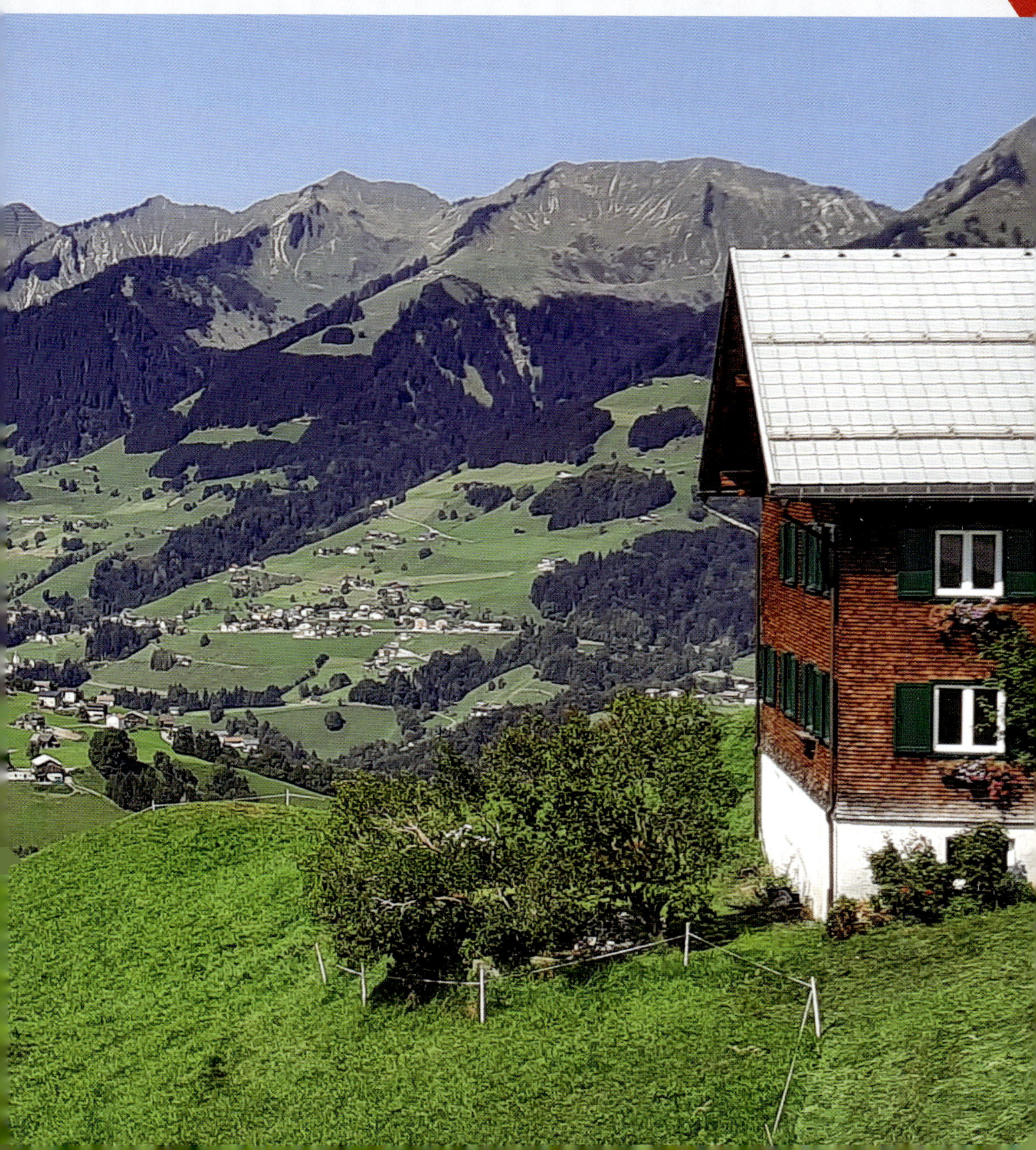

30

Kellaspitz, 2017 m

Anspruchsvolle Tour auf einen markanten Berg

 schwer  4–5½ Std. 1040 Höhenmeter

Die Kellaspitze liegt exakt in der Mitte Vorarlbergs. Kein Wunder, dass das Panorama hier besonders umfassend ist. Der Gipfelanstieg ist für trittsichere und schwindelfreie Geher eine schöne Herausforderung und vor allem auf den letzten Höhenmetern abwechslungsreich und spannend. Oben angekommen, wird man von einem 360-Grad-Blick auf das Große Walsertal, den Walgau, den Rätikon und die Schweizer Berge für die anstrengenden 1040 Höhenmeter, die zu meistern waren, mehr als belohnt ❶.

Ausgangspunkt: Gebührenpflichtiger Wanderparkplatz am Ortsanfang von Marul.

Einkehrmöglichkeiten: Gasthaus „Walserklause", Marul.

Wegbeschreibung: Vom Wanderparkplatz in Marul geht es bergauf in Richtung Kirche, am Gasthaus „Walserklause" vorbei und beim Wegweiser links aufwärts Richtung Stafelfederalpe ❷. Die geteerte Straße in Richtung Alpe, die weiß-rot-weiß markiert ist, kann über schmale Wiesenpfade abgekürzt werden. Der Weg führt vorbei an einsam gelegenen Höfen ❸ und bunten Blumenwiesen ❹. Direkt unterhalb der Alpe ist die Wegfindung etwas schwierig, man kann sich jedoch an den weiß-rot-weißen Markierungspfosten orientieren, die teilweise aus dem Boden ragen. Auf den Wiesen um die Alpe ist Weidevieh, man sollte sich dementsprechend umsichtig verhalten. Etwa eine Viertelstunde oberhalb der Alpe befindet sich die Weggabelung „Bettlerstapfa" mit der weiß-blau-weißen Markierung Richtung Gipfel, wo rechts abgebogen wird. Ab diesem Punkt sind keine Markierungen mehr vorhanden, die Wegfindung ist allerdings nicht schwierig. Je näher man dem Gipfel kommt, desto anspruchsvoller wird der Steig. In leichter Kletterei und zuletzt durch eine Rinne geht es zum höchsten Punkt der Kellaspitze ❺. Die schwierigen Passagen sind mit Seilen und Trittbügeln entschärft ❻. Etwa eine Stunde nach der Abzweigung ist der Gipfel erreicht.

Gut zu wissen: 1. Der Weg ist größtenteils sonnig. Wer der sommerlichen Hitze entgehen will, sollte früh starten! 2. Die Stafelfederalpe ist gut mit dem Mountainbike/E-Bike über einen geteerten Fahrweg zu erreichen.

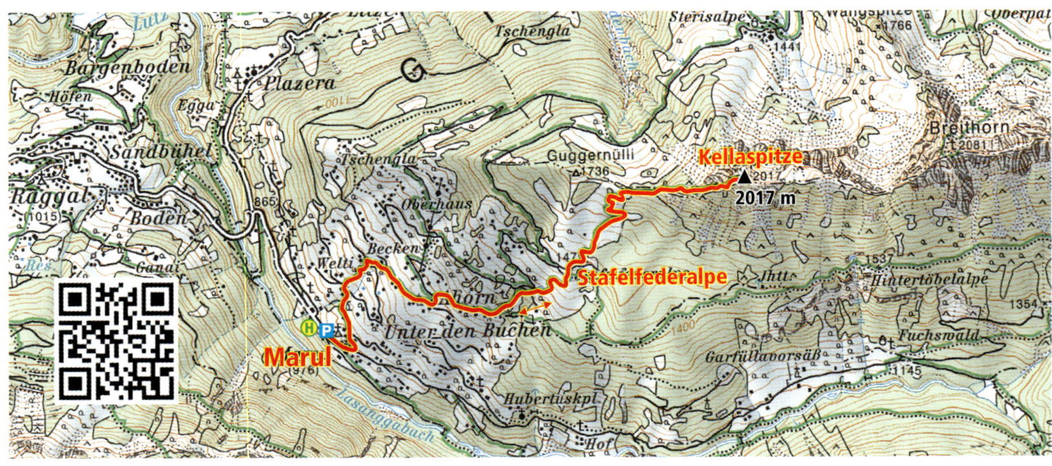

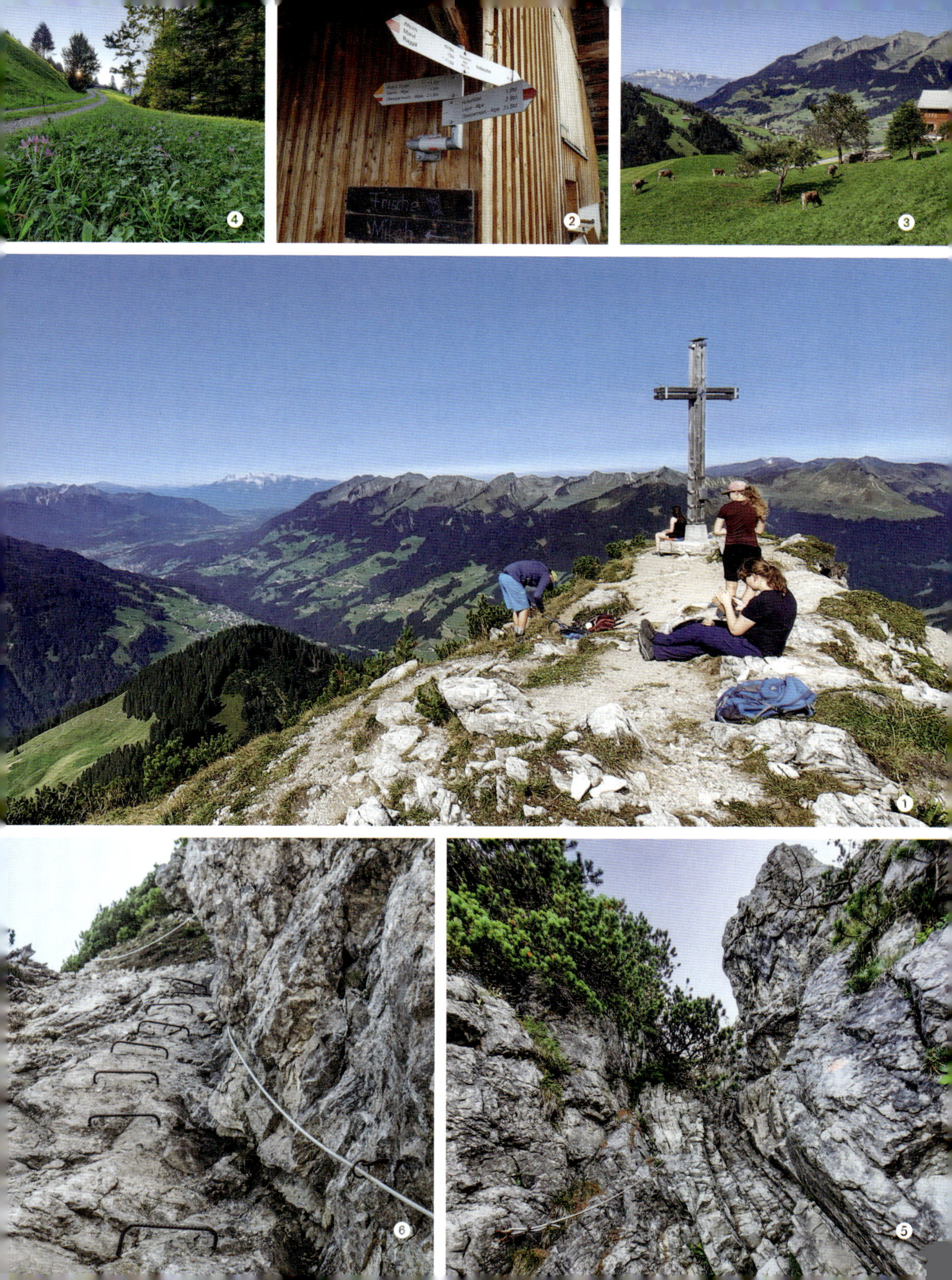
4
Frische
Milch
2
3
1
6
5

31

Breithorn, 2081 m

Über schöne Alpen auf einen einsamen Gipfel

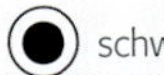 schwer  4–5¼ Std.  800 Höhenmeter

Die Bergtour auf das Breithorn im Großen Walsertal kann man gewiss als anstrengend und schwierig bezeichnen.

Für geübte Wanderer bietet sich hier aber eine äußerst attraktive Runde über bewirtschaftete Alpen mit schönen Einkehrmöglichkeiten, gekrönt von einem tollen Aussichtsgipfel ❶.

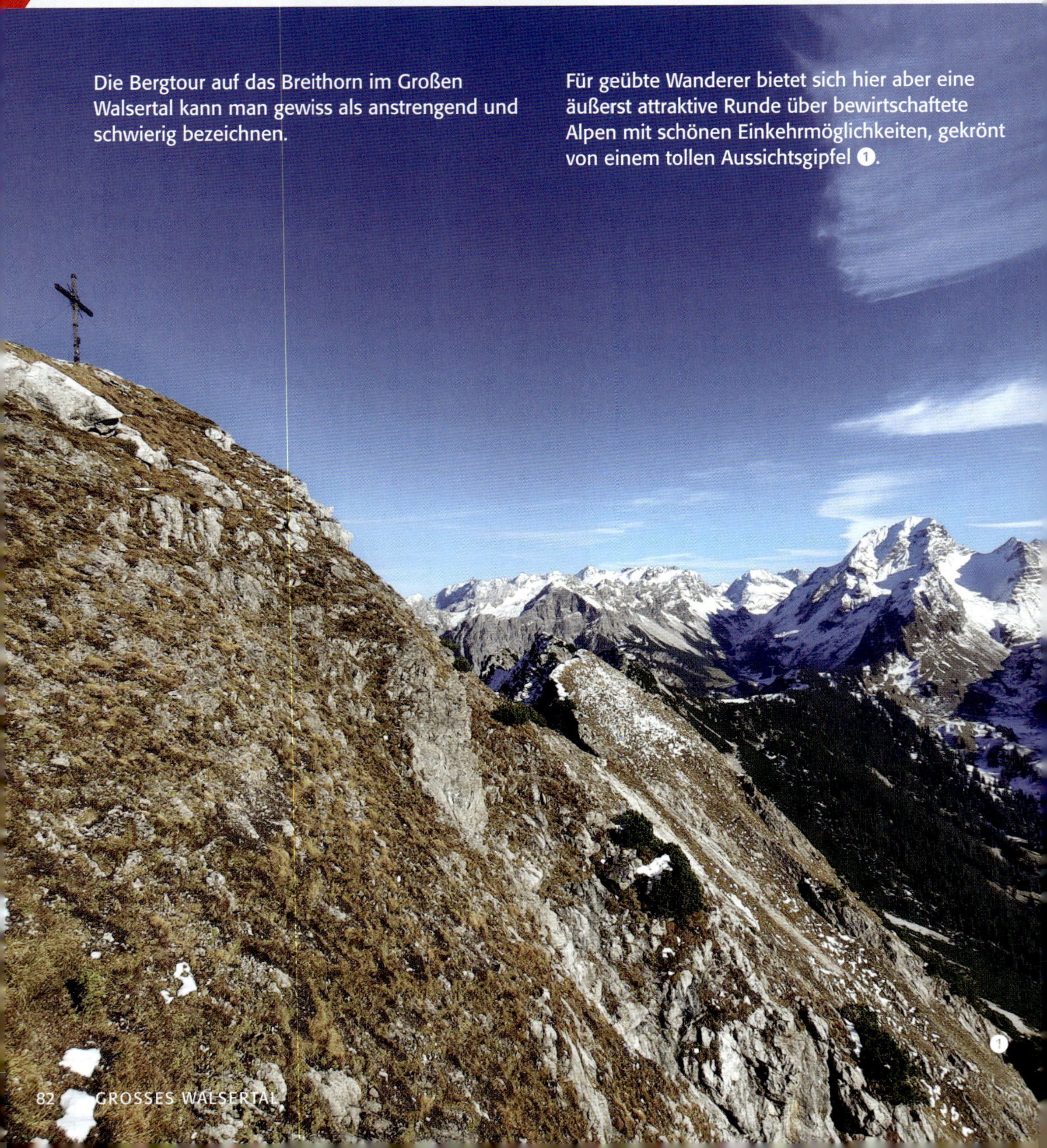

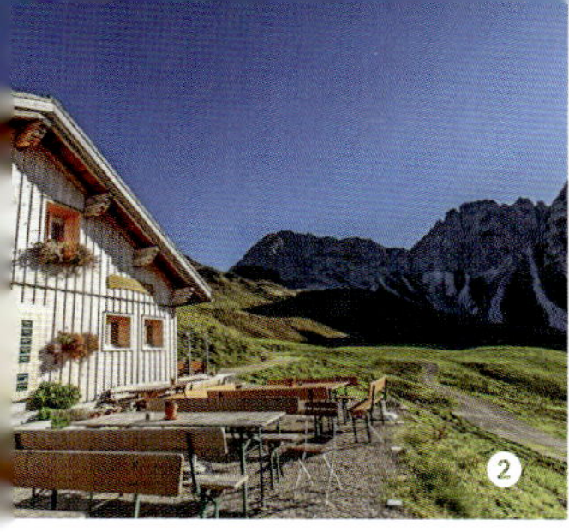

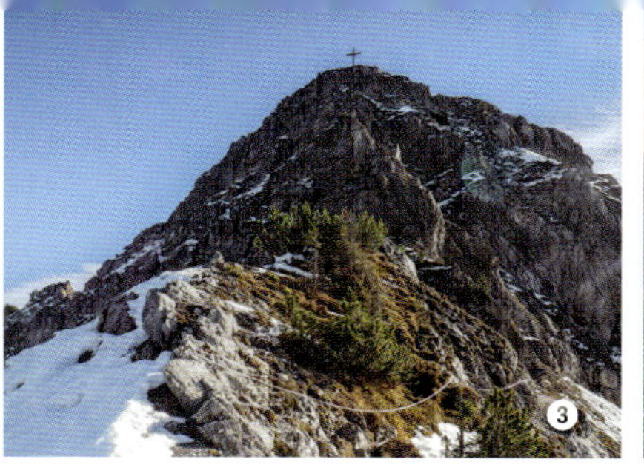

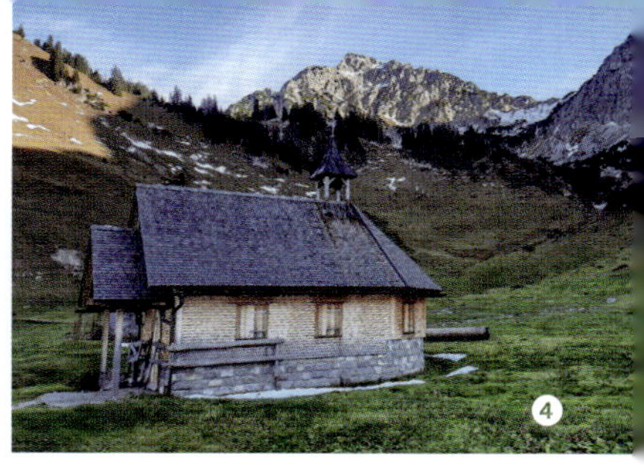

Ausgangspunkt: Bergstation der Seilbahn Sonntag-Stein, Parkplatz an der Talstation. Die Bahn fährt täglich von 8:45 bis12:00 Uhr und von13:00 bis 17:30 Uhr.
Einkehrmöglichkeiten: An der Bergstation, Unterpartnomalpe, Breithornhütte sowie an der Sterisalpe.
Wegbeschreibung: Oberhalb der Bergstation der urigen Gondelbahn Sonntag-Stein führt nach der ersten Kurve rechts ein schmaler Fußweg steil über eine Wiese hinauf. Nach wenigen Minuten gabelt sich der Weg. Man folgt dem gut beschilderten Wanderweg zur Unter- und Oberpartnomalpe, welche nach einer knappen Stunde erreicht ist. Die Oberpartnomalpe ist ein sehr idyllischer Ort, die Alpe und die Breithornhütte ❷ laden zu längerem Verweilen ein. Bei der Alpe weist ein Wegweiser in Richtung „Sterisalpe" und „Breithorn nur für Geübte". Nach wenigen Minuten zweigt der Weg zum Breithorn links ab. Der schmale Pfad ist nicht markiert, jedoch meist gut an den verblichenen roten Punkten auszumachen. Zuerst geht es meist flach Richtung Westen, bald wird der Weg jedoch sehr steil und führt über Geröllfelder sowie in felsigem und abschüssigem Gelände in südwestlicher Richtung bergwärts. Mit etwas Glück sieht man hier Gämsen, die Wanderer aus sicherer Entfernung aufmerksam beobachten. Im oberen Bereich ist der Weg etwas ausgesetzt. Man erreicht einen markanten Bergrücken, von dem das Gipfelkreuz zum Greifen nah scheint. Einige Passagen sind hier durch Drahtseile gesichert ❸. Jetzt geht es noch ein kurzes Stück nach Süden auf ein Joch und von dort in wenigen Minuten zum wunderbaren Aussichtsgipfel. Beim Abstieg folgt man vom Joch aus dem Wegweiser zur Sterisalpe ❹. Ein weiß-blau-weiß markierter Steig führt nun bergab. Auch wenn der Abstieg über die Sterisalpe deutlich einfacher ist als der Rückweg über die Oberpartnomalpe, weist auch dieser Weg leicht exponierte Stellen auf, eine Passage ist mit Fixseilen versehen. Von der größten Walseralpe, der Sterisalpe, wandert man zuerst auf einem breiten Fahrweg in Richtung „Stein Seilbahn", nach etwa einer halben Stunde wird bei einem Wegweiser links abgebogen. Hier wird aus dem breiten Kiesweg ein schmaler und stellenweise recht rutschiger Pfad, der ins Steintobel hinabführt. Über zahlreiche Stufen, Wurzeln und kleine Bäche schlängelt sich der Weg zurück zur Bergstation Stein.
Gut zu wissen: Die Alpe Oberpartnom war einer der Hauptdrehorte des Films „Der Atem des Himmels" des bekannten Musikers, Autors und Regisseurs Reinhold Bilgeri.

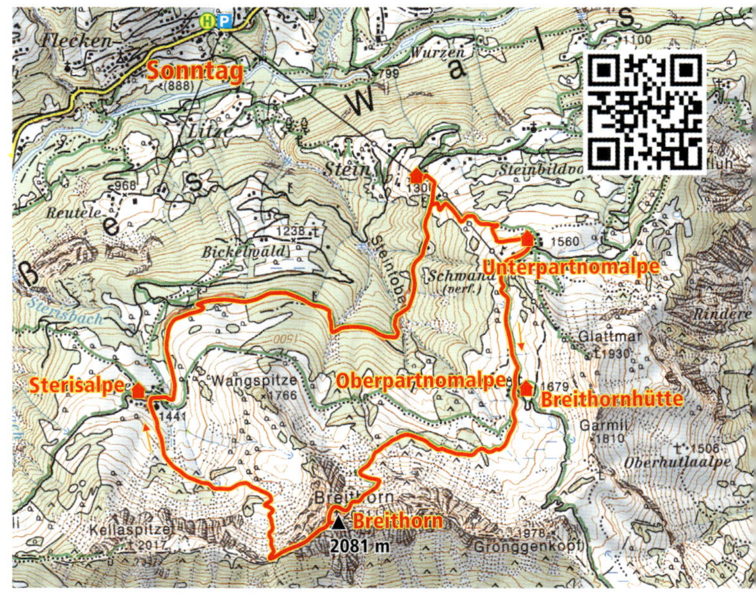

32

Glattmar, 1930 m

Mit herrlichem Ausblick auf das Große Walsertal

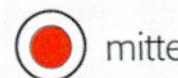 mittel  2½–3½ Std.  630 Höhenmeter

Ausgangspunkt: Bergstation der Seilbahn Sonntag-Stein, Parkplatz an der Talstation. Die Bahn fährt täglich von 8:45 bis12:00 Uhr und von13:00 bis 17:30 Uhr.

Einkehrmöglichkeiten: An der Bergstation, Unterpartnomalpe, in der Breithornhütte.

Wegbeschreibung: Die kleine und urige Seilbahn bringt den Wanderer sicher ins Wandergebiet Sonntag-Stein auf knapp 1300 m Höhe. Der weiß-rot-weiß beschilderte Wanderweg führt sonnig und einfach über freie Alpflächen zur Unterpartnomalpe ❶. Hinter der Alpe zieht der Weg gemütlich weiter nach Südosten. In einer weiten Kurve und später entlang des Sessellifts geht es bald etwas steiler bergauf bis zur Bergstation des Lifts. Der nun folgende Gipfelanstieg ist sehr steil. Der schmale Pfad, der teils über Wurzeln durch den Wald führt, verlangt Trittsicherheit, bei Nässe ist Vorsicht geboten. Der Blick vom Gipfel auf den Walserkamm, die Rote Wand und die Damülser Mittagsspitze belohnt reichlich für die Mühen des Anstiegs. Zurück geht es auf dem gleichen Weg bis zur Bergstation des Sessellifts. Von dort kann man entweder auf dem Anstiegsweg ins Tal zurückkehren oder aber nach links hinunter zur Oberpartnomalpe ❷ wandern, wo in der schön gelegenen Breithornhütte ❸ gemütlich eingekehrt oder sogar übernachtet werden kann. Kurz oberhalb der Oberpartnomalpe befindet sich ein kleiner malerischer See ❹, der sich für einen kurzen Abstecher bestens eignet. Von der Oberpartnomalpe wandert man schließlich in ca. ½ Stunde auf einem schönen und beschilderten Wanderweg zur Unterpartnomalpe und von dort auf dem Anstiegsweg zurück zur Bergstation.

Gut zu wissen: Etwa eine Stunde von der Bergstation entfernt, befindet sich der Klettergarten Wandfluh. Der Weg dorthin ist beschildert. In der Nähe des Klettergartens befindet sich auch ein schöner Grillplatz. Die Echowand, an der man sein Echo spielerisch erproben kann, wird vor allem den jungen Besuchern gefallen.

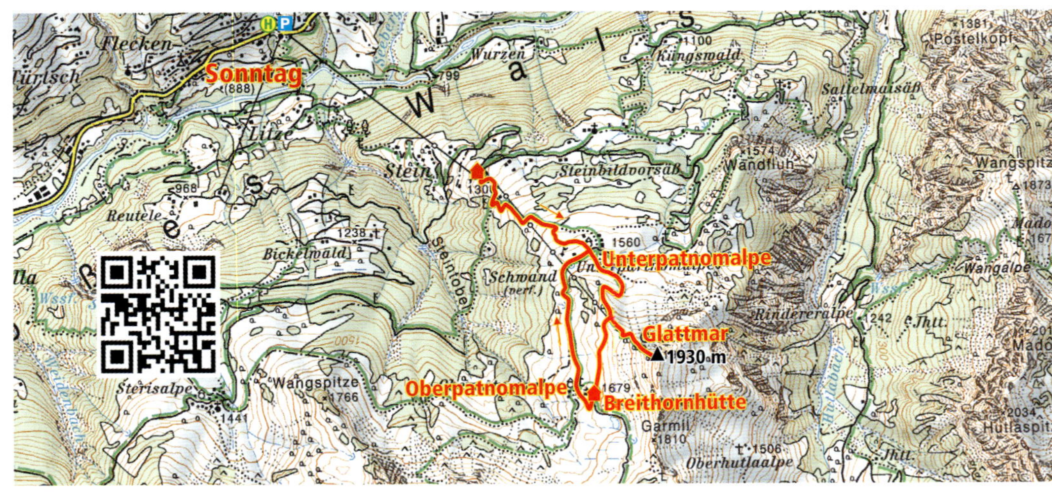

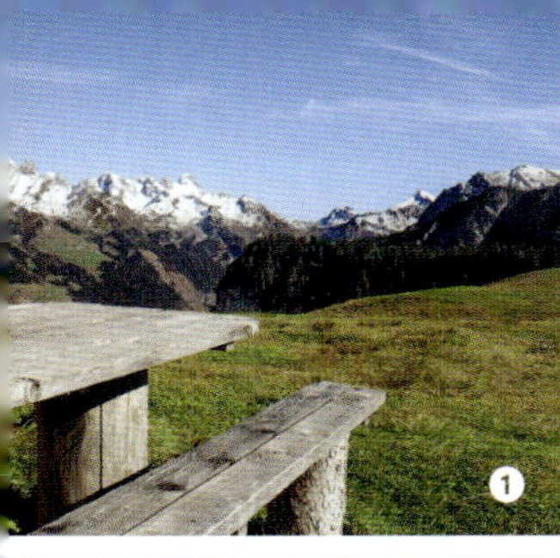

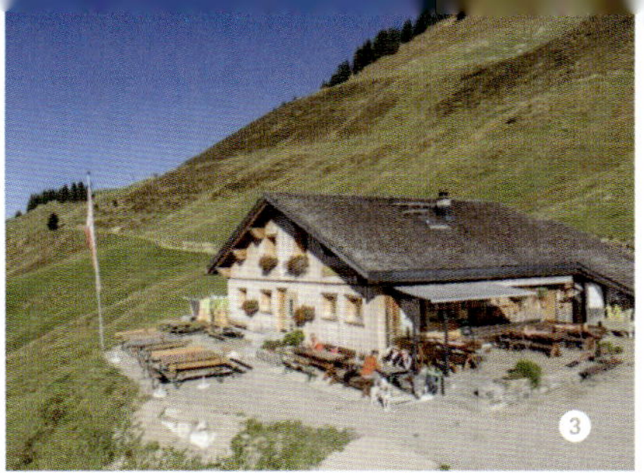

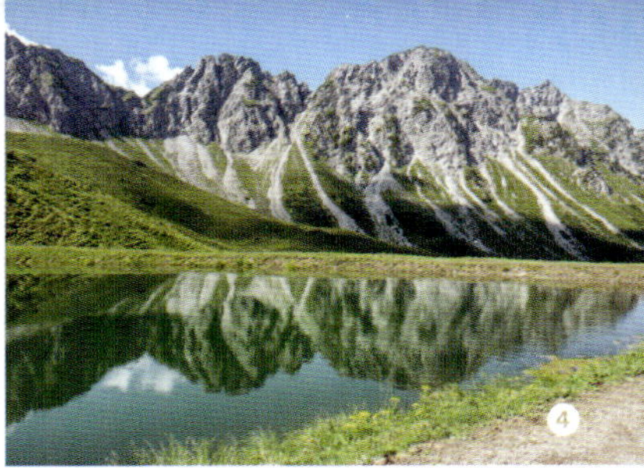

Der Gipfel des Glattmars ist eher wenig begangen und bietet wunderbare Stille, klare Luft und herrliche Weitblicke. Diese lohnende Wanderung kann auch gut mit etwas größeren Kindern unternommen werden, eine Einkehr bei der Unterpartnomalpe bzw. in der Breithornhütte ist ein gemütlicher Abschluss.

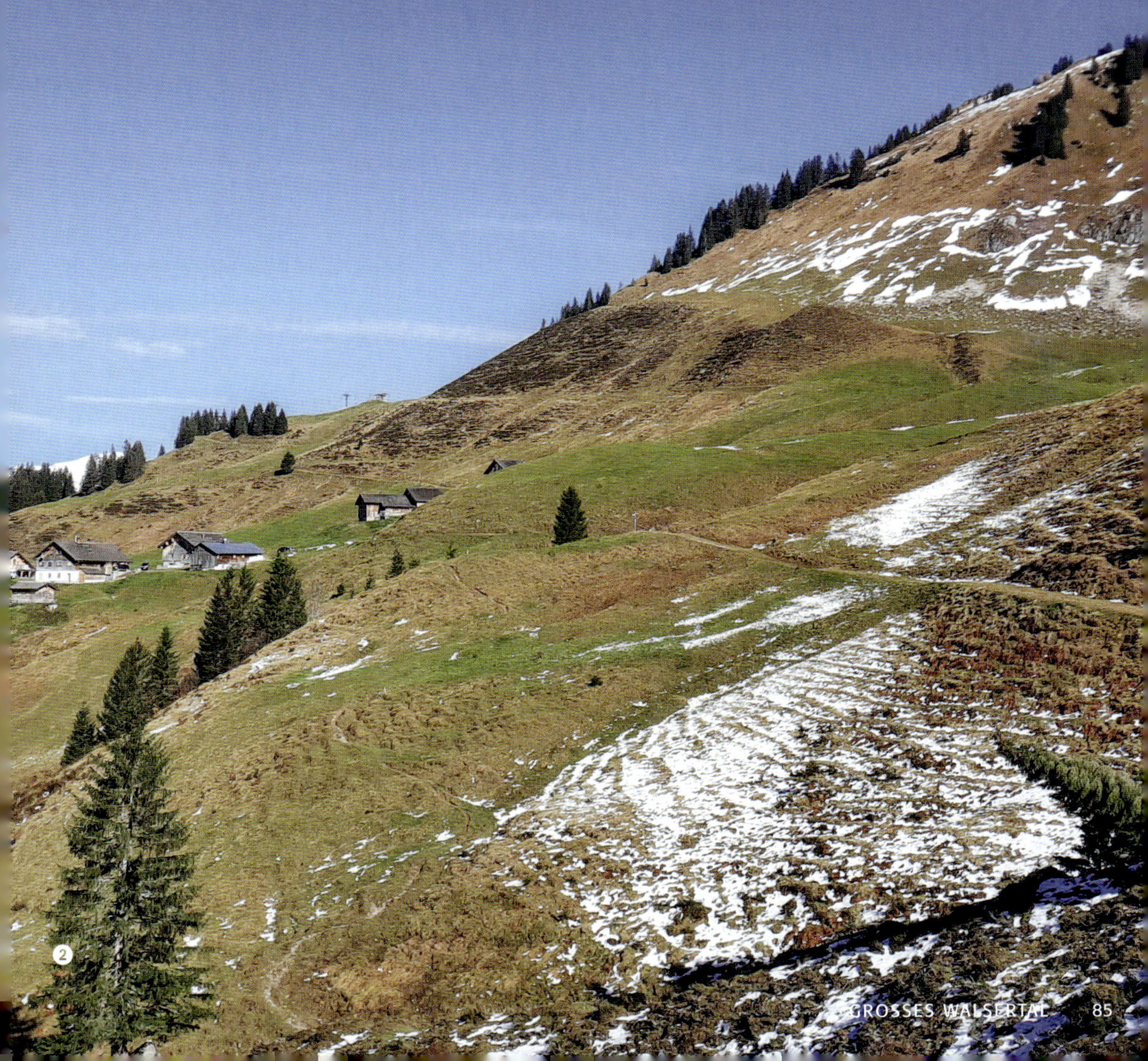

33

Wangspitze, 1873 m

Beschauliche Wege auf einen einsamen Aussichtsgipfel

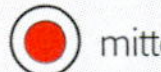 mittel  4½–6 Std.  1000 Höhenmeter

Die Wanderung zum Gipfel der Wangspitze führt immer wieder am Wasser entlang. Oft begleitet ein angenehmes Plätschern den Wanderer auf dieser schönen, aber auch anstrengenden Rundwanderung, bei der immerhin 1000 Höhenmeter und 15 Kilometer bewältigt werden müssen.

Umso schöner ist die Aussicht, dass gegen Ende der Runde der weit über die Grenzen des Großen Walsertals hinaus bekannte, unter Denkmalschutz stehende Alpengasthof „Bad Rothenbrunnen" wartet, der alles bietet, was das Herz des müden Wanderers begehrt.

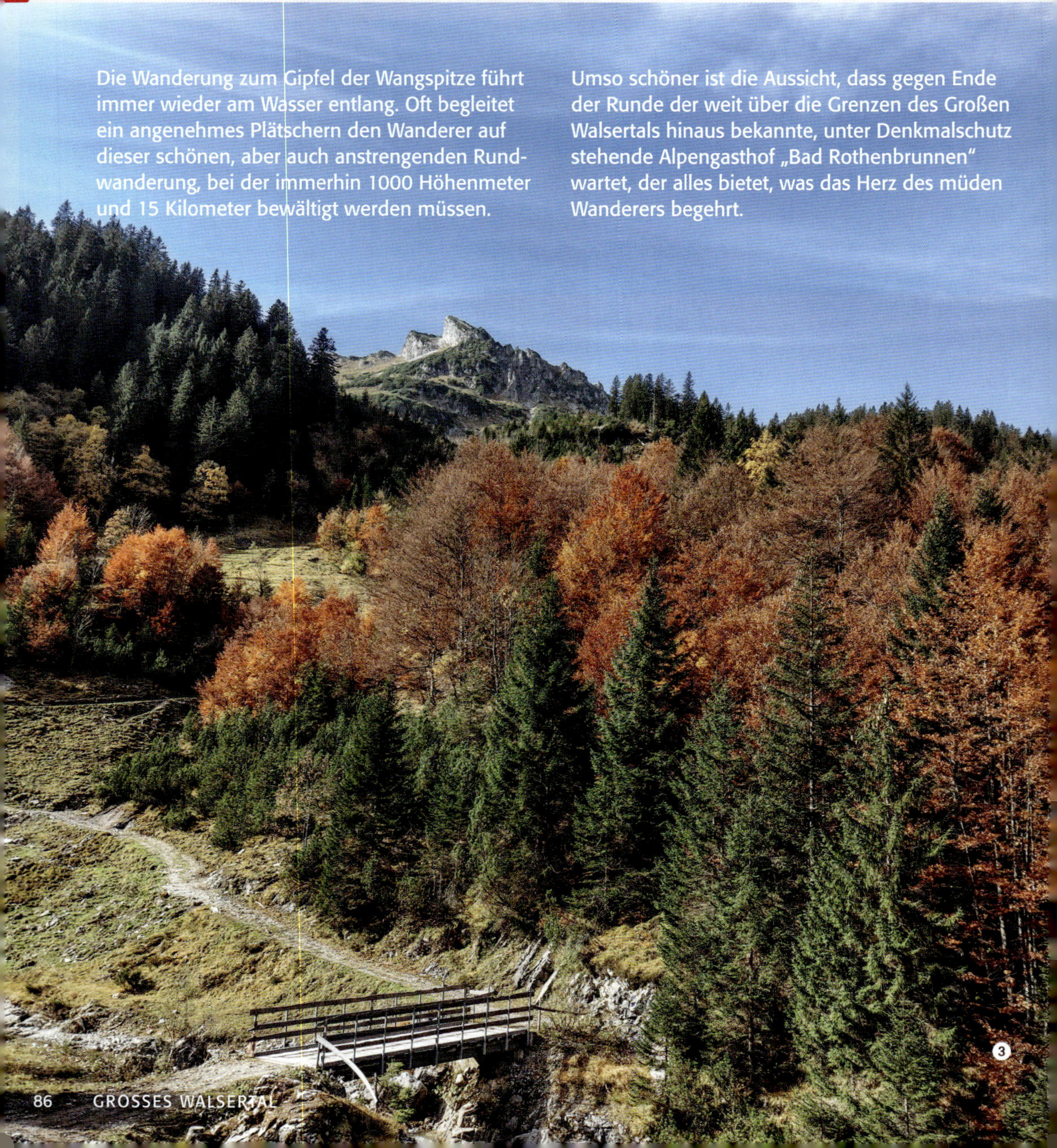

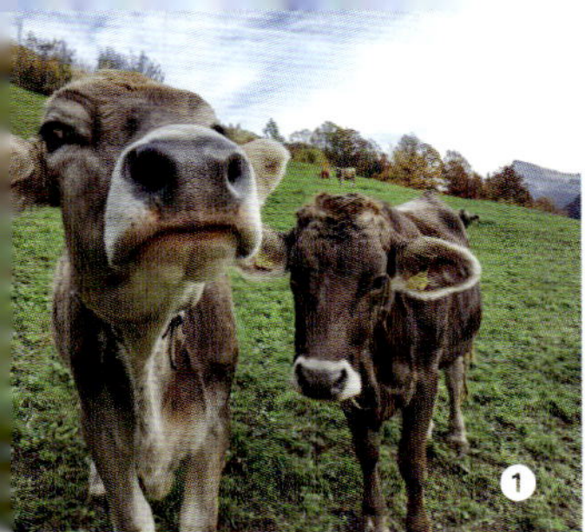

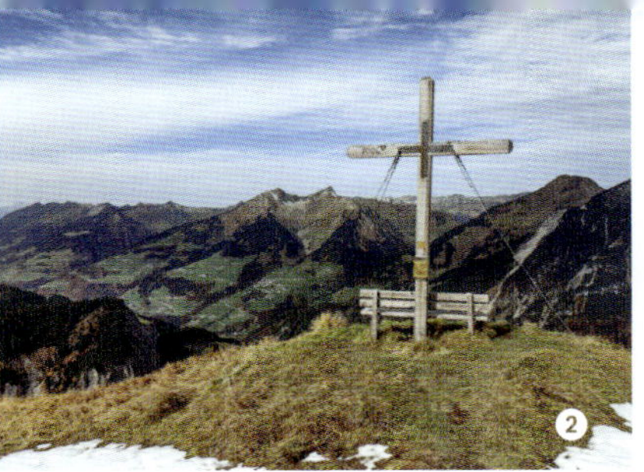

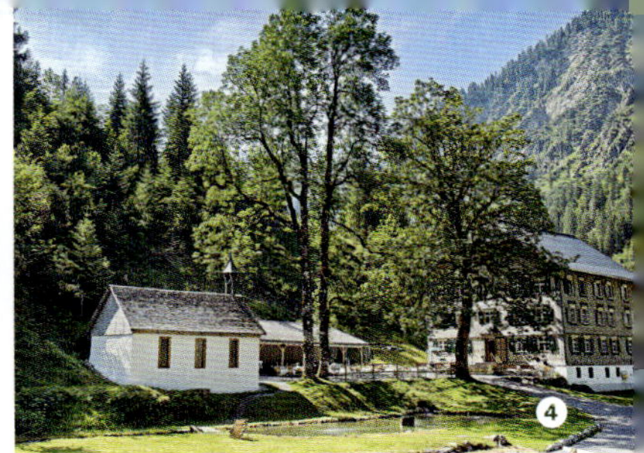

Ausgangspunkt: Parkplatz bei der Kirche in Buchboden.

Einkehrmöglichkeit: Alpengasthof „Bad Rothenbrunnen", Café „Zum Jäger" sowie Gasthof „Kreuz" in Buchboden.

Gut zu wissen: Diese Rundwanderung ist auch an warmen Tagen angenehm zu gehen, da der Weg häufig durch den schattigen Wald führt.

Wegbeschreibung: Vom Parkplatz unter der Kirche starten wir für einige Minuten bergabwärts ❶, die weiß-rot-weiße Markierung weist die Richtung. Bald kommt eine Weggabelung, bei der es rechts in den Wald hineingeht. Der Weg zieht nun leicht bergauf und trifft schon bald auf einen breiten Fahrweg, der für längere Zeit nach Süden führt, anfangs nur leicht ansteigend, später etwas steiler. Nach etwa einer Stunde wenden wir uns bei einer beschilderten Abzweigung nach links zur Rinderalpe. Etwas oberhalb der Alpe bringt uns ein schmaler Waldweg weiter. Eine Zeitlang geht es steiler bergauf, der Weg ist schmal und führt über Wurzeln und kleinere Stufen. Sobald der Weg den Wald verlässt, öffnet sich ein schöner Ausblick auf das Tal und die Berge des Großen Walsertals. Nun geht es weiter über freie Alpflächen und in vielen Kehren steil bergauf, bis der Wangsattel erreicht ist. Von dort führt ein stellenweise ausgesetzter Gratweg zügig zum Gipfel. Kinder sollten hier an der Hand genommen werden. Von der gemütlichen Gipfelbank aus lässt sich das Panorama so richtig genießen ❷. Zum Abstieg wählen wir ab dem Wangsattel den markierten Weg hinab zur Matonaalpe, die in wenigen Minuten erreicht ist. Von dort geht es auf einem meist breiten Weg, teils durch den Wald, teils über Weideflächen, in weiten Kehren weiter bergab zur Weggabelung Gad unterhalb der Gadenalpe. ❸ Ein breiter Weg bringt uns nun durch den Wald hinab bis zum Alpengasthof „Bad Rothenbrunnen", wo man sich am wunderbaren Gastgarten erfreuen und wohlverdient eine ausgiebige Pause machen kann ❹. Von Bad Rothenbrunnen ist es noch etwa eine halbe Stunde bis zurück zum Ausgangspunkt.

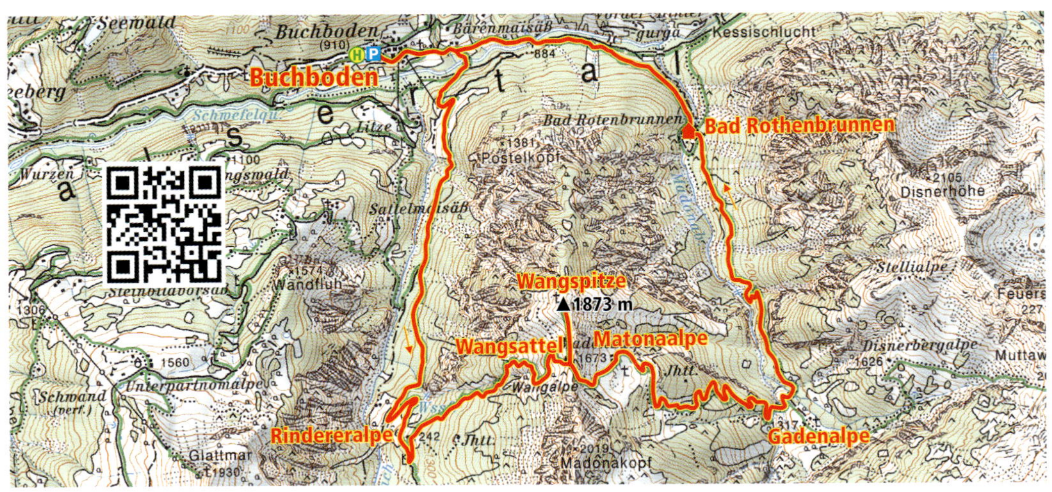

34

Hochgerach, 1985 m

Viel begangener Aussichtsberg mit zwei Gipfelkreuzen

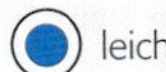 leicht  2½–3½ Std.  650 Höhenmeter

Ausgangspunkt: Bergstation Hensler der Seilbahn Schnifis, Parkplatz an der Talstation. Die Bahn fährt mittwochs, freitags und sonntags von 9:00 bis 12:00 Uhr und 13:00 bis 18:00 Uhr, donnerstags von 13:00 bis 21:00 Uhr, samstags von 9:00 bis 12:00 und 13:00 bis 21:00 Uhr

Einkehrmöglichkeiten: „Henslerstüble" bei der Bergstation und Äußere Alpila Alpe.

Gut zu wissen: Bei der Bergstation Hensler gibt es ebenfalls einen kleinen bewirtschafteten Parkplatz. Die Anfahrt erfolgt vom Ortszentrum in Schnifis aus.

Wegbeschreibung: Von der Bergstation Hensler folgt man der weiß-rot-weißen Markierung auf einem breiten Fahrweg bergauf. Der Kiesweg führt anfangs mäßig ansteigend und sonnig in Richtung der Äußeren Alpila Alpe. Von dort geht es anfangs leicht ansteigend, aber gemütlich weiter. Nach einer Wegbiegung nach rechts wird es für längere Zeit steiler. Der Weg führt teilweise durch den Wald, es geht über Wurzeln und kleinere Stufen bergauf. Bald ist eine Anhöhe erreicht, mit Bl ck auf die Lawinenverbauungen des nahen Hüttenkopfs ❶. Von hier führt ein schmaler Pfad steil bergauf durch ein von großen Steinen zersetztes Gelände. Das Gipfelkreuz ist bereits zum Greifen nah, der letzte steile Anstieg ist jedoch noch ziemlich anstrengend. Einige Kehren führen in etwa 20 Minuten empor zum höchsten Punkt ❷. Das wunderbare Panorama vom südlichen Gipfel entschädigt für den anstrengenden letzten Teil der Wanderung. Vom südlichen Gipfelkreuz aus geht es in nur wenigen Minuten dem Grat entlang zum zweiten Gipfelkreuz, dem Laternser Kreuz ❸.

Hinweis: Wer will, kann vom Südgipfel auf einem schmalen Grat noch den nahen Hüttenkopf besteigen. Vom Laternser Kreuz ❹ könnte man entweder über einen ausgesetzten Gratweg oder über einen einfachen Wanderweg nach Westen zum Dünser Älpele absteigen. Für den Gratweg sind Trittsicherheit und Schwindelfreiheit absolute Voraussetzung! Vom Älpele zurück zur Bergstation Hensler geht man eine knappe Stunde.

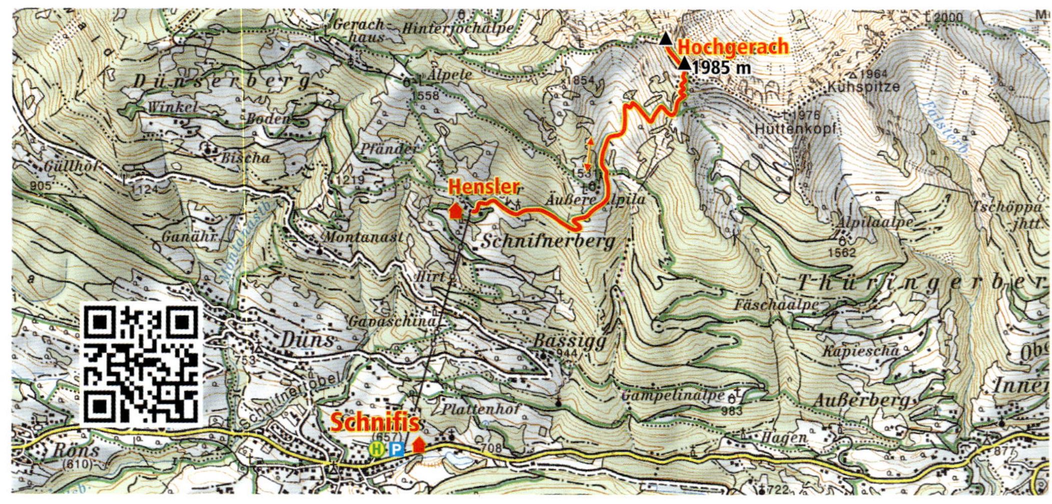

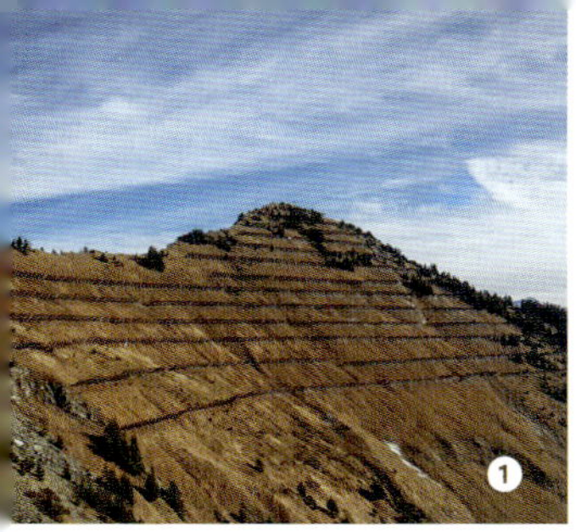
1

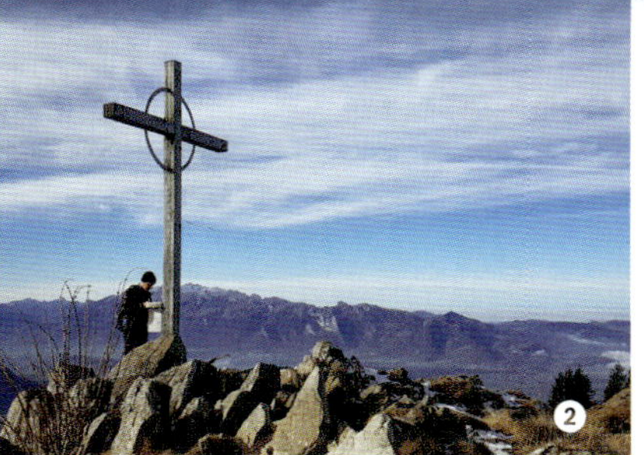
2

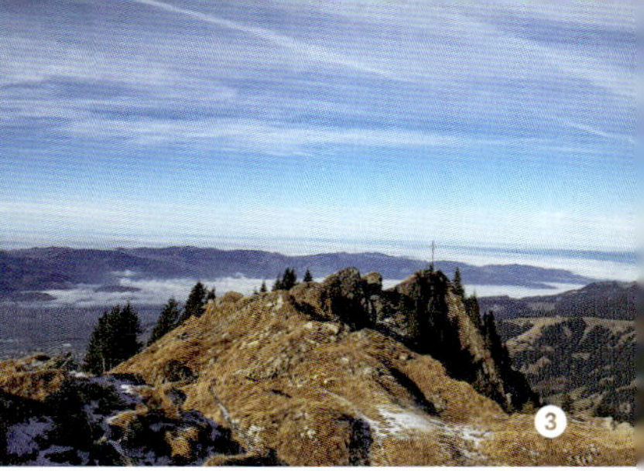
3

Der Hochgerach ist einer der beliebtesten Ausflugsberge der Region. Vom Hensler aus ist der Doppelgipfel recht schnell erreicht, denn mit dem urigen Schnifner Bähnle wird der Wanderer auf eine Höhe von 1334 m gebracht. Die verbleibenden 650 Höhenmeter sind für die ganze Familie gut zu bewältigen.

Da sich kein höherer Gipfel in unmittelbarer Nähe befindet, hat man vom Hochgerach einen schönen Rundumblick, sowohl auf das Rheintal und den Walgau als auch auf den Walserkamm und die umliegenden Berge.

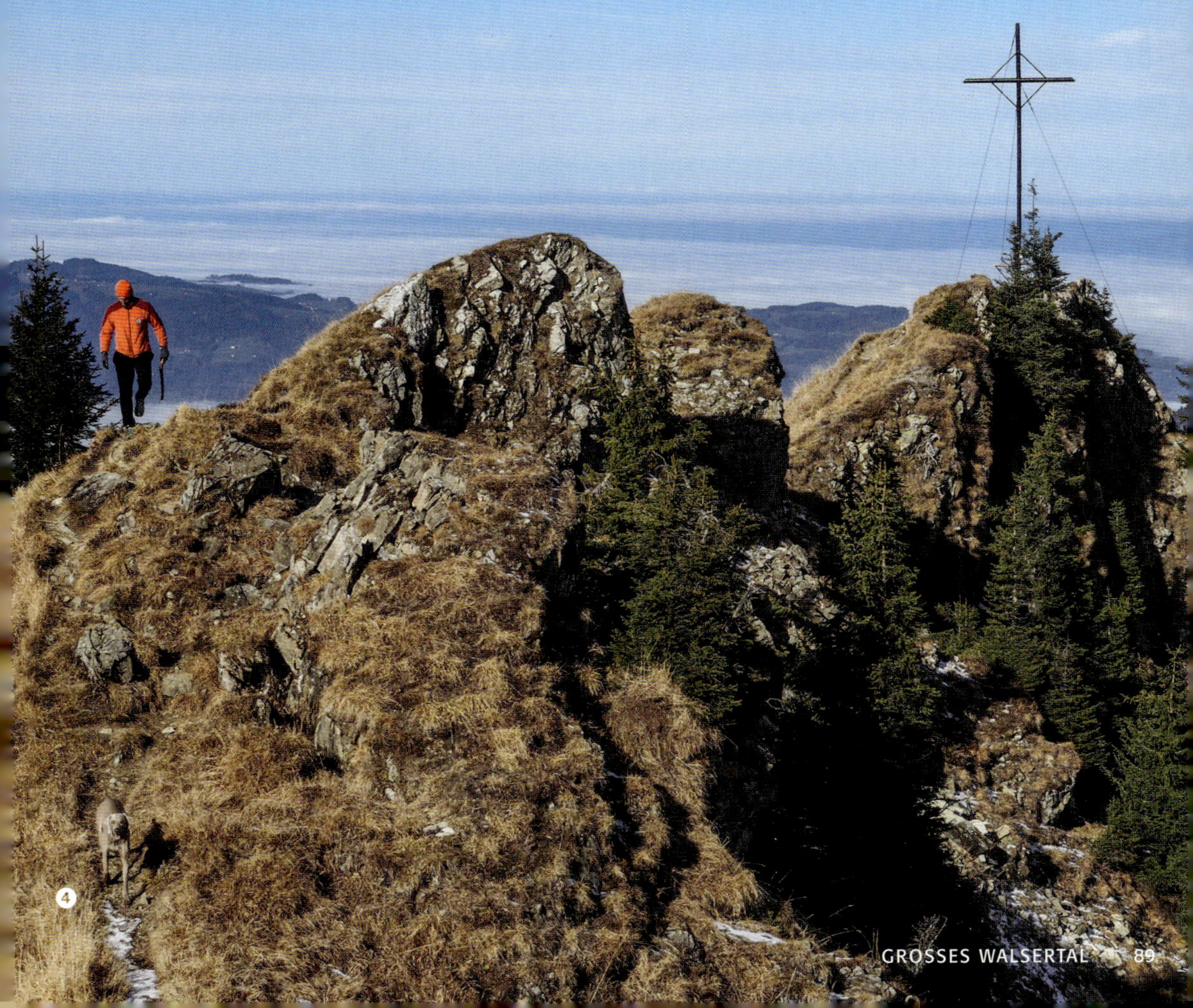

4

35

Falvkopf, 1849 m

Halbtageswanderung auf einen einsamen Aussichtsberg

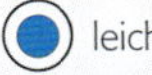 leicht  2 1/4–3 Std.  560 Höhenmeter

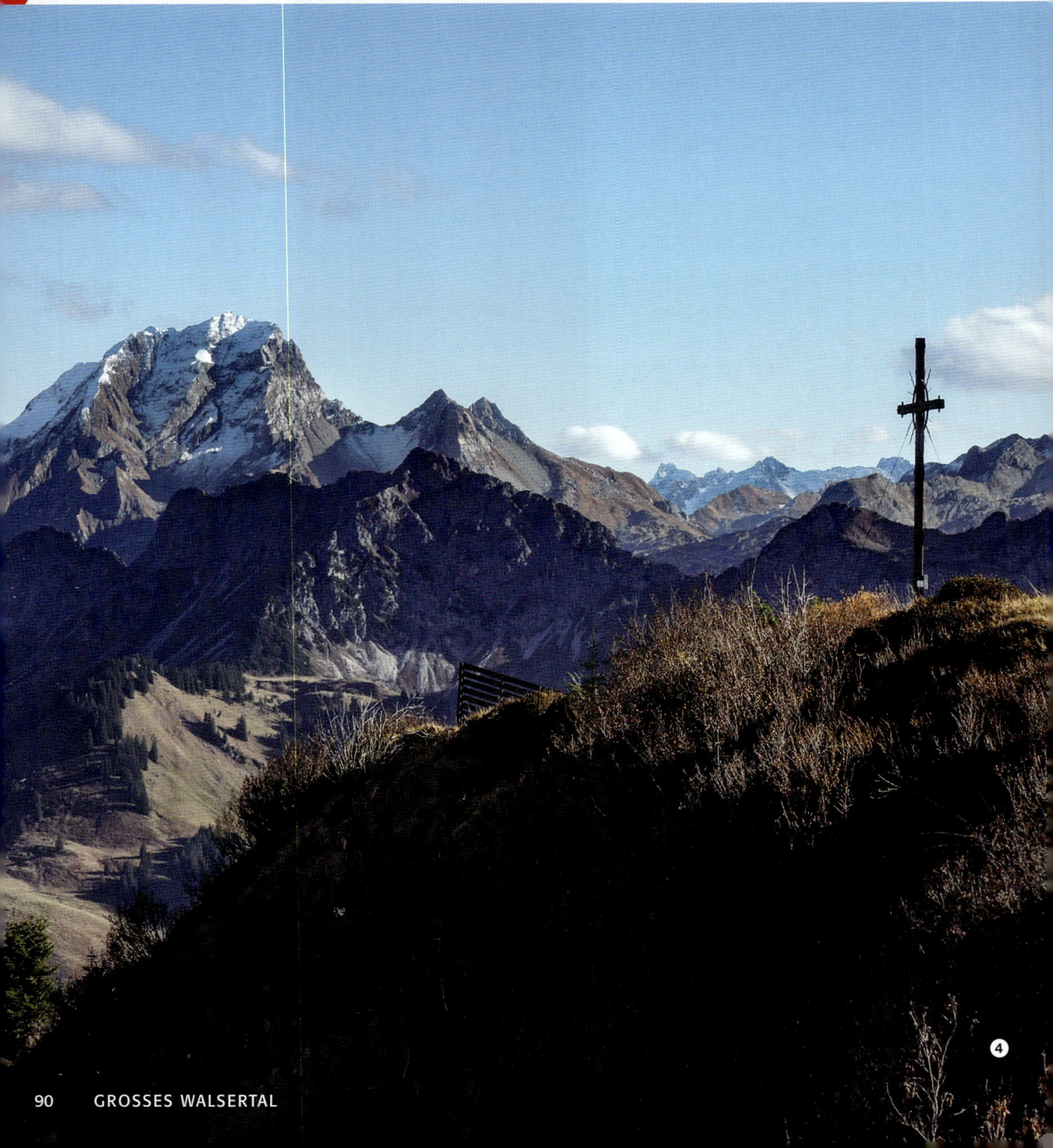

4

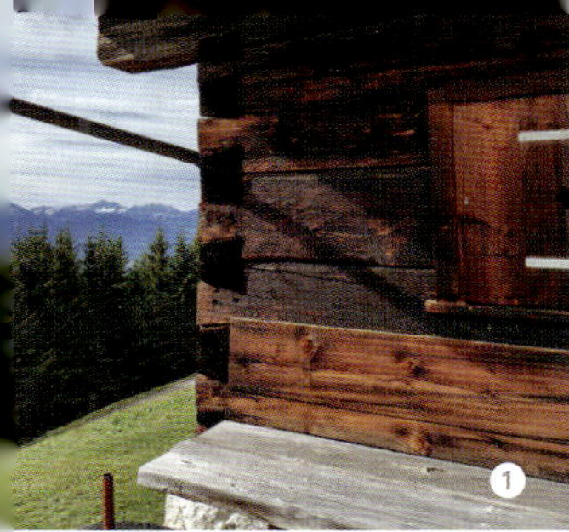

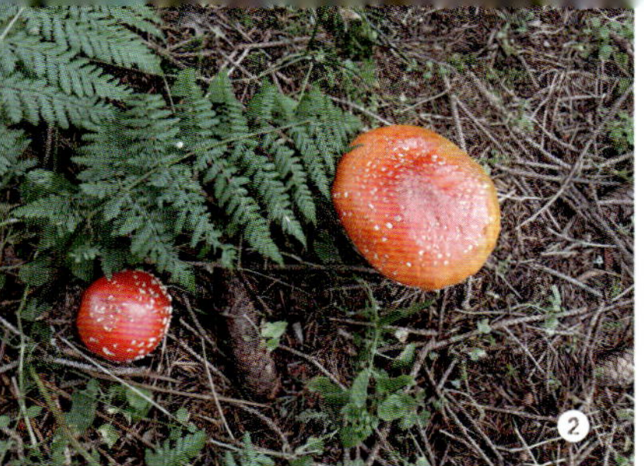

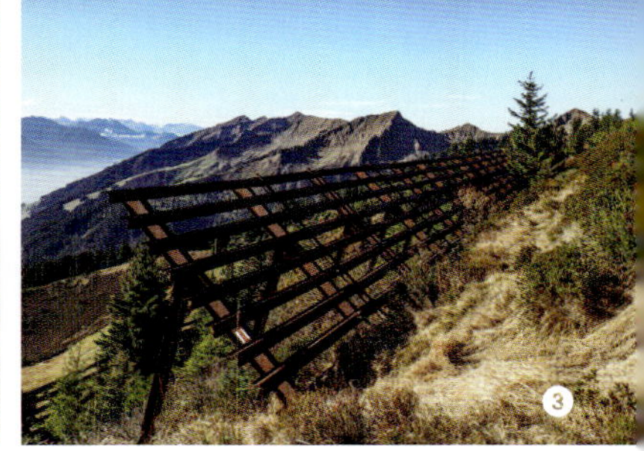

Wer auf der Suche nach Ruhe fernab von Hektik und Stress ist, wird die Wanderung auf den Falvkopf mögen. Der wenig begangene Gipfel punktet nicht nur mit einsamen, beschaulichen Wegen, sondern auch mit einem fabelhaften Panorama sowohl auf die Ortschaften des Großen Walsertals und des Walgaus als auch auf die umliegenden Berge.

Ausgangspunkt: Wanderparkplatz Valentschina, Blons. Etwa einen Kilometer nach dem Zentrum von Blons in Fahrtrichtung Damüls geht es links bergauf in Richtung Valentschina. Die Straße ist mautpflichtig (6 €,–). Berechtigungskarten sind im Dorfladen oder im Haus Nr. 40 direkt unter der Abzweigung erhältlich.

Einkehrmöglichkeit: Gasthaus „Falva" in Blons

Gut zu wissen: Im „Leuwinter" 1954 kamen 35 Bewohner von Blons durch eine Lawine vom Falvkopf ums Leben. So überrascht es nicht, dass der Falvkopf mittlerweile praktisch bis hoch zum Gipfel mit Lawinenverbauungen versehen ist.

Wegbeschreibung: Ausgehend vom Wanderparkplatz folgt man der weiß-rot-weißen Markierung nach Westen zum Falvkopf. Längere Zeit führt ein breiter Fahrweg leicht ansteigend durch den Wald. Nach etwa 30 bis 40 Minuten erreicht man eine Lichtung mit zwei Häusern ❶. Direkt dahinter wird scharf rechts abgebogen, es geht weiter bergauf. Nach ein paar Minuten passiert man eine nicht markierte Abzweigung nach links, an der man geradeaus weitergeht. Kurz darauf geht es bei einer Weggabelung scharf nach links, eine weiß-rot-weiße Markierung weist den Weg. Ein paar Minuten später trifft man auf ein Haus am Waldrand, wo eine Beschilderung auf zwei verschiedene Zugänge zum Falvkopf verweist. Der linke Weg führt von Westen her zum Gipfel, wir wählen aber den rechten Weg. Dieser führt direkt vom Haus aus als schmaler Pfad in vielen Kehren durch den Wald bergauf ❷. Vielfach ist der Pfad schon ziemlich verwachsen, stellenweise kaum mehr sichtbar. Schon bald passiert man die ersten der vielen Lawinenverbauungen, die bis zum Gipfel hinauf den Weg säumen ❸. Erst kurz unter dem Gipfel verlässt man den Wald und hat sogleich einen schönen Blick auf die imposante Rote Wand. Nach etwa 1 1/4 Stunden ist der einsame Gipfel erreicht ❹.

Hinweis: Die Wanderung auf den Falvkopf kann auch vom Ortszentrum Blons aus angetreten werden. Es geht von dort über Oberblons zum Gipfel. Die Gehzeit verlängert sich so um etwa um 1 1/2–2 Stunden.

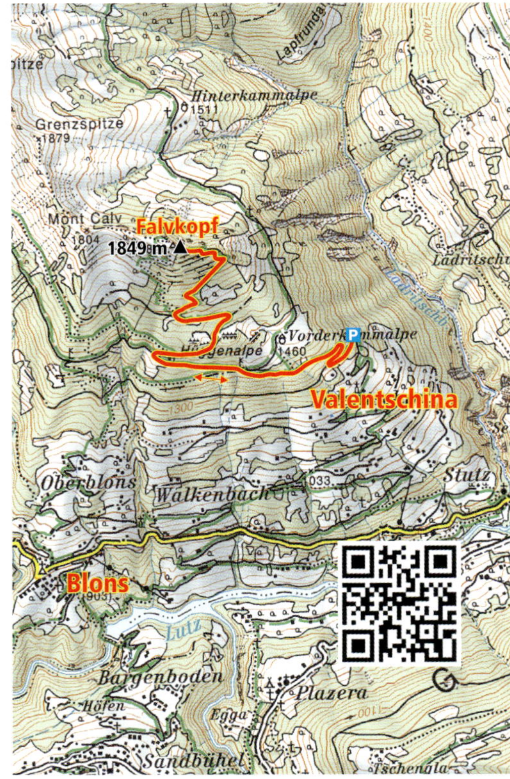

36

Tälispitze, 2000 m

Der höchste Gipfel im Walserkamm

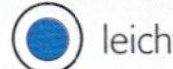 leicht  3 1/4–4 1/4 Std.  850 Höhenmeter

Ausgangspunkt: Parkplatz an der Straße zur Gaßneralpe. Die Anfahrt erfolgt über St. Gerold. Gegenüber der Bushaltestelle Außerberg biegt man links ab (Beschilderung Gaßnerberg/Gaßneralpe) und folgt dem Straßenverlauf bergauf bis vor das Fahrverbotsschild. Dort können wenige (max. 4 oder 5) Pkws geparkt werden.

Einkehrmöglichkeit: Gaßneralpe ❶, bei der Sennerei können verschiedene Alpprodukte eingekauft werden.

Wegbeschreibung: Ab dem Fahrverbotsschild geht es auf einem breiten Forstweg gemütlich und leicht ansteigend zur Gaßneralpe. Der weiß-rot-weiß markierte Weg führt durch den Wald, sonnige und schattige Abschnitte wechseln sich ab. Dieser Wegabschnitt ist auch für jüngere Kinder gut zu meistern. Die Alpe liegt sehr idyllisch auf einer Höhe von 1562 m und verfügt über eine eigene Sennerei und ein Gasthaus.

Über der Alpe zieht der sonnige Wanderweg ❷ in nordwestliche Richtung hinauf Richtung Gipfel, den man schon im Blickfeld hat. Man geht über Alpflächen und entlang von wunderbaren Blumenwiesen aufwärts und passiert bald eine kleine Hütte ❸. Weiß-rot markierte Steine und Holzpfähle weisen den Weg. Auf den letzten 100 Metern bringt uns der Weg entlang des Bergrückens unschwierig zum höchsten Punkt ❹. Die Aussicht auf den Walserkamm und die umliegenden Berge ist vor allem an schönen Herbsttagen, wenn im Tal Nebel liegt, wunderbar. Der Abstieg erfolgt auf derselben Route.

Hinweis: Die Wanderung auf die Tälispitze kann auch von St. Gerold aus gemacht werden, die Gehzeit beträgt vom Ortszentrum aus etwa 5–6 Stunden.

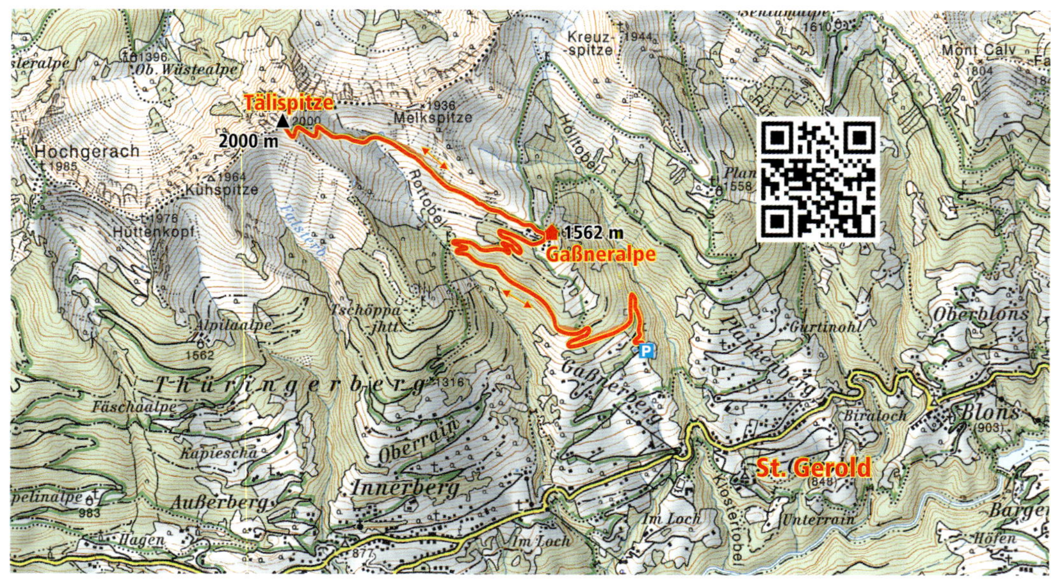

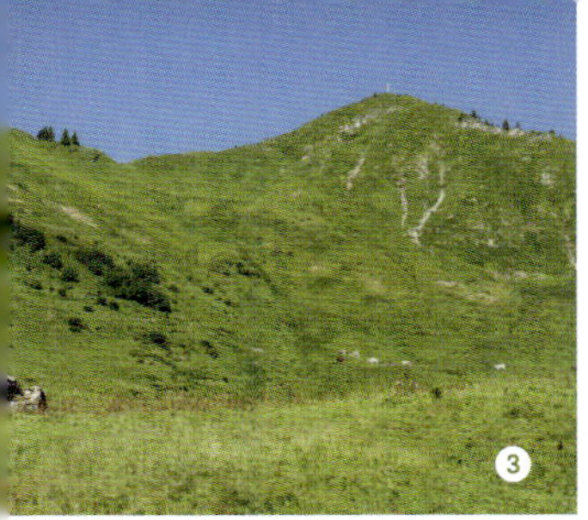

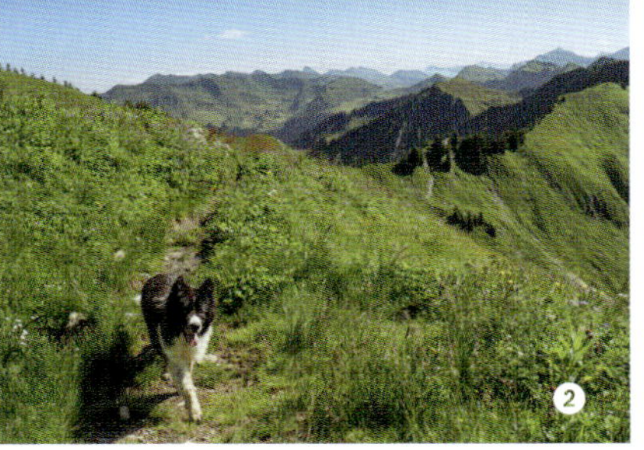

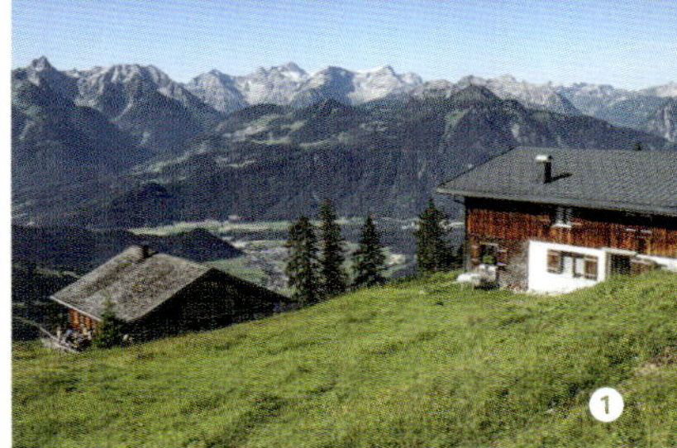

Die Tälispitze, mit genau 2000 Meter Höhe der höchste Berg des Walserkamms, ist ein eher wenig begangener Gipfel und daher ideal für alle, die Entspannung und Ruhe weit weg vom Getriebe des Alltags suchen.

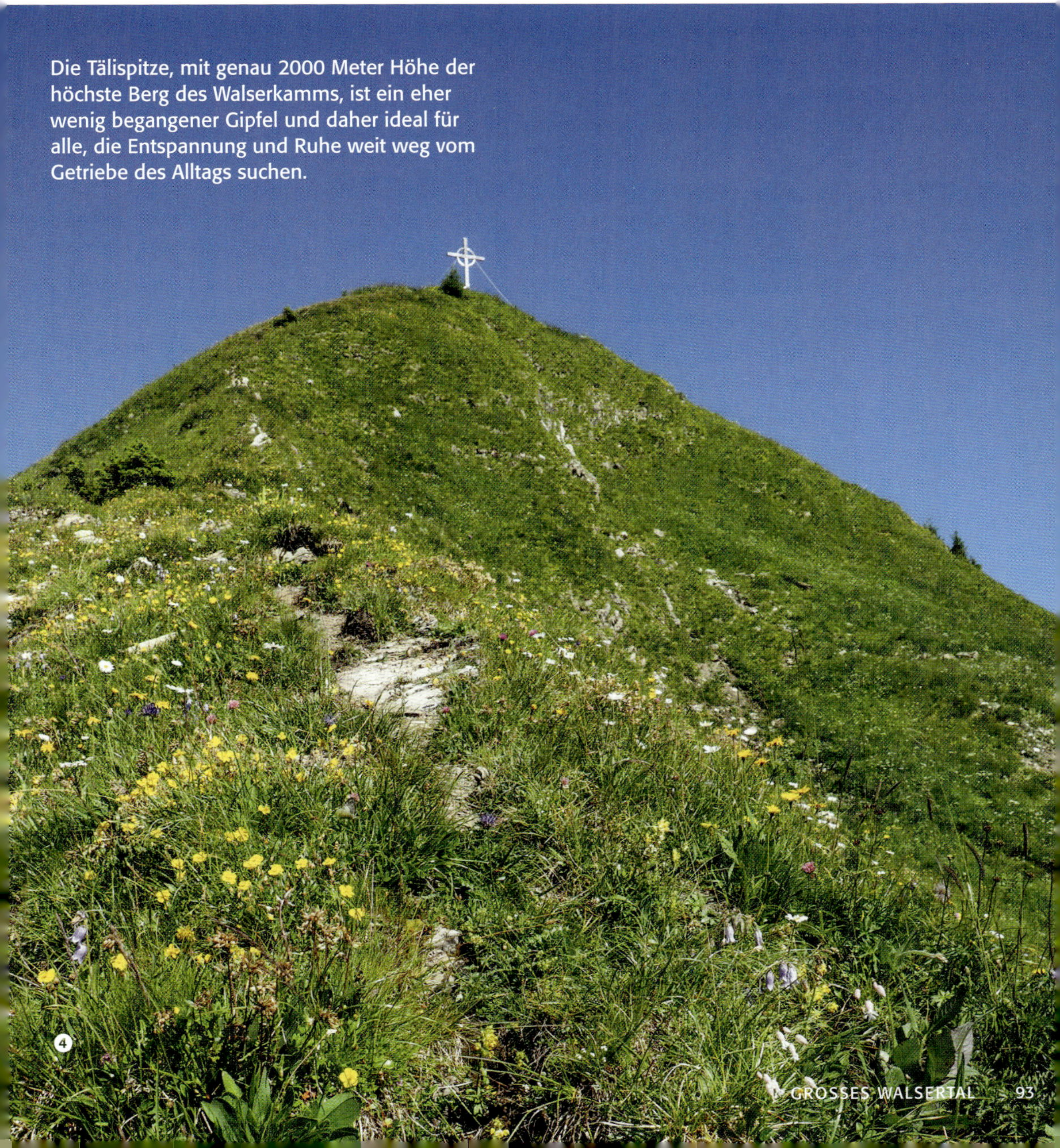

37

Kreuzspitz, 1944 m

Gratweg auf einen beschaulichen Aussichtsgipfel

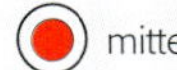 mittel  4–5 Std.  1000 Höhenmeter

Von St. Gerold führt ein Güterweg auf der Sonnenseite des Großen Walsertals ❶ über den Plankenberg zur idyllischen Alpe Plansott. Ab hier geht es über Wiesen steil bergauf und über den südlichen Gipfelgrat auf die Kreuzspitze.

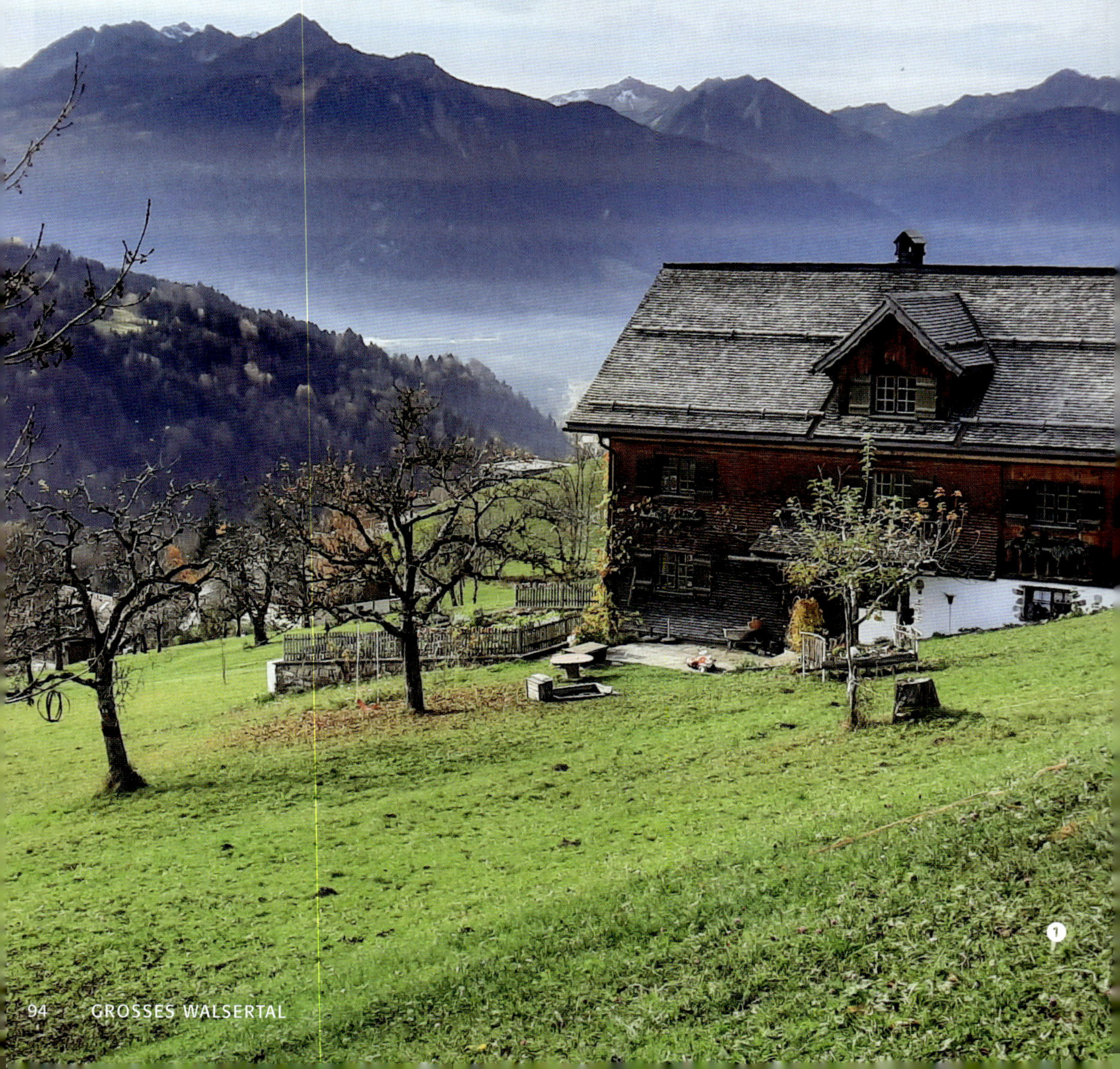

1

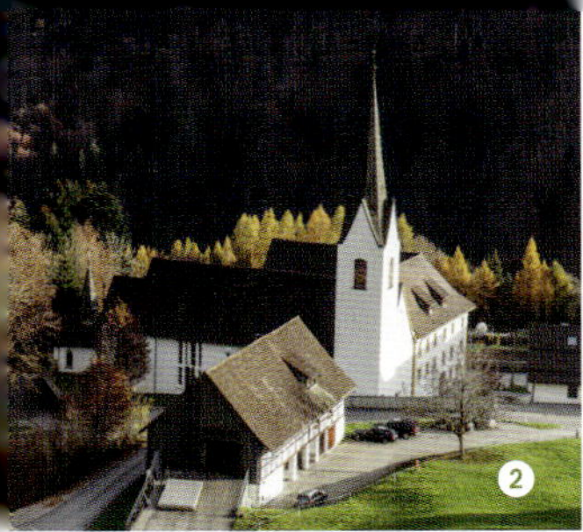

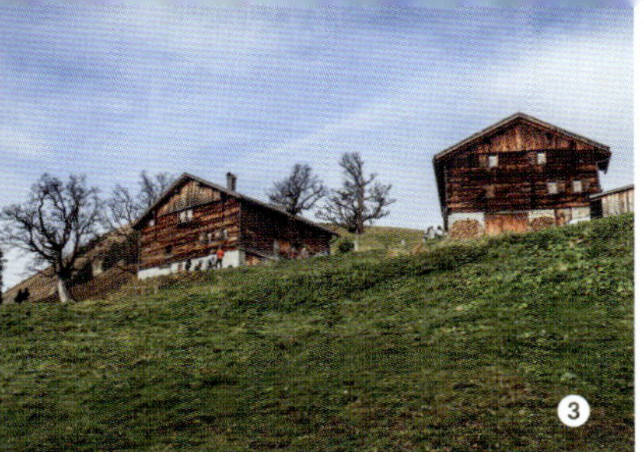

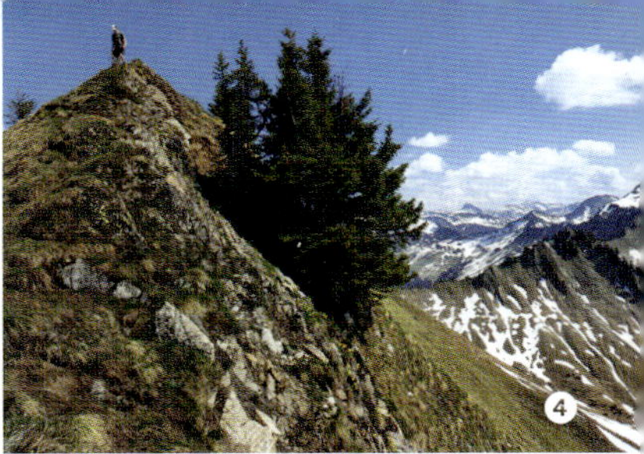

Ausgangspunkt: Parkplatz beim Geroldshus in St. Gerold.

Einkehrmöglichkeiten: Gasthaus Kreuz und Propstei in St. Gerold.

Gut zu wissen: 1. Vom 1. 11. bis 31.5. ist der Aufstieg zur Kreuzspitze verboten, da er durch eine Wildruhezone führt.

2. Die Wanderung lässt sich um etwa 1½ Stunden. und knapp 300 Höhenmeter abkürzen, wenn man bis zum Wanderparkplatz Plankenberg fährt.

3. Direkt unter dem Ausgangspunkt befindet sich die Propstei St. Gerold ❷, eine Klosteranlage mit tausendjähriger Geschichte. Dieser spirituelle Ort ist zugleich bauliches Juwel, Seminarhotel, Restaurant, Kulturveranstalter und Sozialwerkverein.

Wegbeschreibung: Vom Geroldshus geht es ein paar Schritte der Straße entlang taleinwärts, nach dem Feuerwehrhaus zweigt links der Güterweg in Richtung Plankenberg und Alpe Plansott ab. Der Güterweg schlängelt sich langgezogen über vier Kehren einen Südhang hinauf und führt zuletzt in den Wald bis zu einem Fahrverbot, wo sich der Parkplatz Plankenberg befindet. Die Häuser und Höfe entlang der Straße werden mit zunehmender Höhe weniger. Die meisten Wanderer meiden geteerte Straßen, dieser Güterweg ist aber aufgrund der schönen Lage, der gepflegten Kulturlandschaft und der herrlichen Ausblicke auf die umliegende Bergwelt reizvoll. Ab dem Parkplatz Plankenberg führt der Güterweg als Kiesweg weiter. Nach ca. 20 Minuten wird ein einzelnes Holzhaus (links) sowie ein Wegweiser erreicht. Es empfiehlt sich nun, den Güterweg zu verlassen, links abzubiegen und den schmalen Fußweg zur Alpe Plansott zu wählen ❸. Ab der Alpe ist der Gipfel immer in Sichtweite. Man steigt nun direkt in nördliche Richtung über Wiesenhänge bergauf. Zu Beginn ist der unmarkierte Weg nicht gut erkennbar, später ist er aber gut auszumachen. Im Zweifelsfall ist es wichtig, direkt auf den Kamm zuzugehen und dann immer auf dem Kamm zu bleiben. Der Grat ❹ wird weiter oben etwas schmaler, der Weg ist jedoch nicht wirklich ausgesetzt. Trotzdem sind Trittsicherheit und Schwindelfreiheit Voraussetzung. Bei Nässe sollte der Weg gemieden werden.

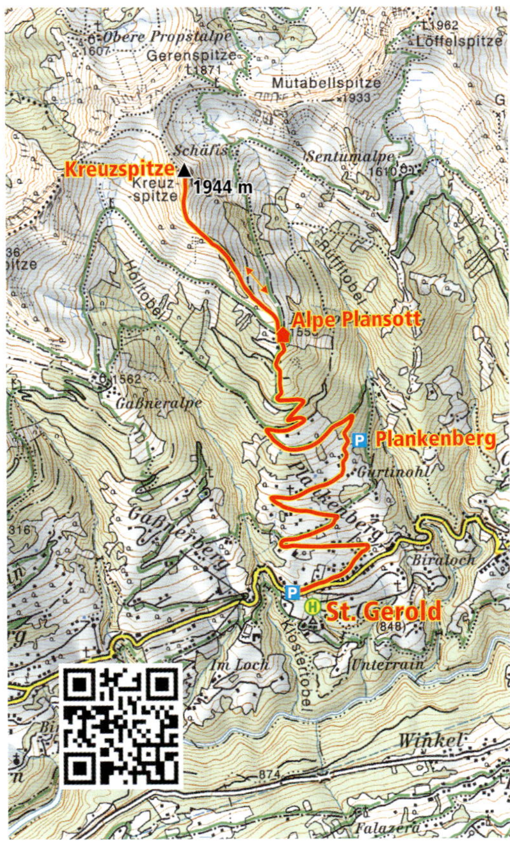

38

Blasenka und Hochlicht, 2109 m

Zwei auf einen Streich: doppelt schöne Aussicht

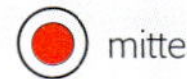 mittel  3¾–5 Std.  720 Höhenmeter

Der Reiz dieser Wanderung liegt darin, gleich zwei Gipfel zu erreichen, die nur knapp 20 Minuten Gehzeit voneinander entfernt liegen. Trotz dieser geringen Entfernung ist der Ausblick von den beiden Gipfeln überraschend unterschiedlich. Die Aussicht vom Hochlicht auf den markanten Zitterklapfen ist spektakulär. Von der Blasenka hat man einen fantastischen Tiefblick auf das Große Walsertal ❶.

Ausgangspunkt: Kleiner Parkplatz beim Stutztobeltunnel unterhalb von Faschina. Direkt vor der Tunneleinfahrt fährt man links auf die alte Straße, wo es am Straßenrand Platz für einige Fahrzeuge gibt.

Einkehrmöglichkeiten: Gasthäuser in Faschina.

Gut zu wissen: Die beste Zeit für diese Tour ist der Herbst, wenn die Sonne die Südhänge des Großen Walsertals wärmt und man die warmen Temperaturen in den Bergen genießt.

Wegbeschreibung: Vom Ausgangspunkt geht man auf der Straße bergwärts bis zu einer scharfen Linkskurve. Direkt nach dieser Kehre zweigt scharf rechts ein Fahrweg ab, der über dem Tunnel in Richtung Blasenka führt. Alternativ kann man auch beim Faschinajoch starten und in südliche Richtung den Zafernweg wandern, der nach knapp 30 Minuten in den Fahrweg mündet. Der Fahrweg führt teils sonnig, teils schattig durch den Wald in südöstliche Richtung bis nach Brüche, wo sich eine Weggabelung befindet. Hier wählt man den nach links zur Blasenka hinaufführenden Pfad. Die ist mit 1½ Stunden angegeben. Über malerische Alpflächen ❷ wandert man empor bis zur schön gelegenen Bärenalpe. Nach der Bärenalpe wird der Weg schmaler, die Landschaft bleibt reizvoll. Immer wieder kreuzen kleine Bächlein den Weg und man hat öfters Gelegenheit, seine Wasserflasche mit frischem Quellwasser aufzufüllen. Ein paar Wegstellen des Weges sind sehr schmal und abschüssig, dort ist Trittsicherheit gefragt. Die exponierten Stellen sind hilfreich mit Sicherungen versehen. Vorbei an Erikasträuchern und Heidelbeerbüschen geht es hinauf auf den Bergkamm. Bald ist die Weggabelung Blasenka erreicht, wo es rechts bergab zur Blasenka und links bergauf in Richtung Hochlicht geht ❸. Die Aussicht von beiden Gipfeln ist wunderbar, Zitterklapfen ❹, Zafernhorn ❺, Annalper Stecken und andere Berge der Umgebung sind hervorragend zu sehen.

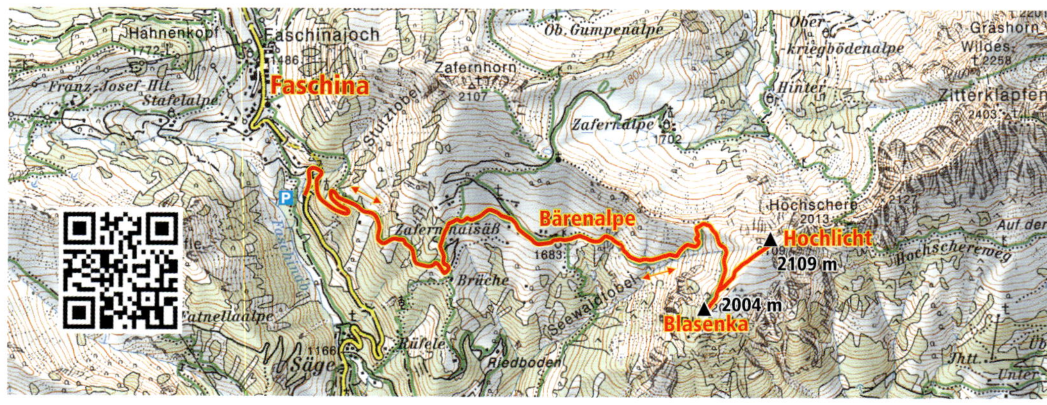

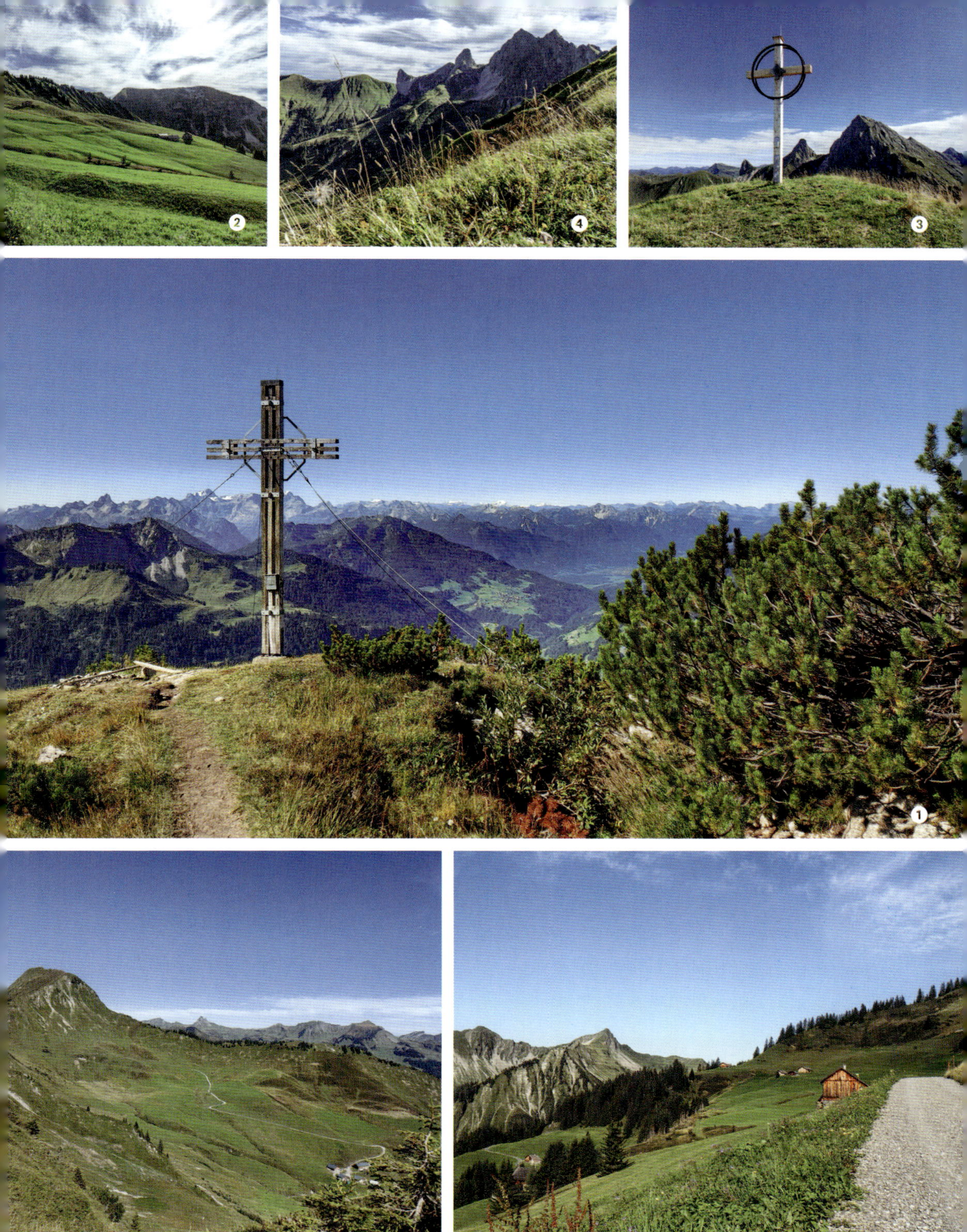

39

Löffelspitze, 1962 m

Kurze Gratwanderung über einen exponierten Steig

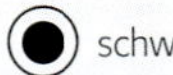 schwer  2–2¾ Std.  200 Höhenmeter

Trittsichere und schwindelfreie Wanderer werden an dieser kurzen, aber etwas abenteuerlichen Gratwanderung vom Furkapass auf die aussichtsreiche Löffelspitze ihre Freude haben.

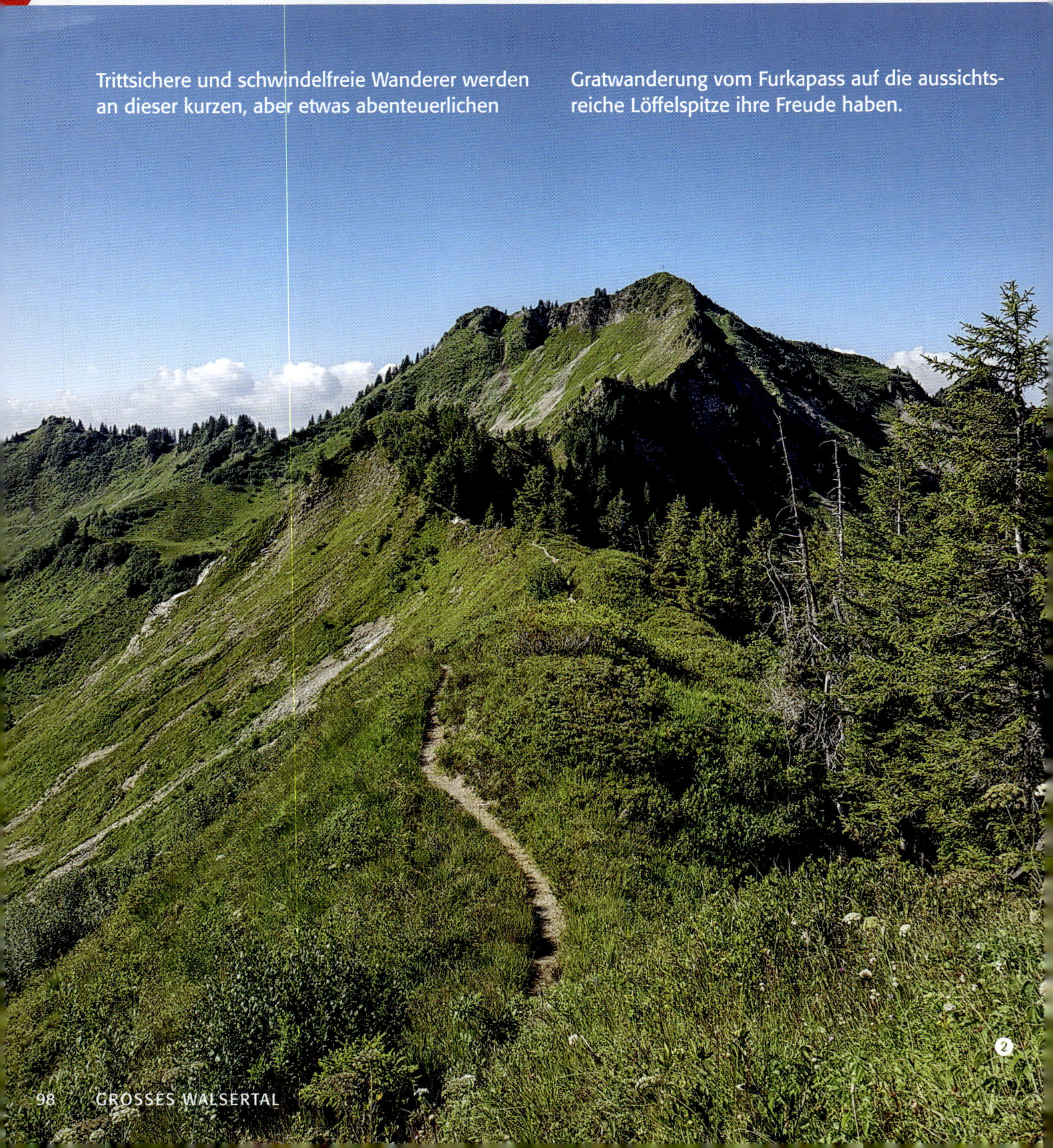

2

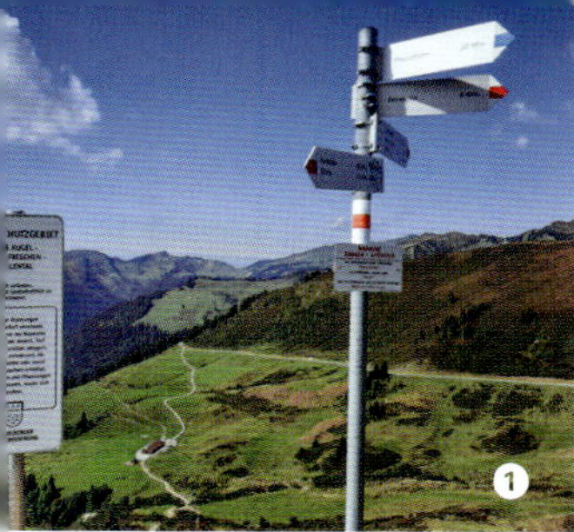

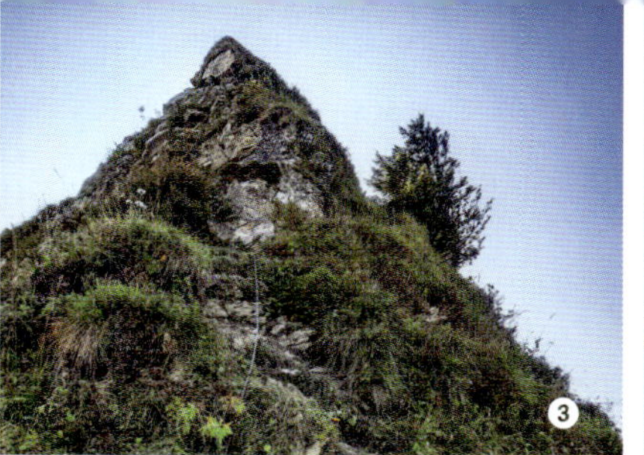

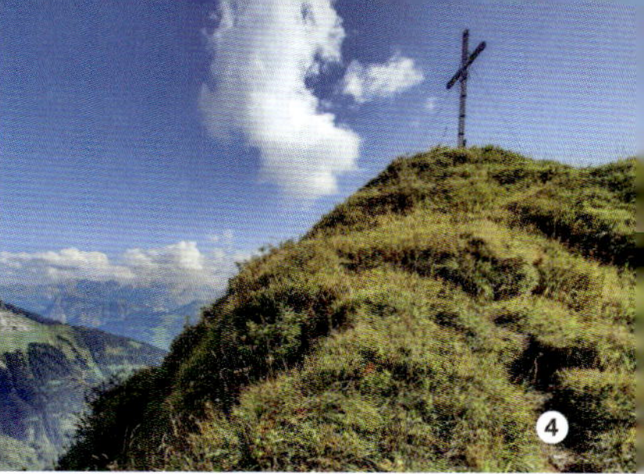

Ausgangspunkt: Parkplatz bei der Jausenstation „Charly" am Furkapass, direkt an der L51 zwischen Laterns und Damüls.
Einkehrmöglichkeit: Jausenstation „Charly" am Furkapass.
Wegbeschreibung: Ungefähr in der Mitte des Parkplatzes hinter der Jausenstation führt links ein schmales Wiesenweglein aufwärts bis zum Serajöchle ❶. Von dort zieht diese nur wenig begangene Route auf einem Grat in südwestlicher Richtung weiter, der Gipfel der Löffelspitze ist hier oft gut auszumachen ❷. In leichtem Auf und Ab geht es über Wurzeln und Felsstufen dahin, immer wieder braucht man seine Hände. Der schmale Steig ist schwierig, teilweise ausgesetzt und bei Nässe auf alle Fälle zu meiden ❸. Bisweilen warnen Schilder am Wegrand vor Absturzgefahr! Eine besonders knifflige Passage ist seilgesichert und entschärft den anspruchsvollen Gang am Grat. Bereits nach einer abwechslungsreichen Stunde ist der Gipfel mit seinem wunderbaren Blick auf den Bregenzerwald, das Laternsertal, das Große Walsertal und den Walserkamm erreicht ❹.
Gut zu wissen: 1. Eine weitere Möglichkeit, die Löffelspitze zu besteigen, ist die technisch einfachere, aber deutlich längere Route von Blons aus. Diese kann mit der ganzen Familie gegangen werden. Die Gehzeit beträgt zwischen 4½ und 5½ Stunden.
2. Wer eine ganz spezielle Herausforderung sucht, trittsicher, schwindelfrei und konditionsstark ist, kann eine komplette Walserkamm-Überschreitung machen. Diese erstreckt sich vom Furkapass bis zum Hochgerach und von dort nach Übersaxen oder Dünserberg.

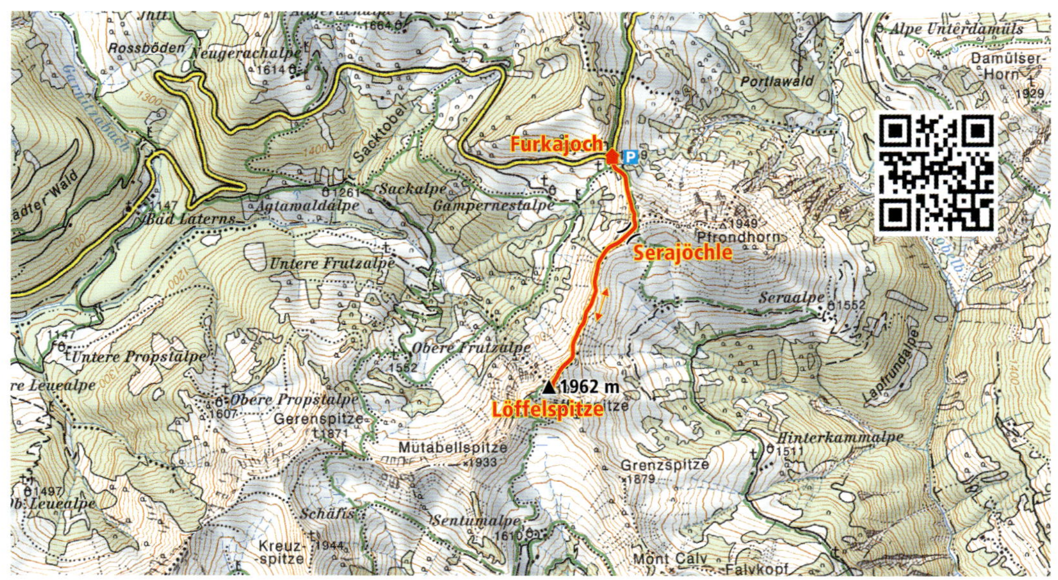

40

Türtschhorn, 2096 m

Wenig begangene, mächtige Graspyramide

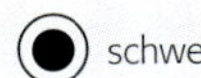 schwer  3¼–4 Std.  900 Höhenmeter

Die anspruchsvolle Gratwanderung auf das Türtschhorn im hinteren Großen Walsertal ❶ verlangt Trittsicherheit und Schwindelfreiheit, denn einige Passagen sind ausgesetzt und abschüssig. Auf der gesamten Wanderung hat man sehr vielseitige Ausblicke auf die umliegenden Berge. Die mächtige Pyramide des Zitterklapfens, das imposante Massiv der Roten Wand, Kellaspitz, Breithorn, Rothorn, Pfrondhorn und viele andere Gipfel präsentieren sich hier aus nächster Nähe. Aber auch die herrlichen bunten Blumenwiesen, die gepflegten Alpen sowie die alten Walsersiedlungen machen diese Bergtour zu einem sehr lohnenden Ziel.

Ausgangspunkt: Kleiner Parkplatz „Für Wanderer zur Türtschalpe" in Fontanella, Parzelle Mittelberg.

Einkehrmöglichkeiten: Türtschalpe sowie diverse Gasthöfe in Fontanella.

Gut zu wissen: Ein weiteres lohnendes und äußerst beliebtes Ausflugsziel in Fontanella ist der Seewaldsee. Zu Fuß ist er gemütlich in einer knappen halben Stunde zu erreichen. Der idyllische, meistens auch wohl temperierte Badesee bietet außerdem zwei Einkehrmöglichkeiten ❷.

Wegbeschreibung: Vom Wanderparkplatz, der direkt an der Straße zwischen der Parzelle Mittelberg und Türtsch liegt, geht man 50 m in Richtung Türtsch und zweigt bei einer Weggabelung rechts in Richtung Türtschalpe ab. Ein gemütlicher Wanderweg führt teilweise durch bewaldete Flächen, meist aber über schöne Wiesen ❸ und ab dem Wegweiser Garstatt auf dem Güterweg weiter, bis man zur Abzweigung „Wiesa" kommt. Dort hat man die Möglichkeit, auf dem Güterweg weiterzugehen ❹ oder die Abkürzung über den weiß-rot-weiß markierten steileren Waldweg zu nehmen. Beide Wege kommen beim Wegkreuz „Egga" wieder zusammen. Kurz danach gelangt man zur schön gelegenen Türtschalpe ❺. Von der Alpe geht man ein paar Minuten über die Wiese bergauf nach Südosten bis zum bewaldeten Bergrücken, um dann sogleich links, immer in Richtung Norden auf dem Grat zum Gipfel aufzusteigen ❻. Es gibt hier keine Markierungen, meist ist aber ein schmaler Pfad zu erkennen und die Wegfindung problemlos. Bei Nässe ist der Weg zu meiden.

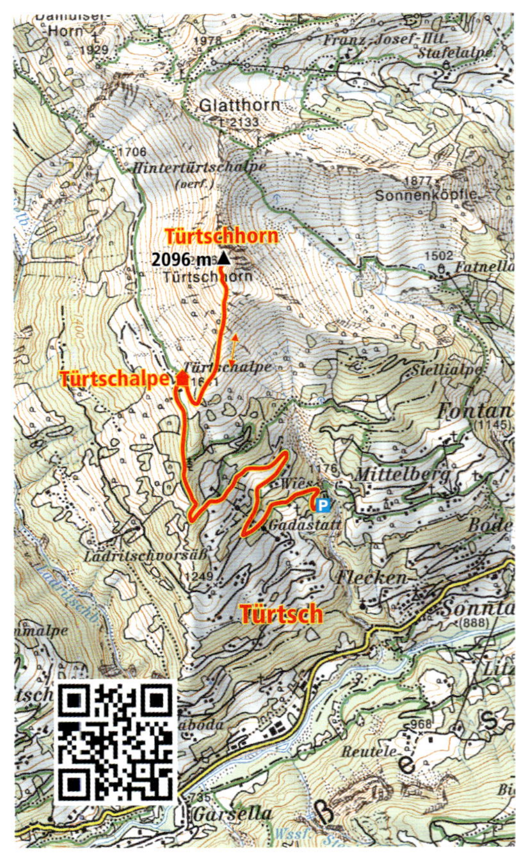

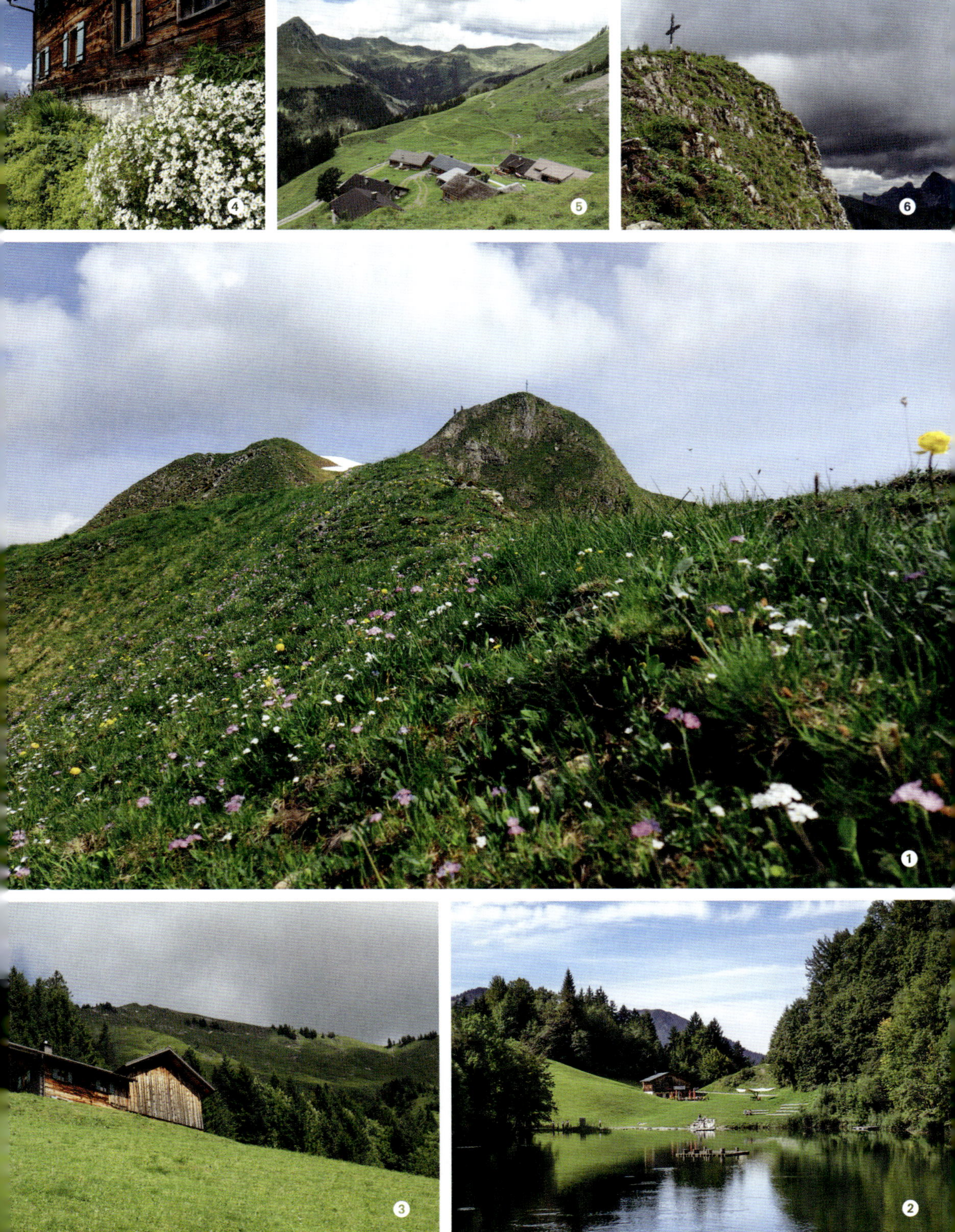

41

Glatthorn, 2133 m

Rundwanderung auf einen herrlichen Aussichtsberg

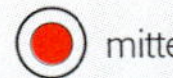 mittel  3¼–4¼ Std.  650 Höhenmeter

Die Tour auf das Glatthorn ist nicht allzu anstrengend, allerdings sollte man für den Gratweg und den Gipfelanstieg trittsicher und schwindelfrei sein. Eine Besonderheit im Biosphärenpark Großes Walsertal ist die außerordentliche Pflanzenvielfalt auf den Hahnenkopf zwischen der Mittelstation und der Bergstation der Panoramabahn DSB-Stafelalpe in Faschina.

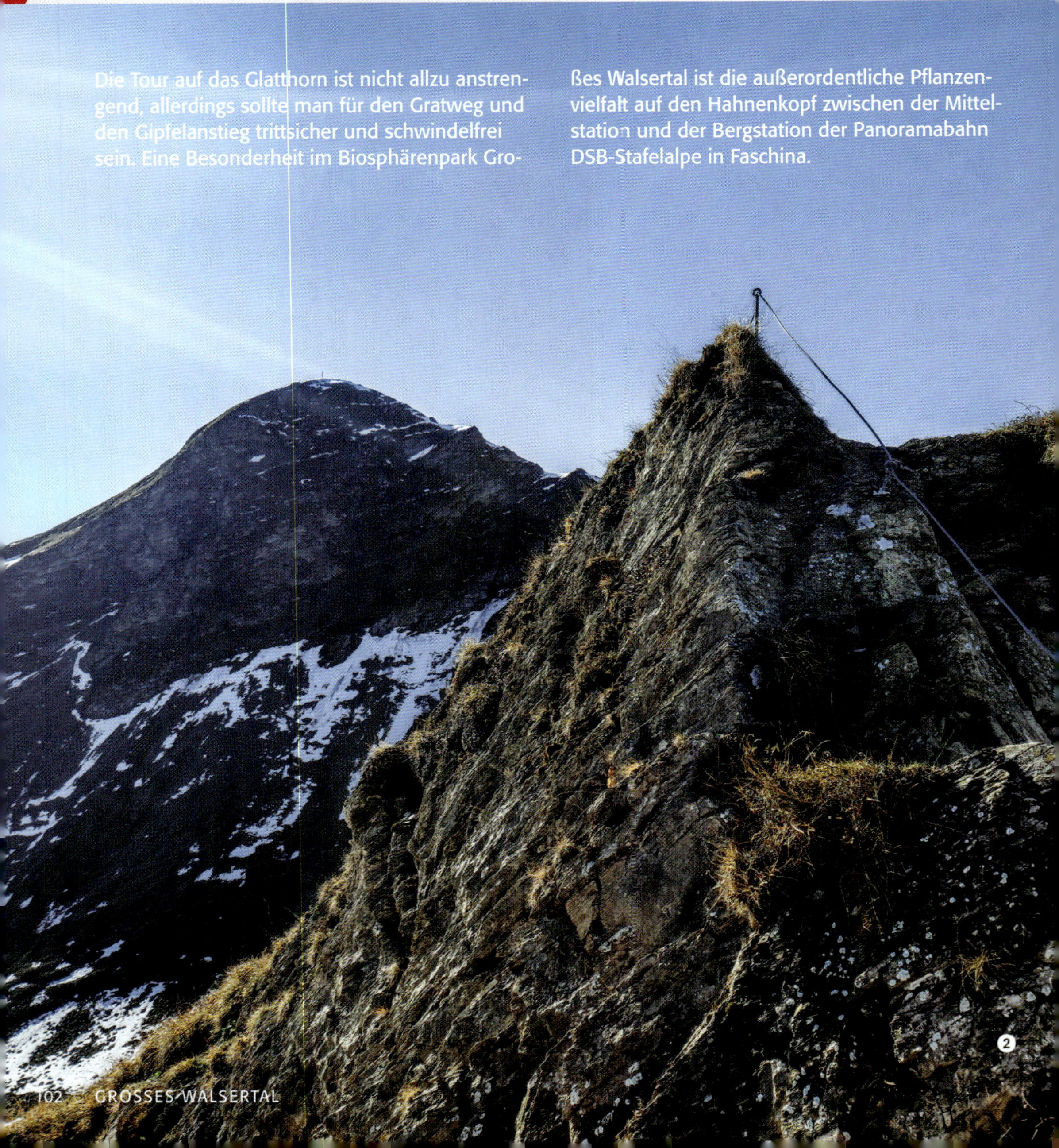

2

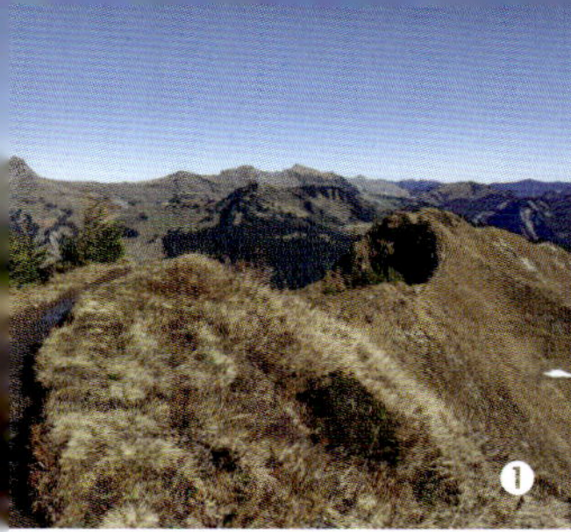

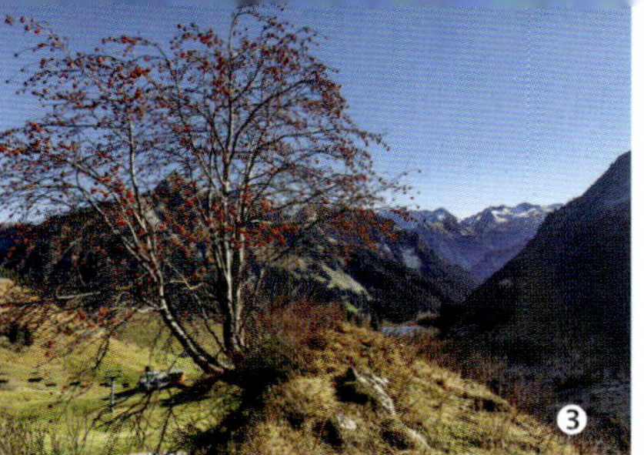

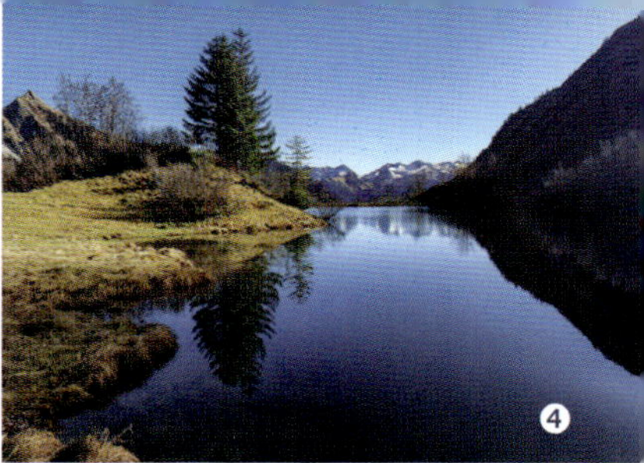

Ausgangspunkt: Parkplatz beim Faschinajoch.
Einkehrmöglichkeiten: Stafelalpe, Franz-Josef-Hütte, diverse Gasthäuser in Faschina.
Gut zu wissen: 1. Der Blumen-Wander-Lehrpfad bringt allen Interessierten die Alpenflora der Region näher. Der Weg startet bei der Mittelstation des Stafelalpe-Sessellifts und führt bis zur Bergstation (ca. 1,2 km und knapp 300 Hm, Gehzeit ca. ¾ Std.). Im Sommer finden Führungen wöchentlich immer dienstags durch den Lehrpfad statt.
2. Wer die Wanderung abkürzen will, kann mit dem Sessellift Stafelalpbahn zur Mittelstation hinauffahren und dort starten.
Wegbeschreibung: Die Beschilderung vis-à-vis vom Parkplatz direkt an der Hauptstraße weist den Weg zum Glatthorn bergauf. Unmittelbar danach folgt eine Abzweigung, an der ein Wegweiser sowohl nach rechts als auch geradeaus zum Glatthorn weist. Wir wählen für den Aufstieg den rechten Weg, der unter dem Sessellift hindurchführt. Es geht auf einem Kiesweg mäßig ansteigend etwa eine halbe Stunde zuerst in Richtung Nordwesten und später nach Westen. Von unterwegs hat man einen schönen Blick auf Damüls und die Damülser Mittagsspitze. Es geht kurz abwärts, bevor man auf eine kleine Anhöhe mit einer Hütte kommt. Hier nimmt man den schmalen Weg, der nach links in Richtung Kamm führt. Der steinige Weg führt steil bergauf zur Kammhöhe (Zwölferköpfe). Von dort geht es nach rechts anfangs über Stufen und später auf einem schmalen Gratweg leicht ansteigend in Richtung Gipfel ❶. Unterwegs sind immer wieder leicht ausgesetzte Stellen zu passieren, kleinere Kinder sollten auf jeden Fall an der Hand oder ans Seil genommen werden. Mehrmals sind größere seilgesicherte Stufen zu überwinden ❷. Das herrliche Panorama belohnt jedoch für den fordernden Gipfelanstieg.
Zurück geht es auf dem gleichen Weg bis zur Abzweigung Stafelalpe. Dort biegt man rechts ab und geht anfangs über einen schmalen Wiesenweg bis zur nächsten Weggabelung, wo der Weg zum Stafelalpsee angezeigt ist ❸. Diesem Weg folgt man bergab, bis der malerische See erreicht ist, der sich wunderbar für einen Zwischenstopp eignet ❹. Unterhalb des Sees führt ein breiter Fahrweg weiter bergab. Bei der nächsten Weggabelung geht es nach links weiter. Ein schmaler Wiesenweg führt in etwa einer Viertelstunde zurück zum Ausgangspunkt.

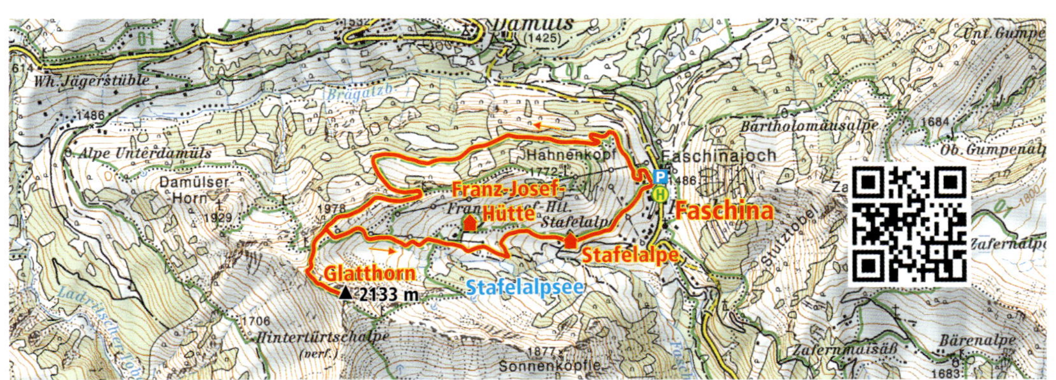

42

Zafernhorn, 2107 m

Zwischen Großem Walsertal und Bregenzerwald

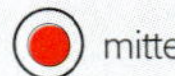 mittel  3 1/4–4 1/4 Std.  650 Höhenmeter

Ausgangspunkt: Parkplatz am Faschinajoch.
Einkehrmöglichkeiten: Bartholomäusalpe, diverse Gasthäuser in Faschina.
Gut zu wissen: Im Juli und August werden geführte Sonnenaufgangswanderungen auf das Zafernhorn angeboten, Infos unter http://bergaktiv.grosseswalsertal.at.
Wegbeschreibung: Am hinteren Ende des Parkplatzes beim Faschinajoch führt ein Fußweg in knapp zehn Minuten zuerst flach, anschließend leicht abwärts Richtung Süden an einer Kapelle vorbei zur Faschinastraße. Direkt oberhalb der Straße geht der schmale Pfad über eine Wiese in den Wald hinein, quert das Stutztobel und trifft danach auf eine flach dahinführende Forststraße. In südöstlicher Richtung geht es gemütlich bis nach Brüche. Bei der Abzweigung Brüche angekommen, geht es links bergauf, zum Zafera-Maisäß und weiter bis zu einer Linksabzweigung, wo eine Markierung den Weg in Richtung Zafernhorn weist. Nun wird es steiler. Wir wandern bergwärts nach Nordosten bis zu einer Kapelle, von der es auf einem etwas ausgewaschenen Pfad, teilweise über höhere Stufen, immer am Kamm entlang aufwärts zum Gipfel geht ❶.

Der Rückweg führt zurück zur Zafera-Furkla mit der kleinen Hubertus-Kapelle. Hier zweigen wir nach links ab und wandern zuerst an der Ost-, dann an der Nordseite des Zafernhorns entlang zur Bartholomäusalpe. Eine kurze Stelle gleich unterhalb der Kapelle ist rutschig und hilfreich seilversichert, ansonsten ist der Weg unkompliziert zu gehen. Von der schön gelegenen Bartholomäusalpe, wo Alpprodukte konsumiert und gekauft werden können, gelangt man auf einem Wanderweg in etwa 15 bis 20 Minuten zum Ausgangspunkt zurück.

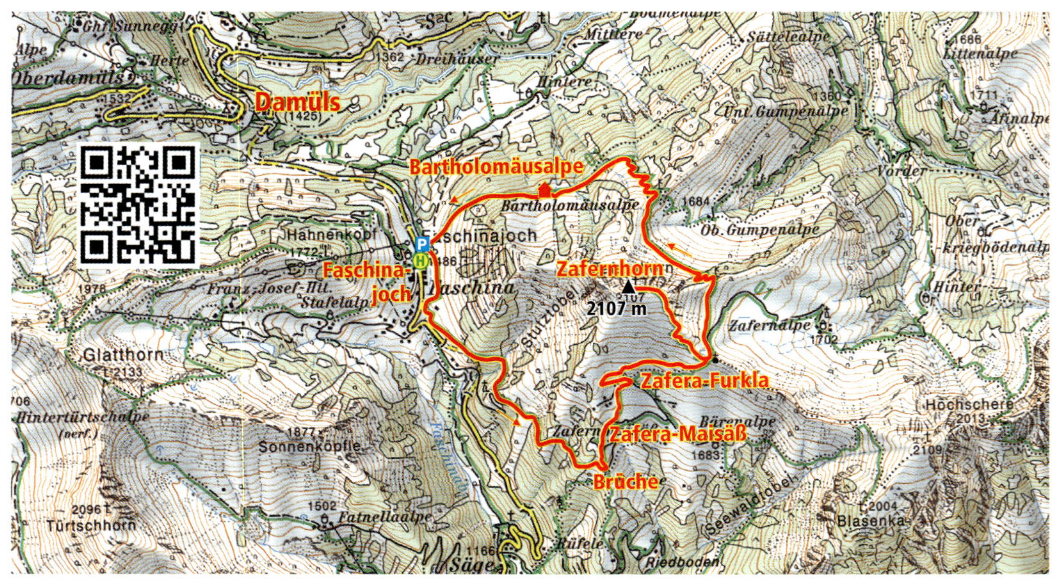

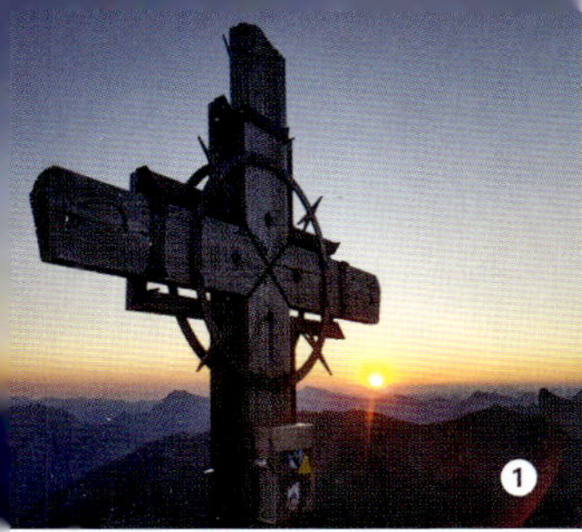

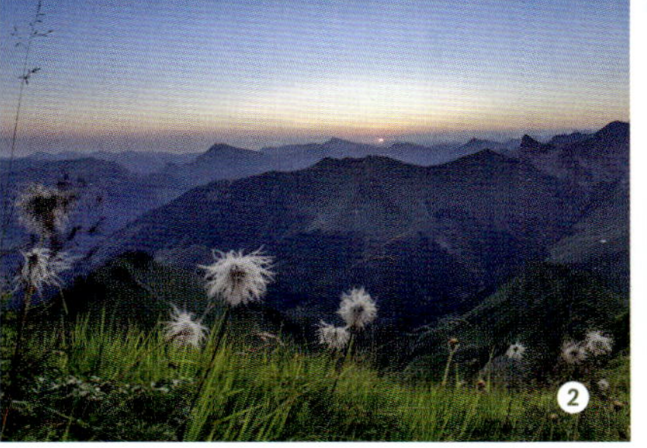

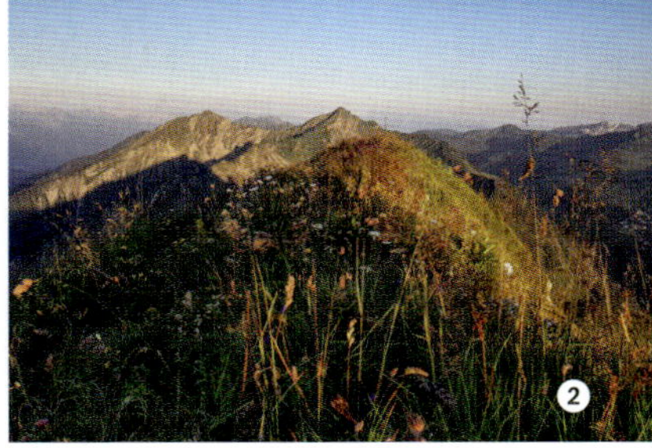

Der Rundblick vom Zafernhorn ❷ auf die umliegenden Berge und Täler ist zu jeder Zeit fantastisch, ganz besonders jedoch bei Sonnenaufgang. Wer dieses unvergessliche Naturschauspiel ❸ erleben möchte, muss mitten in der Nacht das Bett verlassen und im Schein der Stirnlampe starten. Im ersten Teil der Wanderung ist die Wegfindung auch in der Dunkelheit nicht schwierig, im weiteren Verlauf wird die Route jedoch anspruchsvoller. Da hilft es, wenn man den Weg schon kennt.

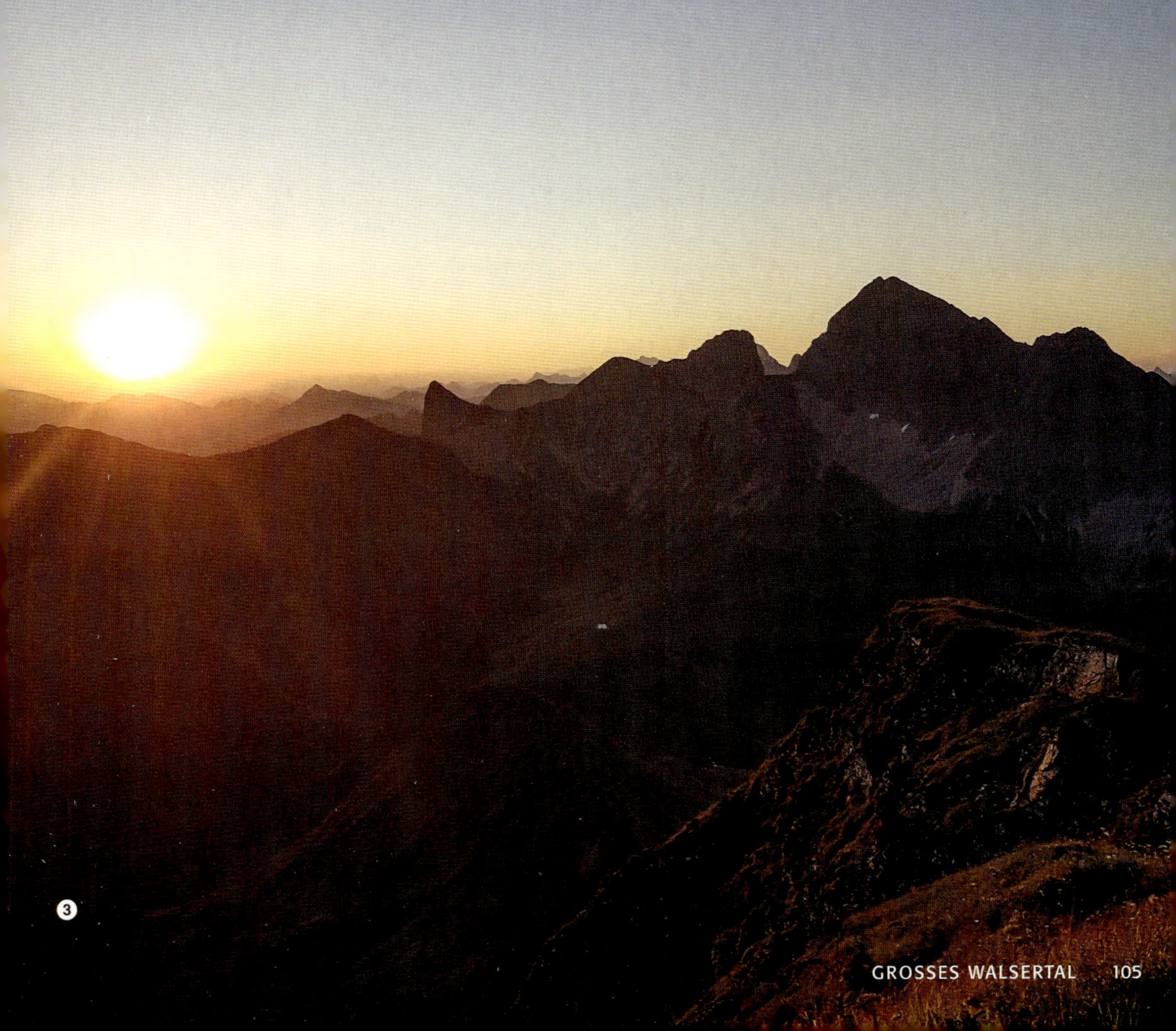

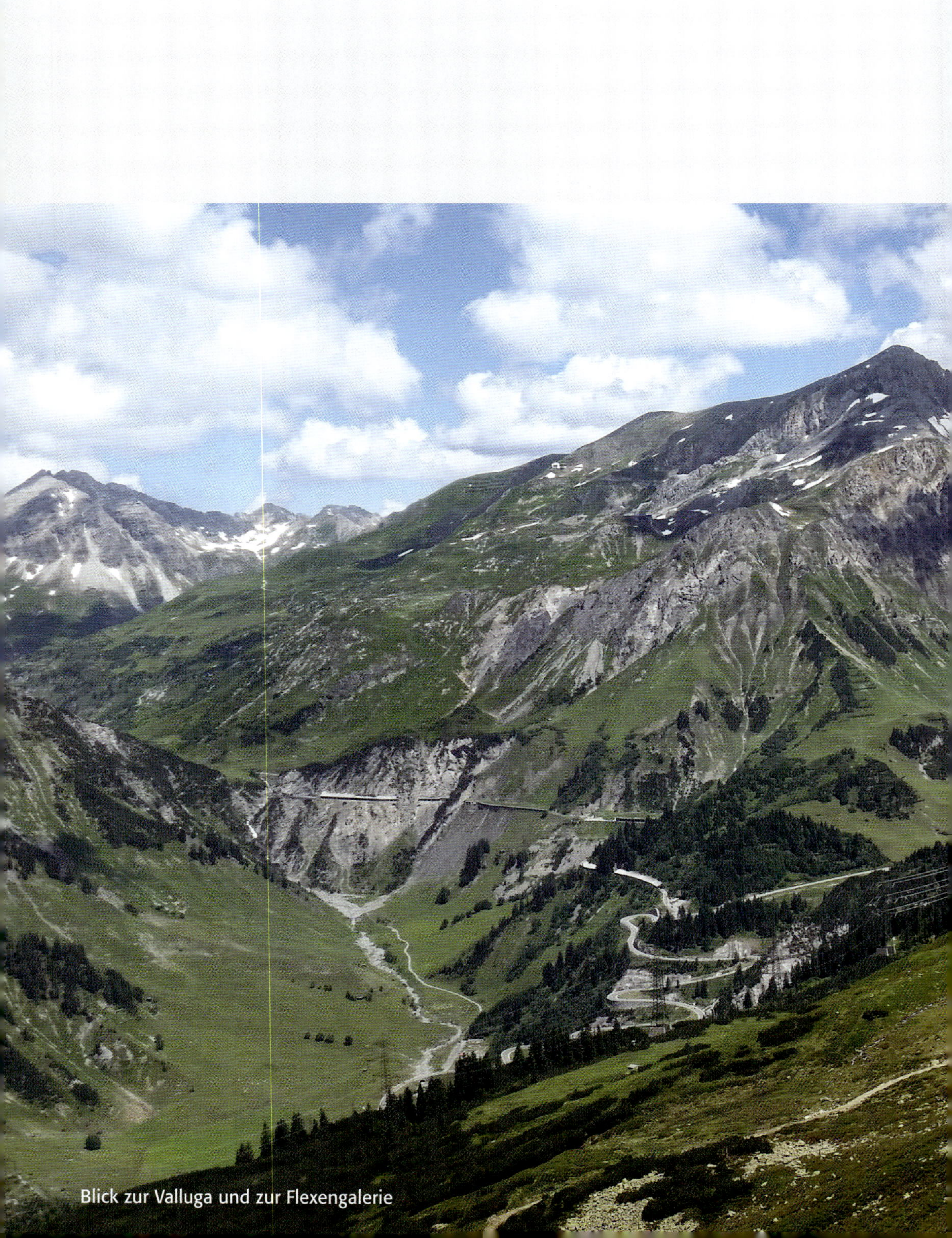

Blick zur Valluga und zur Flexengalerie

Arlberg/Klostertal

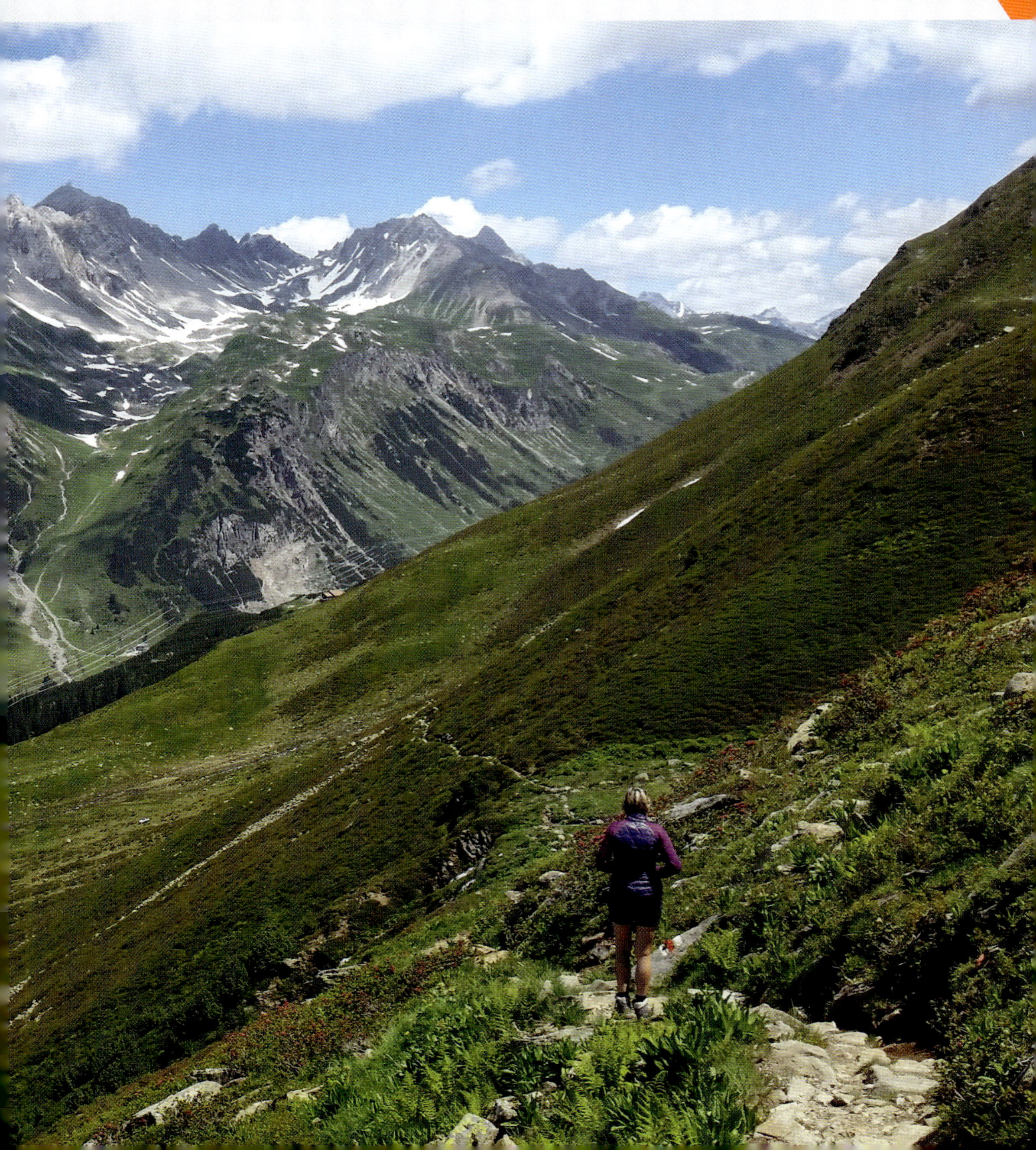

43

Muttjöchle, 2074 m

Einfache Familienwanderung, fast ganzjährig möglich

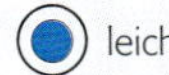 leicht  2–2½ Std.  220 Höhenmeter

Ausgangspunkt: Bergstation der Sonnenkopfbahn, Parkplatz an der Talstation der Sonnenkopfbahn in Klösterle. Die Bahn ist von Juni bis Oktober sowie von Dezember bis April täglich von 8:30 bis 16:30 Uhr in Betrieb.

Einkehrmöglichkeiten: Bergrestaurant Sonnenkopf/Freizeitpark „Bärenland“.

Gut zu wissen: 1. Das Muttjöchle ist auch vom Kristberg/Silbertal zu erreichen (Gehzeit ca. 3 Stunden).
2. Das „Bärenland“ mit seinen vielen Spielstationen ist bei Kindern sehr beliebt.

Wegbeschreibung: Von der Bergstation aus weist die Markierung in südwestliche Richtung ❷. In sanftem Auf und Ab geht es auf einfachen, gut zu gehenden Wegen durch eine schöne Landschaft Richtung Muttjöchle ❸. Am Fuß des Berges angelangt, wird der Weg etwas steiler, von nun an werden die meisten Höhenmeter gemacht. Diese Etappe ist jedoch nicht weit, bald ist der Gipfel erreicht ❹. Der Blick auf das Klostertal, das Montafon, die Silvretta und den Rätikon ist von dort oben einfach fabelhaft und lädt ein zu einer ausgiebigen Gipfelrast.

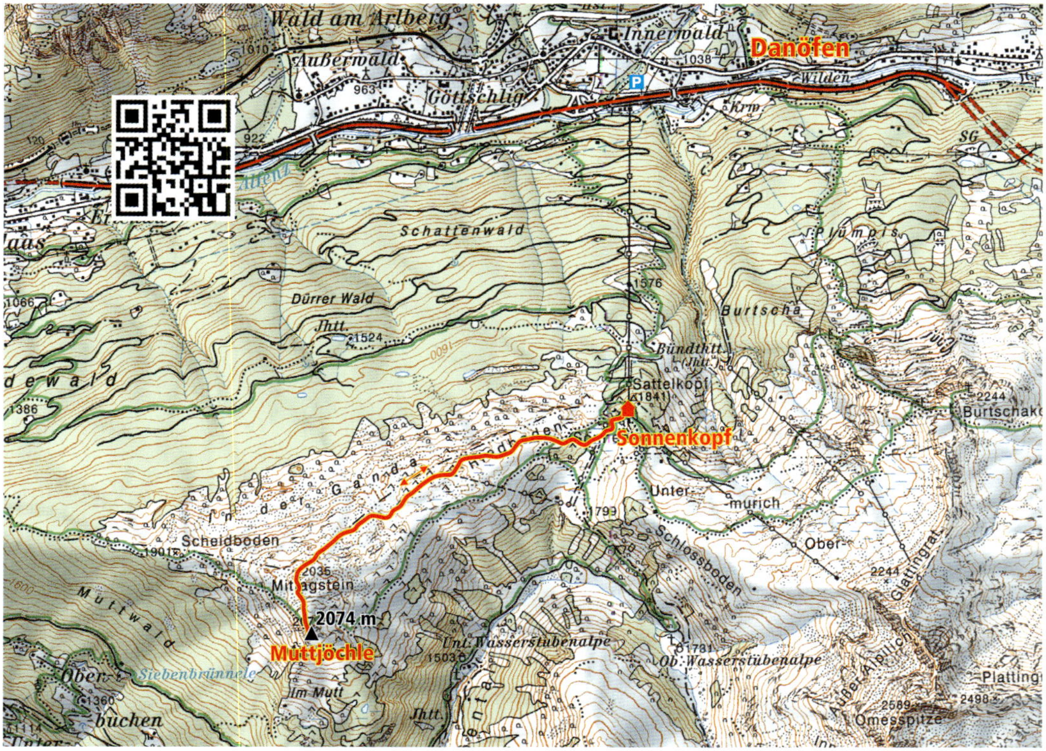

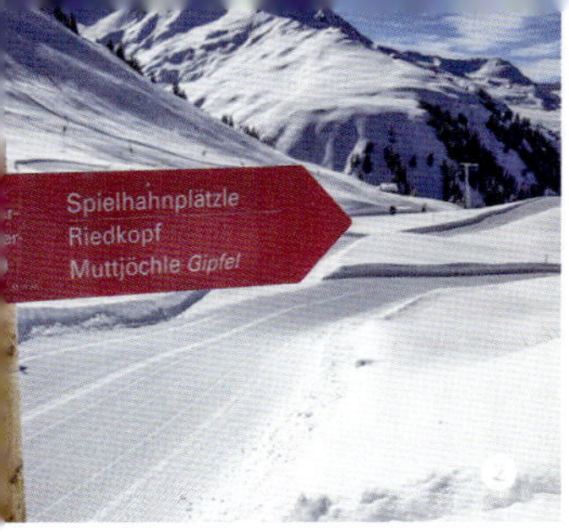

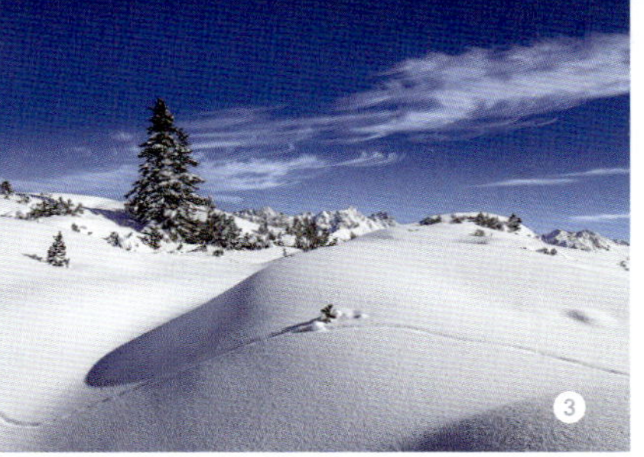

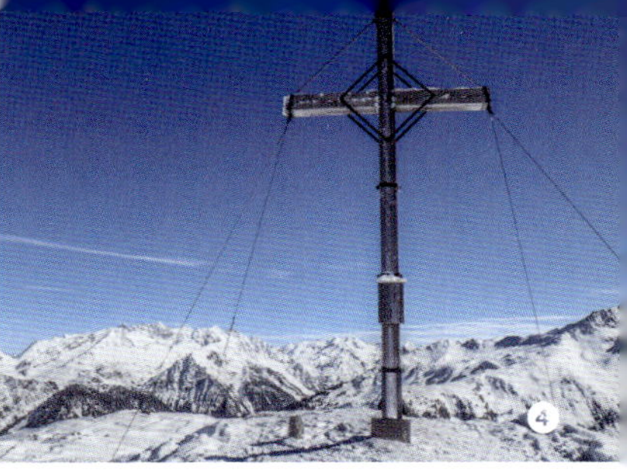

Das Muttjöchle ist ein wunderbarer Aussichtsgipfel, der auch für Familien mit jüngeren Kindern einfach und rasch zu erreichen ist – und das praktisch zu jeder Jahreszeit. Die Landschaft im Schigebiet Sonnenkopf und um das Muttjöchle hat immer ihre Reize. Egal ob man im Sommer durch blühende Wiesen und vorbei an Heidelbeerfeldern zum Gipfel spaziert, im Herbst das Farbenspiel der Hochmoorlandschaft bewundert oder im Winter entlang des einfachen Winterwanderweges die verschneite Bergwelt genießt ❶.

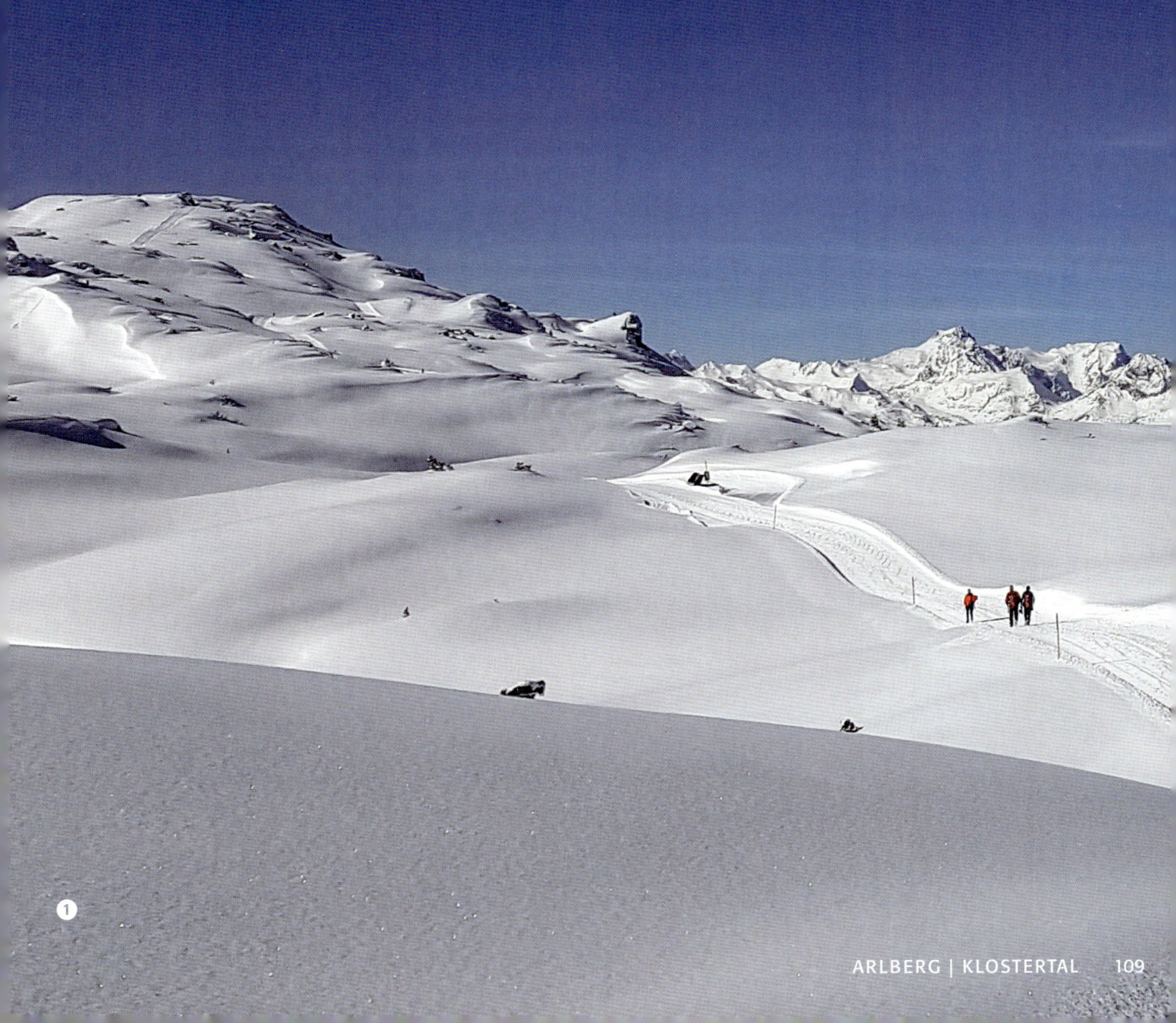

44 Burtschakopf, 2244 m

Beliebte Wanderung auf einen leicht exponierten Gipfel

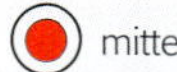 mittel  2¼–3 Std.  400 Höhenmeter

Obwohl sich der Burtschakopf von Weitem als breiter Grasrücken ❶ präsentiert, ist der Gipfelbereich nicht ganz einfach zu erreichen. Der letzte Teil des Anstiegs ist mit Seilsicherungen versehen.

Besonders an klaren Herbsttagen ist der Ausblick vom höchsten Punkt einfach sagenhaft und die Landschaft am Sonnenkopf zeigt sich zu dieser Jahreszeit besonders farbenprächtig ❷.

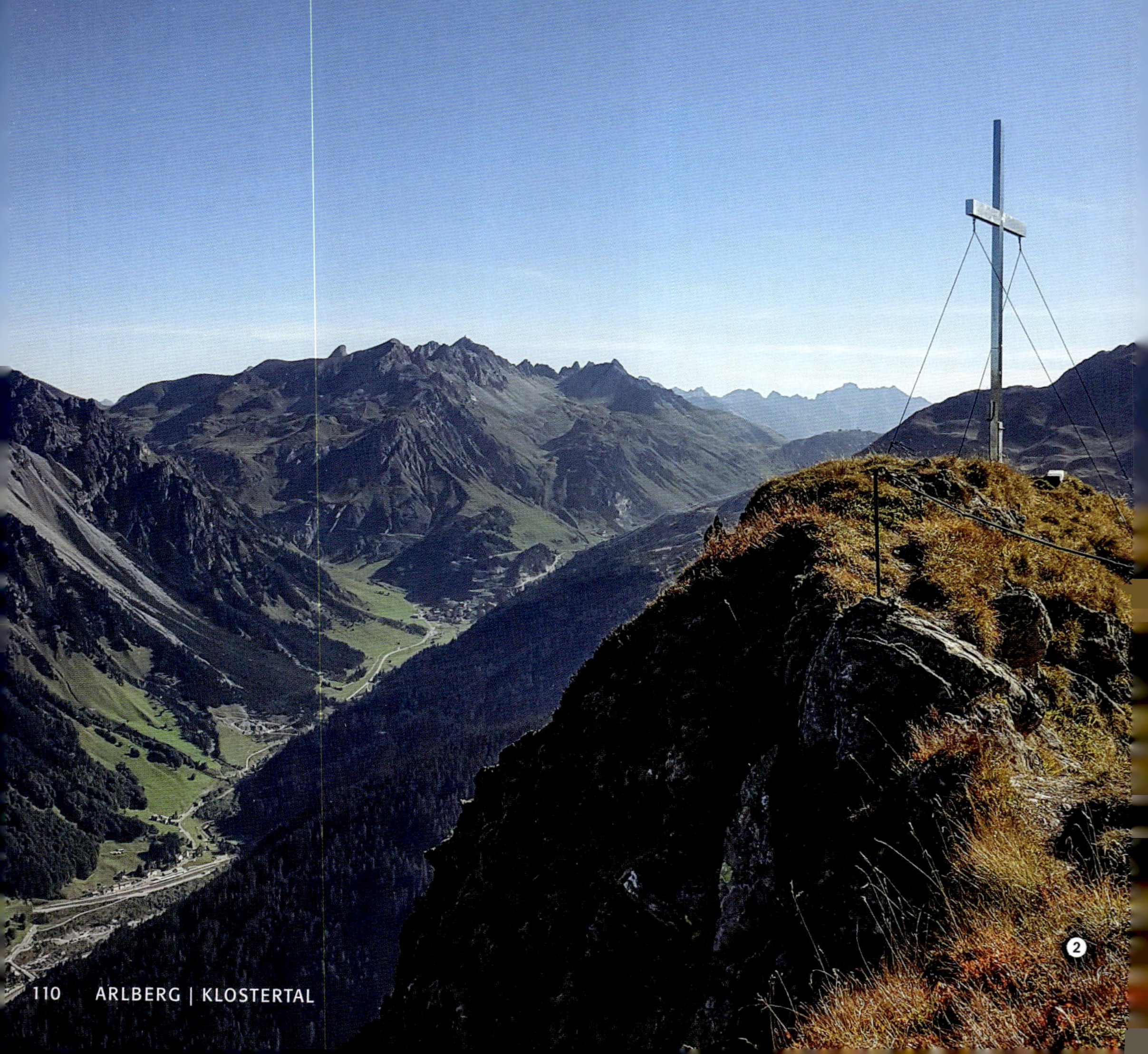

❷

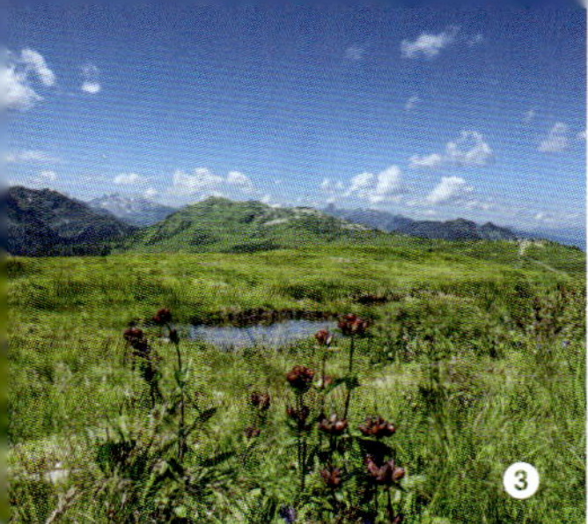

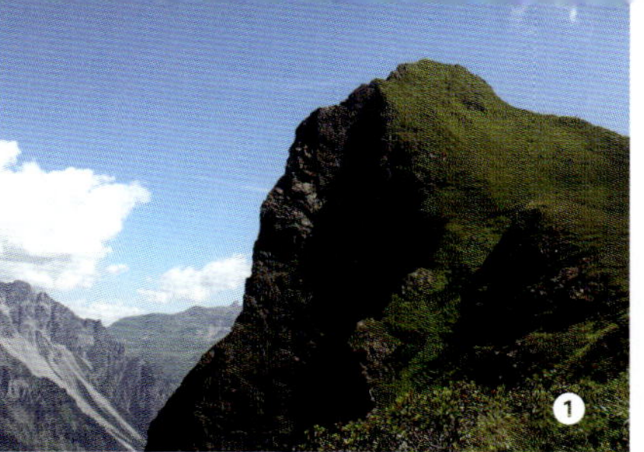

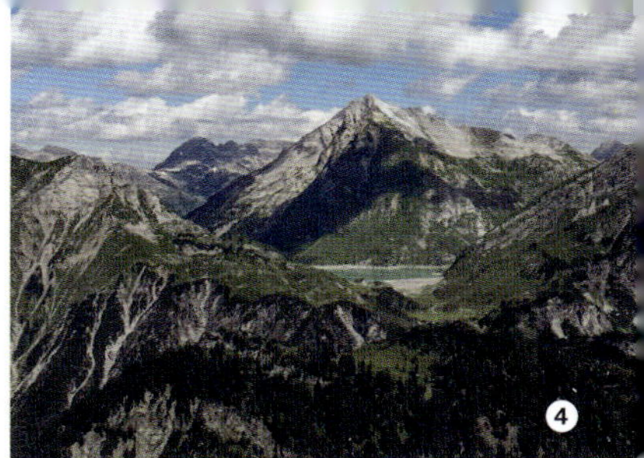

Ausgangspunkt: Bergstation der Sonnenkopfbahn, Parkplatz an der Talstation der Sonnenkopfbahn in Klösterle (Danöfen). Die Bahn ist von Juni bis Oktober sowie von Dezember bis April täglich von 8:30 bis 16:30 Uhr in Betrieb.

Einkehrmöglichkeiten: Bergrestaurant Sonnenkopf/Freizeitpark „Bärenland".

Wegbeschreibung: Ab der Bergstation geht es auf einem breiten weiß-rot-weiß beschilderten Weg zu Beginn in südöstlicher Richtung durch das Gebiet des Sonnenkopfs bergwärts. Nach einer Linksabzweigung führt ein Pfad durch eine reizvolle Hochmoorlandschaft mit unzähligen Heidelbeersträuchern, kleinen Bächlein und Tümpeln 3. Etwa 10 Minuten unter dem Burtschasattel passiert man Lawinenverbauungen. Bis zu diesem Punkt ist die gesamte Strecke unkompliziert und auch für Kinder einfach zu gehen. Zudem sind bis hierher nur wenige Höhenmeter zurückzulegen. Der Weiterweg wird nun deutlich anspruchsvoller. Das letzte Teilstück ist weiß-blau-weiß markiert, für diesen Bereich sind also Trittsicherheit und Schwindelfreiheit erforderlich. Der exponierte Gipfelbereich selbst ist eher knapp bemessen und für größere Gruppen ungeeignet. Der fantastische Weitblick vom Gipfel reicht vom Klostertal ins Montafon und bis zum Arlberg hin 4.

Gut zu wissen: 1. Kindern wird vor allem das „Bärenland" mit seinen vielen Spielstationen in Erinnerung bleiben.
2. Wer einen anderen Rückweg wählen möchte, kann eine lohnende, aber deutlich längere Rundwanderung über die Thüringer Alpe unternehmen.

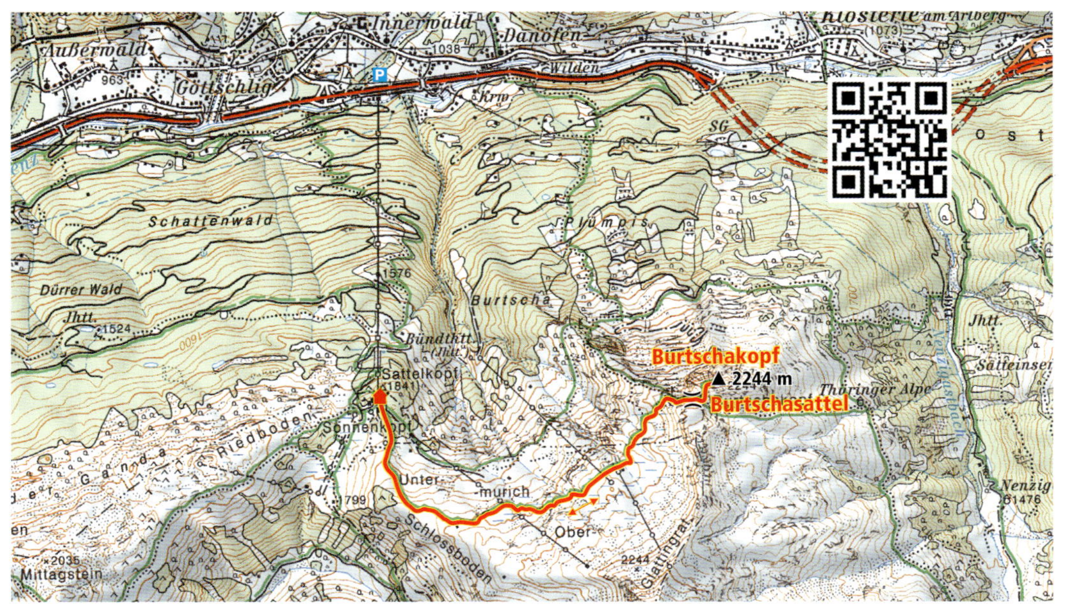

45

Maroiköpfe, 2528 m

Lohnende Wege durch eine Bilderbuchlandschaft

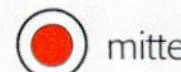 mittel  3/4–6 Std.  900 Höhenmeter

Diese Wanderung besticht durch ihre landschaftlichen Reize, denn die Wege führen durch eine wahre Bilderbuchlandschaft. Schon allein der Anstieg zur Kaltenberghütte ist im Sommer herrlich: Alpenrosen säumen den Weg, der wiederholt von kleinen, munter dahin plätschernden Bächen gequert wird ❶. Aber auch die Etappe von der Hütte bis zum Gipfel ist landschaftlich sehr reizvoll, führt sie doch an einem malerischen kleinen See vorbei und wird nach oben hin auf Schritt und Tritt anspruchsvoller, aber auch aussichtsreicher.

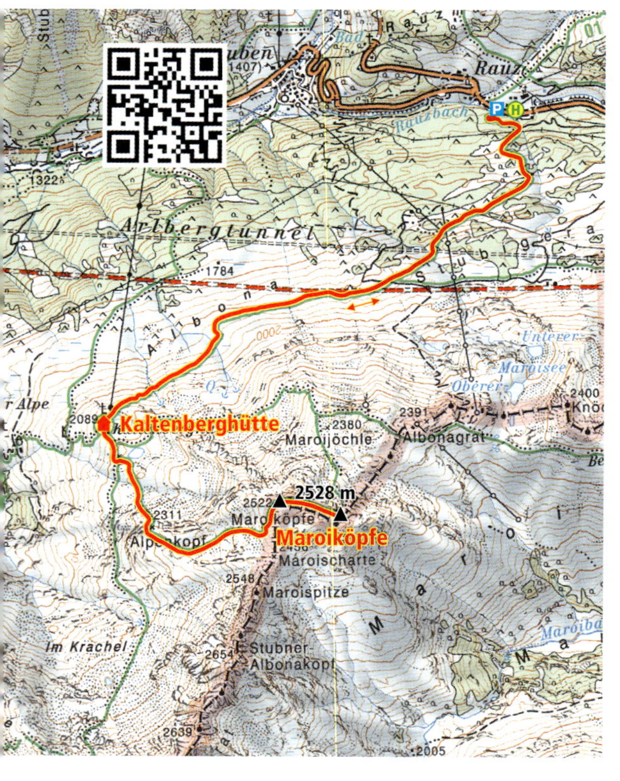

Ausgangspunkt: Kleiner Parkplatz bei der Alpe Rauz, direkt an der Arlbergstraße B197, kurz nach der Abzweigung nach Lech. Ein weiterer Parkplatz befindet sich kurz danach bei der Talstation der Flexenbahn.

Einkehrmöglichkeit: Kaltenberghütte.

Gut zu wissen: 1. Wer mit kleineren Kindern unterwegs ist, kann sich die Kaltenberghütte zum Ziel machen. Auch ohne „Gipfelsieg" ist dies eine sehr lohnende Wanderung.

2. Zur Kaltenberghütte gibt es noch weitere attraktive Zugänge, nämlich von Stuben, Langen und St. Christoph aus. Der Weg von St. Christoph ist der kürzeste (Paul-Bantlin-Weg), dabei sind nur 300 Höhenmeter zu bewältigen.

Wegbeschreibung: Gleich am Ausgangspunkt befindet sich eine Markierung zur Kaltenberghütte. Anfangs geht es auf einem breiten Schotterweg bergauf. Bald wird der weiß-rot-weiß markierte Weg schmaler. Sonnig zieht er nach Südwesten in Richtung Kaltenberghütte ❷. Rechter Hand sieht man die Flexengalerie ❸, und für längere Zeit sind markante Felszacken des Lechquellengebirges oberhalb von Stuben im Blickfeld. Das erste Drittel dieser Etappe ist recht steil, dann führt der Weg nur mäßig ansteigend dahin, bevor das letzte Wegstück unter der Hütte nochmals etwas aufsteilt. Bis zur Hütte geht man etwa 1¾–2¼ Stunden. Ein kurzes Stück nach der Hütte führt der Weg an einem kleinen See vorbei, der malerischer nicht sein könnte ❹. Danach wird der Anstieg etwas anspruchsvoller. Der nun weiß-blau-weiß markierte Weg führt ziemlich steil über Grasflächen, teilweise sind höhere Stufen zu überwinden. Nach ungefähr einer Stunde ab der Hütte ist der Westliche Maroikopf erreicht ❺, wenige Minuten später ist man beim Gipfelkreuz des Östlichen Maroikopfes angekommen ❻.

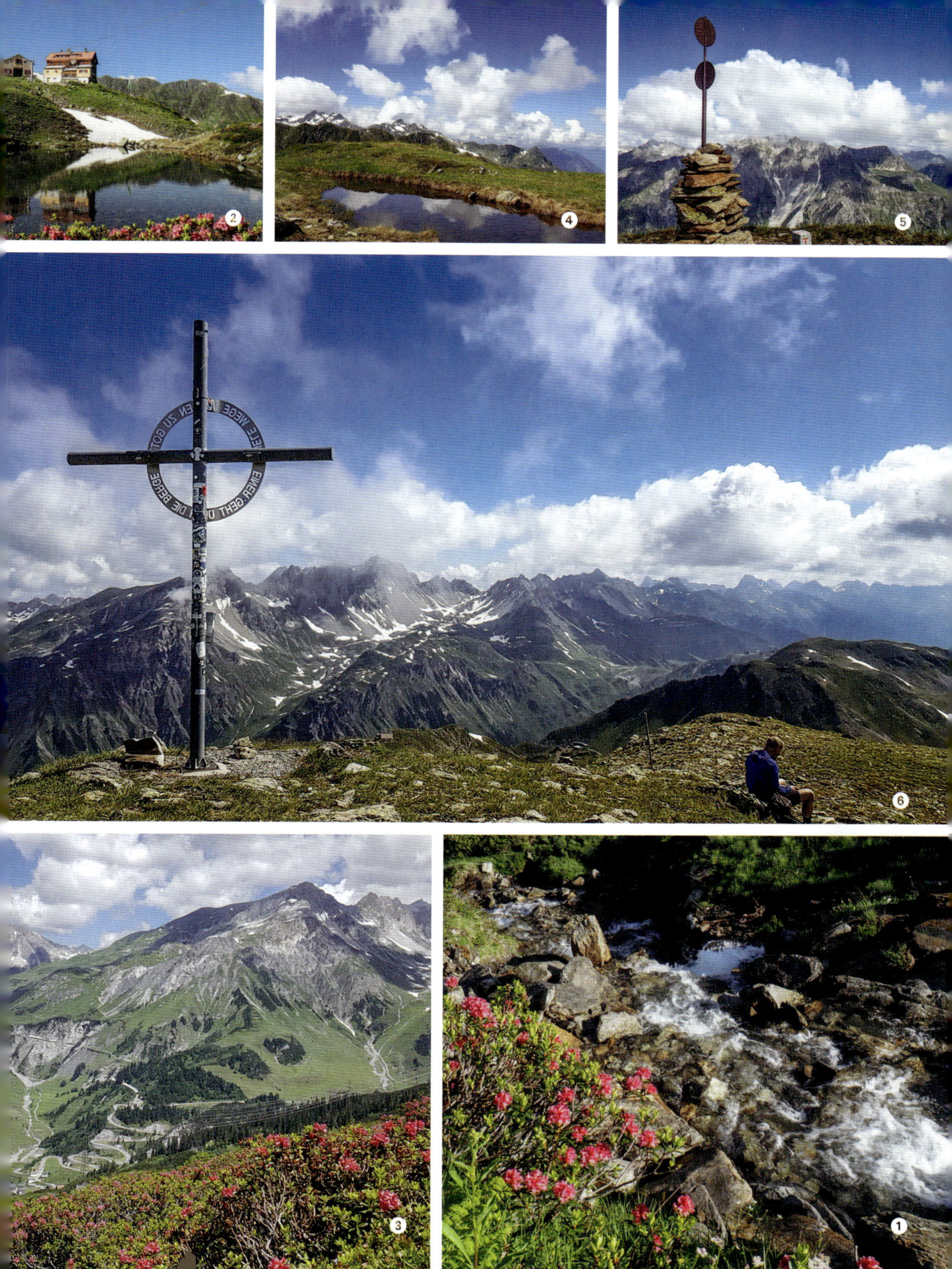
2
4
5
6
3
1

46

Saladinaspitze, 2238 m

Wenig begangener, aber sehr lohnender Aussichtsgipfel

 mittel  4–5½ Std.  400 Höhenmeter

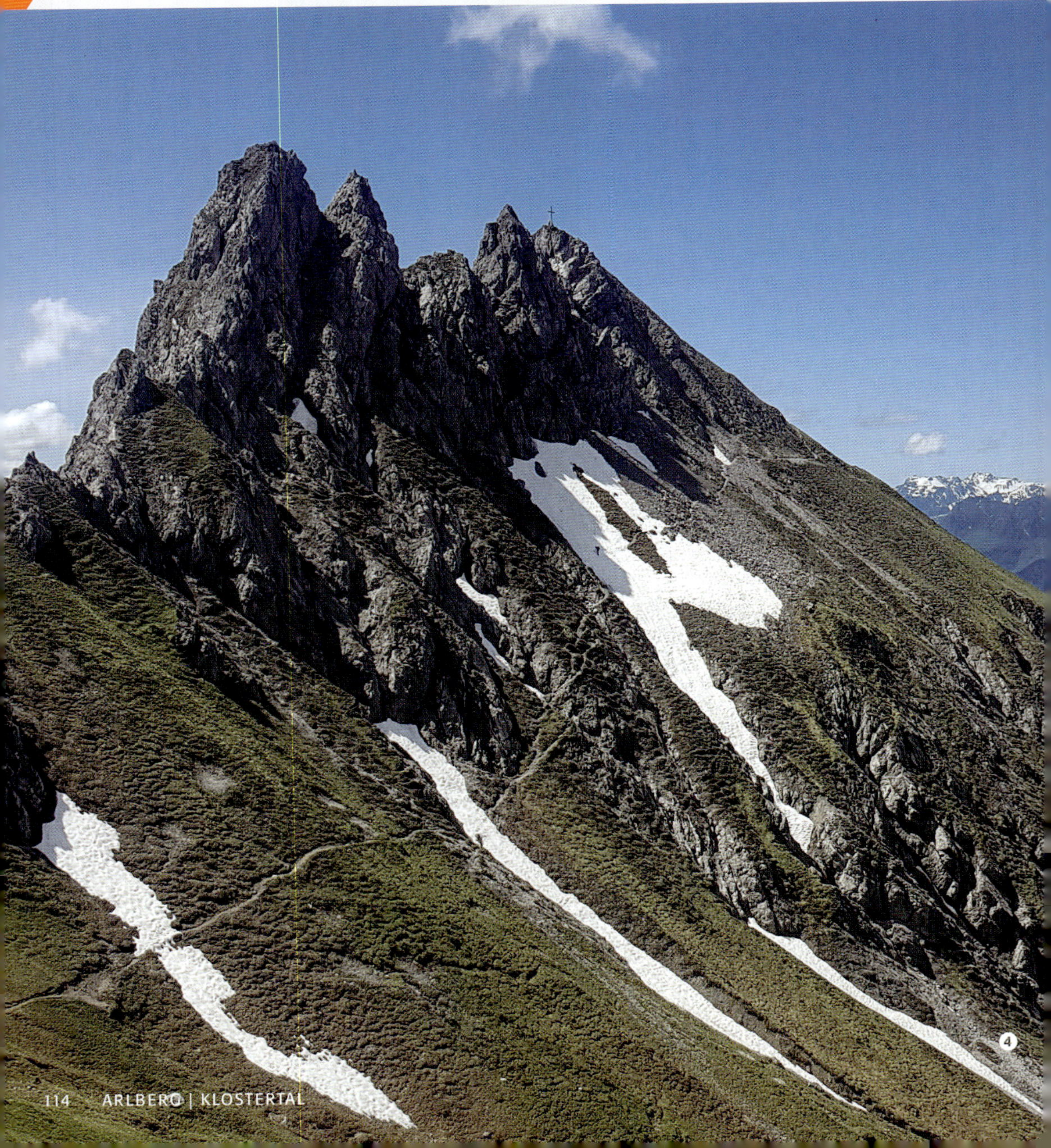

4

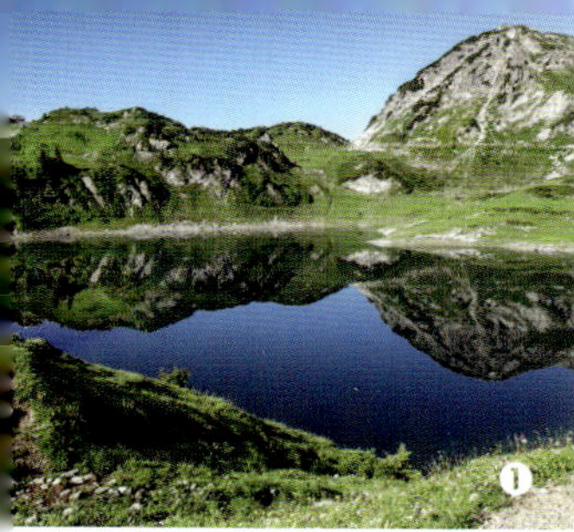

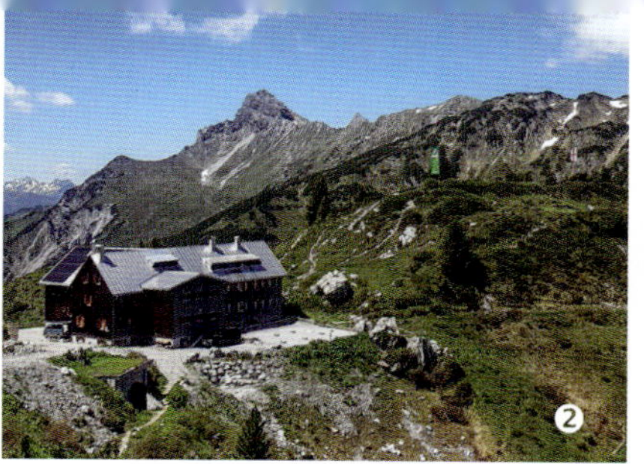

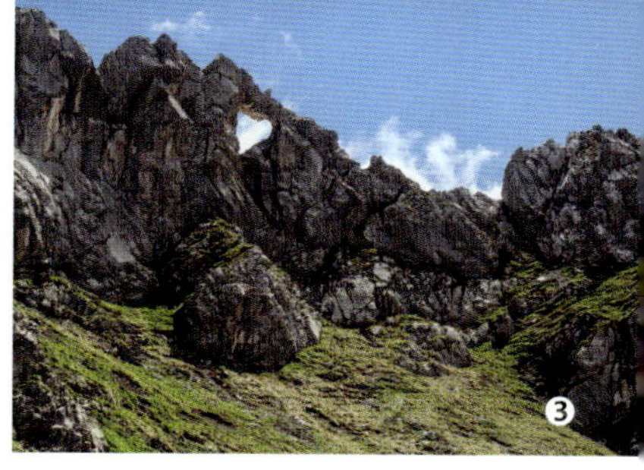

Die Saladinaspitze ist an ihrer auffallend gezackten Silhouette leicht zu erkennen. Die Gipfelbesteigung ist von der Freiburger Hütte aus kurz und knackig, der abwechslungsreiche Weg wird gegen Ende anspruchsvoll. Das letzte Teilstück zum Gipfel ist daher trittsicheren und schwindelfreien Personen vorbehalten. Auch der Gipfelbereich ist nichts für schwache Nerven, geht es doch auf der südöstlichen Seite fast senkrecht Hunderte Meter hinab. Der Rundumblick auf die Rote Wand, auf Silvretta und Verwall ist gewaltig.

Ausgangspunkt: Bushaltestelle Formarinsee bzw. Parkplatz beim Formarinsee. Die Anfahrt erfolgt von Lech aus (Wanderbus), ab der Schranke in Zug besteht Mautpflicht. Der Mauttarif für Pkw beträgt € 20.,– Die Zufahrt zum Parkplatz beim Formarinsee ist zwischen 8:00 und 16:30 Uhr (und mittwochs ganztägig) allein den Wanderbussen aus Lech vorbehalten!

Einkehrmöglichkeit: Freiburger Hütte.

Gut zu wissen: Die Freiburger Hütte thront hoch über dem Formarinsee, der 2015 zum „schönsten Platz Österreichs" gewählt wurde. Die Hütte ist auch auf einem einfachen Weg, der um den See herumführt, zu erreichen ❶.

Wegbeschreibung: Der weiß-blau-weiß markierte Weg führt vom Parkplatz oberhalb des Sees entlang bis zur Freiburger Hütte. Dieser Weg ist teilweise rutschig und abschüssig, das Gestein durch die vielen Begehungen speckig. Trittsicherheit und trockenes Wetter sind für diese Route auf jeden Fall notwendig. Von der Freiburger Hütte ❷ folgt man der Markierung in nordöstlicher Richtung aufwärts, schon nach wenigen Minuten kommt eine Rechtsabzweigung. Der Weg zieht nun gemütlich in Richtung Südosten über Alpflächen und schließlich leicht ansteigend zu einem Joch, von wo aus zum ersten Mal die Saladinaspitze zu sehen ist. Vom Joch aus ist linksseitig hoch oben auch das bekannte herzförmige „Fensterle" in der Fensterlewand gut zu erkennen ❸. Für kurze Zeit geht es quer durch ein großes Geröllfeld abwärts und einige weitere Höhenmeter bergab bis zur Nordwestflanke der Saladinaspitze. Schließlich führt ein sehr schmaler und abschüssiger Pfad am Fels entlang empor zum Gipfel ❹. Auf dem Rückweg zur Freiburger Hütte hat man in nördlicher Richtung lange Zeit die spektakuläre Südwand der Roten Wand vor sich.

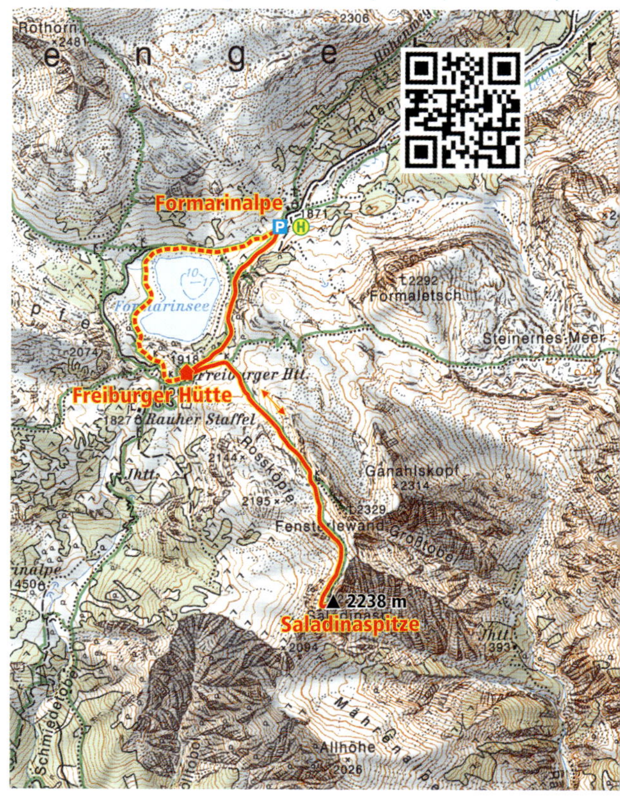

47

Roggelskopf, 2284 m

Kletterabenteuer auf einem imposanten Felsgiganten

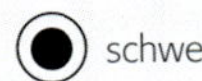 schwer  4–5¼ Std.  440 Höhenmeter

Ausgangspunkt: Bushaltestelle Formarinsee bzw. Parkplatz beim Formarinsee. Die Anfahrt erfolgt von Lech aus (Wanderbus), ab der Schranke in Zug besteht Mautpflicht. Der Mauttarif für Pkw beträgt € 20,–. Die Zufahrt zum Parkplatz beim Formarinsee ist zwischen 8:00 und 16:30 Uhr (und mittwochs ganztägig) allein den Wanderbussen aus Lech vorbehalten!

Einkehrmöglichkeit: Freiburger Hütte.

Wegbeschreibung: Zwei Möglichkeiten gibt es, um vom Parkplatz am Formarinsee zur Freiburger Hütte zu wandern: Entweder wählt man vor dem See links den weiß-blau-weiß markierten schmalen Steig, der oberhalb des Sees zur Hütte führt. Oder man geht rechts über den einfacheren, dafür aber längeren Weg um den See herum zur Hütte. Wer die schwierigere Route wählt, sollte auf jeden Fall trittsicher sein und den Weg nur bei trockenen Verhältnissen gehen. Von der Hütte geht es anfangs kurzzeitig bergab, später führt der hochalpine Wanderweg leicht ansteigend und einfach in südwestlicher Richtung durch eine wunderbare Landschaft ❶ weiter auf ein Joch. Bis dorthin ist der Weg einfach zu gehen, danach sind Trittsicherheit und Schwindelfreiheit notwendig. Der imposante Roggelskopf ist von unterwegs bereits im Blickfeld ❷. Der Abzweig dorthin ist als ungesicherter Steig (ohne Markierung) beschildert.

Kurz nach dem Joch folgt eine Querung auf einem schmalen und steinigen Pfad durch abschüssiges Gelände bis an den Fuß des Berges. Anschließend geht es durch eine felsige Rinne nach oben ❸. Es folgen einige seilgesicherte Kletterpassagen, bis man am höchsten Punkt angelangt ist. Die Rundumsicht vom Gipfel ist wunderbar, vor allem der Blick auf die Rote Wand ist sehr eindrucksvoll ❹.

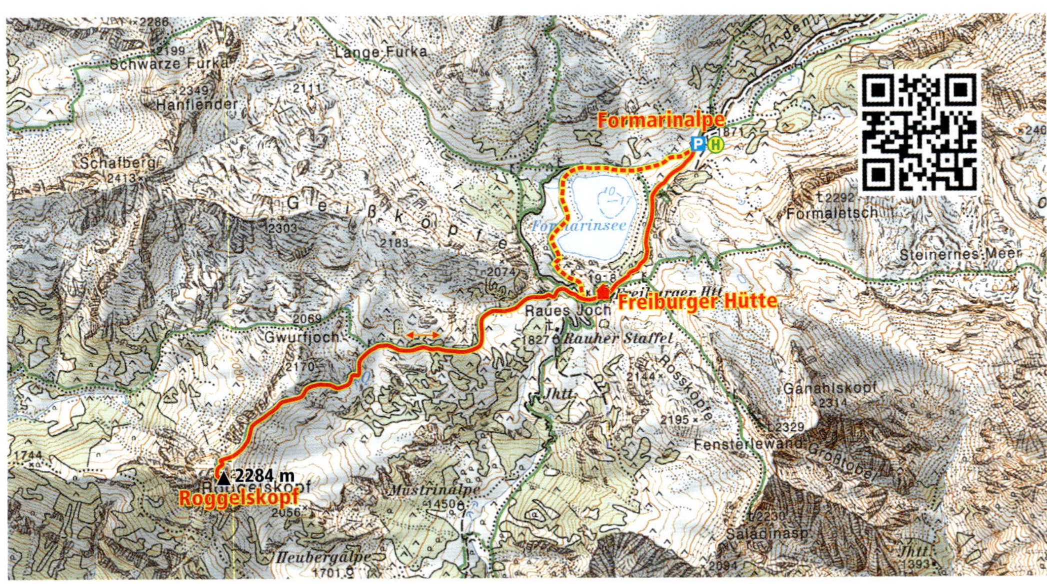

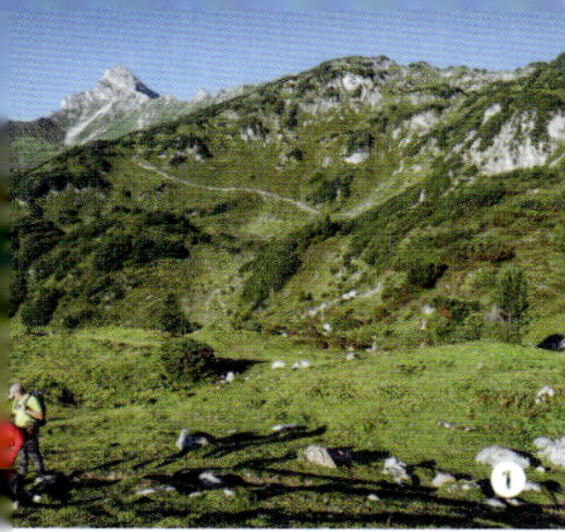

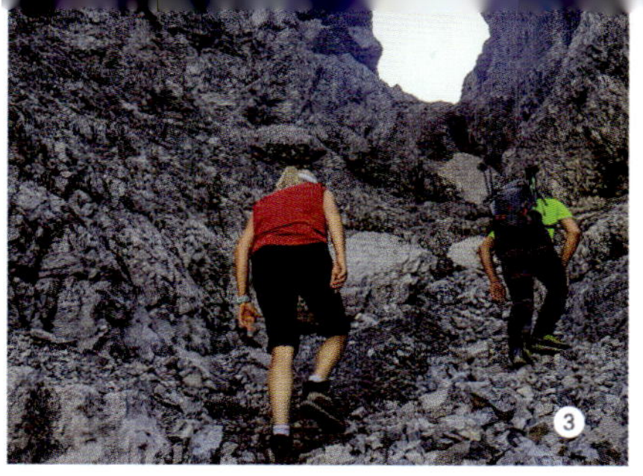

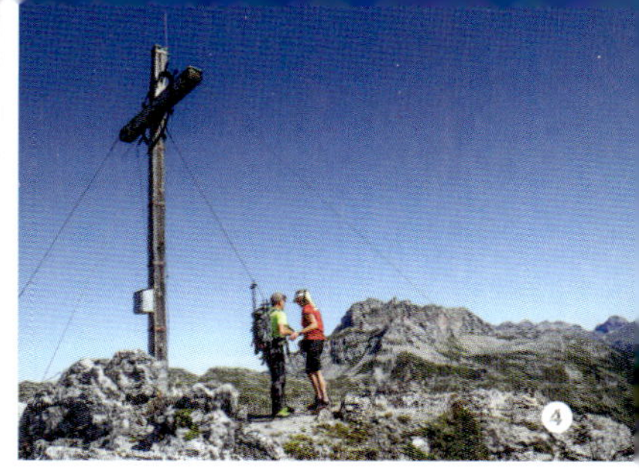

Bereits vom Klostertal aus ist die Silhouette dieses mächtigen Felskolosses, der hoch über dem Tal thront, gut auszumachen. Der Roggelskopf galt einst als ein schwer zu besteigender Gipfel, mittlerweile ist der Anstieg durch zahlreiche Sicherungen entschärft worden und somit deutlich weniger heikel. Trotzdem bleibt die Route anspruchsvoll. Ideal für routinierte Berggeher, die einfachere Kraxeleien im Fels zu schätzen wissen!

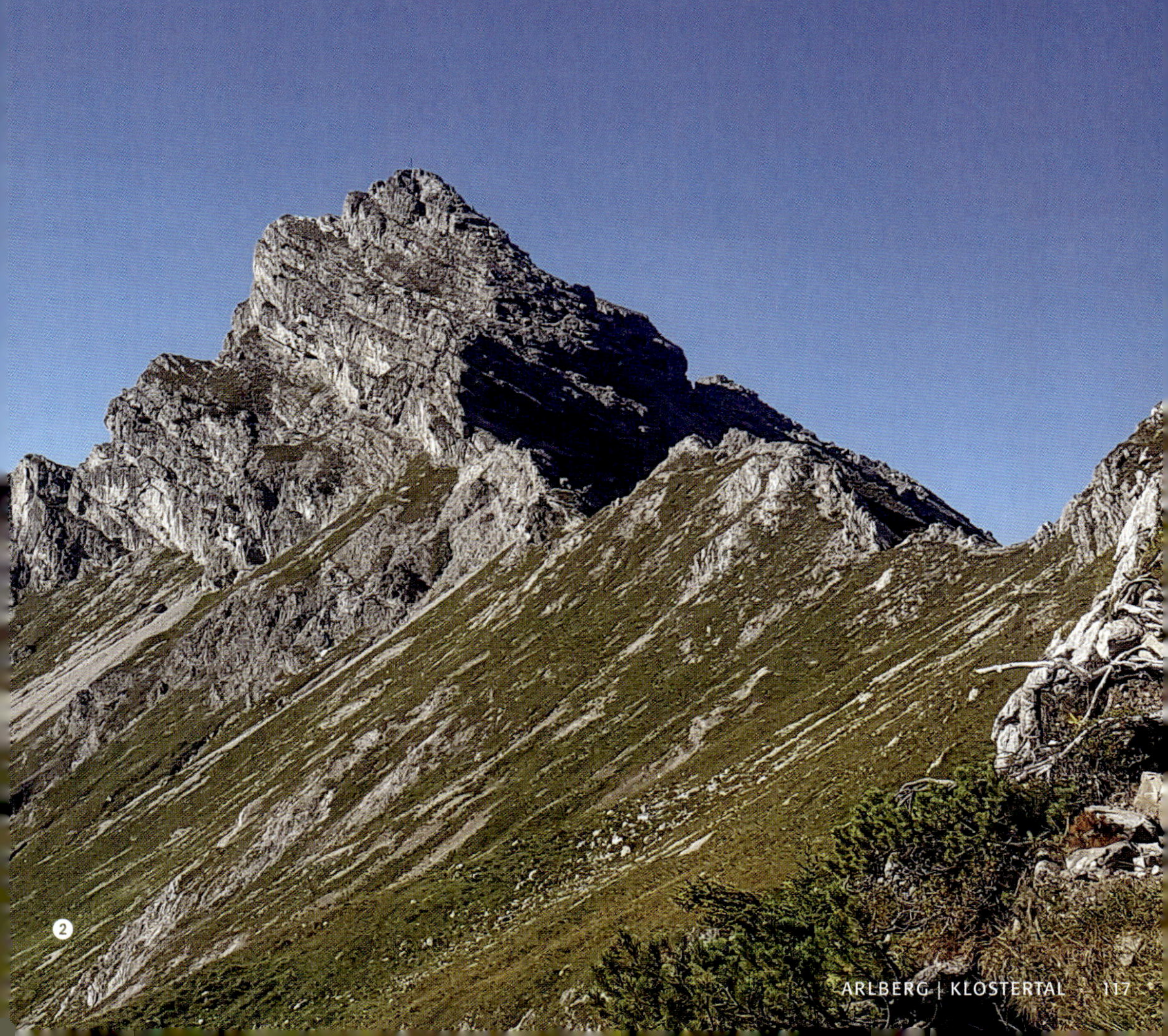

48

Valluga, 2809 m

Fantastische Tour auf den höchsten Berg am Arlberg

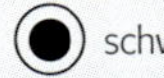 schwer  3½–4½ Std.  1100 Höhenmeter

Die Valluga ist der höchste Berg der Arlbergregion und ein fantastischer Aussichtspunkt im Grenzgebiet Tirol/Vorarlberg. Die wenigsten besteigen ihn zu Fuß, denn mit der spektakulären Vallugabahn ist der Gipfel von St. Anton aus leicht zu erreichen. Umso mehr dürfen sich all jene freuen und stolz auf sich sein, welche die fast 1100 Höhenmeter von Zürs bis zur Valluga aus eigener Kraft geschafft haben, zumal der Gipfelanstieg anspruchsvoll und daher erfahrenen Berggehern vorbehalten ist. Die Rückkehr ins Tal erfolgt dann knieschonend per Bahn ❶.

4

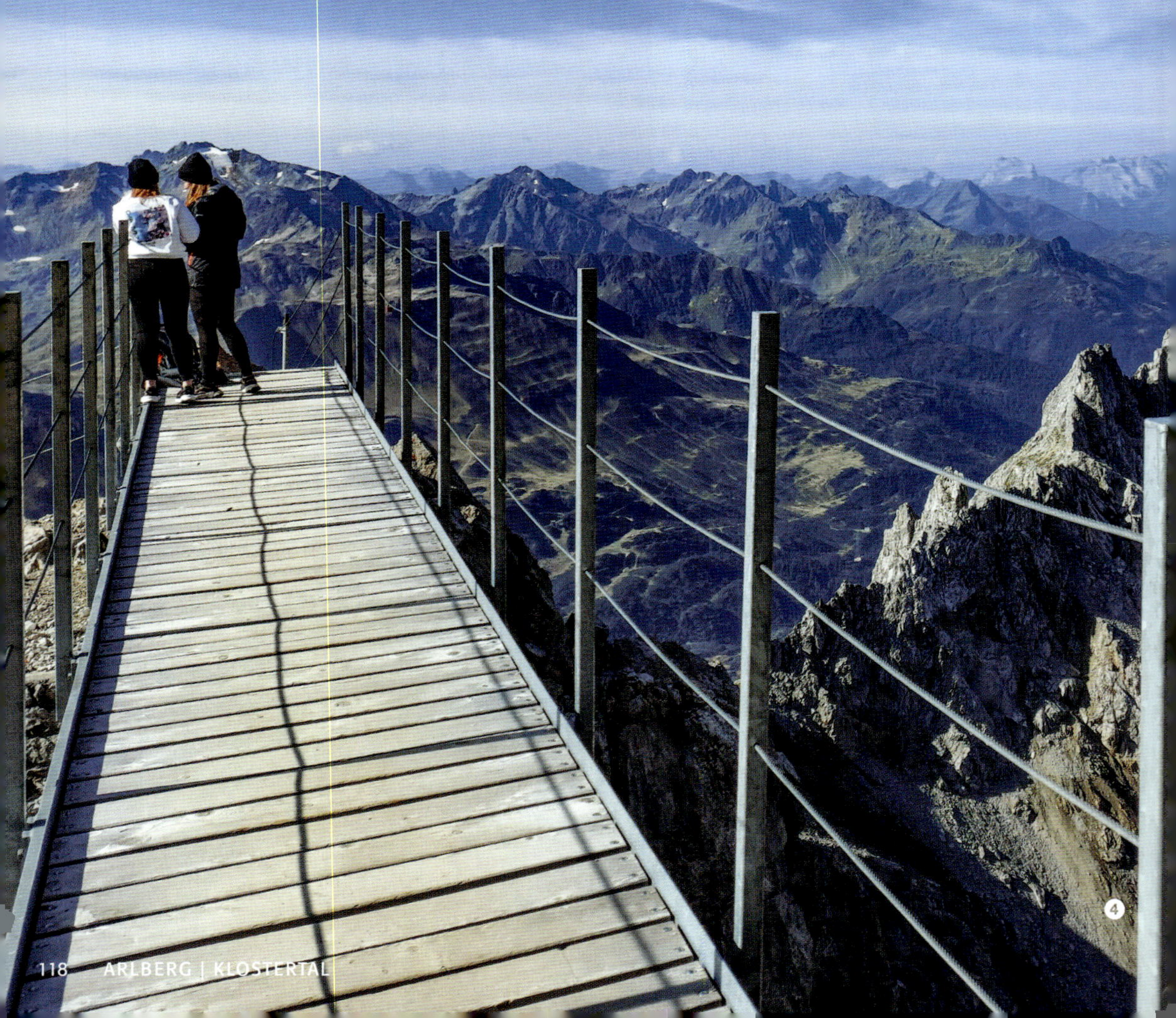

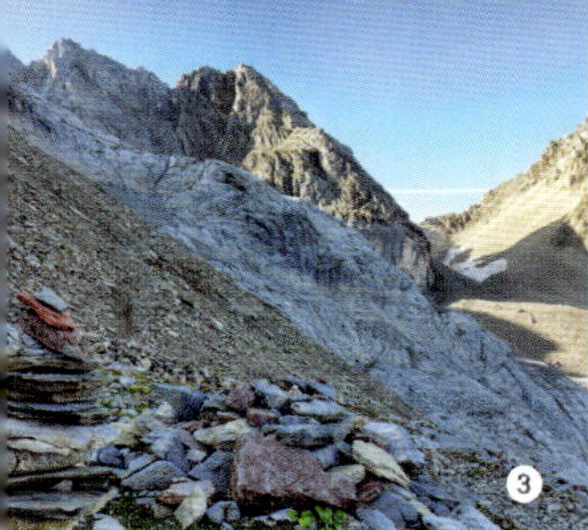

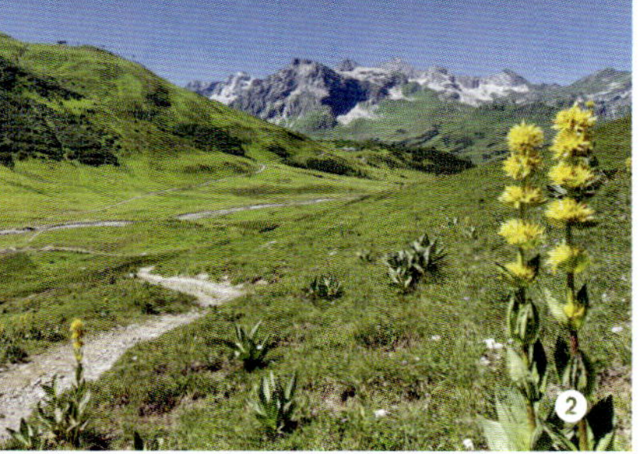

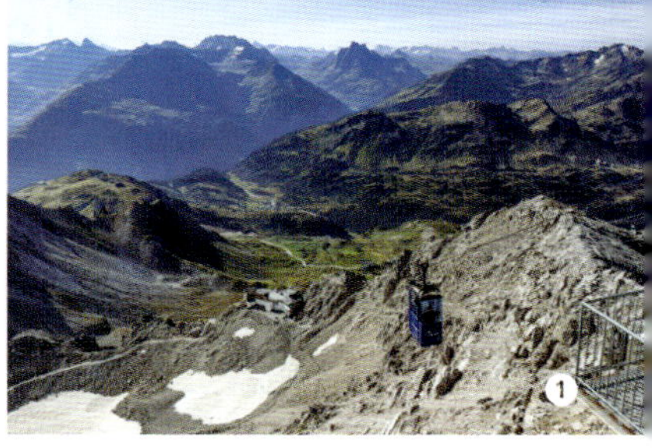

Ausgangspunkt: Parkplatz bei der Talstation der Trittkopfbahn am Ortsanfang von Zürs.
Einkehrmöglichkeiten: Stuttgarter Hütte, Panoramarestaurant „Galzig".
Gut zu wissen: 1. Diese Route ist nur bei trockenen Verhältnissen zu empfehlen.
2. Die Rückkehr ins Tal erfolgt mit der Valluga- und der Galzigbahn. Anschließend geht es von St. Anton mit dem Bus zurück nach Zürs zum Ausgangspunkt.
Wegbeschreibung: Vom Parkplatz geht es in Richtung Zentrum, dann vorbei an einer kleinen Kapelle und auf einer geteerten Straße steil hinauf Richtung Trittalpe. Man lässt die Alpe links liegen und geht weiter, bis sich auf dem höchsten Punkt nach Osten hin ein beschauliches Tal öffnet ❷. Nun geht es bergab. Schon bald kommt die Stuttgarter Hütte in Sicht. Auf dem tiefsten Punkt angekommen, überquert man mithilfe von zwei Brücken den idyllischen Pazüelbach sowie einen seiner Zuflüsse und wandert nun, immer der weiß-rot-weißen Markierung folgend, auf einem breiten Schotterweg sehr steil bergauf. Nach 1½–2 Stunden ist die Stuttgarter Hütte erreicht. Dort beginnt der weiß-blau-weiß gekennzeichnete Robert-Bosch-Weg. Dieser führt in südlicher Richtung an den Fuß der Valluga heran. Der Weg ist größtenteils sehr gut angelegt und ausgezeichnet markiert ❸. Allerdings ist der Weg fast immer abschüssig und zuweilen schmal und ausgesetzt, Trittsicherheit ist also ein absolutes Muss. Einzelne schwierige Abschnitte sind seilversichert.
Am Fuß der Valluga angekommen geht es links, den unzähligen Markierungen folgend, auf einem schmalen und sehr steilen Steig im Zickzack bergauf. Je höher man steigt, desto öfter kommen die Hände zum Einsatz. Vom höchsten Punkt geht es in ca. 10 Minuten über gesicherte Stufen und eine schwindelerregende Brücke hoch zur Aussichtsplattform mit grandiosem 360°-Grad-Rundblick auf die Vorarlberger und Tiroler Bergwelt ❹.

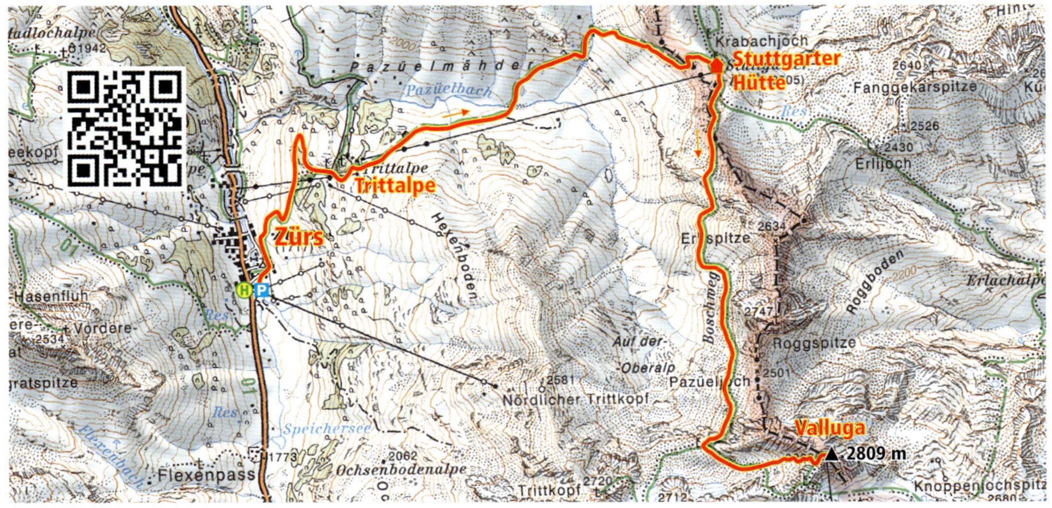

49

Spullerschafberg, 2679 m

In puncto Panorama ein absolutes Highlight

mittel  4½–5¾ Std. 850 Höhenmeter

Der Spullerschafberg besticht mit seiner einzigartigen 360°-Grad-Aussicht, aber auch mit einem abwechslungsreichen Gipfelanstieg und der lohnenden Einkehr in der Ravensburger Hütte nach getaner Tat.

Ausgangspunkt: Bushaltestelle Spullersee bzw. der sehr kleine Parkplatz an der Staumauer des Spullersees. Die Anfahrt erfolgt von Lech aus, am besten mit dem Wanderbus. Ab der Schranke in Zug besteht Mautpflicht. Der Mauttarif für Pkw beträgt € 20.– Die Zufahrt zum Parkplatz am Spullersee ist zwischen 8:00 und 16:30 Uhr (und mittwochs ganztägig) allein den Wanderbussen aus Lech vorbehalten!

Einkehrmöglichkeit: Ravensburger Hütte.

Gut zu wissen: Bei Nässe ist der Gipfelanstieg nicht zu empfehlen.

Wegbeschreibung: Von der Bushaltestelle Spullersee bzw. dem sehr kleinen Parkplatz geht es in etwa ¾ Stunden zur Ravensburger Hütte ❶. Der viel begangene Weg führt zunächst über die Staumauer, dann in nordöstlicher Richtung am See entlang und später über grüne Alpflächen ❷. Ab der Hütte ist die Route zum Gipfel weiß-blau-weiß markiert. Zu Beginn geht es mäßig steil, dann sehr steil und sonnig über die Alpflächen aufwärts ❸. Diese sonnige Etappe ist im Sommer gleich am Morgen mit Sicherheit am angenehmsten zu gehen. Es geht über Serpentinen aufwärts, bis nach einer guten Stunde der Schafberg in Sicht kommt. Dreht man sich um, tun sich wunderbare Blicke auf den Spullersee auf. Alsbald führt ein Gratweg für längere Zeit am Bergrücken entlang in Richtung Gipfel ❹. Links vom schmalen Pfad fällt das Gelände schroff und sehr steil nach Westen ab. Ungefähr 200 Höhenmeter unter dem Gipfel wird der Weg felsig und anspruchsvoller, es geht teils über schräge Steinplatten und steilere Stufen empor ❺. Am Gipfel öffnen sich wunderbare Blicke auf die umliegende Bergwelt ❻.

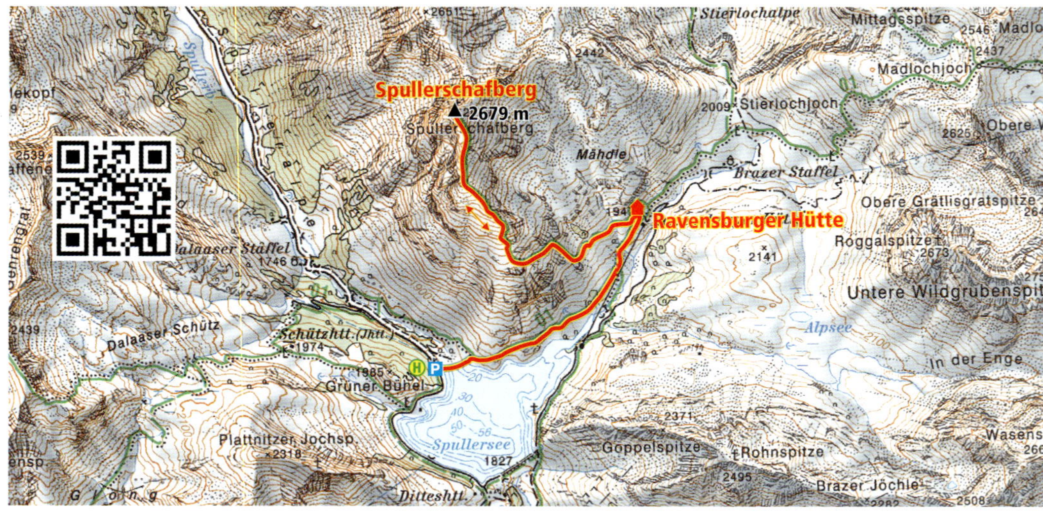

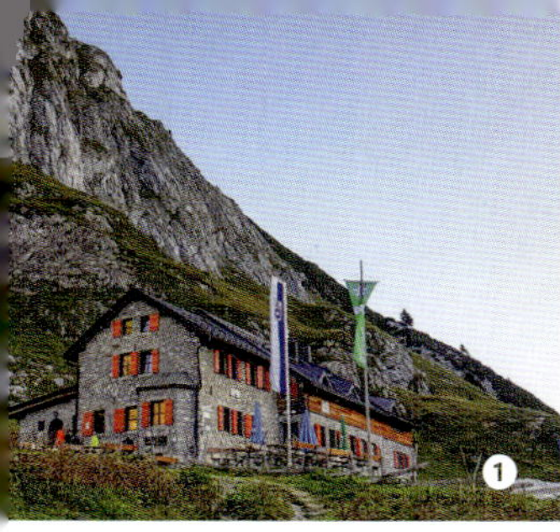

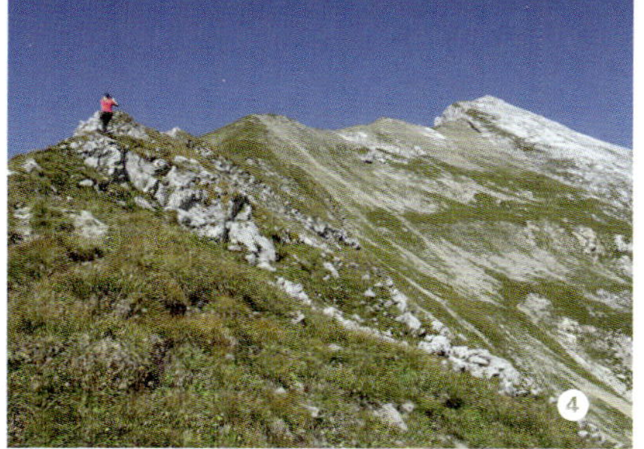

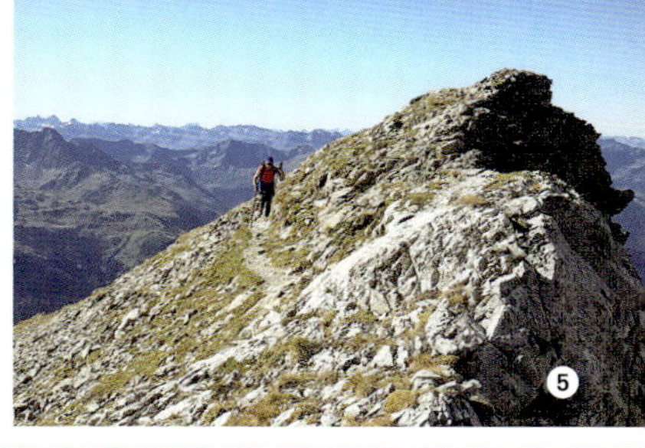

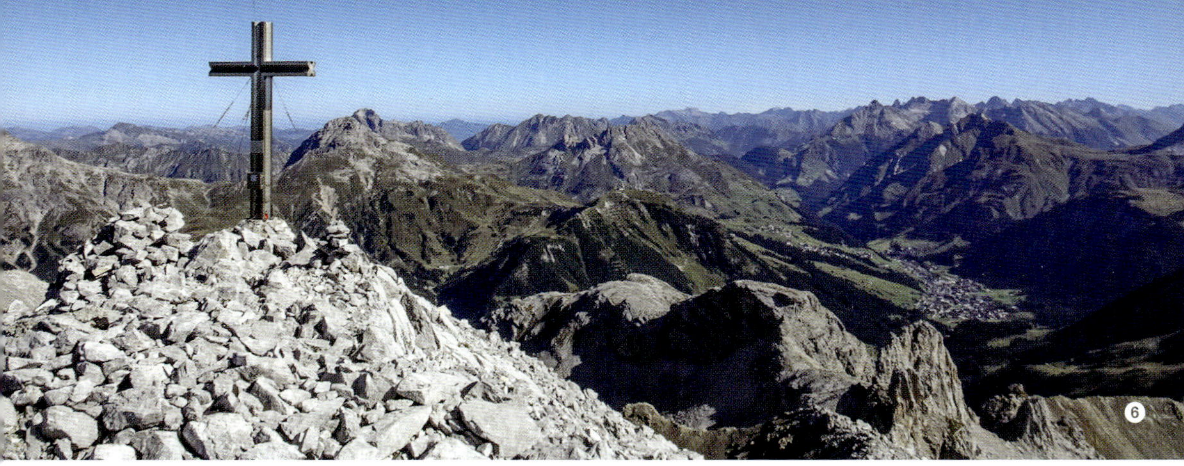

Der Spullerschafberg besticht mit seiner einzigartigen 360-Grad-Aussicht, aber auch mit einem abwechslungsreichen Gipfelanstieg und der lohnenden Einkehr in der Ravensburger Hütte nach getaner Tat.

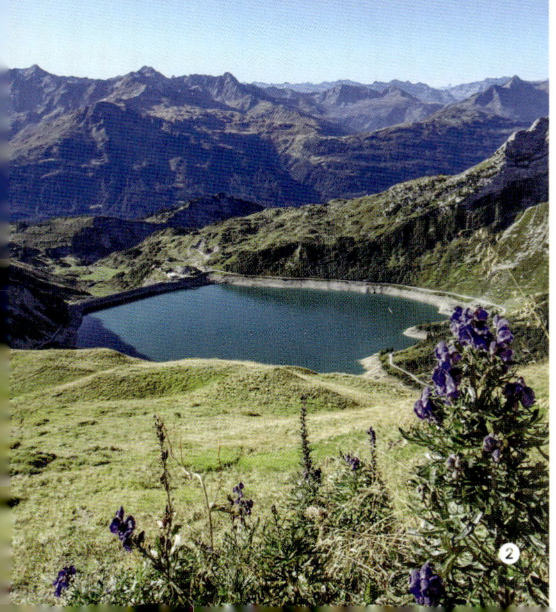

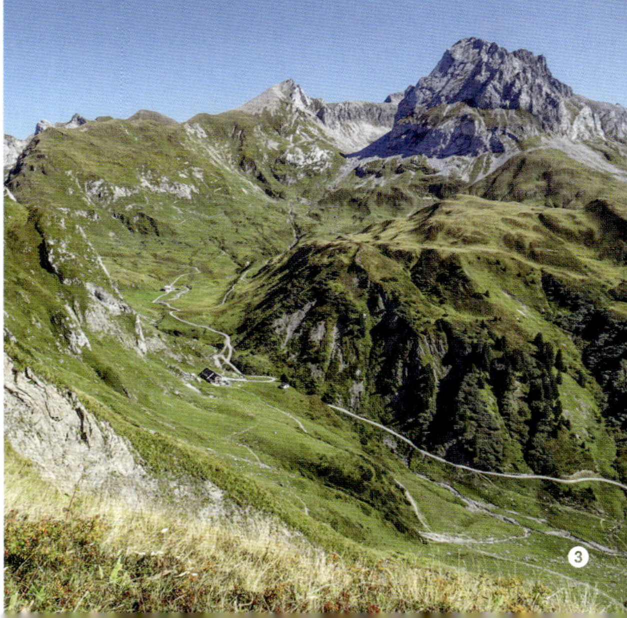

50

Fanggekarspitze, 2640 m

Wenig begangene Tour auf einen luftigen Aussichtsberg

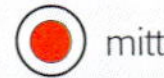 mittel  4¾–6¼ Std.  900 Höhenmeter

Die Tiroler Fanggekarspitze hat alles, was man sich von einer Wanderung wünscht: idyllische Landschaft, eine abwechslungsreiche und anspruchsvolle Route, ein unglaubliches Panorama vom Gipfel und zu guter Letzt noch die Einkehrmöglichkeit in der Stuttgarter Hütte, von deren Terrasse man „seinen" Gipfel nochmals im Blick hat.

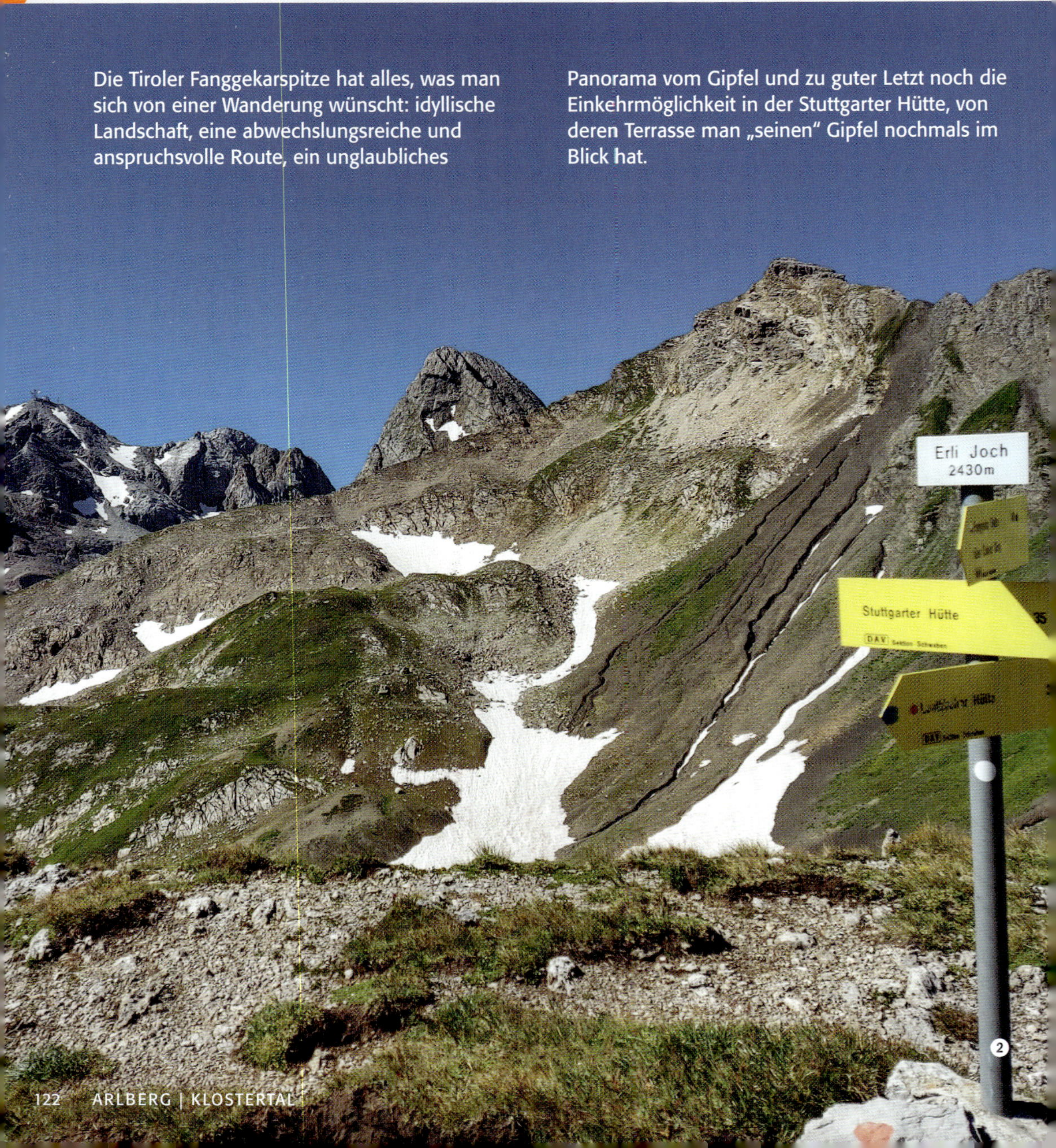

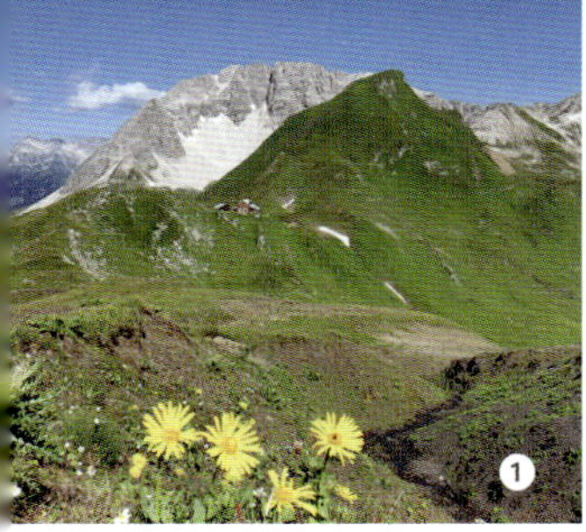

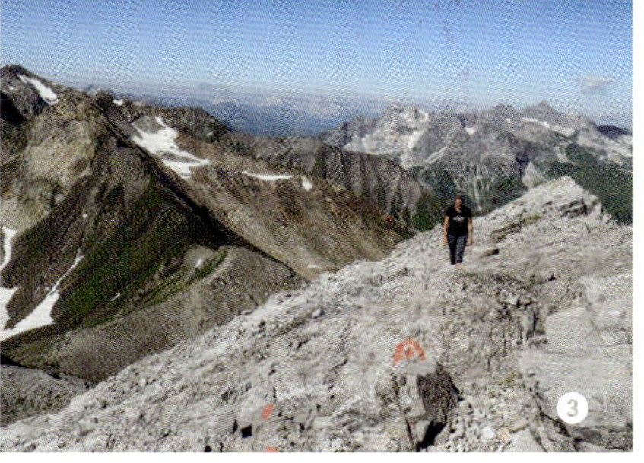

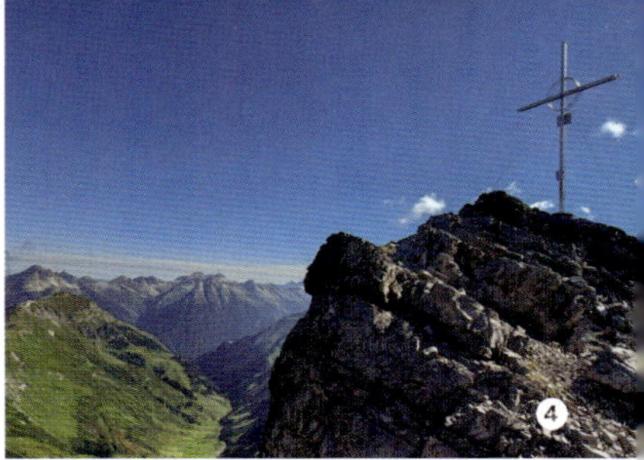

Ausgangspunkt: Parkplatz Trittkopfbahn, Zürs.
Einkehrmöglichkeit: Stuttgarter Hütte.
Gut zu wissen: Wer frühmorgens unterwegs ist, sichtet in der Gegend um die Fanggekarspitze mit etwas Glück Steinböcke.
Wegbeschreibung: Beim Parkplatz der Trittkopfbahn weist die Beschilderung in Richtung Zürs, wo rechts unterhalb der Kapelle eine kleine Brücke überquert wird. Auf einem geteerten, breiten Weg geht es steil aufwärts Richtung Trittalpe. Man lässt die Alpe links liegen und geht weiter, bis sich auf dem höchsten Punkt nach Osten hin ein beschauliches Tal öffnet. Nun kurzzeitig bergab, bis es schließlich flach durch eine Hochebene weitergeht. Schon bald kann man einen ersten Blick auf die Stuttgarter Hütte werfen, die hoch oben über der Ebene thront. Die weiß-rot-weiß markierte Route führt durch artenreiche Bergwiesen mit wunderschönen bunten Blumen. Immer wieder sind Murmeltiere zu hören oder zu sehen. Nach dem Überqueren von zwei kleinen Brücken geht es auf einem schmalen und steinigen Weg stetig steil aufwärts bis zur Stuttgarter Hütte, die nach 1½–2 Stunden erreicht ist. Von dort folgt man zunächst der weiß-blau-weißen Markierung in Richtung Valluga, doch schon nach kurzer Zeit geht es links weg nach Südosten in Richtung Kaisers. Der Weg führt gemütlich durch ein idyllisches Hochtal ❶, doch je näher man an den Fuß des Berges gelangt, desto schmaler und schwieriger wird der Pfad. Ab dem Erlijoch ist Trittsicherheit nötig ❷. Nun geht es nach links über den schmalen und schottrigen Calwer Steig weiter. Die Route folgt nun einem Gratrücken bergauf ❸ bis zum höchsten Punkt mit seinem sagenhaften Ausblick auf die Vorarlberger und Tiroler Bergwelt ❹.

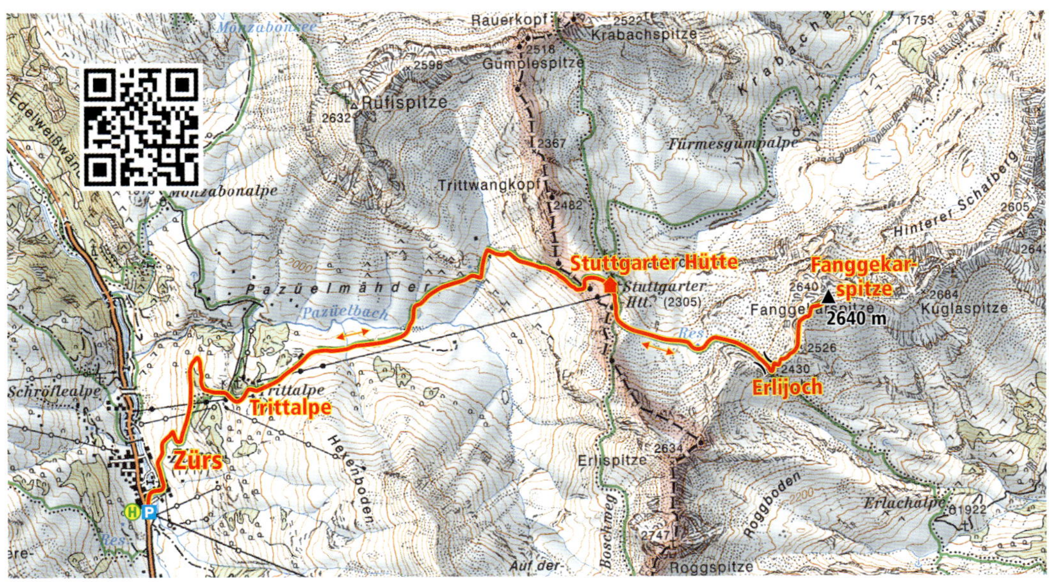

51

Omeshorn, 2557 m

Der majestätische Felsgigant hoch über Lech

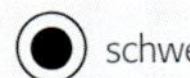 schwer  3¾–4¾ Std.  1080 Höhenmeter

Ausgangspunkt: Bewirtschafteter Parkplatz beim Fischteich. Wer dort beim Fischerwirt einkehrt, kriegt die Parkgebühr rückerstattet.

Einkehrmöglichkeiten: Restaurant „Fischerwirt" beim Fischteich in Zug, diverse Restaurants in Zug und Lech.

Gut zu wissen: Der Gipfelanstieg ist nur bei trockenen Bedingungen zu empfehlen, bei nassem Wetter sind die erdigen und schmalen Abschnitte des Weges rutschig und sehr heikel.

Wegbeschreibung: Vom Fischteich aus folgt man der weiß-rot-weißen Markierung in Richtung Gstütalpe zunächst auf einem bequemen, schmalen Waldweg. Bald mündet der Weg in einen breiten, teilweise sehr steilen Schotterweg, der anstrengend bis zur idyllisch gelegenen Gstütalpe führt. Im Sommer ist die Gegend um die Alpe reich an blühenden Alpenblumen, eine Pause sollte hier auf jeden Fall eingeplant werden ❷. Der Weg führt nach Südwesten weiter und wird immer steiler, bis man zu einer Linksabzweigung auf etwa 1950 m kommt. Die Markierung geht dort von Weiß-Rot-Weiß in Weiß-Blau-Weiß über. Der alpine Steig („für Geübte"), der in östliche Richtung über steile Wiesenhänge zum Gipfel führt, ist abschnittsweise sehr schmal und abschüssig. Trittsicher und schwindelfrei sollte man für das teils schwierige Gelände definitiv sein ❸. Der höchste Punkt ist für schnelle Geher nach gut zwei Stunden und fast 1100 anstrengenden Höhenmetern erreicht und belohnt mit glasklarer Luft und wunderbarer Ruhe. Das Panorama ist schlichtweg sagenhaft: Alle namhaften Berge der Region zeigen sich von ihrer imposanten Seite ❹.

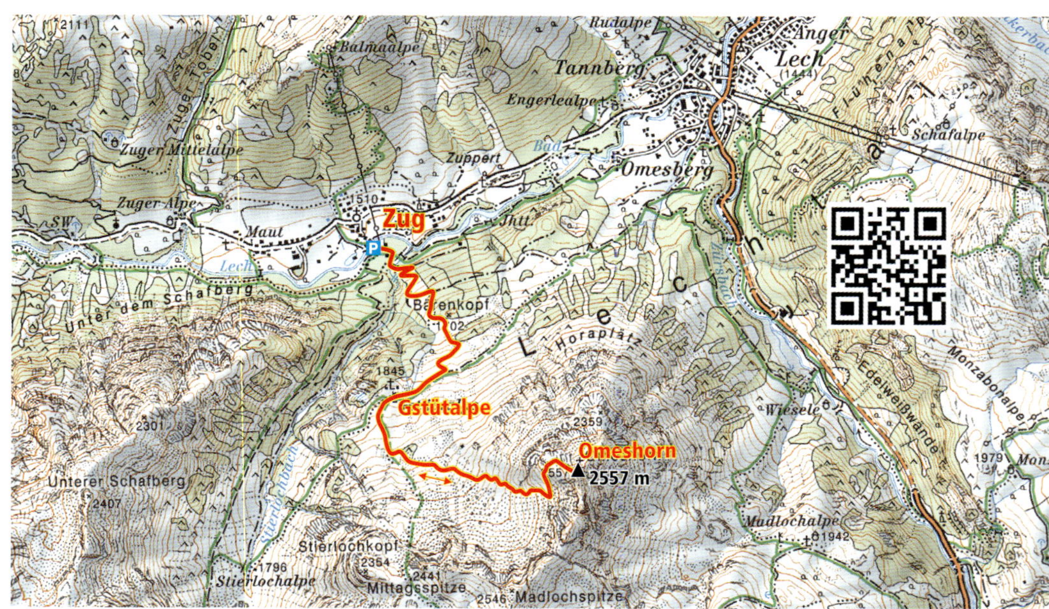

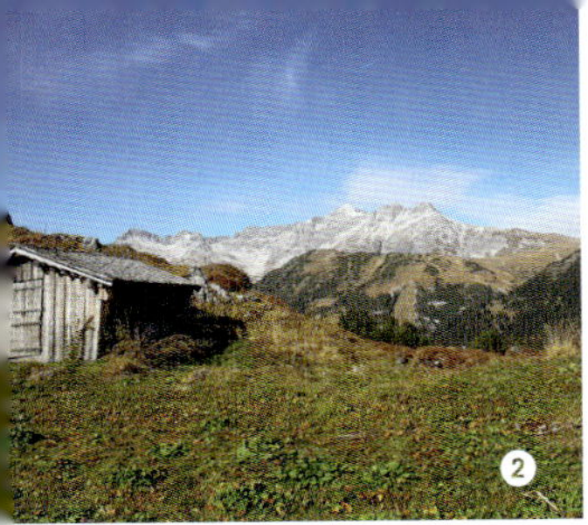

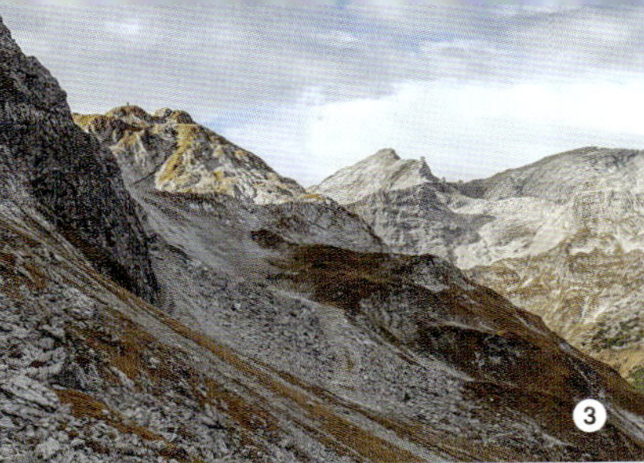

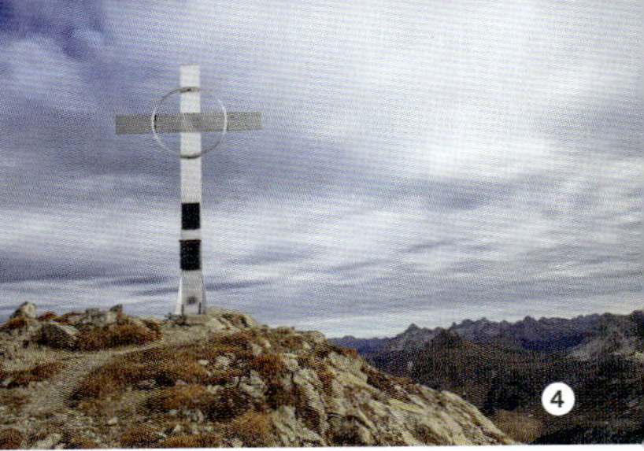

Wer im Arlberggebiet auf der Suche nach einem ruhigen Aussichtsgipfel ist, sollte sich das Omeshorn, den Hausberg der Lecher, einmal näher anschauen. Mächtig und schon von weither sichtbar thront es über dem Ort ❶. Der abwechslungsreiche und teils schwierige Weg zum Gipfel ist überraschend wenig begangen, vielleicht deshalb, weil er nichts für unerfahrene Wanderer ist.

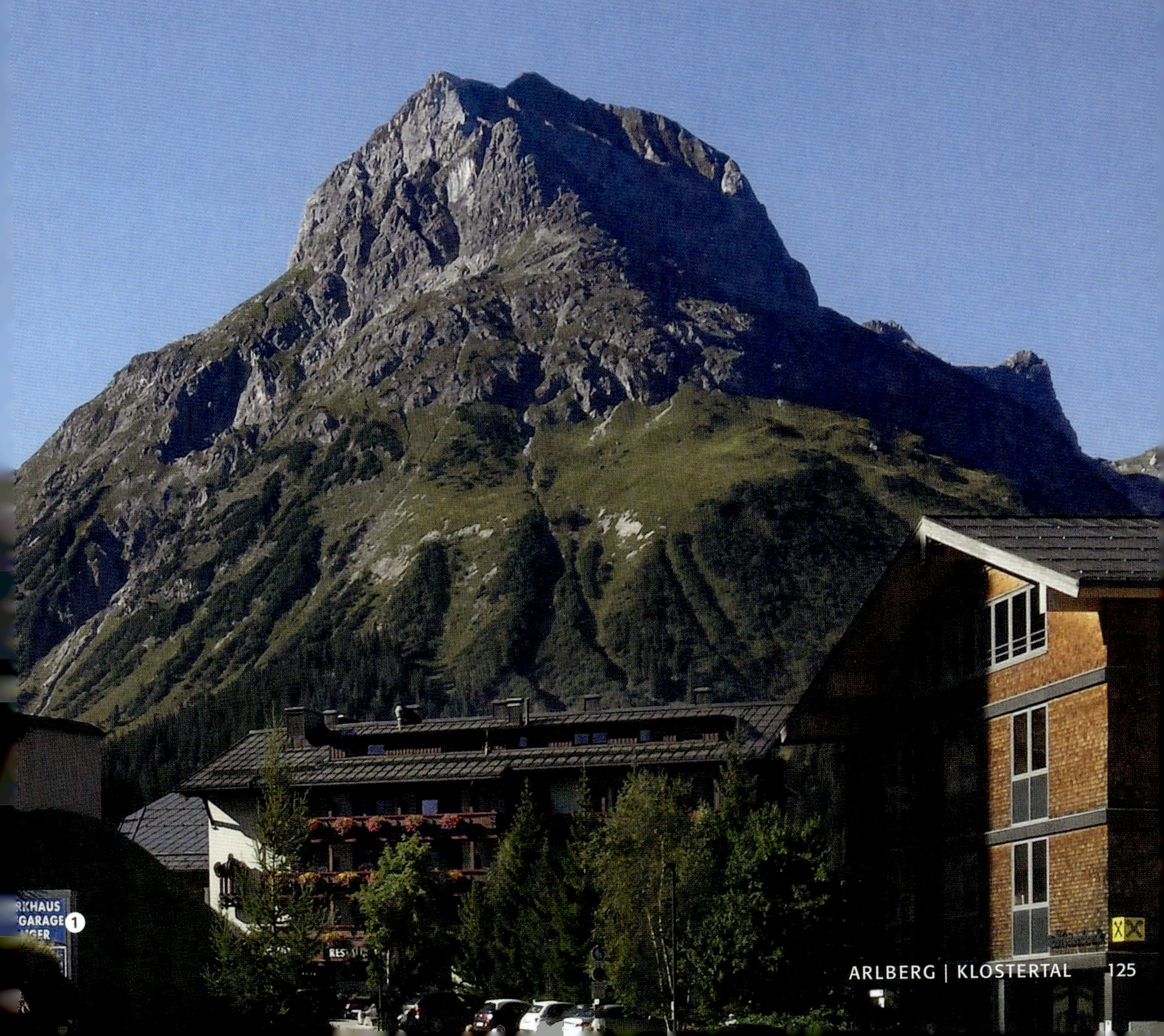

52

Rote Wand, 2704 m

Anspruchsvolle Tour auf einen unverwechselbaren Berg

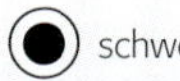 schwer  5¾–7 Std.  1000 Höhenmeter

Die Tour auf die Rote Wand ist anstrengend und schwierig, der Grat vom Vor- zum Hauptgipfel eine echte Herausforderung und nichts für nervenschwache Gemüter. Erfahrung im Fels, Trittsicherheit und Schwindelfreiheit sind ein absolutes Muss, zumal man auf dem gleichen Weg auch wieder herunter muss. Die 360-Grad-Aussicht vom Gipfel der Roten Wand ist allerdings fantastisch und belohnt für den anstrengenden und schwierigen Aufstieg. Piz Buin, Schesaplana, Drei Türme und Säntis sind nur einige der Bergriesen, die vom höchsten Punkt aus zu sehen sind.

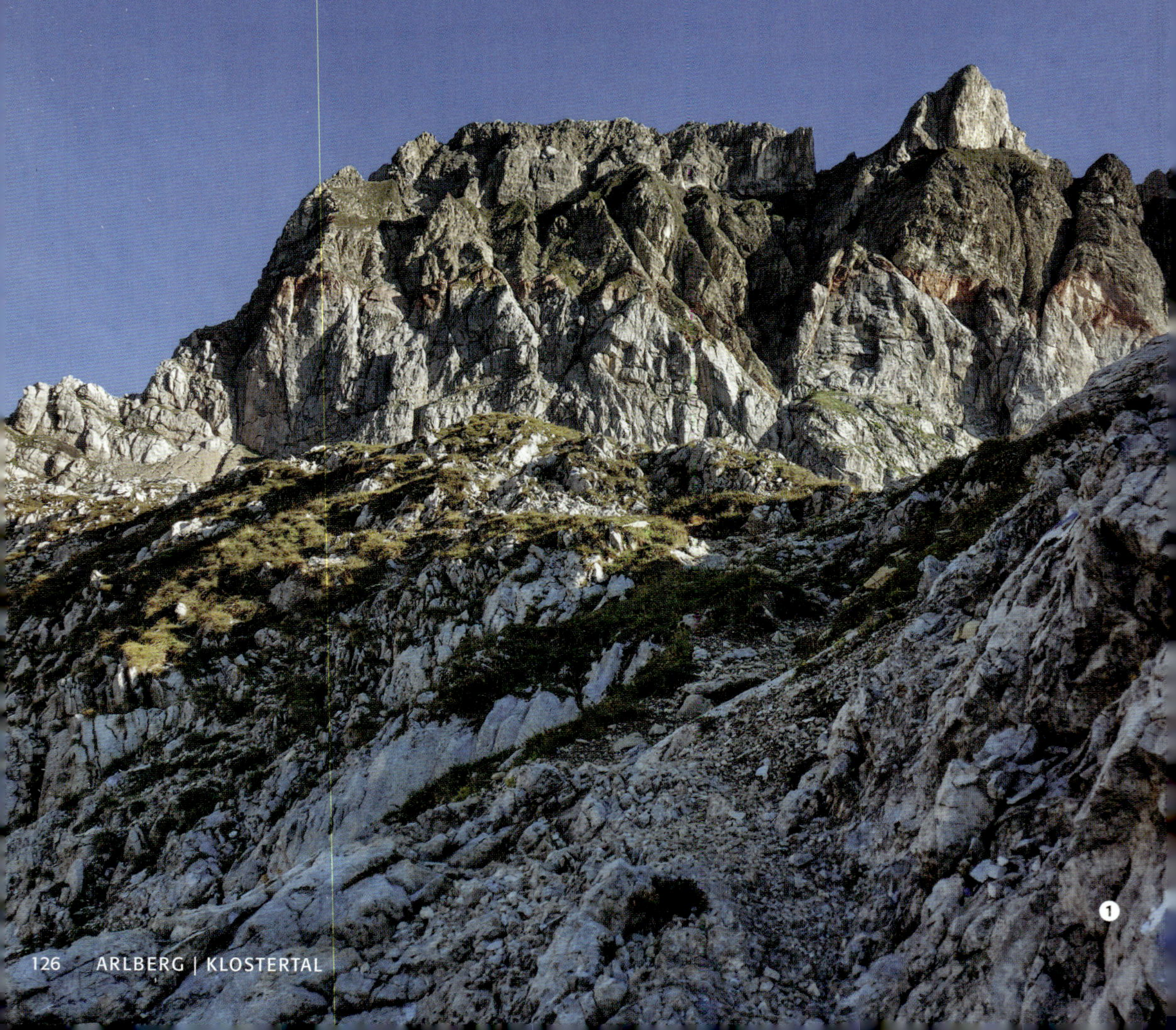

1

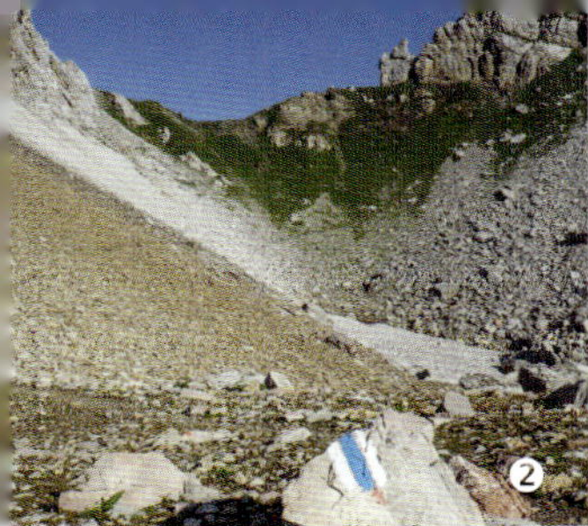

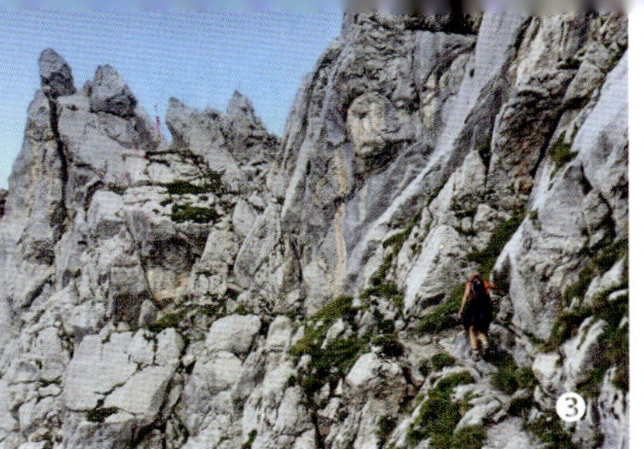

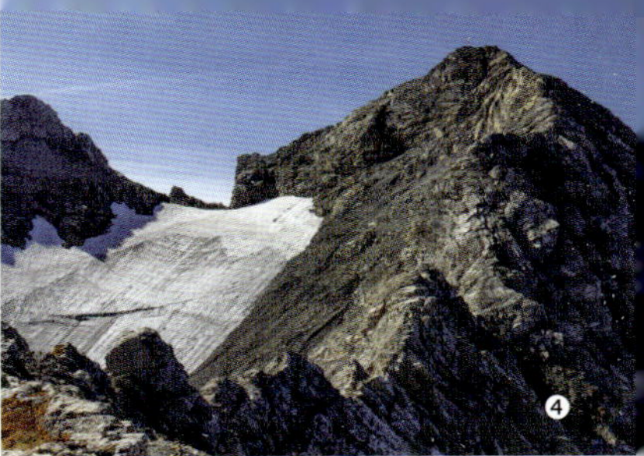

Ausgangspunkt: Bushaltestelle Formarinsee bzw. Parkplatz beim Formarinsee. Die Anfahrt erfolgt von Lech aus (Wanderbus), ab der Schranke in Zug besteht Mautpflicht. Der Mauttarif für Pkw beträgt € 20,–. Die Zufahrt zum Parkplatz beim Formarinsee ist zwischen 8:00 und 16:30 Uhr (und mittwochs ganztägig) allein den Wanderbussen aus Lech vorbehalten!
Einkehrmöglichkeiten: Diverse in Zug und Lech.
Gut zu wissen: 1. Unterwegs gibt es keine Möglichkeit, die Wasserflasche aufzufüllen, daher sollte ausreichend zu trinken mitgenommen werden.
2. In der Gegend um die Rote Wand gibt es sehr viele Murmeltiere und Steinböcke zu sehen.
Wegbeschreibung: Die Rote Wand ist ab dem Parkplatz als ungesicherter Steig ausgeschildert. Vom Parkplatz geht es kurz bergab, ein Fahrweg führt oberhalb des Sees zu einer Weggabelung, bei der rechts abgebogen wird. Bald darauf folgt eine weitere Rechtsabzweigung in nördlicher Richtung. Auf einem weiß-blau-weiß gekennzeichneten Weg geht es nun auf die mächtige Südwand der Roten Wand zu, die nach ihrem auffallenden roten Kalkgestein benannt ist ❶. Unschwierig wandert man durch ein mit Felsblöcken durchsetztes Gelände. Diese Felsen (Boulder) sind bei Kletterern besonders beliebt. Der schmale Weg quert zunächst ein langes Geröllfeld, dann führt er bergauf zu einem Joch zwischen Rothorn und Roter Wand ❷. Nun geht es rechts auf einem sehr schmalen Pfad ohne große Höhenunterschiede um das Massiv der Roten Wand herum. Dieser Pfad ist teilweise ausgesetzt und an einzelnen Stellen kaum mehr vorhanden. Einige schwierige Stellen wurden durch ein Drahtseil entschärft ❸. Nach Querung der Nordwestflanke geht es auf einem Serpentinenweg steil über den Bergrücken hinauf. Je höher man steigt, desto felsiger und anspruchsvoller wird das Gelände. Der Fels ist scharfkantig und brüchig und macht den Einsatz der Hände zuweilen unangenehm. Handschuhe sind in diesem Fall von Vorteil. Bald ist der Vorgipfel erreicht. Dort halten sich teilweise mehr Wanderer auf als auf dem Gipfel selbst. Wer den Gipfelgrat in Augenschein genommen hat, versteht warum. Er bildet den schwierigsten Abschnitt der gesamten Tour, für den man etwa noch 20 Minuten braucht ❹. Ausgesetzt und teils schwierig führt ein schmaler und ungesicherter Steig in südliche Richtung zum höchsten Punkt. Blaue Markierungen erleichtern die Wegfindung.

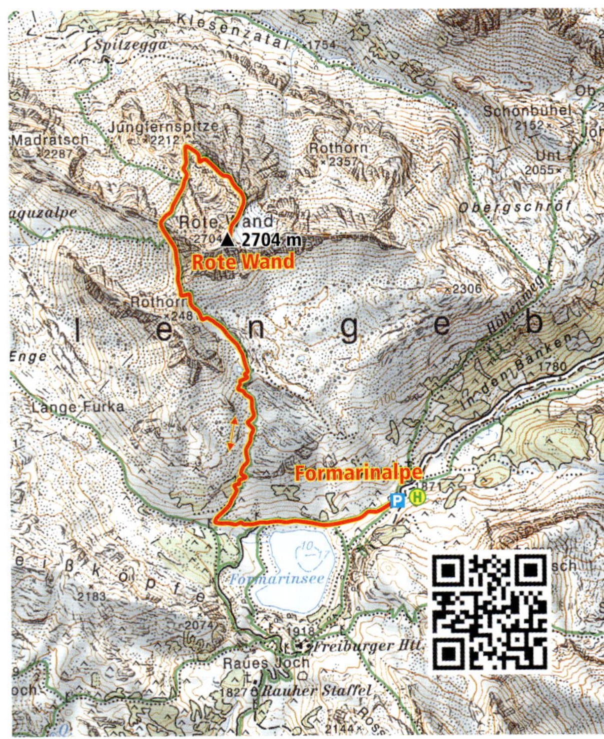

53

Rüfispitze, 2632 m

Kurze, aber anspruchsvolle Tour im Hochgebirge

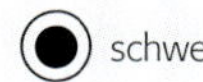 schwer  1¾–2½ Std.  400 Höhenmeter

Ausgangspunkt: Bergstation der Rüfikopfbahn, Lech. Ausreichend Parkplätze sind in der nahe der Talstation gelegenen Tiefgarage vorhanden.

Einkehrmöglichkeiten: Panoramarestaurant „Rüfikopf", diverse Restaurants in Lech.

Gut zu wissen: 1. Der Geoweg am Rüfikopf bietet mit 23 Infostationen eine spannende Rundwanderung in die Erdgeschichte. Startpunkt ist die Bergstation der Rüfikopfbahn. Die Gehzeit beträgt ca. 2½ Stunden.
2. Wer diese kurze Bergtour verlängern möchte, kann über den Friedrich-Mayer-Weg zur Tälialpe nach Stubenbach und Lech zurückwandern, statt mit der Bahn ins Tal zu fahren. Die Gehzeit für diesen Rückweg beträgt 2½–3 Stunden.

Wegbeschreibung: Die Rüfikopfbahn bringt den Fahrgast auf beeindruckende 2350 m, gleich beim Verlassen der Bergstation ist man gefangen vom Ausblick auf die Bergwelt des Arlbergs ❶. Zu Beginn führt ein breiter Weg mit fabelhaftem Panorama abwärts in Richtung Monzabonjoch ❷. Der Wanderweg ist Teil des Rüfikopf-Geoweges, der von der Entstehung dieser besonderen Steinlandschaft erzählt. In dieser Gegend sind viele Murmeltiere beheimatet, die sich wenig schüchtern den Wanderern zeigen. Leicht ansteigend und gemütlich geht es durch bunte Blumenwiesen und über einen Bergrücken bis zum Felseinstieg der Rüfispitze ❸. Ab hier ist der weiß-blau-weiß markierte Weg nur mehr für trittsichere und schwindelfreie Wanderer geeignet. Bereits der Einstieg in den alpinen Steig ist für weniger Geübte etwas knifflig. Erfahrene Wanderer werden jedoch viel Spaß an dem nun kommenden Aufstieg haben, der gut markiert über zahlreiche Serpentinen durch Schotter und felsiges Gelände führt ❹. Einige schwierige Stellen sind seilgesichert. Auf dem Gipfel angekommen hat man einen hervorragenden Ausblick auf die imposanten Gipfel des Arlbergs und ins nahe Tirol.

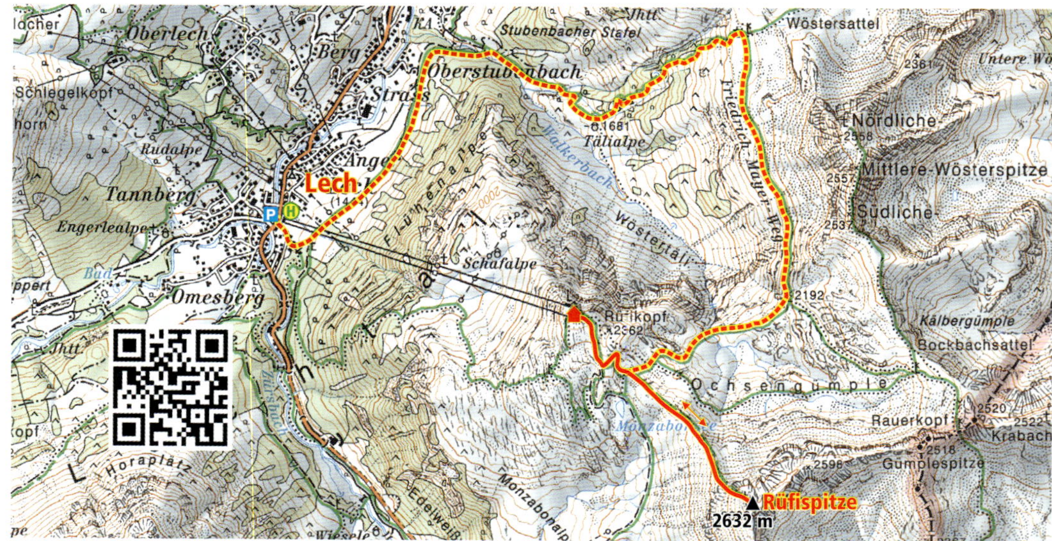

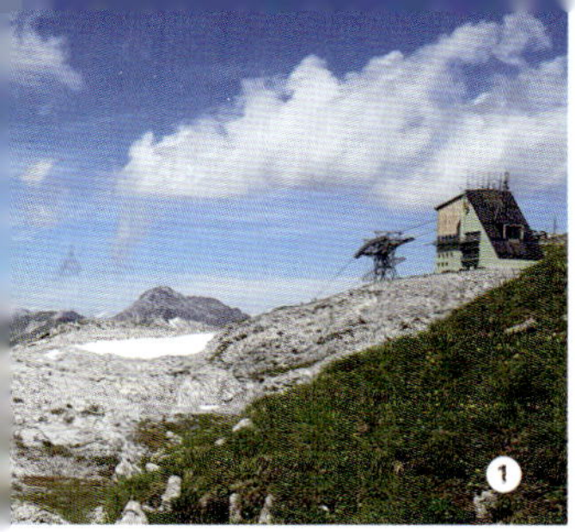

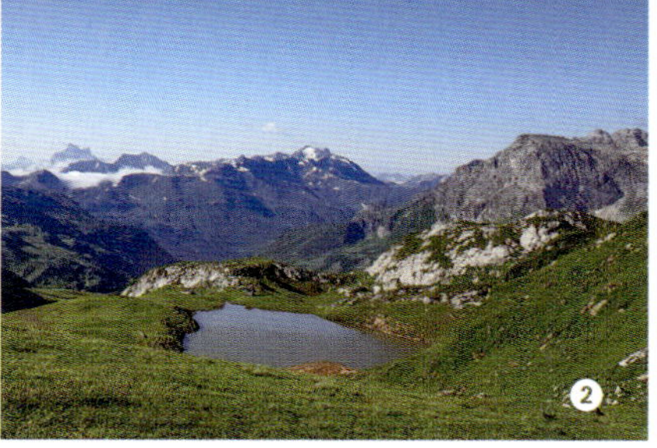

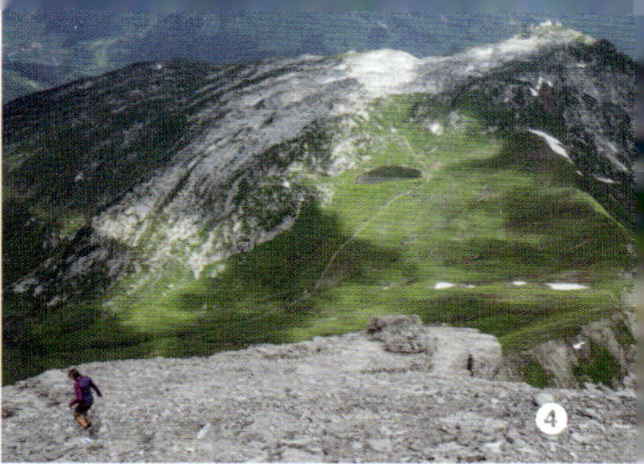

Die Fauna und Flora der Region um den Rüfikopf, die geologisch besondere Karstlandschaft entlang des Weges und der kurze, aber anspruchsvolle Aufstieg zum Gipfel machen diese Tour zu einem spannenden Bergerlebnis.

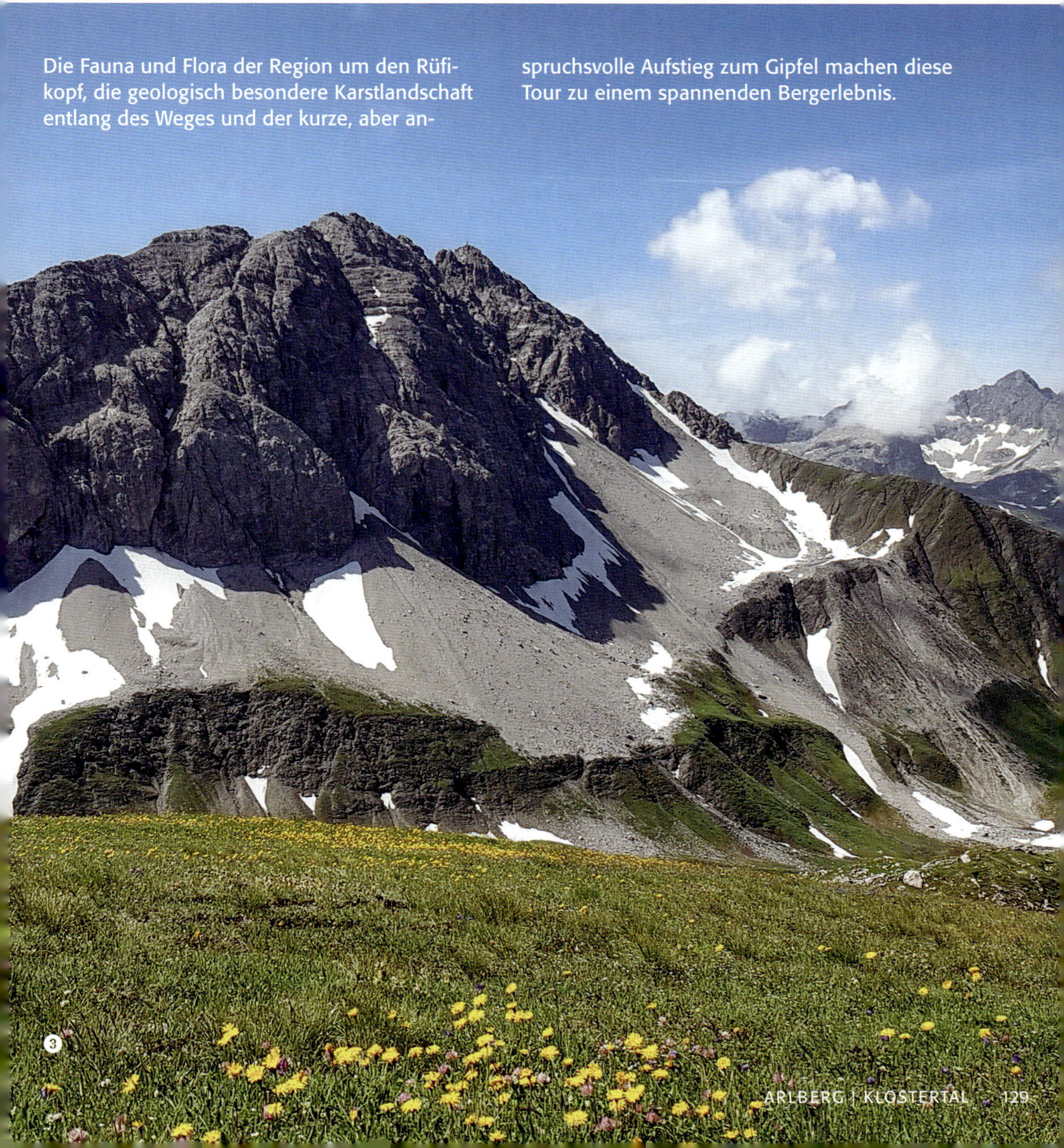

54

Nördliche Wösterspitze, 2558 m

Wenig begangener, anspruchsvoller Aussichtsberg

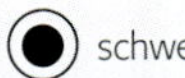 schwer  3½–4½ Std.  400 Höhenmeter

Auf die drei Gipfel der Wösterspitzen führt nur ein anspruchsvoller alpiner Steig. Vielleicht sind sie deshalb eher selten besucht. Der Blick vom Gipfel ist gewaltig, er erstreckt sich nicht nur auf die umliegende Bergwelt von Vorarlberg und Tirol, sondern bis an den Bodensee und in den süddeutschen Raum. Ein weiteres landschaftliches Highlight der Tour ist das Hochtal des Ochsengümples mit seiner artenreichen Flora und Fauna.

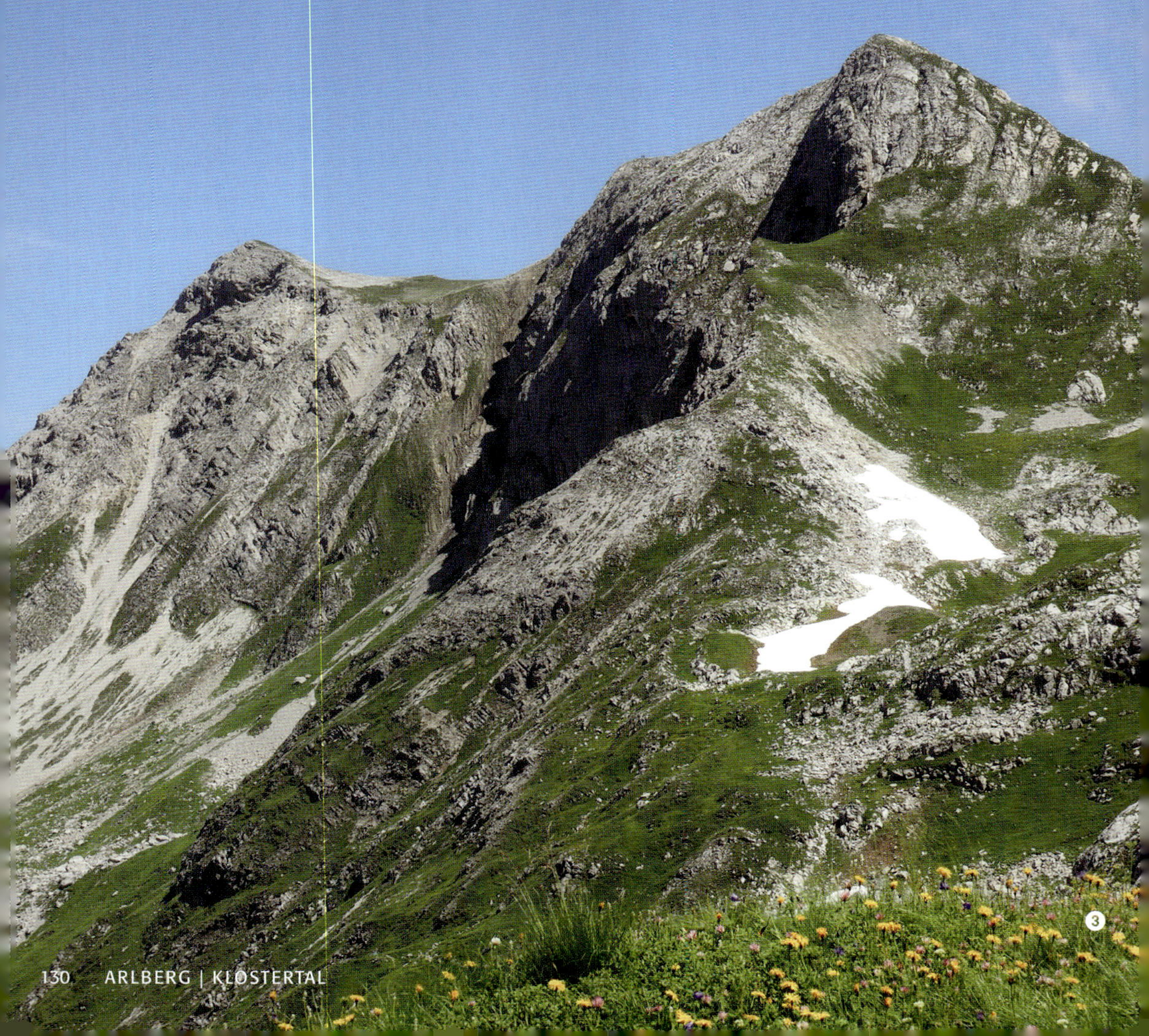

3

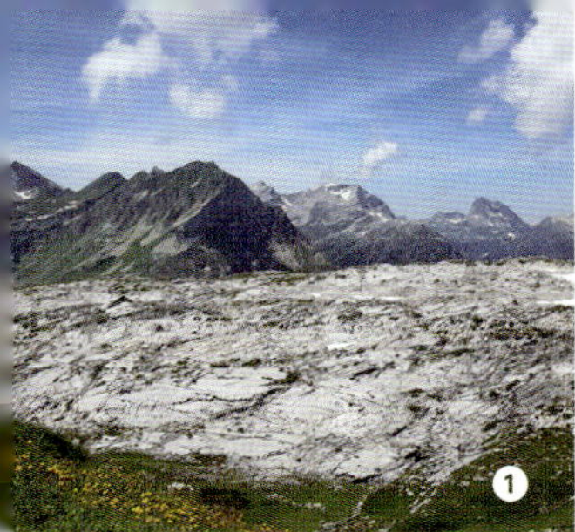

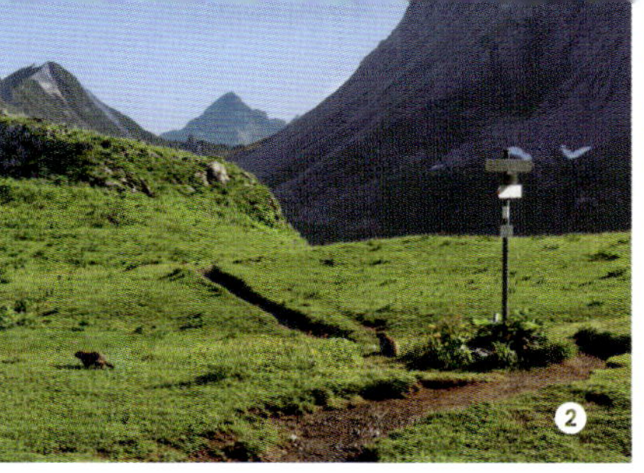

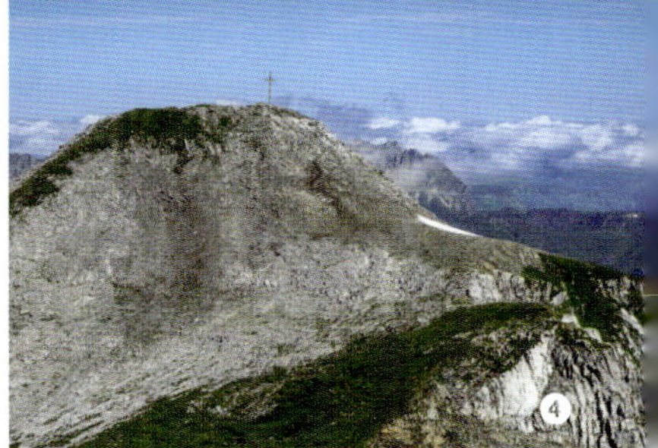

Ausgangspunkt: Bergstation der Rüfikopfbahn, Lech. Ausreichend Parkplätze sind in der nahe der Talstation gelegenen Tiefgarage vorhanden.

Einkehrmöglichkeiten: Panoramarestaurant „Rüfikopf", diverse Restaurants in Lech.

Gut zu wissen: Bei Nässe sollte man auf diese Tour unbedingt verzichten.

Wegbeschreibung: Bereits beim Verlassen der Bergstation auf 2350 m Höhe zeigt sich die Arlbergregion von ihrer allerschönsten Seite. Der weiß-rot-weiß markierte breite Weg in Richtung Wösterspitzen führt zunächst unschwierig abwärts, vorbei an einer geologisch äußerst interessanten Karstlandschaft. Kaum vorzustellen, dass sie darauf basiert, dass sich vor vielen Millionen Jahren einmal Muscheln und urzeitliche Tintenfische in einem Meer getummelt haben ❶. Bei der nachfolgenden Linksabzweigung geht es nun erstmals bergauf. Anschließend folgt eine weitere Etappe bergab zum Ochsengümple. Durch dieses malerische Hochtal steigt man schließlich sanft bergan. Fauna und Flora sind in dieser Gegend einfach herrlich anzusehen. Wenig schüchterne Murmeltiere sind unterwegs zu ihren Bauen und warnen ihre Artgenossen mit Pfiffen vor Wanderern ❷. Auch die Blumen und Kräuter des Ochsengümples sind vor allem in den Sommermonaten prächtig. Am Ende des Hochtals gelangt man zur bezeichneten Linksabzweigung „Wösterspitzen – Alpiner Steig/nur für Geübte". Ab dieser Abzweigung ist der Weg deutlich schwieriger, nur noch wenig begangen und teils ausgesetzt. Trittsicherheit, Schwindelfreiheit und entsprechendes Schuhwerk werden vorausgesetzt. Der Steig führt steil über einen Kamm hinauf zur Südlichen Wösterspitze. Von dort geht es eher flach und teilweise auf einem Grat in nördliche Richtung weiter zur Mittleren Wösterspitze. ❸ Sowohl die Südliche als auch die Mittlere Wösterspitze sind weder mit einem Gipfelkreuz versehen noch eigens gekennzeichnet. Nach einer längeren Abwärtspassage und einem abschließenden Anstieg ist endlich das Gipfelkreuz der Nördlichen Wösterspitze erreicht ❹.

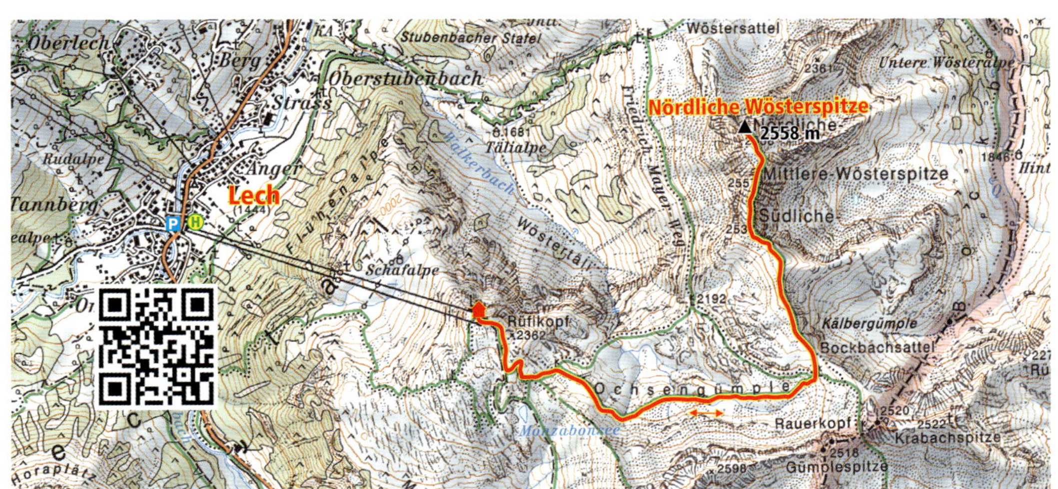

55

Mohnenfluh, 2542 m

Imposant und vielbegangen: ein Gipfelklassiker

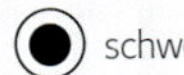 schwer  3½–4¾ Std.  580 Höhenmeter

Allein schon der Weg zum Fuß der Mohnenfluh durch die wunderschöne Vegetation der Arlbergregion ist beeindruckend, vom überwältigenden Gipfelpanorama ganz zu schweigen. Auch wenn die Mohnenfluh viel begangen ist, sollte die letzte Etappe zum Gipfel nicht unterschätzt werden und nur bei trockenem Wetter gegangen werden.

Ausgangspunkt: Bergstation der Bergbahn Lech – Oberlech, ausreichend Parkplätze sind in der Parkgarage nahe der Talstation in Lech vorhanden. Die Bahn fährt täglich von 8:30 bis12:00 Uhr und von12:30 bis 18:00 Uhr im 15-Minuten-Takt. Der Petersboden-Sessellift ist von Montag bis Sonntag von 8:30 bis 17:00 Uhr in Betrieb.

Einkehrmöglichkeiten: Kriegeralpe, diverse Restaurants in Oberlech und Lech.

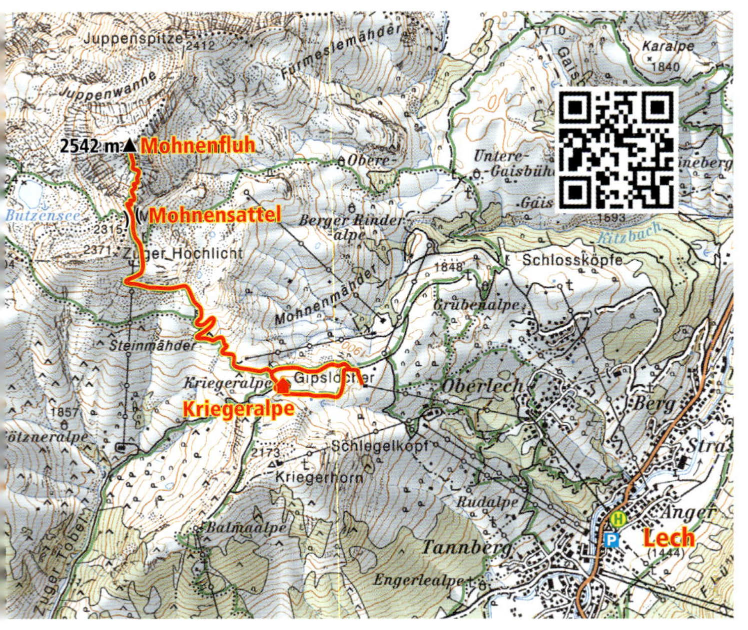

Gut zu wissen: 1. Bei der Zeitplanung sollte man berücksichtigen, dass der Weg sehr sonnig ist, und außerdem die Betriebszeiten der Bahnen im Auge behalten.

2. In der Lech Card ist die Berg- und Talfahrt mit den Bergbahnen bereits inbegriffen.

3. Das geologisch interessante Naturschutzgebiet „Gipslöcher" lädt zu einem ausführlichen Besuch ein ❶.

Wegbeschreibung: Zuerst geht es mit der Bergbahn von Lech nach Oberlech und dann weiter mit dem Sessellift Petersboden. Natürlich kann man auf gut bezeichneten Wegen auch aus eigener Kraft zur Bergstation Petersboden gelangen (Gehzeit ca. 1½ Std.). Ab der Bergstation Petersboden geht es zunächst auf einem breiten, einfachen Schotterweg ❷ vorbei an den Oberen Gipslöchern durch bunte Blumenwiesen in Richtung Kriegeralpe ❸. Der Mohnensattel, der nach einer knappen Stunde erreicht wird, bietet bereits einen wunderbaren Blick auf den sehr malerischen Butzensee ❹. Auf dem Rückweg sollte man auf jeden Fall einen Abstecher dorthin machen. Weiter geht es in Serpentinen über einen schmalen, felsigen Steig steil bergauf in Richtung Gipfel ❺. Für die weiß-blau-weiß markierte Route ist nun Trittsicherheit und Schwindelfreiheit nötig, der Steig zum Gipfel ist teilweise sehr schmal und abschüssig, an einzelnen Stellen braucht man seine Hände. Ist man auf dem höchsten Punkt der Mohnenfluh angelangt ❻, kann der herrliche Rundumblick auf die umliegenden Berge der Arlbergregion und des Bregenzerwaldes ausgiebig genossen werden, bevor der Rückweg angetreten wird.

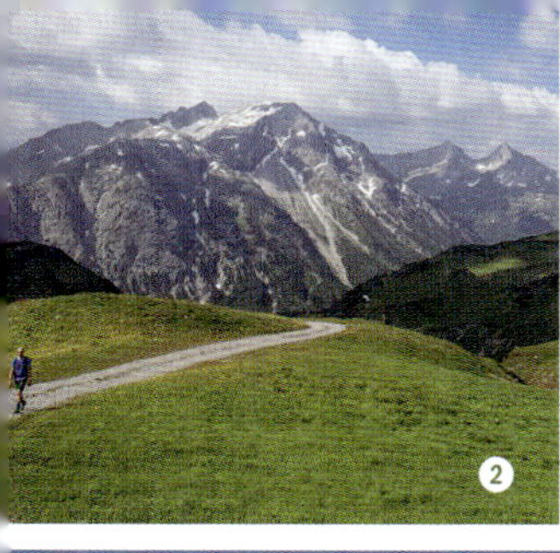
2

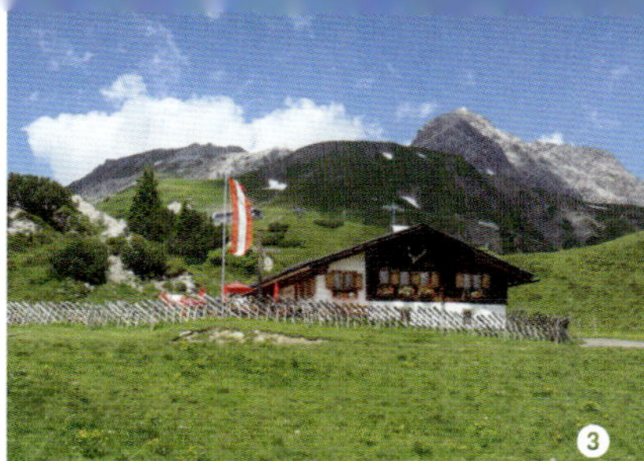
3

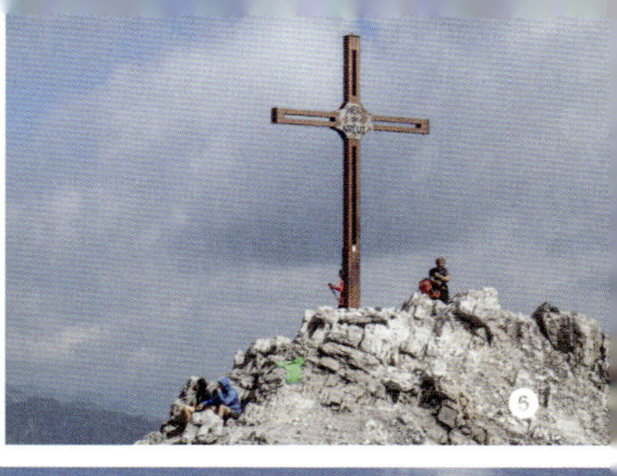
6

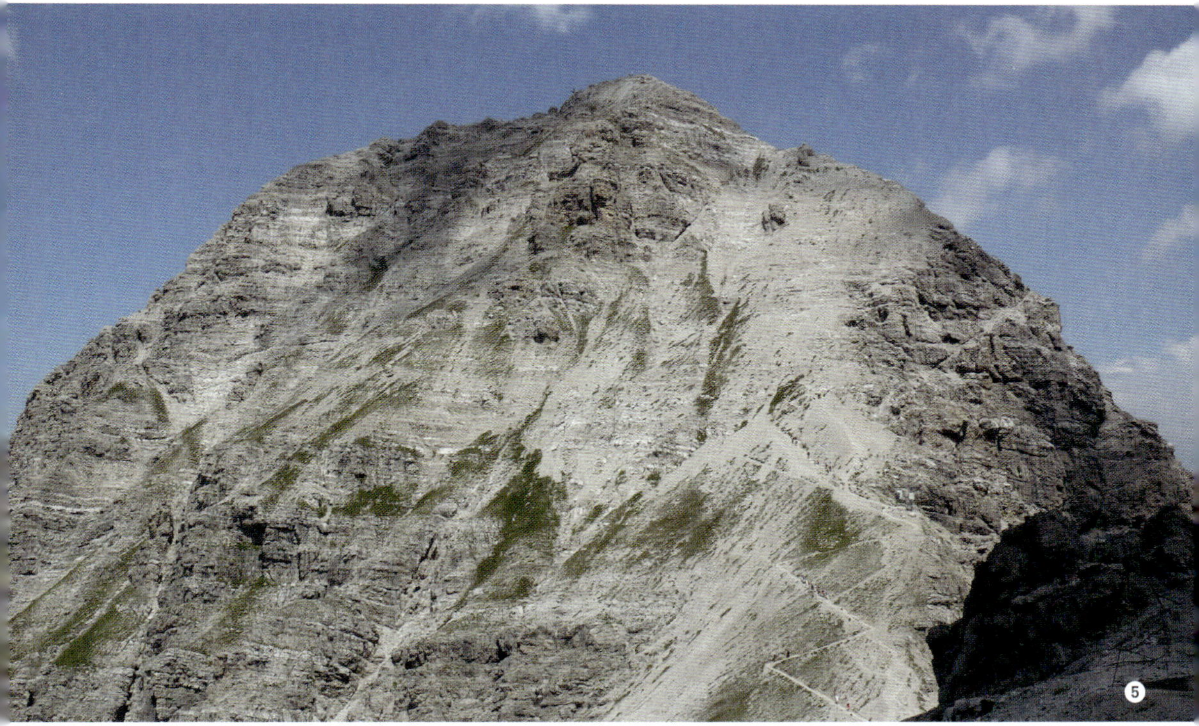

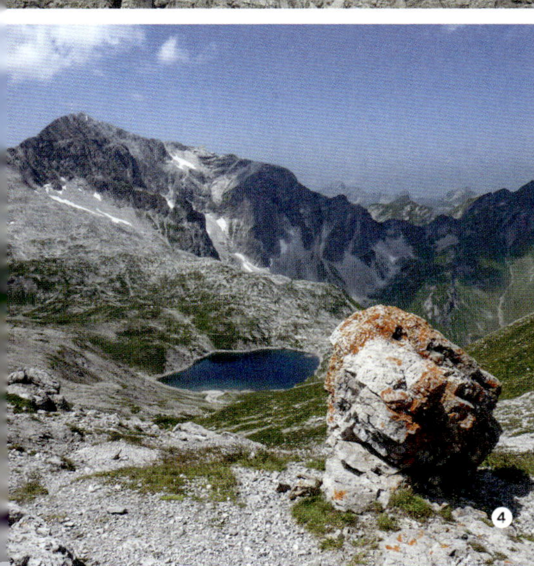
4

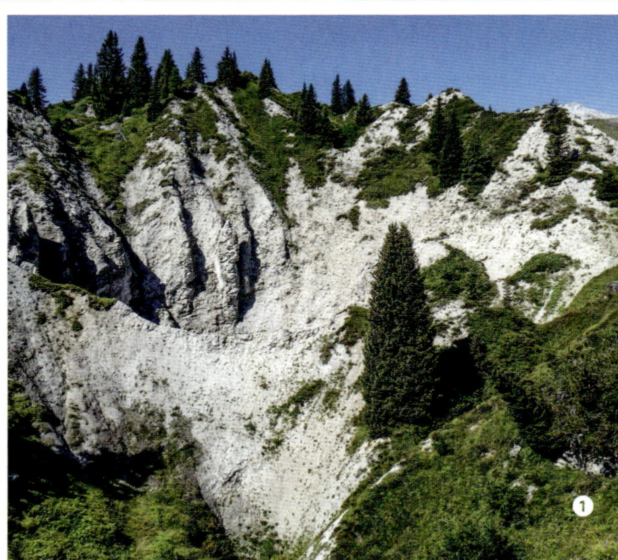
1

56

Karhorn, 2416 m

Ein Highlight für alle, die anspruchsvolle Bergtouren mögen

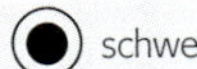 schwer  4–5¼ Std. 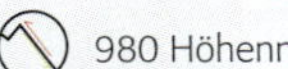 980 Höhenmeter

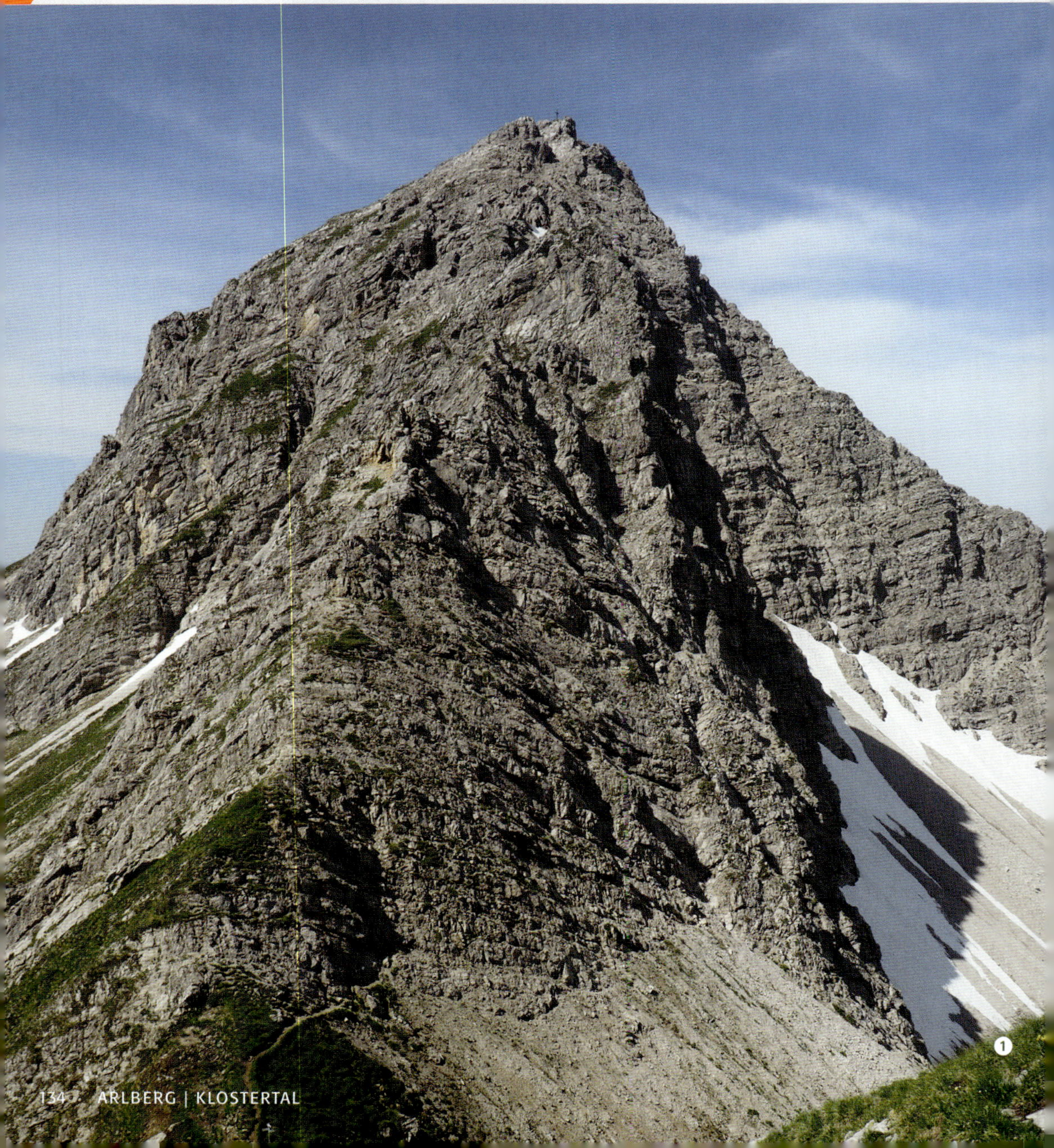

1

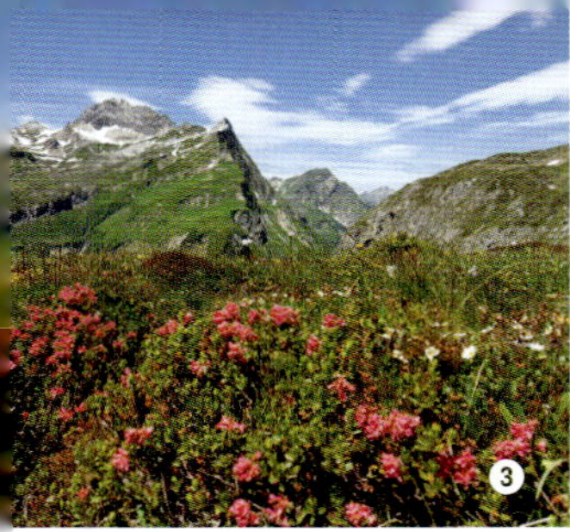

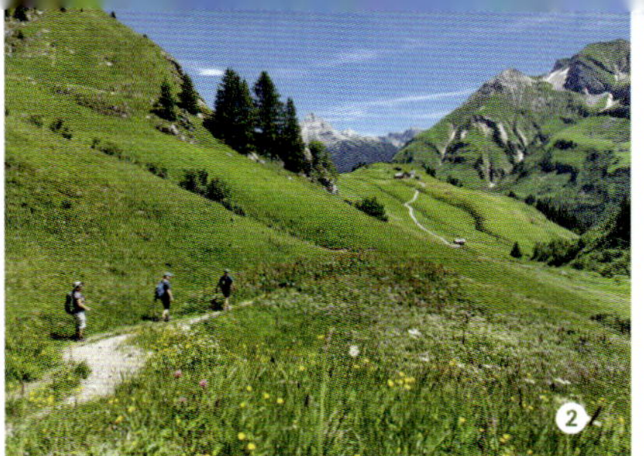

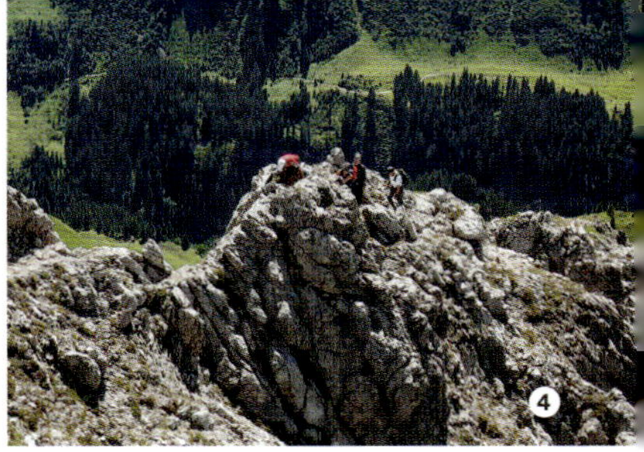

Mitten in hochalpiner Umgebung gelegen, bietet das Karhorn eine lohnenswerte Herausforderung für erfahrene Berggeher. Abwechslung und Spaß sind garantiert – vorausgesetzt, man bringt schon einige „Kraxel"-Erfahrung im felsigen Gelände mit und kann sich dort absolut trittsicher und schwindelfrei bewegen. Ein schöner Abschluss dieser Tour ist die Einkehr auf der Terrasse der urigen Bodenalpe. Dort wartet eine ansprechende Auswahl an regionalen Speisen.

Ausgangspunkt: Bodenalpe, am Ortsende von Lech in Fahrtrichtung Warth.

Einkehrmöglichkeiten: Gasthaus Bodenalpe, diverse Restaurants in Lech.

Gut zu wissen: 1. Bei Nässe ist von dieser Tour unbedingt abzuraten, auch die Mitnahme von Kindern ist nicht empfehlenswert.

2. Am Karhorn gibt es zwei beliebte und viel begangene Klettersteige (Ostgrat mit Klettersteigschwierigkeit B und C bewertet und Westgrat mit C und D).

Wegbeschreibung: Auf der gegenüberliegenden Straßenseite der Bodenalpe ist die erste weiß-blaue Markierung in Richtung Karhorn 1 zu finden. Es geht über blühende Wiesen gemütlich und mit wenig Steigung in Richtung Bürstegg. Vor allem im Frühsommer ist die Vegetationsvielfalt beeindruckend.

Die Abzweigung „Bürstegg 10 Minuten" ist nach etwa 30 Minuten erreicht. Im Abstieg lohnt sich der kleine Abstecher zu dieser malerisch gelegenen Walsersiedlung! 2 Wir wandern an der Markierung nun aber links weiter in Richtung Karhorn. Der Weg verläuft etwa eine halbe Stunde lang leicht ansteigend in einem weiten Bogen nach Nordwesten. Anschließend wird er deutlich steiler und wendet sich nach Norden. Von unterwegs sind die Ausblicke auf die Berge der Region sehr imposant 3. Für geübte Geher geht es unschwierig über Grasflächen bis zur Weggabelung „Karhorn – nur für Geübte 45 Minuten". Man folgt dieser Markierung geradeaus nach Norden. Das Gelände wird nun immer felsiger. Oft kommen auch die Hände zum Einsatz. Weite Teile der Route sind mittlerweile seilgesichert 4. Nach einer Gehzeit von etwa 2½ bis 3 Stunden wartet mit dem Gipfel die Belohnung für die Mühen des Anstiegs: der sagenhafte Rundblick auf die Berggipfel der Arlbergregion.

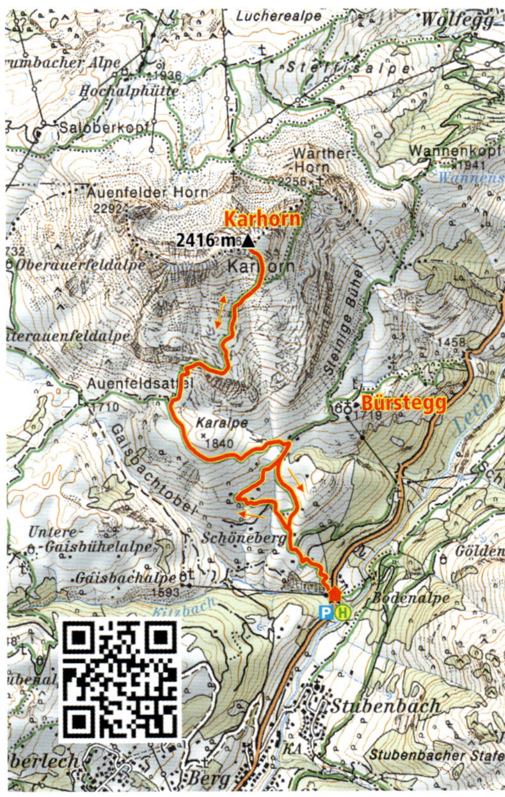

57

Warther Horn, 2256 m

Aussichtsgipfel für die ganze Familie

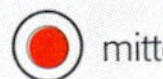 mittel  3–4 Std.  740 Höhenmeter

Ausgangspunkt: Parkplatz an der Talstation des Steffisalp-Express in Warth.

Einkehrmöglichkeiten: Diverse Restaurants in Warth.

Gut zu wissen: 1. Die Tour lässt sich im Auf- oder Abstieg mit der Bahn abkürzen. Startet man an der Bergstation, hat man 370 Höhenmeter weniger zu bewältigen. Die Bahn fährt von 9:00 bis 12:30 Uhr und von 13:30 bis 17:00 Uhr. Besitzer der Lechtal Aktiv Card, Warth Card oder Lech Card fahren gratis mit dem Steffisalp-Express.

2. Warth-Schröcken Tourismus bietet in den Sommermonaten geführte Sonnenaufgangstouren auf das Warther Horn an.

Wegbeschreibung: Beim Parkplatz des Steffisalp-Express weist eine Markierung den sonnigen und einfachen Weg zur Bergstation. Anfangs verläuft er in der Nähe der Bahn, dann entlang des schönen Hämmabachs. Die Route führt durch wunderschöne Blumenwiesen und vorbei an Murmeltieren, die interessiert die vorbeigehenden Wanderer beobachten. Von der Bergstation des Steffisalp-Express geht es unschwierig und nicht allzu steil über Alpflächen weiter zur Bergstation des Warther-Horn-Express. Anschließend führt ein viel begangener Weg nach Südosten steil aufwärts zum Warther-Horn-Sattel ❶. Hier geht es rechts zum Karhorn-Klettersteig und links auf einem schmalen Pfad in gut 15 Minuten zum höchsten Punkt des Warther Horns ❷. Der Blick vom Gipfel auf die beeindruckende Berglandschaft der Arlbergregion ist herrlich und lädt zu einem längeren Verweilen ein. Auch der Blick ins Lechtal und zum gegenüberliegenden Biberkopf ist faszinierend ❸.

Zurück geht es zuerst bis zum Sattel. Von dort wandert man nun in Richtung Jägeralp-Sessellift und weiter oberhalb der Punschhütte in Richtung Warth. Auf dem Rückweg bietet sich ein kleiner Abstecher zum Spitziger-Stein-See an, der etwa eine Viertelstunde unter der Bergstation der Jägeralp-Express-Bahn liegt. Allein schon wegen des einmaligen Blicks auf den imposanten Widderstein sollte dort ein Zwischenstopp eingeplant werden ❹. Vom See geht es anschließend auf gemütlichen Wanderwegen in nordöstlicher Richtung zurück nach Warth.

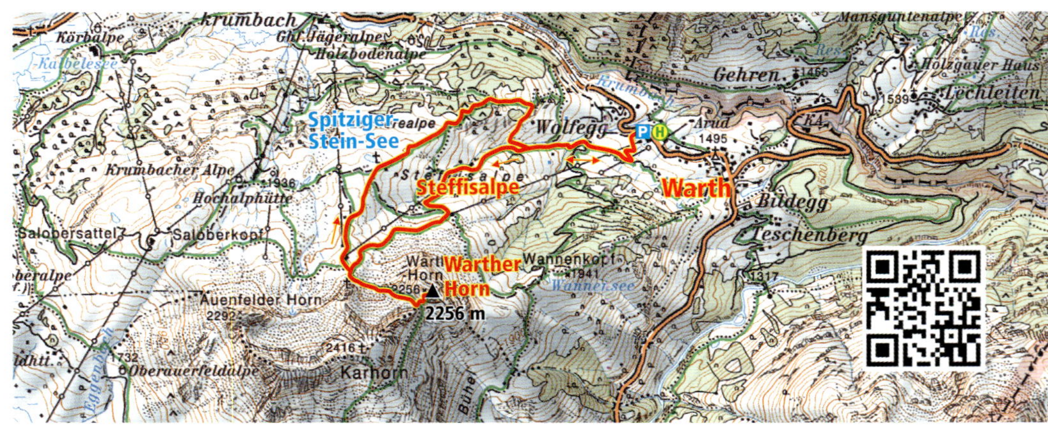

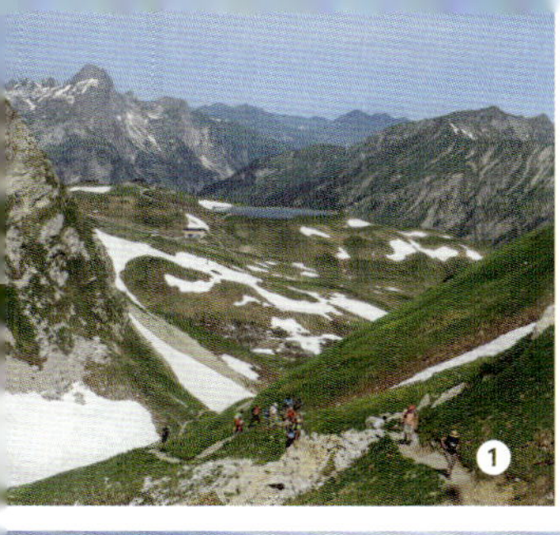

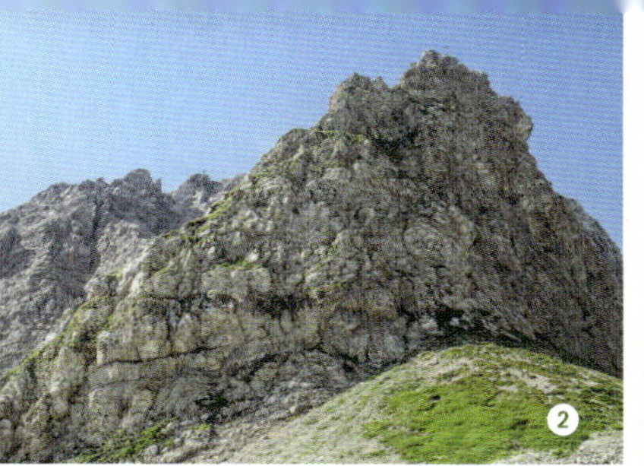

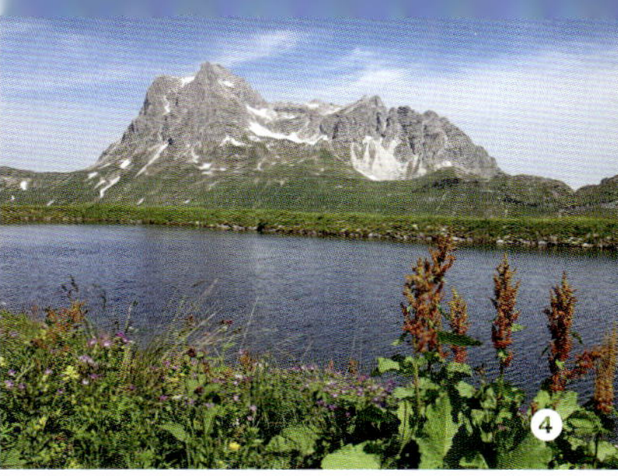

Das Horn der Warther bietet einen herrlichen Blick auf die umliegende Bergwelt. Die Wanderung kann mit etwas größeren Kindern gut gegangen werden und bietet sicher ein tolles Erlebnis für die ganze Familie. Der Anstieg verläuft größtenteils sonnseitig, daher ist besonders an heißen Tagen ein früher Aufbruch ratsam.

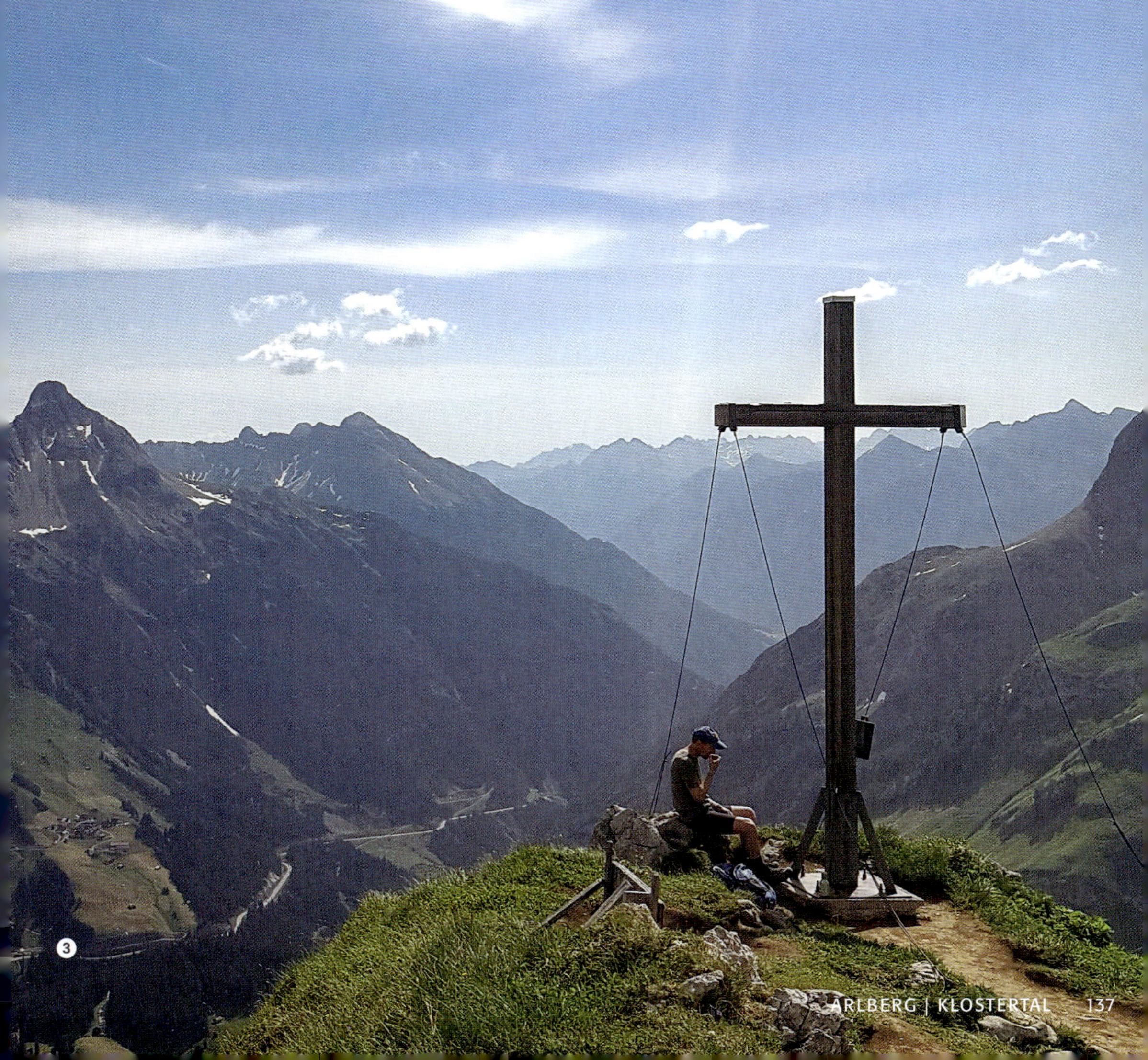

58

Biberkopf, 2599 m

Klassische Gipfeltour auf einen majestätischen Berg

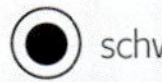 schwer  4–5¼ Std.  980 Höhenmeter

Der Biberkopf steht allein und weithin gut sichtbar an der Grenze zwischen Tirol und Bayern. Seine markante Form wirkt sehr anziehend auf viele Wanderer. Der Gipfelanstieg sollte allerdings nicht unterschätzt werden. Nur trittsichere, schwindelfreie Wanderer und Liebhaber von leichter „Felskraxelei" werden dort ihre Freude finden. Aufgrund seiner exponierten Lage bietet der Gipfel einen grenzenlosen Rundblick ins Arlberggebiet, ins Lechtal, ins Schigebiet Warth-Schröcken, zum Widderstein und in die Allgäuer Alpen.

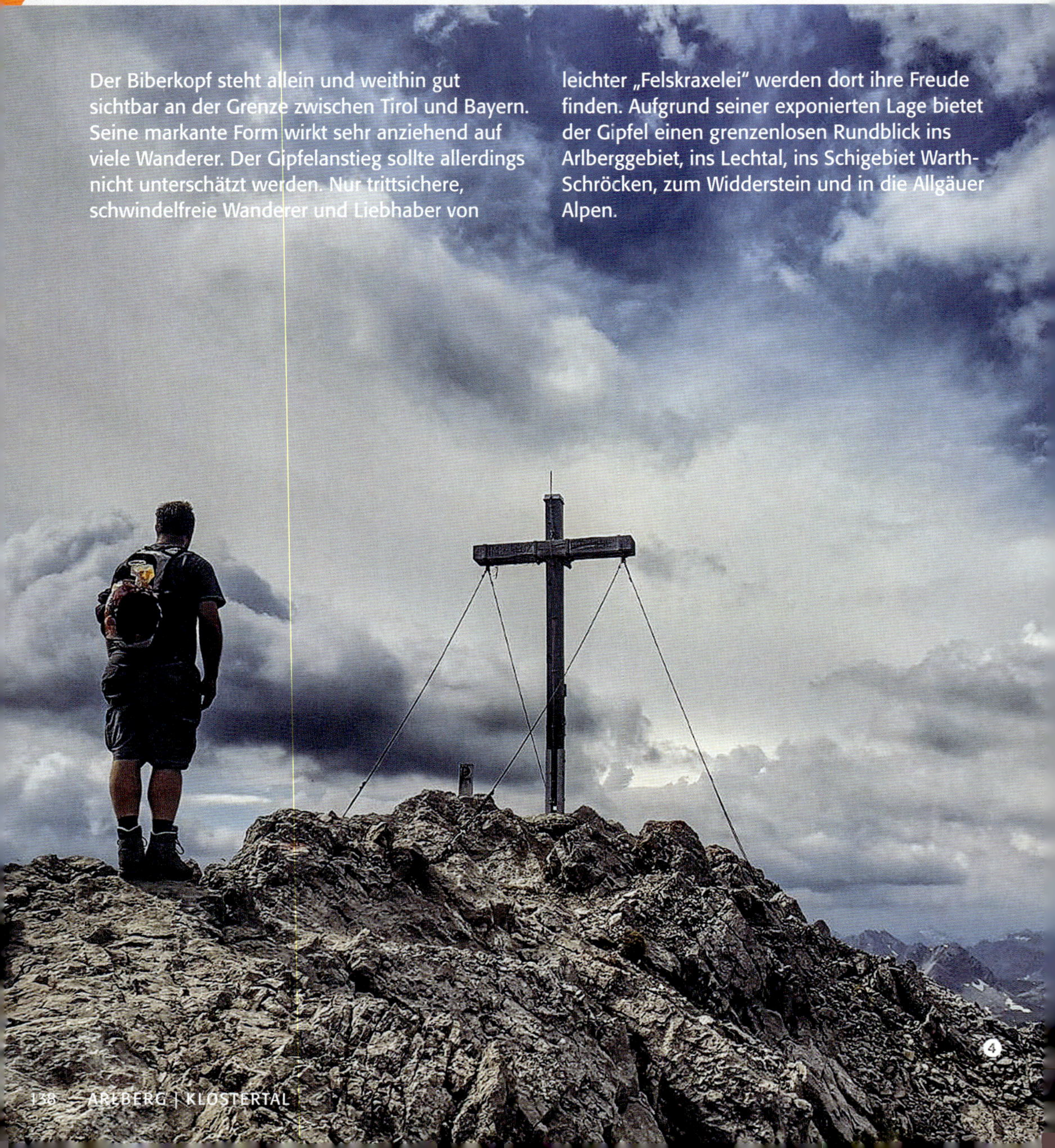

4

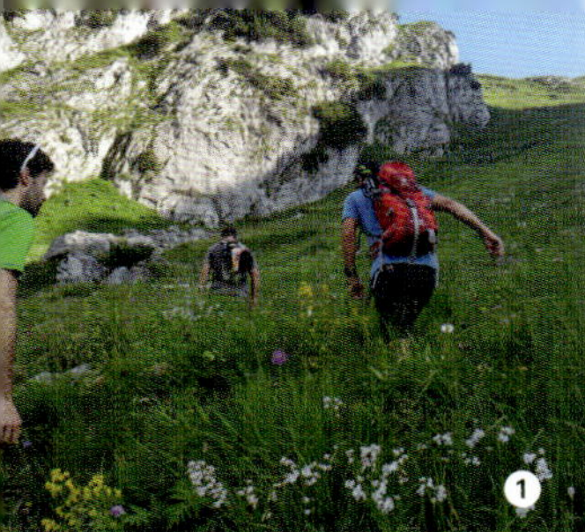

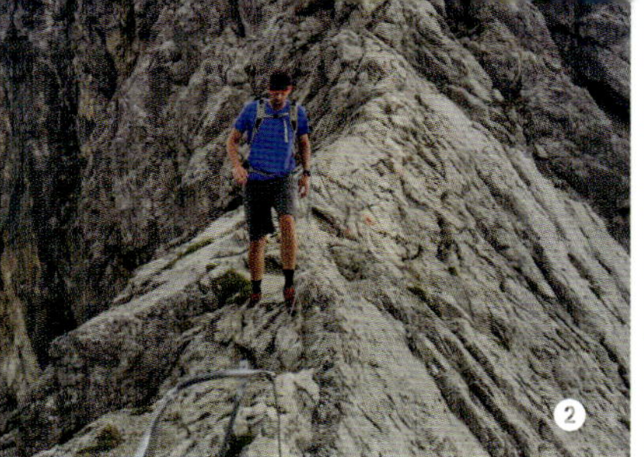

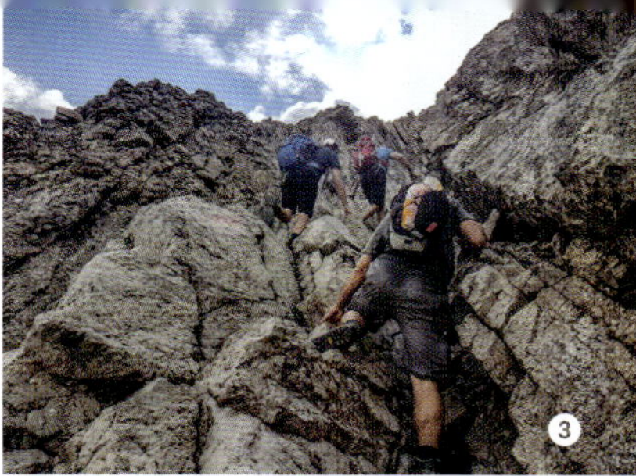

Ausgangspunkt: Parkplatz beim Haus Schrofenwies am Ende der Straße in Lechleiten. Der kleine Ortsteil Lechleiten gehört zur Tiroler Gemeinde Steeg. Die Anfahrt erfolgt von Vorarlberg aus über Warth.
Einkehrmöglichkeiten: „Holzgauer Haus" in Lechleiten, diverse Restaurants in Warth.
Gut zu wissen: In der Hauptsaison wird der Biberkopf besonders an den Wochenenden viel besucht. Die wenigen Parkplätze am Ausgangspunkt sind dann schnell belegt.
Wegbeschreibung: Direkt vom Parkplatz führt ein anfangs weiß-rot-weiß markierter Fußweg über die südseitigen blumenreichen Bergwiesen in Richtung Nordosten von Beginn an steil hinauf ❶. Ein Stück weit geht es durch bewaldetes Gebiet und durch Latschen. Nach etwa 45 Minuten kommt man an einer schönen Heuhütte vorbei. Der lehmige Weg ist bei Trockenheit angenehm zu gehen, bei Nässe wird er aber gefährlich rutschig. Weiter geht es, teilweise im Zickzack, immer steil ansteigend, auf einen Bergrücken östlich vom Hundskopf. In Kürze erreicht man eine Stelle, wo der Gratbereich sehr schmal und ausgesetzt wird. Ein Drahtseil bietet beim Überschreiten dieses Felsgrates den nötigen Halt ❷. Im oberen Teil der Route, der nun weiß-blau-weiß markiert ist, warten kurze exponierte Abschnitte sowie längere Passagen in steilem, schrofigen Felsgelände, weshalb Trittsicherheit nötig ist. Hohe Stufen sind zu nehmen, oft braucht man seine Hände. Einige Seilsicherungen und Metallbügel dienen als Steighilfen an den etwas schwierigeren Stellen, ansonsten sind immer gute Griffe im Felsen zu finden. Insgesamt sind etwa 300 Höhenmeter in diesem anspruchsvollen Gelände zu bewältigen ❸. Dank roter Markierungen ist die Aufstiegsroute jedoch gut zu finden. Die letzten Meter geht es über den Grat zum Gipfel mit seinem mächtigen Gipfelkreuz ❹.

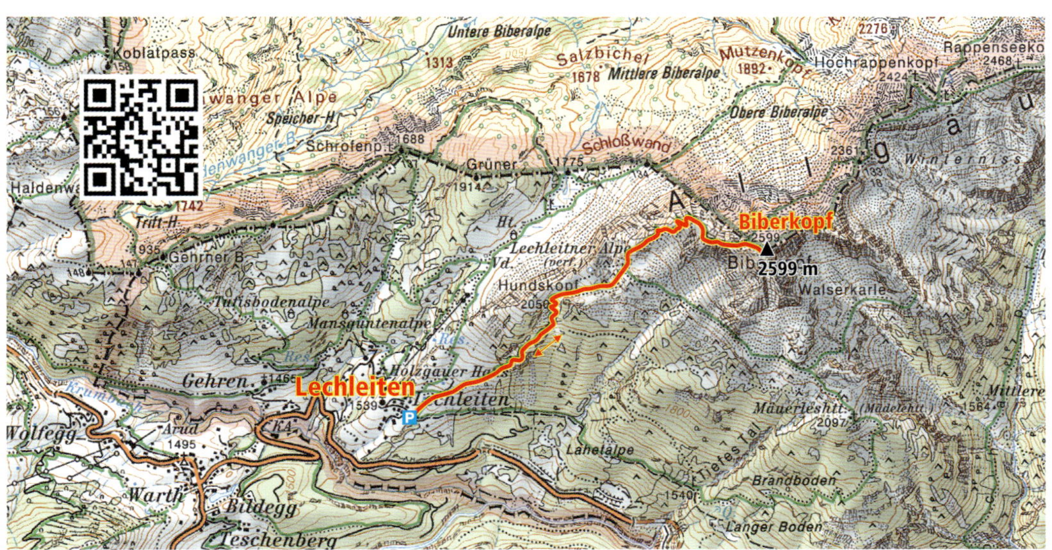

59

Höferspitze, 2131 m

Reizvolle, kurze Gratwanderung

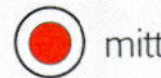 mittel  2–2¾ Std.  450 Höhenmeter

Der schmale Pfad auf dem langen Bergkamm der Höferspitze hat seinen ganz besonderen Charme, die Vielfalt der Vegetation entlang des Weges ist im Sommer grandios ❶. Für trittsichere und schwindelfreie Wanderer ist der Höferkamm eine einfache und mäßig anstrengende Gratwanderung. Wer zeitig unterwegs ist, hat gute Chancen, Gämsen beobachten zu können. Der Gipfel selbst bietet einen unübertrefflichen Panoramablick auf den mächtigen Felskoloss des Widdersteins ❷, auf das Kleine Walsertal, den Bregenzerwald und die Allgäuer Alpen.

Ausgangspunkt: Hochkrumbach – Parkplatz an der B200 zwischen Schröcken und Warth beim Gasthof bzw. bei der Bushaltestelle „Adler".

Einkehrmöglichkeiten: Gasthof „Adler", diverse Restaurants in Warth.

Gut zu wissen: 1. Diese sonnige Tour kann bei günstigen Wetterverhältnissen, und wenn noch kein Schnee liegt, sogar noch im November gemacht werden.
2. Der Körbersee (2017 zum schönsten Platz Österreichs gekürt) und der Kalbelesee befinden sich nicht weit entfernt vom Ausgangspunkt und bieten sich für einen kleinen Extra-Ausflug an ❸.

Wegbeschreibung: Nach Überqueren der Straße folgt man dem Wegweiser „Höferspitze" und wandert auf einem schmalen Zickzackweglein in nordwestlicher Richtung, links vom Krumbach, bergauf. Rasch ist der weiß-blau-weiß markierte Gratweg erreicht, auf dem man sodann in westlicher Richtung in leichtem Auf und Ab ohne große Anstrengung bis zum Gipfel wandert ❹. Das Gipfelkreuz ist schon bald auszumachen ❺. Am Gipfel angekommen zeigt sich die Bergwelt der Arlbergregion von ihrer schönsten Seite ❻. Wer auf dem Höferkamm von kleineren Kindern begleitet wird, sollte diese am Grat ans Seil nehmen. Vorsicht ist auch bei Nässe geboten!

Hinweis: Wem diese Tour zu kurz ist, kann sie auch zu einer Rundwanderung erweitern. Eine schöne Alternative zum Abstieg am Anstiegsweg ist die längere Route zurück über die Obere Höferbergalpe und das Schlössle nach Nessleg (Gehzeit ca. 1¼ Std.) Von dort fährt ein Bus zurück nach Hochkrumbach.

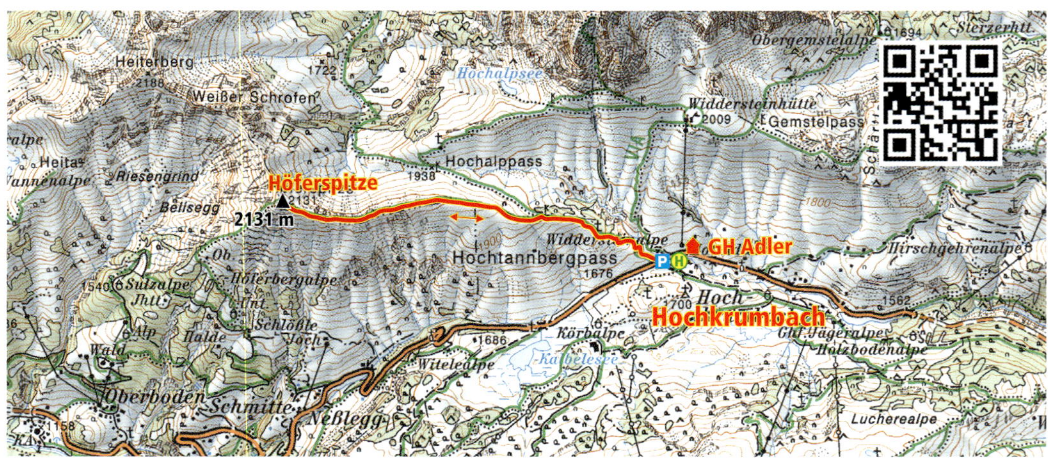

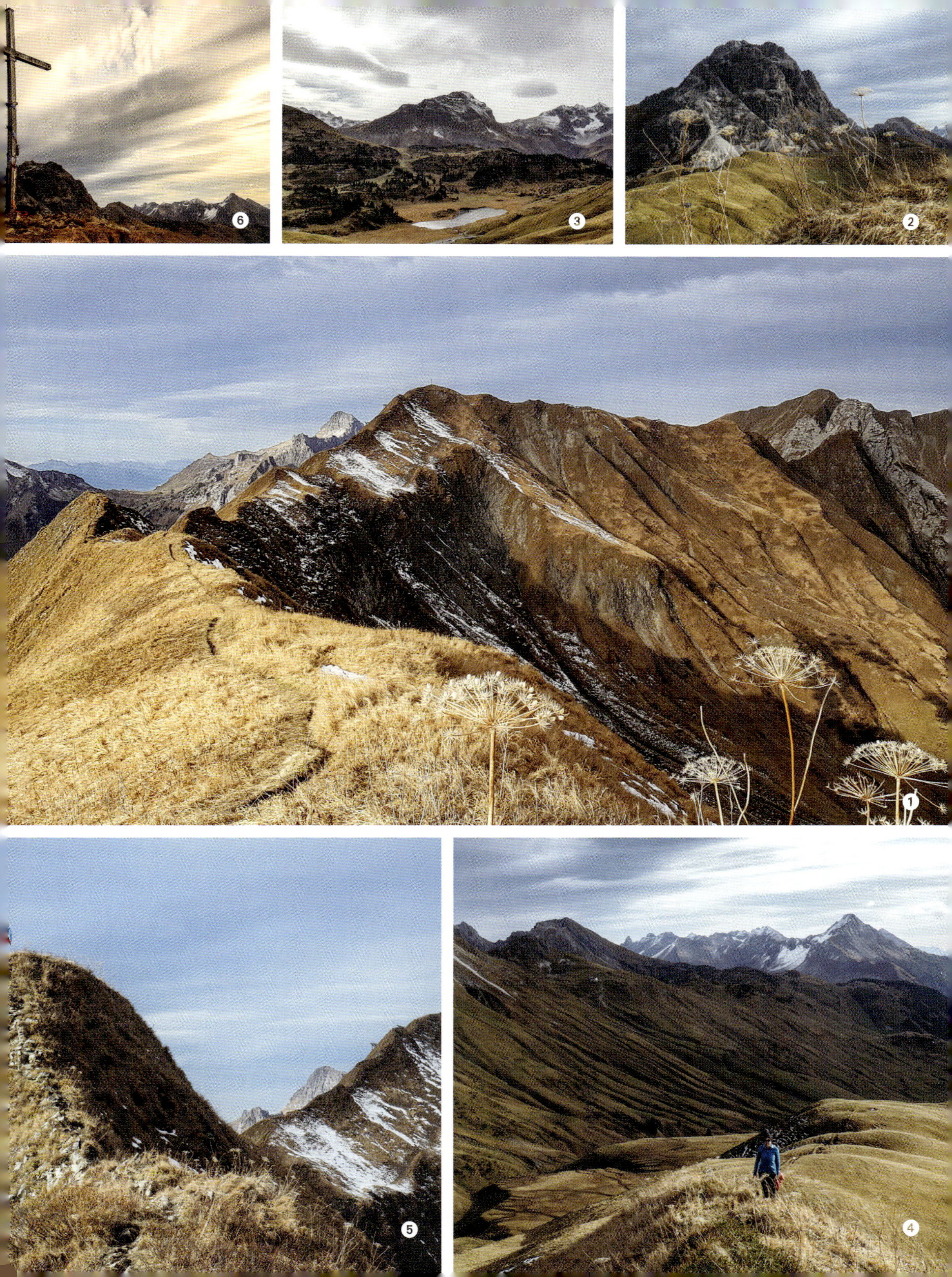
6
3
2
1
5
4

60

Großer Widderstein, 2533 m

Eines der schönsten und schwierigsten Ziele im Ländle

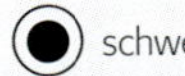 schwer  3½–5 Std.  870 Höhenmeter

Der große Widderstein ❶ ist eine der markantesten Berggestalten der Region. Es existieren zwei Zugänge: zum einen der hier beschriebene vom Hochtannbergpass, zum anderen vom Kleinwalsertal aus. Wer gerne im hochalpinen Gelände unterwegs ist und leichte Klettereien im Felsen mag, wird von dieser Tour begeistert sein, zumal der Ausblick vom Gipfel gewaltig ist ❷. Beim Abstieg ist dann allerdings nochmal volle Aufmerksamkeit geboten. Der große Tag am Berg wird mit einer gemütlichen Einkehr in der Widdersteinhütte perfekt abgerundet.

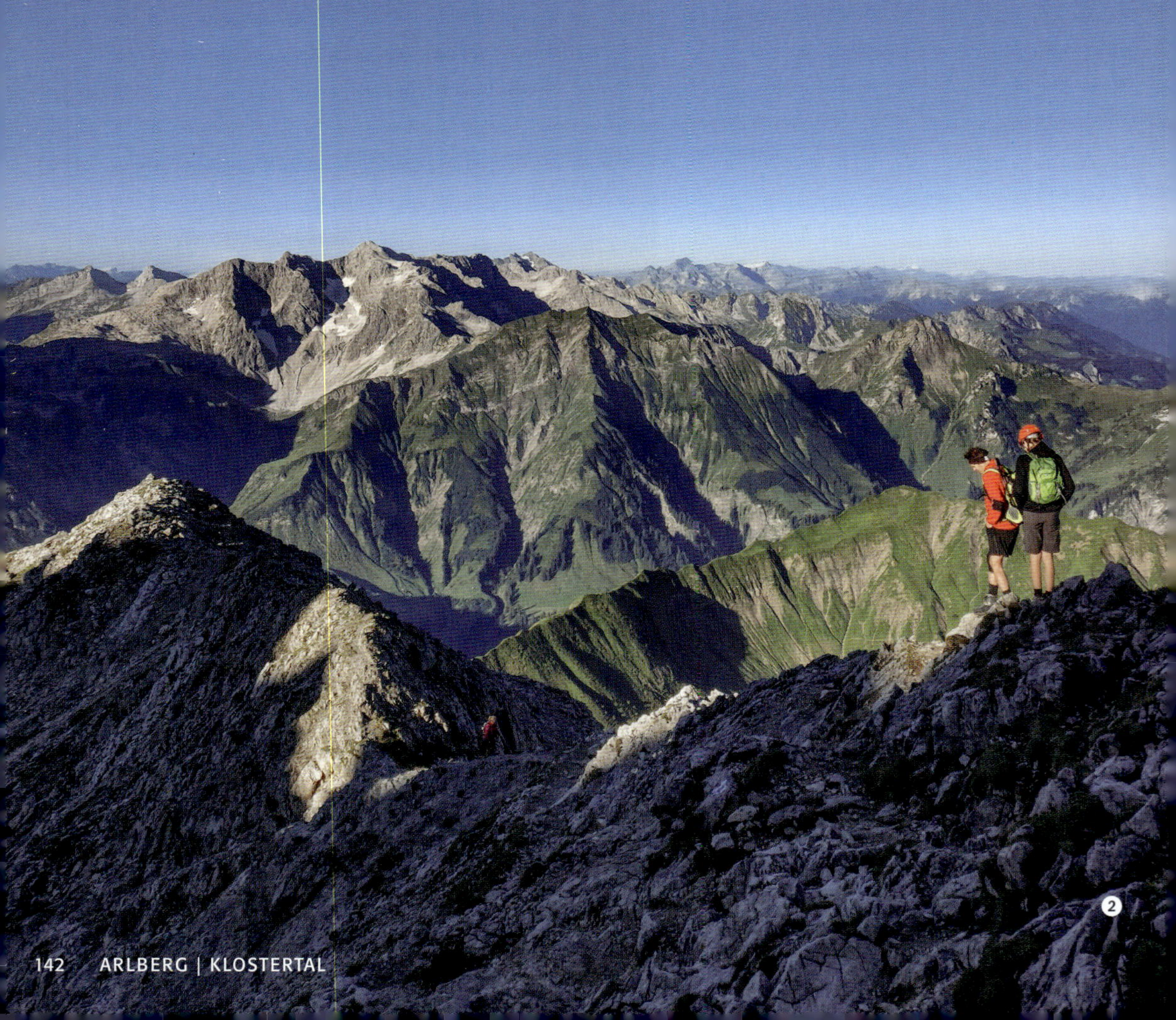

❷

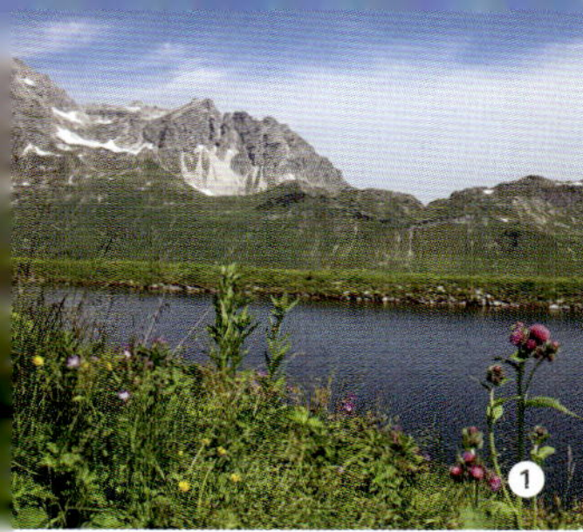

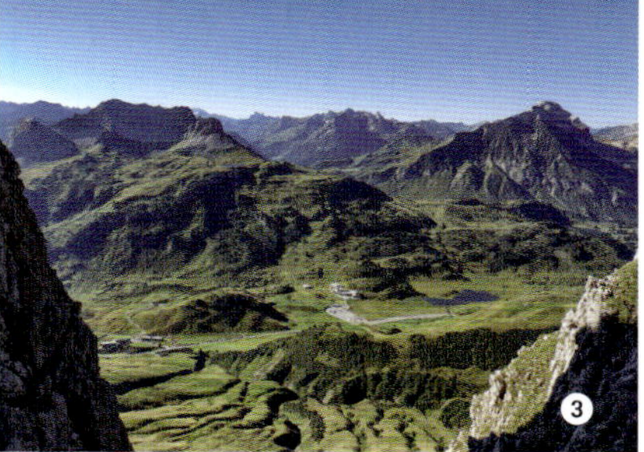

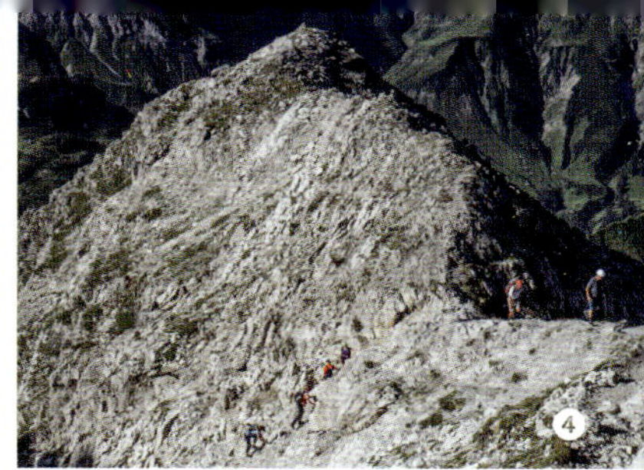

Ausgangspunkt: Hochkrumbach – Parkplatz an der B200 zwischen Schröcken und Warth beim Gasthof bzw. bei der Bushaltestelle „Adler".
Einkehrmöglichkeiten: Widdersteinhütte, Gasthof „Adler" am Ausgangspunkt.
Gut zu wissen: Am Widderstein kommt es immer wieder zu teils schweren Unfällen durch Steinschlag. Aus diesem Grund ist das Tragen eines Helms ratsam. Außerdem ist ein früher Aufbruch von Vorteil. Je weniger Wanderer über einem unterwegs sind, desto geringer ist die Wahrscheinlichkeit von Steinschlag. Bei Nässe ist von einer Besteigung des Widdersteins abzuraten.
Wegbeschreibung: Bei der Bushaltestelle überquert man die Straße und passiert das Schild „Widdersteinhütte 45 Minuten". Der Schotterweg zur Hütte ist mäßig steil und einfach zu gehen. Man wandert über Alp- und Weideflächen aufwärts, der Widderstein erhebt sich bereits sehr imposant in nördlicher Richtung. Hinter der Widdersteinhütte geht es auf einem schmalen Weg mit herrlichem Panorama ❸ leicht ansteigend in westlicher Richtung weiter bis zu einer felsigen Rinne. Etwas oberhalb der Hütte befindet sich eine Hinweistafel „Widderstein Vorsicht Steinschlag". Ab dort ist das Tragen eines Helms ratsam. Die Anforderungen sind von nun an bis zum höchsten Punkt praktisch unverändert schwierig. In leichter Kletterei geht es über meist griffigen Felsen steil bergauf, Sicherungen sind keine vorhanden. Da diese Route viel begangen ist, sind die Felsen an einzelnen Stellen bereits abgegriffen und speckig. Die letzten Meter zum Gipfel führen über einen Grat ❹, der aber nicht schwieriger ist als die bisherige Route. Vom höchsten Punkt aus hat man ein fantastisches Panorama, das man angesichts der gemeisterten Schwierigkeiten besonders genießen wird.

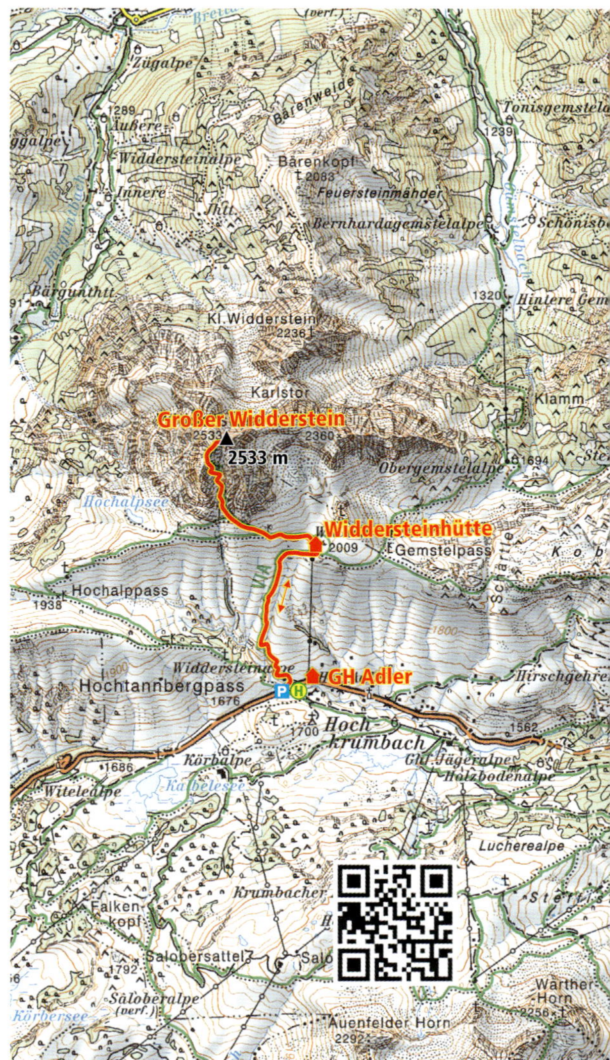

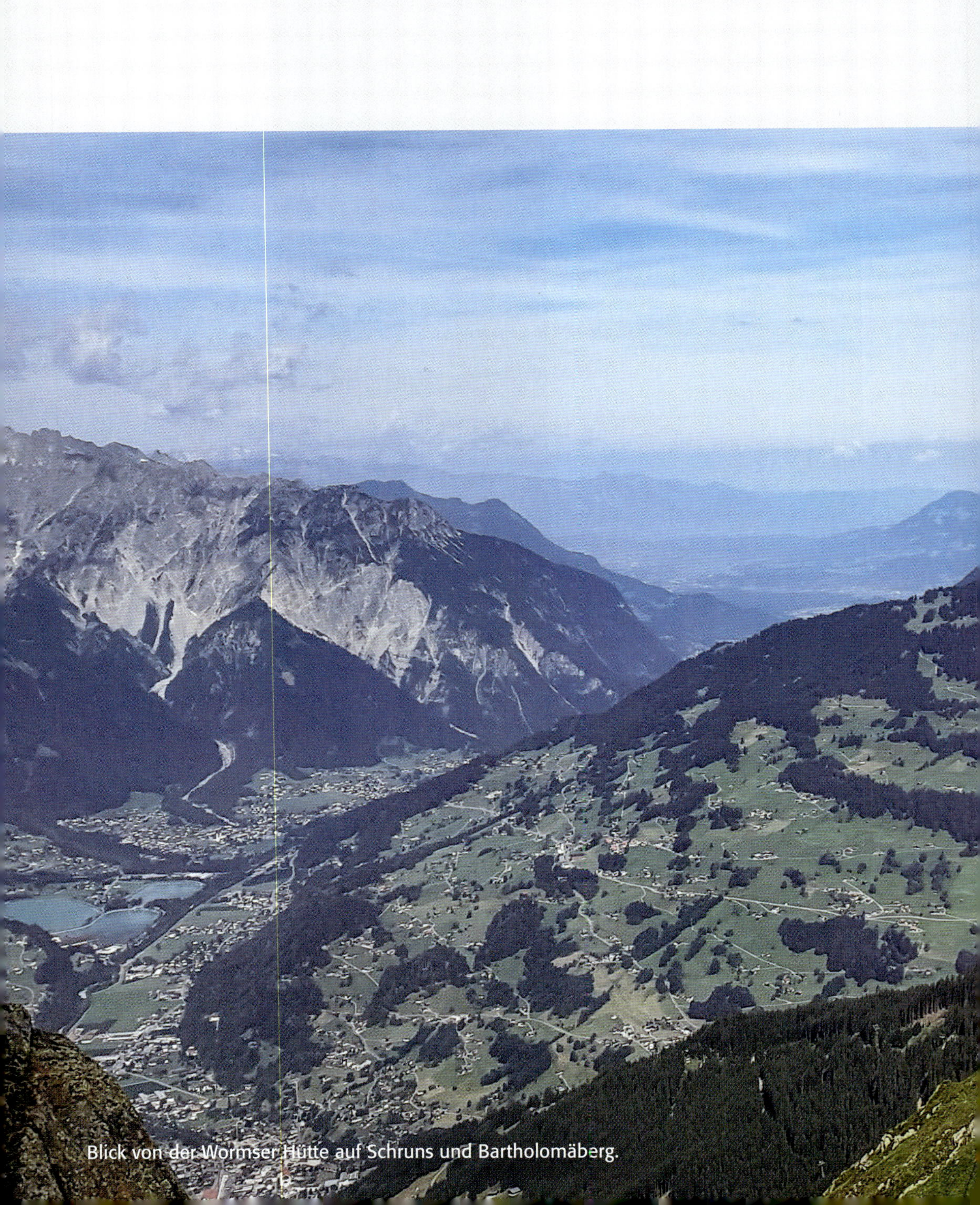

Blick von der Wormser Hütte auf Schruns und Bartholomäberg.

Montafon

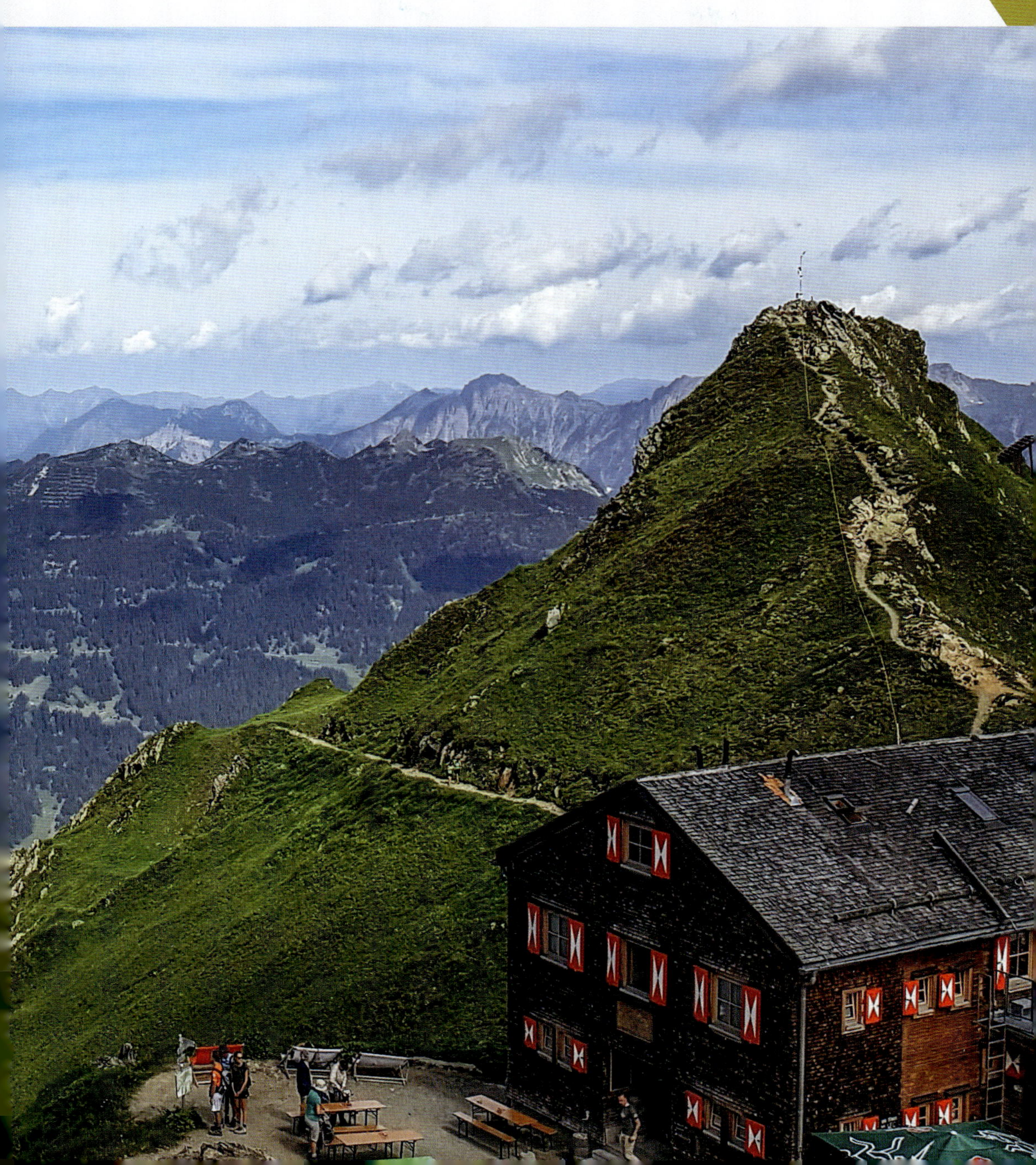

61

Piz Buin, 3312 m

Zweitägige Hochtour auf den höchsten Gipfel im Ländle

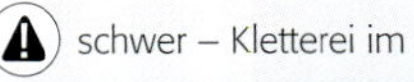 schwer – Kletterei im 2. Grad  9–11 Std.  1240 Höhenmeter

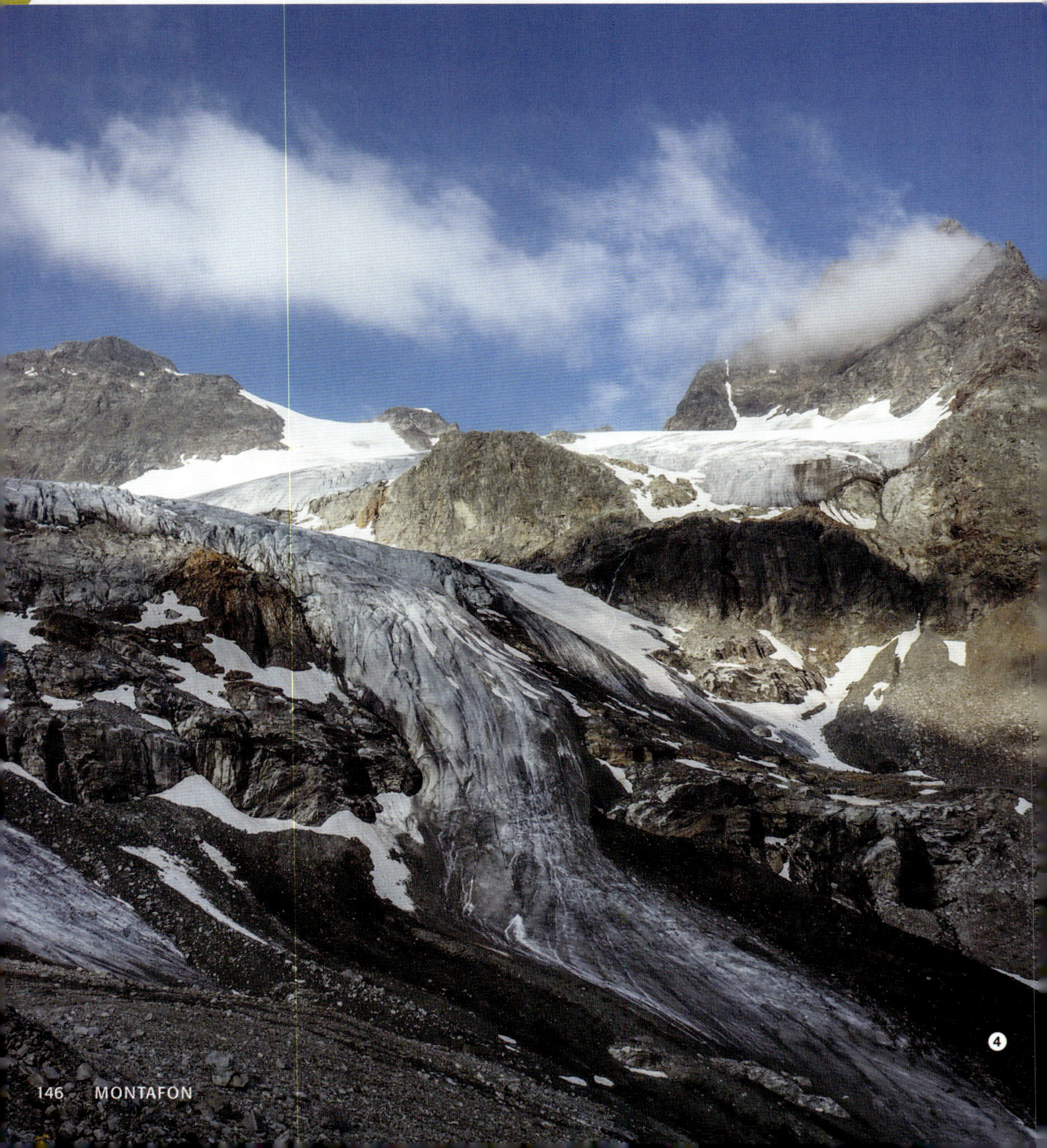

4

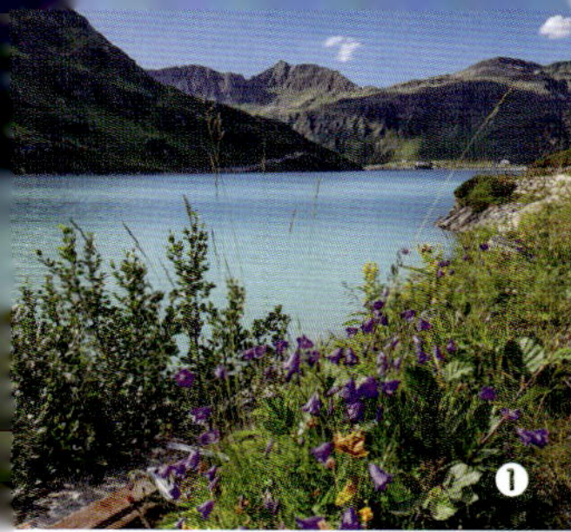

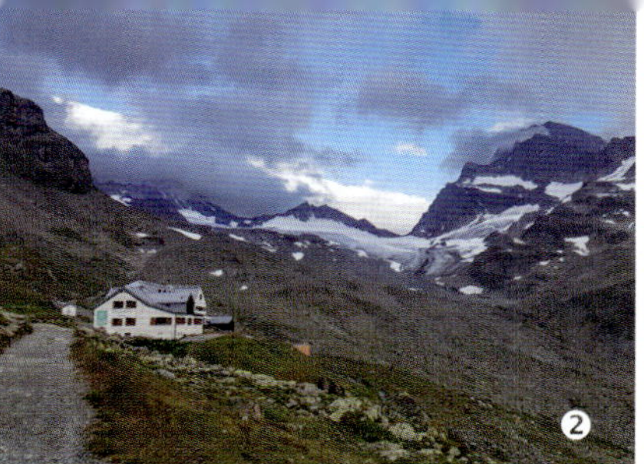

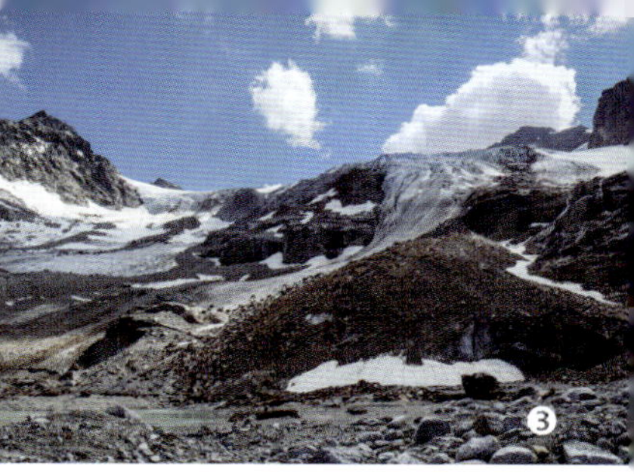

Die klassische Hochtour auf den höchsten Berg Vorarlbergs ist eine spannende Herausforderung und am Seil eines Bergführers für alle trittsicheren und schwindelfreien Berggeher ein äußerst lohnendes und nicht allzu schwieriges Unterfangen. Eine selbständige Besteigung bleibt erfahrenen Alpinisten vorbehalten, die problemlos in leichtem Fels klettern können und Erfahrung im Begehen von Gletschern sowie die entsprechende Sicherheitsausrüstung haben. Der Piz Buin sollte auf jeden Fall als zweitägige Bergtour mit Übernachtung auf der Wiesbadener Hütte angegangen werden, denn ein früher Aufbruch ist angeraten. Dann wird man den Zauber des Piz Buins womöglich so erleben, wie der Schweizer Alpinist Johann Jakob Weilenmann, einer der Erstbesteiger, im Jahr 1865: „Während die anderen Höhen noch im Morgengrau liegen, glüht seine Stirn schon im Frührot; abends leuchtet er am längsten über dem dämmernden Tal."

Ausgangspunkt: Bielerhöhe, Parkplatz direkt an der Straße, unterhalb des Gasthauses „Piz Buin". Die Anfahrt erfolgt von Schruns – Partenen über die spektakuläre mautpflichtige Silvretta-Hochalpenstraße. Die Mautgebühr beträgt € 19,50 pro Pkw.

Einkehrmöglichkeiten: Wiesbadener Hütte, mehrere Gasthäuser am Silvretta-Stausee.

Gut zu wissen: Die Übernachtung auf der Wiesbadener Hütte sollte man unbedingt vorab reservieren, www.wiesbadener-huette.com.

Wegbeschreibung: Grundsätzlich ist zu sagen, dass sich die Route zum Piz Buin aufgrund der fortschreitenden Abschmelzung des Gletschers ständig ändert. Deswegen ist es nicht möglich, eine detaillierte Wegbeschreibung wiederzugeben. Beschrieben wird der aktuelle „Normalweg" zum Gipfel: Am ersten Tag wandert man vom Parkplatz am Silvretta-Stausee auf einem einfachen und gut beschilderten Fahrweg zur Wiesbadener Hütte. Die Gehzeit beträgt 2 1/4 Stunden. Die Route führt anfangs über den Damm und später auf einem schönen Weg am Ostufer des Sees ❶ entlang. Ein breiter Fahrweg führt anschließend mäßig ansteigend nach Südosten durchs Ochsental zur Wiesbadener Hütte ❷. Es besteht auch die Möglichkeit, den schmalen, etwas oberhalb des Fahrwegs verlaufenden Sommerweg zu wählen. Dieser zweigt etwa 20 Minuten nach dem Start links ab.

Nach der Übernachtung auf der Wiesbadener Hütte geht es frühmorgens in Richtung Gipfel. Zuerst führt

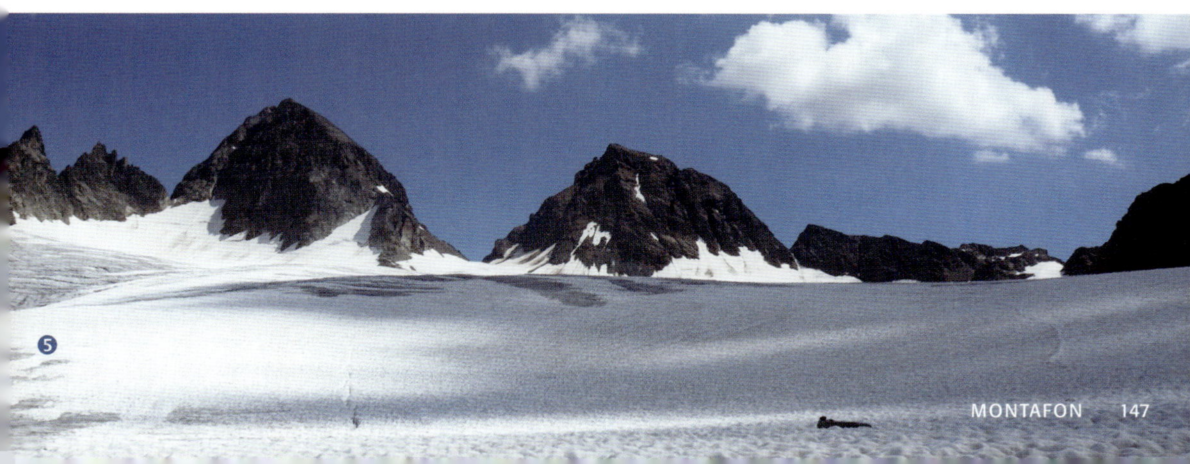

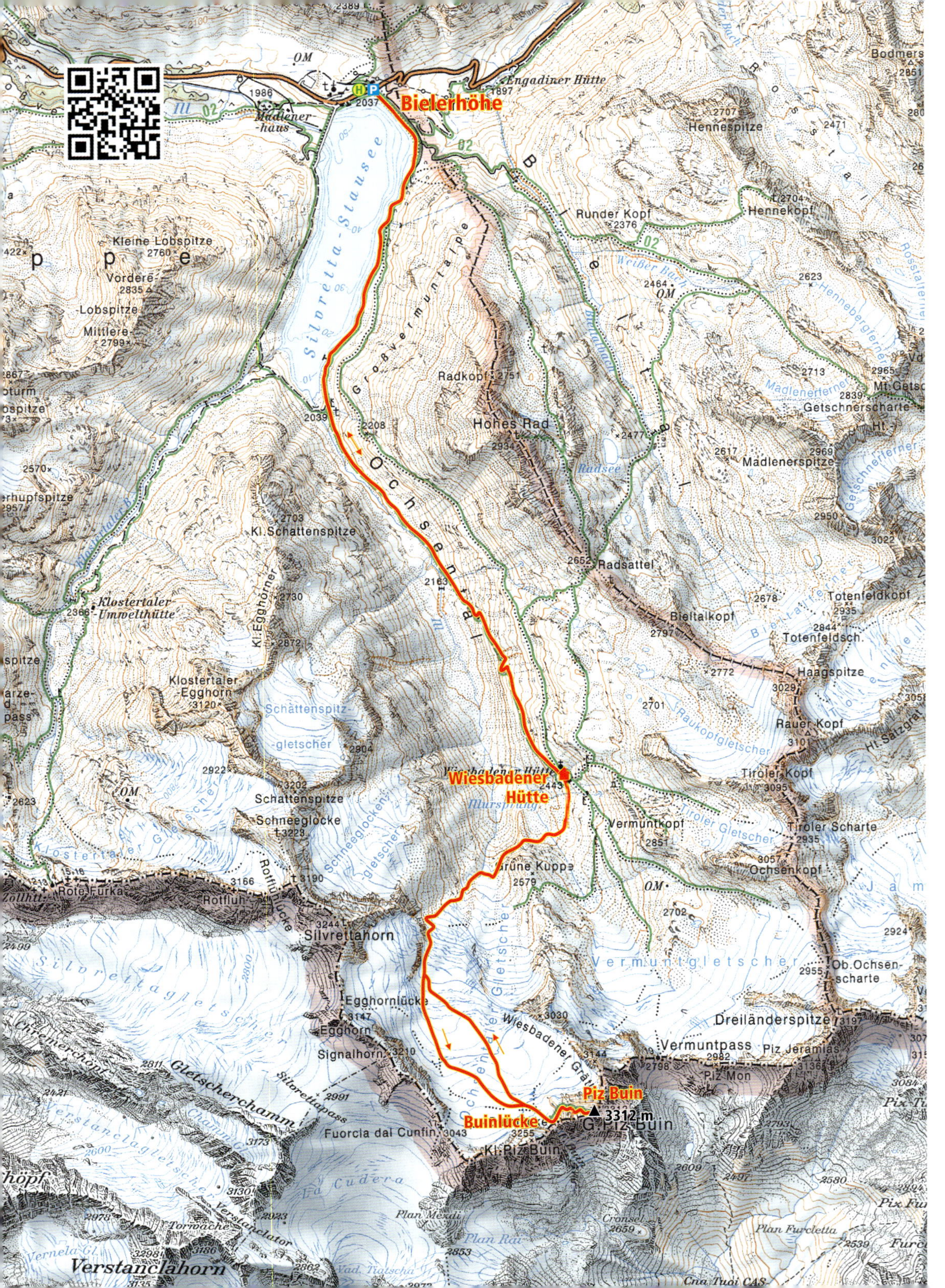

Bielerhöhe
Wiesbadener Hütte
Piz Buin
3312 m
Buinlücke

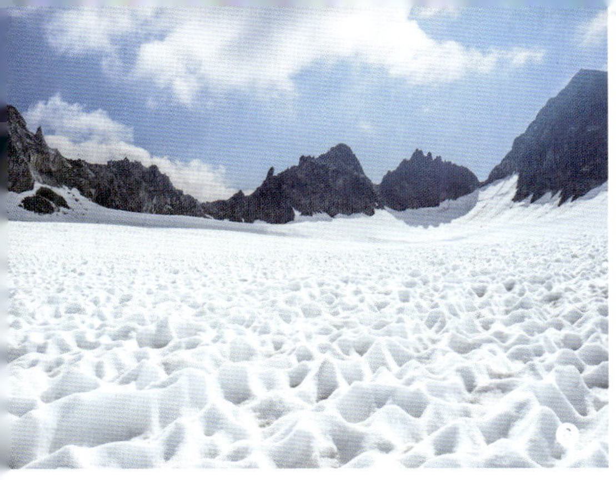

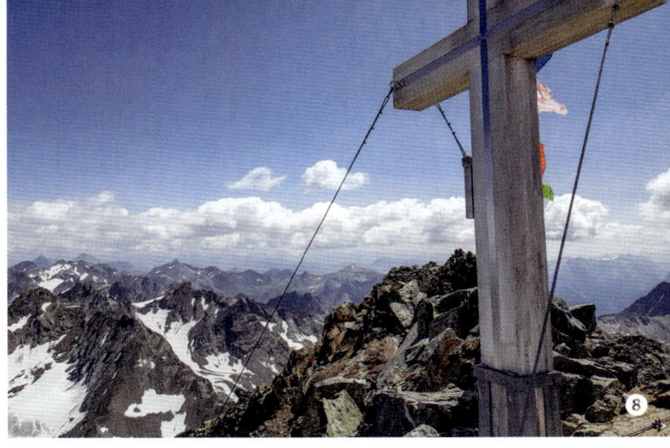

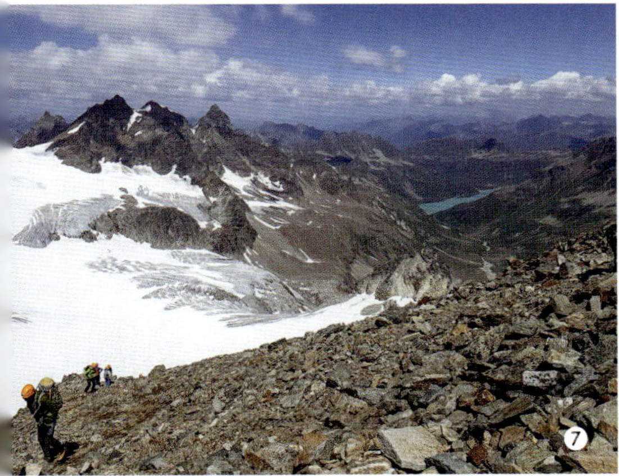

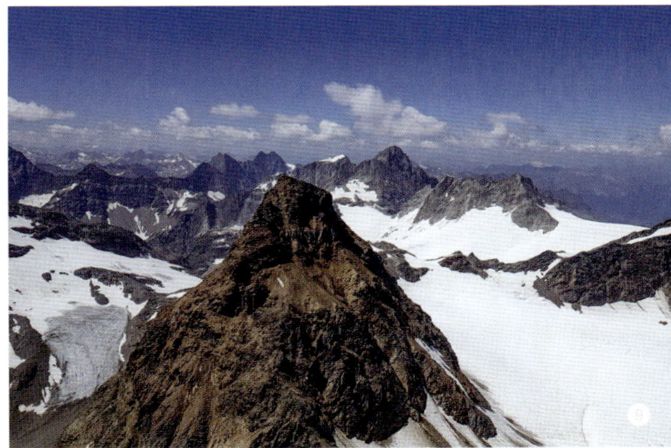

ein unschwieriger Wanderweg über loses Geröll leicht abwärts nach Südwesten und über den Vermuntbach in Richtung der alten Gletschermoräne des Ochsentaler Gletschers ❸. Der Weg verläuft nördlich unterhalb der Grünen Kuppe vorbei, man überquert den Gletscherbach der jungen Ill und wandert in Richtung der nach Osten steil abfallenden Wände des Silvrettahorns ❹. Nach knapp einer Stunde wird das Gelände steil und felsig, und man steigt nun kurz bis zum Gletscher hinauf, wo Steigeisen und Seil angelegt werden. Es folgt ein steiler Anstieg am rechten Gletscherrand entlang, der uns auf den Gletscher bringt. Nach diesem kurzen Steilstück, bei dem man oft mit blankem Eis rechnen muss, wird das Gelände flacher. Für längere Zeit geht es nun in direkter Linie nur leicht ansteigend auf die Buinlücke zu ❺, die sich zwischen Großem und Kleinem Piz Buin befindet. In diesem Abschnitt kommt so richtig „Gletscher-Feeling" auf ❻, sowohl der Große als auch der Kleine Piz Buin ragen jetzt eindrucksvoll vor einem empor.

In der Buinlücke selbst sollte man wegen großer Steinschlaggefahr unbedingt Respektabstand zum Kleinen Piz Buin halten! Es folgen die letzten 300 Höhenmeter des Anstiegs. Auf einem schmalen Zickzacksteig geht es bergauf, zwei aufeinanderfolgende Kamine mit einfachen Klettereien im zweiten Schwierigkeitsgrad sind zu meistern. Hat man die Kletterstellen hinter sich gebracht, folgt der Schlussanstieg ❼. Ein schmaler Pfad führt über Schotter unschwierig hinauf zum höchsten Punkt Vorarlbergs ❽, der mit einem grandiosen Panorama aufwartet ❾.

Zurück geht es auf demselben Weg. Bei der Wiesbadener Hütte angelangt sollte diese herrliche Bergtour mit einer kurzen Rast „gefeiert" werden. Der Weg zurück zur Bieler Höhe zieht sich nämlich dann nochmal ziemlich in die Länge.

62

Hohes Rad, 2934 m

Ein luftiger Adlerhorst auf fast 3000 m Höhe

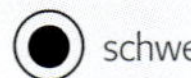 schwer  5½–6½ Std.  900 Höhenmeter

Ausgangspunkt: Bielerhöhe, Parkplatz direkt an der Straße, unterhalb des Gasthauses „Piz Buin". Die Anfahrt erfolgt von Schruns – Partenen über die spektakuläre, mautpflichtige Silvretta-Hochalpenstraße. Die Mautgebühr beträgt € 19,50 pro Pkw.

Einkehrmöglichkeiten: Mehrere Gasthäuser am Silvretta-Stausee.

Gut zu wissen: Die Gesteine der Silvrettaregion gelten als die ältesten in Vorarlberg.

Wegbeschreibung: Vom Parkplatz geht es zunächst entlang des Staudamms ❶, dann bei einer Linksabzweigung abwärts in Richtung Radsattel. Nach kurzer Zeit kommt man zu einer weiteren Abzweigung. Dort zeigt eine weiß-blau-weiße Markierung in Richtung Radschulter. Ein paar Meter danach geht es rechts über einen Hang bergauf. Ein rot-weiß-rot beschilderter Wanderweg zieht im Zickzack steil empor, unzählige Heidelbeerbüsche säumen den Weg. Bald öffnet sich ein wunderbares Hochtal und der Weg führt relativ flach in Richtung eines riesigen Schotterfeldes ❷. Die weitere Route führt längere Zeit durch und über Steinblöcke unterschiedlichster Größen ❸. Die Wegfindung ist teilweise schwierig, da Markierungen fehlen, zum Glück erleichtern die vielen Steinmännchen die Orientierung. Teils geht es relativ flach dahin, dann wieder steil bergauf, die Blockkletterei ist eine Sache, die große Konzentration erfordert. Hat man diese mühsame Etappe endlich hinter sich, erreicht man die Radschulter mit der Abzweigung zum Gipfel, die Gehzeit ist mit 40 Minuten angegeben. Der Gipfelanstieg ist ausreichend markiert, die Wegfindung einfacher als noch zuvor. Etwa auf der Hälfte der Strecke warten jedoch die beiden Schlüsselstellen des Anstiegs, die leichte Kletterei erfordern und völlig ungesichert sind. Am exponierten Gipfel angekommen, fühlt man sich wie in einem luftigen Adlerhorst, denn das Gelände fällt auf allen Seiten fast senkrecht ab, und der Ausblick ist grandios ❹.

Zurück geht es auf dem gleichen Weg bis zur Radschulter. Dort wendet man sich nun nach rechts und wandert auf einem Pfad in Richtung Radsattel abwärts. Auch auf dieser Route ist eine Senke mit Steinblöcken zu überwinden. Im Radsattel angekommen, biegt man scharf links auf einen Schotterweg ein, der anfangs steil bergab führt. Nach etwa einer halben Stunde wird der Weg jedoch einfacher. Er führt am malerischen Radsee vorbei und durch das reizvolle Bieltal zurück zum Ausgangspunkt.

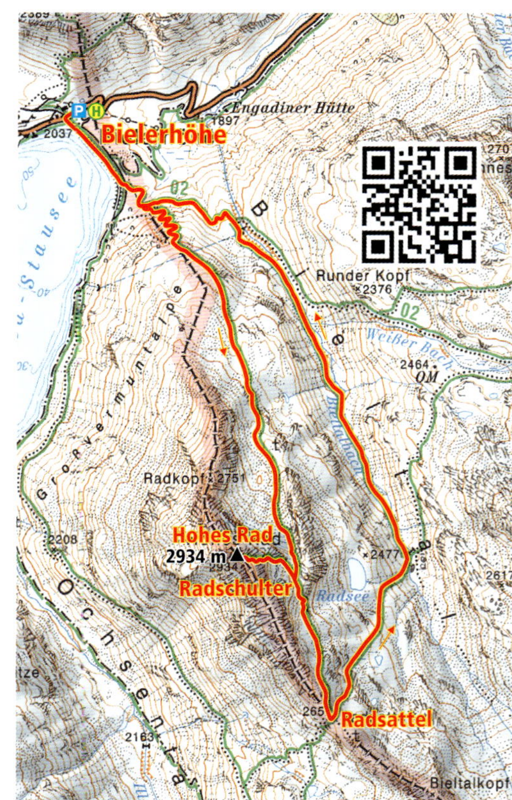

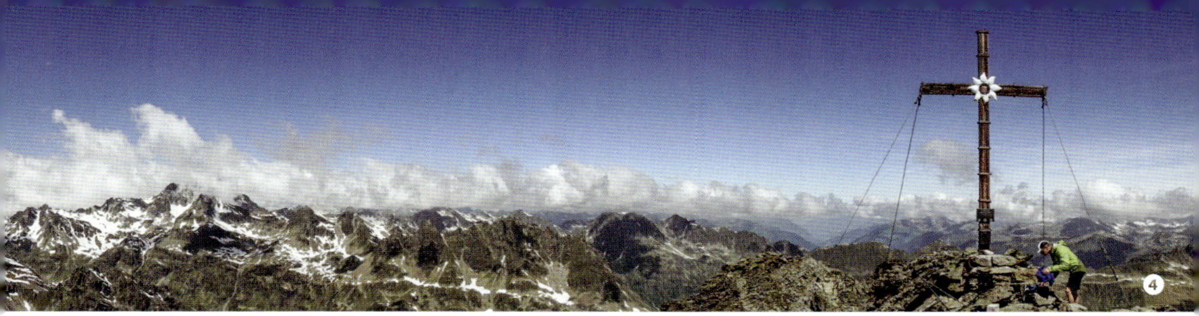

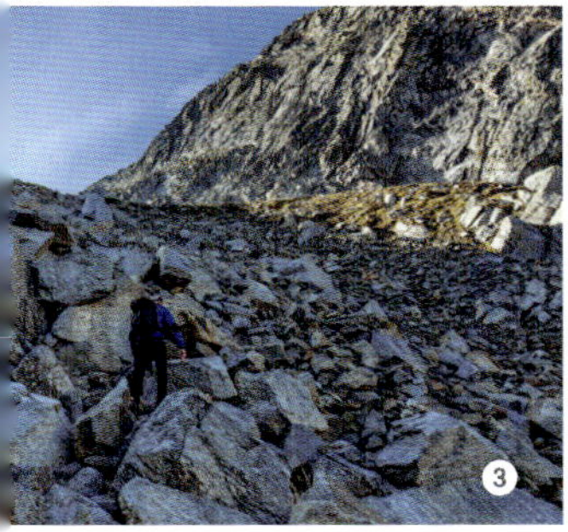

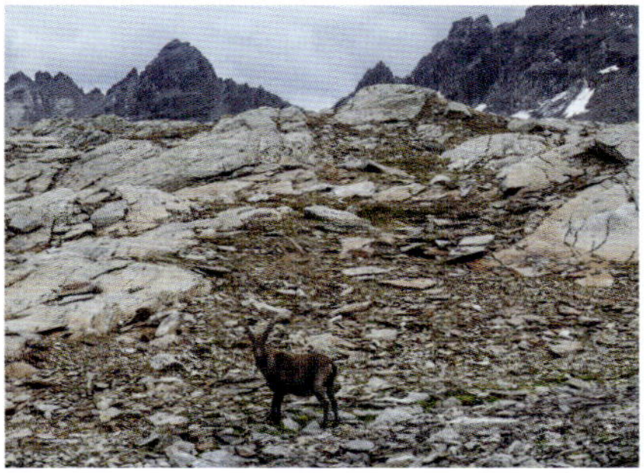

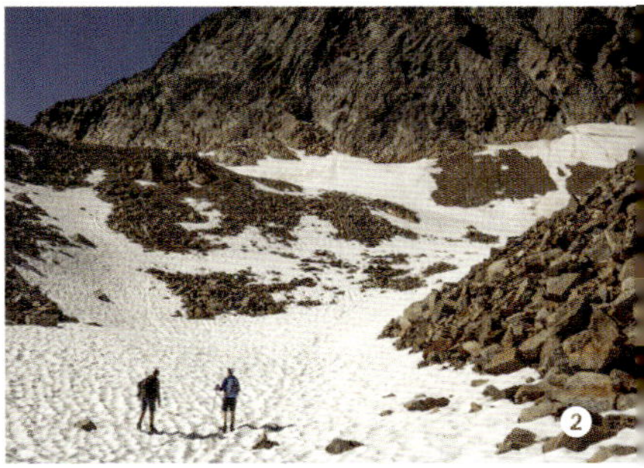

Die eindrucksvolle Rundwanderung zum Hohen Rad ist ein absolutes Highlight für erfahrene Berggeher, denn der exponierte Gipfel eröffnet eine eindrückliche Vogelschau auf die mächtigen Dreitausender der Silvretta mit ihrer Gletscherwelt sowie auf den Silvretta-Stausee und das Ochsental. Voraussetzung für dieses hochalpine Bergerlebnis ist Erfahrung im ungesicherten Felsgelände sowie Trittsicherheit und Schwindelfreiheit. Die Begehung von zwei größeren Blockfeldern ist dabei eine besondere Herausforderung an den Gleichgewichtssinn.

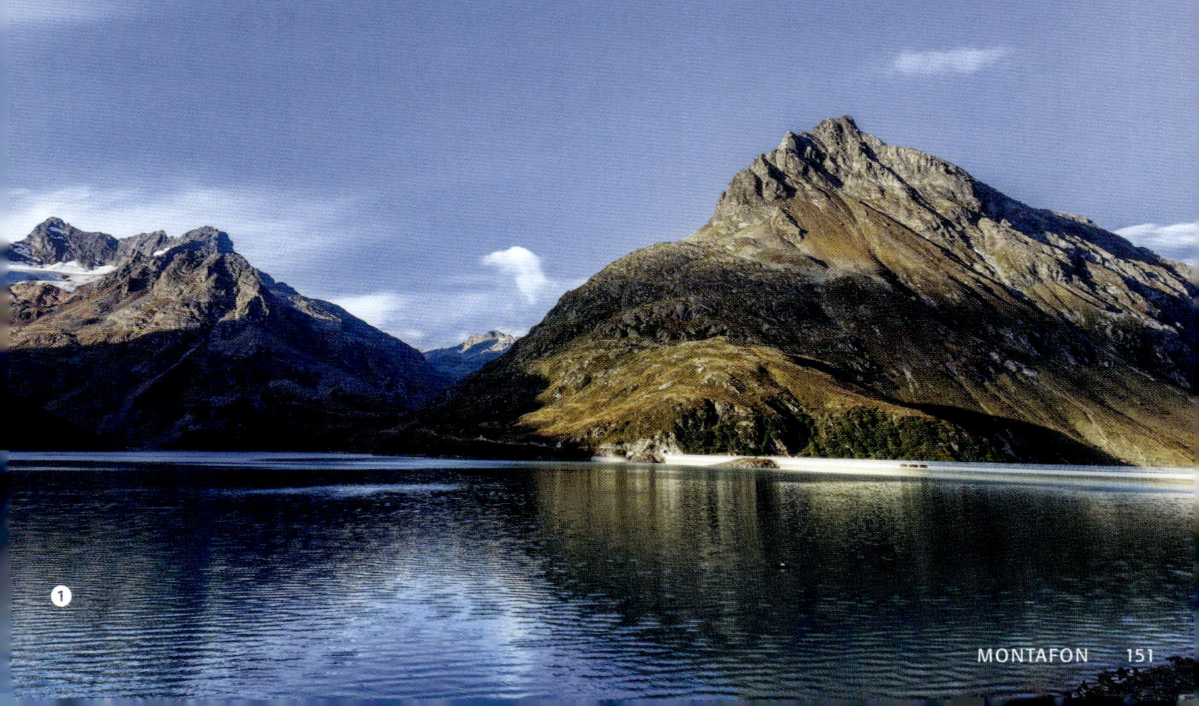

63

Hennekopf, 2704 m

Sehr lohnende und wenig begangene Grenzüberschreitung

 mittel  3 ½–4 ¾ Std.  670 Höhenmeter

Der Hennekopf ist im Winter als Schitourenberg beliebt, im Sommer jedoch weit weniger begangen, obwohl er auch dann ein äußerst attraktives Ziel bildet. Die herrliche Pflanzenwelt und die zahlreichen kleinen Seen unterhalb des Gipfels machen diese Wanderung zu einem unvergesslichen Erlebnis. Die Mutigen können sich unterwegs in einem dieser Henneseen erfrischen ❶.

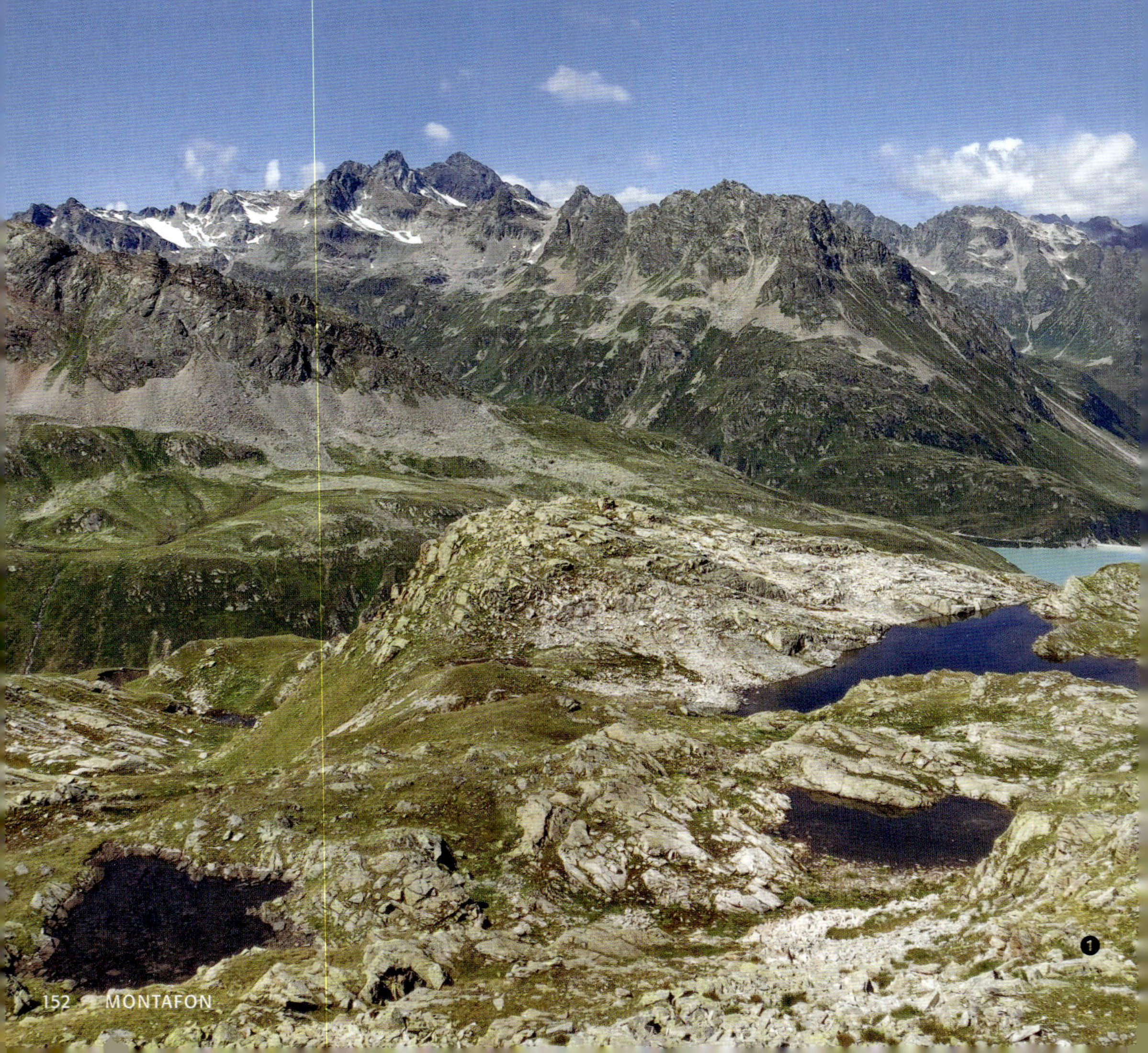

❶

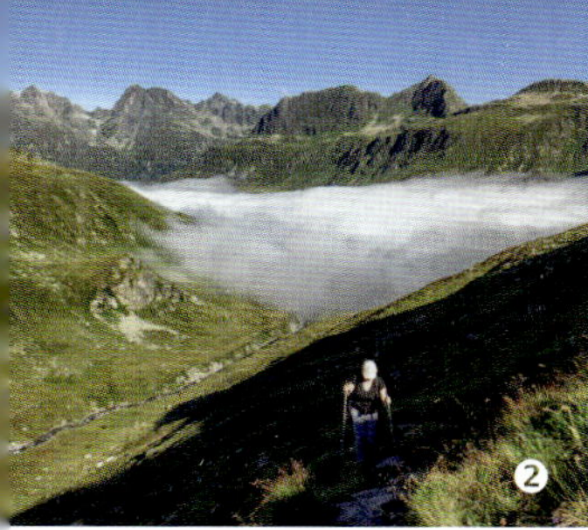

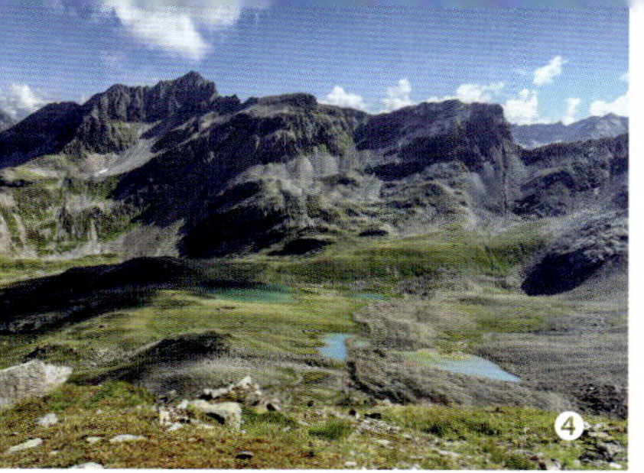

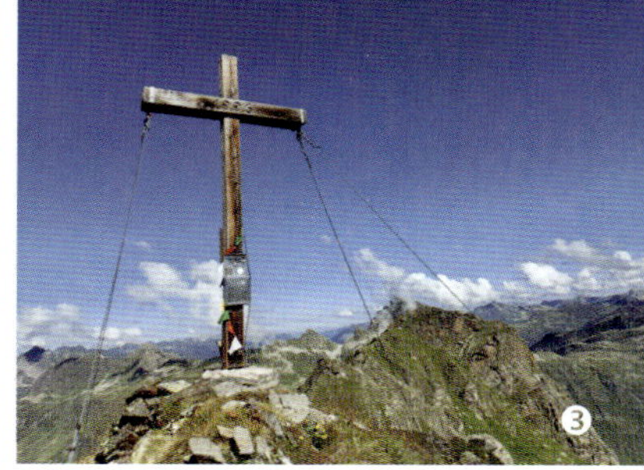

Ausgangspunkt: Bielerhöhe, Parkplatz direkt an der Straße, unterhalb des Gasthauses „Piz Buin". Die Anfahrt erfolgt von Schruns – Partenen über die spektakuläre mautpflichtige Silvretta-Hochalpenstraße. Die Mautgebühr beträgt € 19,50 pro Pkw.

Einkehrmöglichkeiten: Mehrere Gasthäuser am Silvretta-Stausee.

Gut zu wissen: Montafon Tourismus bietet in den Sommermonaten geführte Wanderungen zum Gipfel des Hennekopfs an.

Wegbeschreibung: Man startet unterhalb des Gasthauses „Piz Buin" und geht dem Staudamm entlang nach Südosten, bis eine Markierung „Jamtalhütte" links hinabweist. Der breite weiß-blau-weiß markierte Weg führt nun leicht ansteigend bis zum Bieltalbach, der vor einer Staustufe zu überqueren ist. Nun geht es zuerst leicht ansteigend nach Südosten durch das malerische Bieltal, danach für längere Zeit steil aufwärts nach Osten, immer noch dem landschaftlich reizvollen Weg Richtung Jamtalhütte folgend ❷. Nach etwa eineinhalb Stunden gelangt man auf eine Hochebene und passiert einen auffälligen großen Felsbrocken am Wegrand. Davor befindet sich eine Markierung, die nun erstmals zum Hennekopf weist. Bald beginnt der mit Abstand schönste Teil dieser Wanderung: Ein kleiner Bergsee nach dem anderen wird passiert, bis schließlich der Fuß des Berges erreicht ist. Der letzte Abschnitt führt durch Schotter und Geröll unschwierig zum höchsten Punkt ❸. Unzählige Steinmännchen weisen den richtigen Weg. Der Blick auf den eindrucksvollen Piz Buin und die anderen mächtigen Berge der Silvretta sowie auf die Seen mit ihren unterschiedlichsten Farbschattierungen ist unvergesslich ❹.

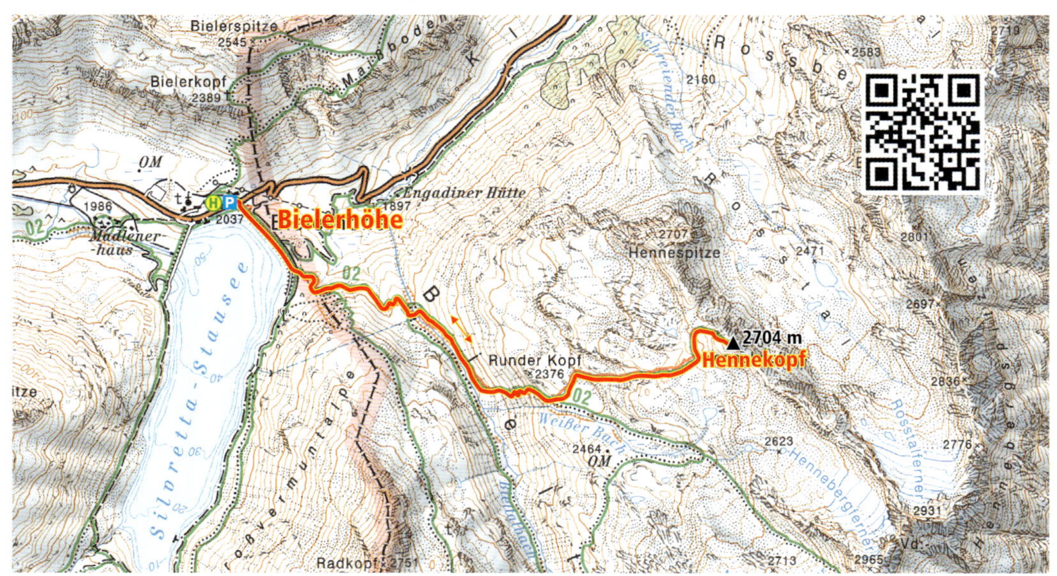

64 Bielerkopf und Bielerspitze, 2545 m

Überwältigendes Panorama hoch über dem Silvrettasee

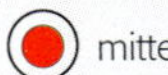 mittel  2½–3 Std. Bieler Kopf; 3¼-4 Std. Bieler Spitze  350–500 Höhenmeter

Die beiden direkt über dem Silvretta-Stausee gelegenen Aussichtspunkte sind relativ schnell und unkompliziert zu erreichen, das Panorama von dort oben ist schlichtweg fantastisch ❶. Auch wenn die Wanderung eher kurz und einfach ist, empfiehlt sie sich aufgrund des steilen Geländes und der teilweise recht hohen Stufen, die es zu überwinden gilt, nicht für Familien mit kleineren Kindern.

Ausgangspunkt: Bielerhöhe, Parkplatz an der Straße, vor dem Restaurant Silvrettasee. Die Anfahrt erfolgt von Schruns – Partenen über die spektakuläre mautpflichtige Silvretta-Hochalpenstraße. Die Mautgebühr beträgt € 19,50 pro Pkw.

Einkehrmöglichkeiten: Mehrere Gasthäuser am Silvretta-Stausee.

Gut zu wissen: Die Barbarakapelle oberhalb der Bielerhöhe wurde von den Vorarlberger Illwerken zum Gedenken an die bei den Kraftwerksprojekten verunglückten Menschen erbaut.

Wegbeschreibung: Die Wanderung startet bei der kleinen Kapelle, die sich gleich oberhalb des Parkplatzes befindet ❷. Dort beginnt auch die Beschilderung zum Bieler Kopf. Anfangs geht es flach über Alpflächen nach Nordosten an den Fuß des Berges ❸. Die weiß-rot-weiße Markierung führt auf einem schmalen und steinigen Weg weiter bergauf. Über viele steile Kehren mit grobem und losem Gestein geht es in Richtung Gipfel. Nach etwa 30 Minuten kommt eine Abzweigung, bei der wir uns links halten. Teilweise sind nun höhere Stufen zu überwinden, kleine Rinnsale kreuzen wiederholt den Wanderweg. Für erfahrene Geher ist der Weg unschwierig zu begehen, für ungeübte Wanderer sind die teils hohen Stufen etwas mühsam zu überwinden. Nach einer knappen Stunde erreicht man ein größeres Plateau, auf dem sich bereits der schöne Aussichtspunkt des Bielerkopfes samt Gipfelkreuz befindet ❹.

Wer will, kann in knapp 45 Minuten noch weiter auf die Bielerspitze steigen. Ein schmaler Weg biegt oberhalb des Gipfelkreuzes des Bielerkopfs rechts ab und führt weiter bergauf. Die Wegfindung ist etwas schwierig, als Orientierungshilfe dienen einige Steinmännchen. Bald ist eine Ebene erreicht, über die ein kaum erkennbares Weglein kurz flach weiterführt und dann nochmals steil bergauf anzieht, bis schließlich der höchste Punkt erreicht ist. Ein Gipfelkreuz ist auf der Bieler Spitze nicht zu finden, der höchste Punkt ist anhand einer kleinen Steinpyramide trotzdem gut auszumachen.

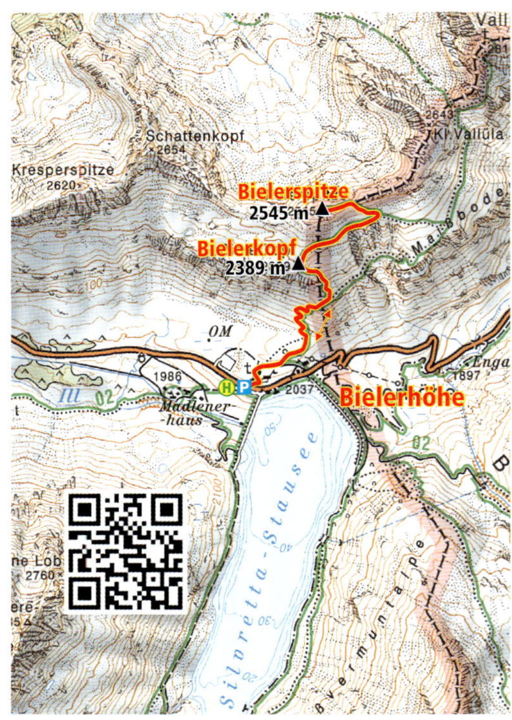

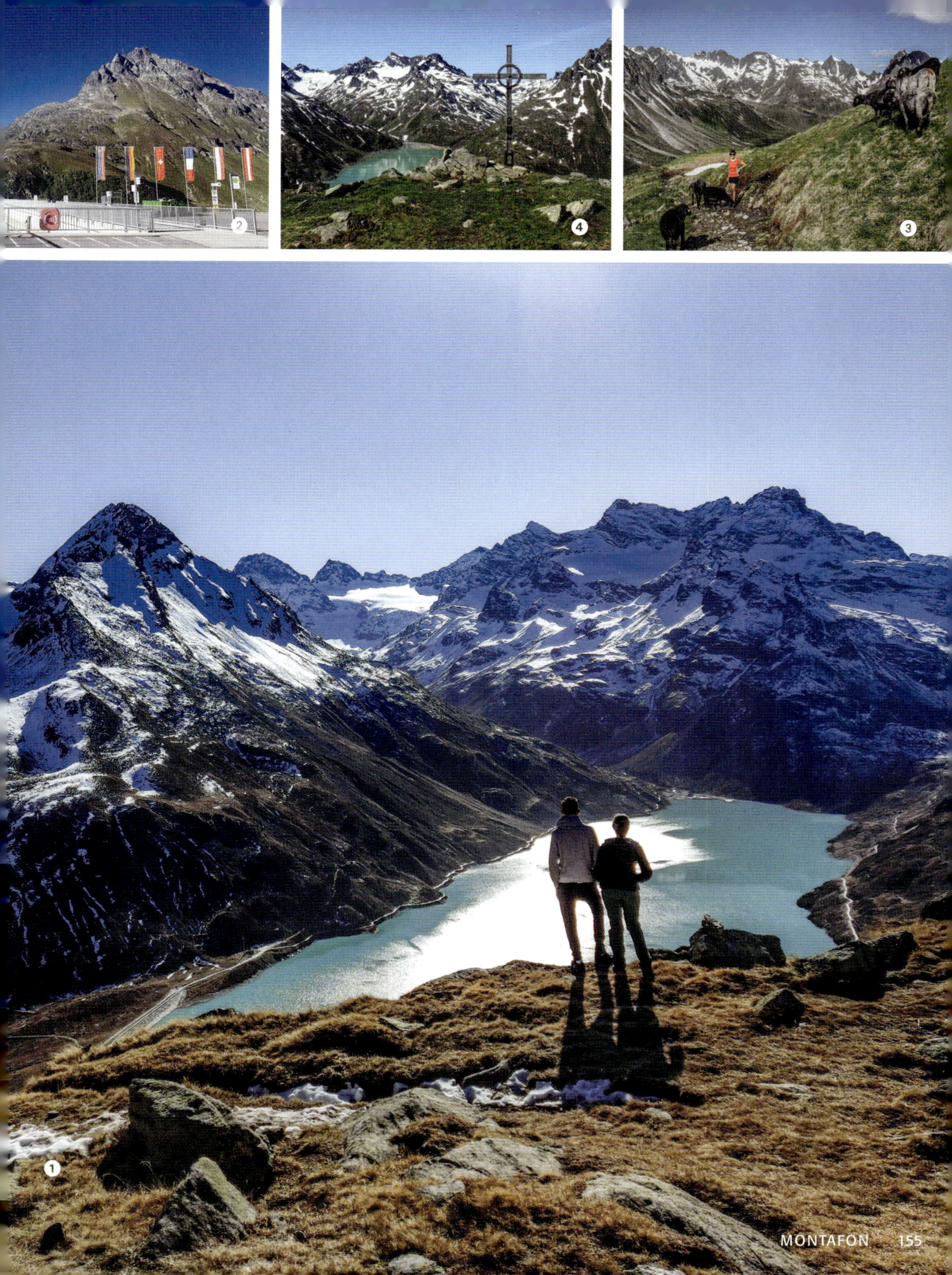

65

Vallüla, 2813 m

Schwieriger Anstieg auf einen hervorragenden Aussichtsgipfel

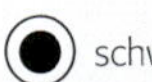 schwer  4–5½ Std.  780 Höhenmeter

Die Vallüla, ein Berg mit Charakter, ist wenig begangen und sollte all jenen vorbehalten sein, die absolut trittsicher, schwindelfrei und mit gutem Orientierungssinn im unmarkierten felsigen Gelände unterwegs sind ❶. Der heikle Aufstieg durch eine enge, lange Rinne und zuletzt das schwierige, ausgesetzte Gelände unter dem Gipfel machen die Vallüla zu einem der anspruchsvollsten Wanderberge in diesem Buch. Wer die einmalige Aussicht vom Gipfel genießen konnte, weiß, dass sich die Mühe gelohnt hat.

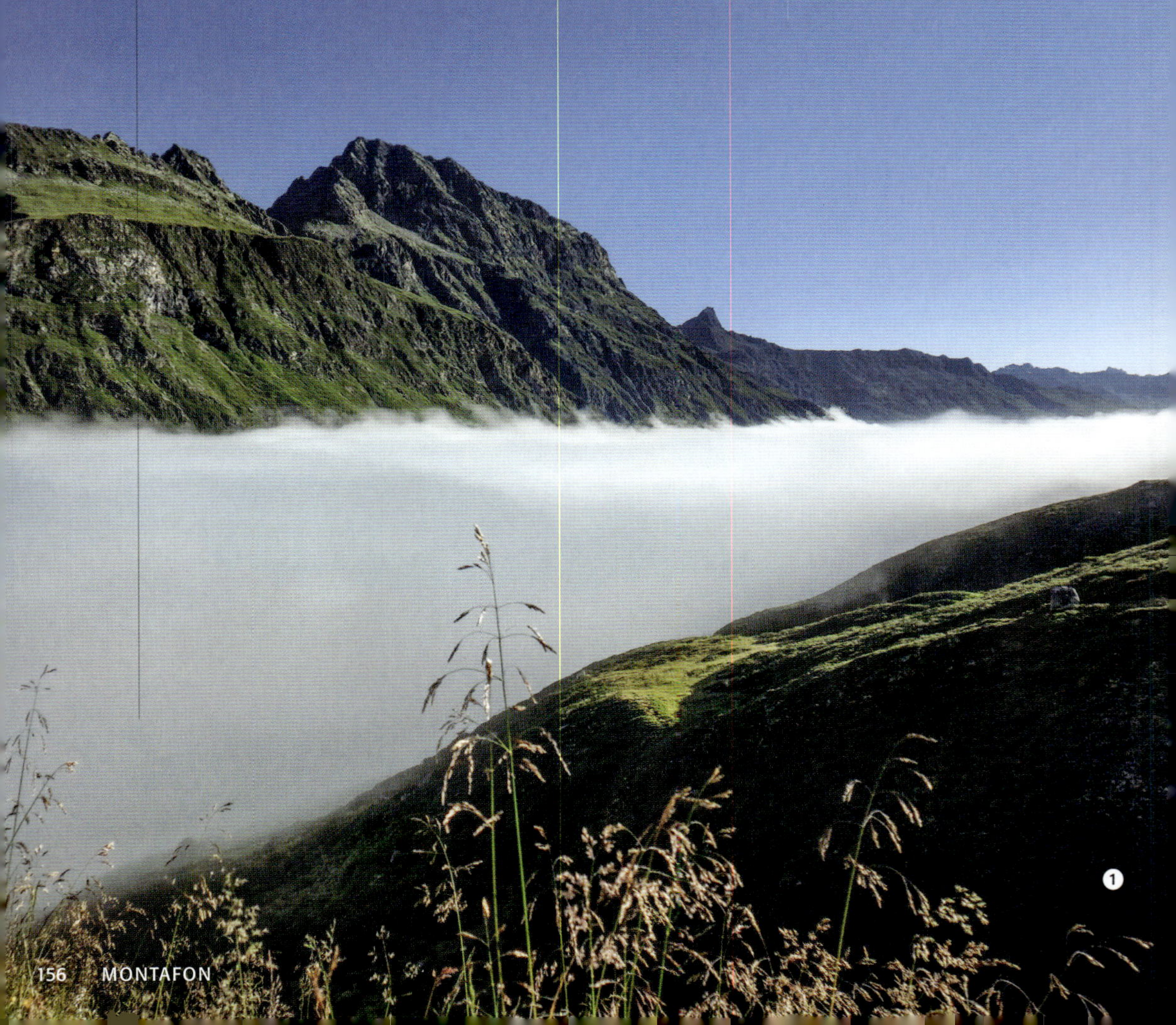

1

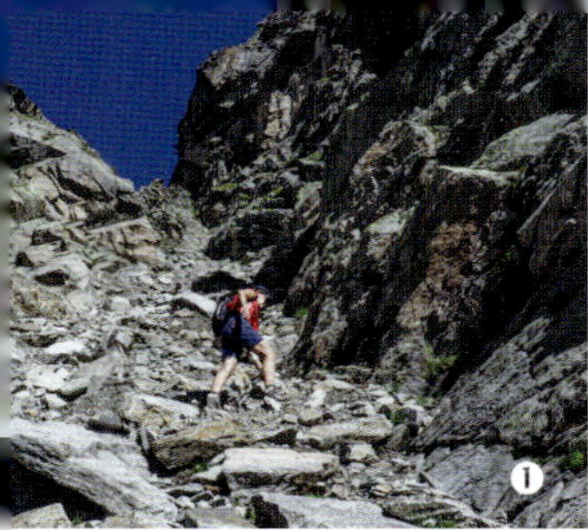

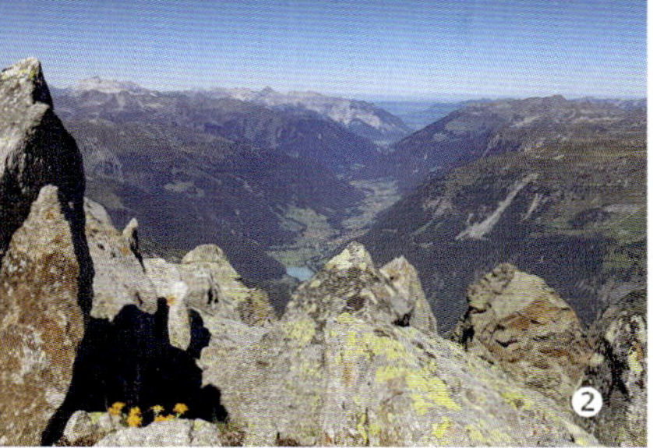

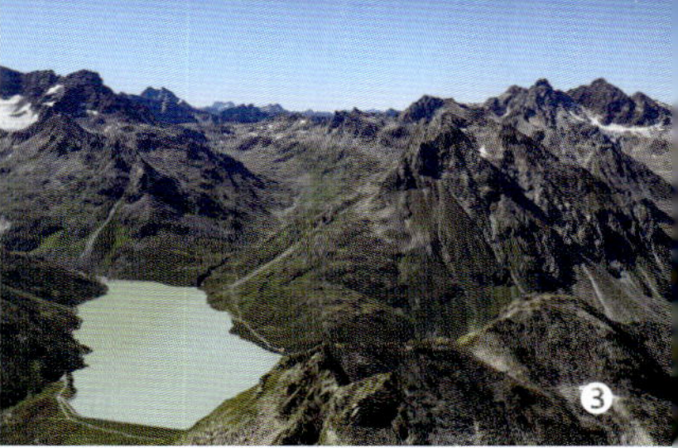

Ausgangspunkt: Bielerhöhe, Parkplatz an der Straße, vor dem Restaurant Silvrettasee. Die Anfahrt erfolgt von Schruns – Partenen über die spektakuläre mautpflichtige Silvretta-Hochalpenstraße. Die Mautgebühr beträgt € 19,50 pro Pkw.

Einkehrmöglichkeiten: Mehrere Gasthäuser am Silvretta-Stausee.

Gut zu wissen: Vor allem in der Rinne am Fuß des Berges empfiehlt es sich, einen Steinschlaghelm zu tragen.

Wegbeschreibung: Bei der Kapelle gleich oberhalb des Parkplatzes am Silvretta-Stausee ist die weiß-blau-weiße Markierung in Richtung Vallüla zu finden. Von dort geht es anfangs flach über Alpflächen nach Nordosten. Ein steiniger Weg mit grobem und losem Gestein führt alsbald über viele steile Kehren weiter bergauf. Nach etwa 30 bis 40 Minuten kommt eine Abzweigung zum Bielerkopf, an der es geradeaus vorbeigeht. Ein Hinweisschild warnt hier vor einem Weg mit Absturzgefahr.

Tatsächlich führt die nachfolgende Etappe über einen teils sehr schmalen, abschüssigen und ungesicherten Weg bis zu einem großen Schotterfeld. Dieses quert man, um anschließend auf eine schwierige Schotterrinne direkt am Fuß der Vallüla zu treffen. Durch diese geht es nun sehr steil auf einem kaum vorhandenen Pfad mit bröseligem Untergrund und viel losem Geröll bergwärts ❷. Jeder Schritt sollte achtsam gesetzt werden.

Hat man endlich diese enge Rinne gemeistert, ist die Scharte zwischen Kleiner und Großer Vallüla erreicht. Schon wartet die nächste Herausforderung: Ab hier ist praktisch kein Weg mehr vorhanden, jeder Bergwanderer muss für sich selbst eine gangbare Route über teilweise hohe Stufen, bei denen die Hände öfters zum Einsatz kommen, finden. Am höchsten Punkt angekommen ❸, öffnet sich ein unübertrefflicher Fernblick auf den See, den Piz Buin und die anderen Dreitausender der Silvretta ❹. Auf dem Weg zurück ins Tal ist die Orientierung übrigens einfacher, da von oben die optimale Route besser zu finden ist.

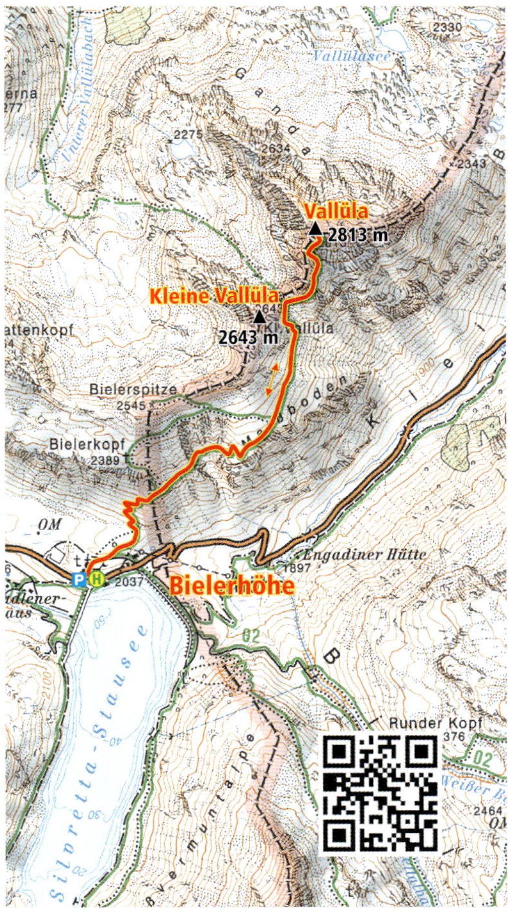

66

Hochmaderer, 2823 m

Anstrengend, aber wunderschön

schwer 4¼– 5½ Std.  1080 Höhenmeter

Ausgangspunkt: Parkplatz am südlichen Ende des Vermuntstausees. Die Anfahrt erfolgt von Schruns – Partenen über die spektakuläre mautpflichtige Silvretta-Hochalpenstraße. Die Mautgebühr beträgt beträgt € 19,50 pro Pkw.

Einkehrmöglichkeit: Madlenerhaus, in Fahrtrichtung Bielerhöhe gelegen.

Gut zu wissen: 1. Der Hochmaderer bietet eine Auswahl an Klettertouren in den unterschiedlichsten Schwierigkeitsgraden.

2. Ein weiterer Zugang führt durch das Garneratal über die Tübinger Hütte zum Hochmaderer.

Wegbeschreibung: Anfangs geht es auf einem breiten Schotterweg bequem und leicht ansteigend zuerst nach Norden und dann für einige Zeit in südlicher Richtung dahin. Nach etwa 30 Minuten biegt man rechts auf einen schmalen Wanderweg ab, der zum aussichtsreichen Hochmadererjoch führt. Von dort hat man einen schönen Blick auf den Stausee ❷. Die Abzweigung ist mit einem großen Stein gekennzeichnet, auf dem in roter Farbe „TH" (Tübinger Hütte) aufgemalt ist. Ab der Abzweigung geht es mäßig steil auf einem schmalen weiß-rot-weiß markierten Wanderweg nach Nordwesten. Von unterwegs hat man das Massiv des Hochmaderers bereits sehr imposant vor sich ❸. Der Weg führt über kleinere Stufen und wartet mit herrlichen Ausblicken auf. Schließlich passiert man eine Wegbiegung nach links, erreicht ein malerisches Hochtal und wandert eine Zeit lang an einem schönen Gebirgsbach entlang ❹. Bald wird der Anstieg wieder steiler und führt hinauf zum Hochmadererjoch, wo rechts auf den ungesicherten und unmarkierten Steig abgebogen wird. Ab diesem Punkt wird der Anstieg deutlich schwieriger, teilweise werden die Hände gebraucht. Der schmale Steig zieht in Serpentinen durch steil abfallendes Gelände zum Gipfel empor. Zurück geht es auf derselben Route. Wer Zeit hat, kann nun seine müden Füße in dem wunderbaren Gebirgsbach, der entlang des Weges fließt, erfrischen.

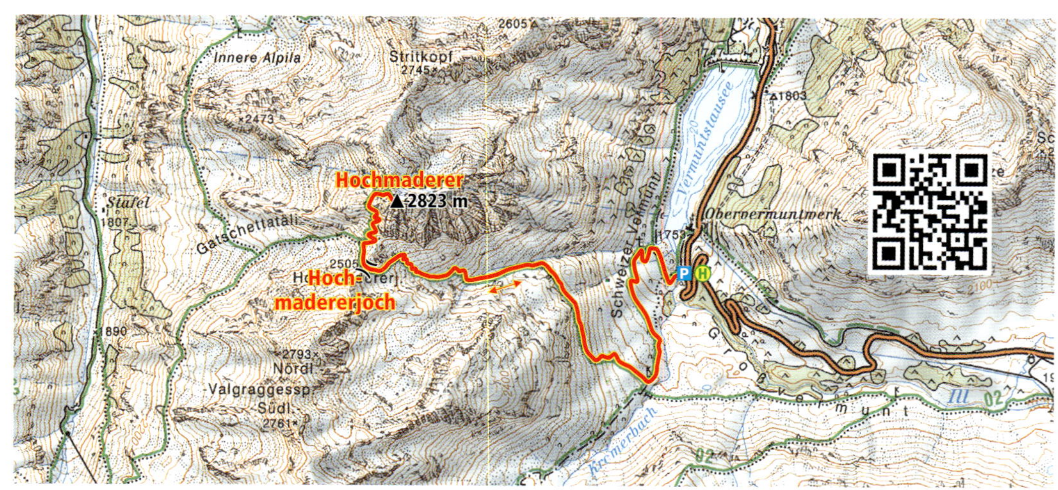

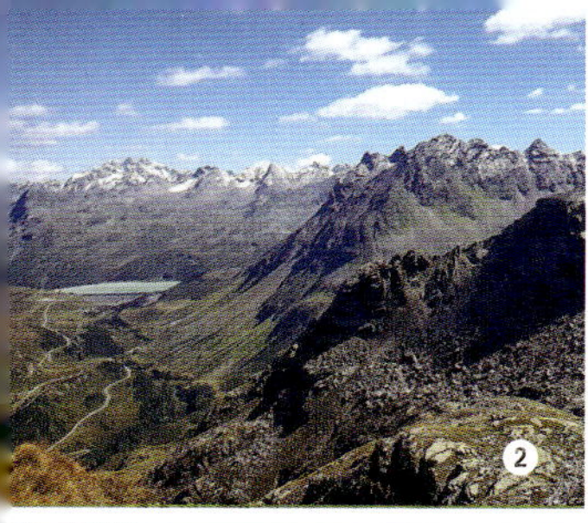

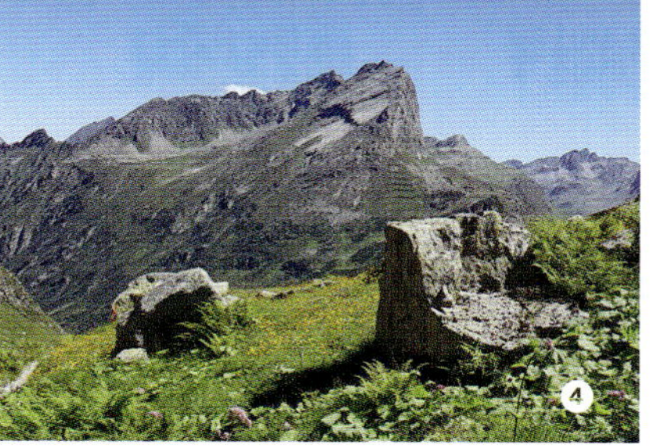

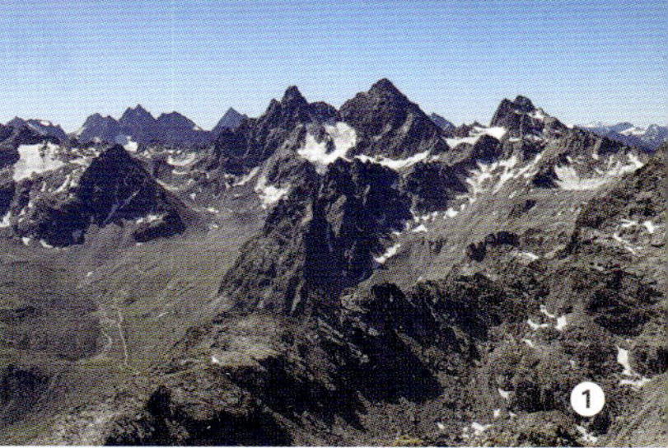

Der eher wenig begangene Weg zum Hochmaderer besticht durch seine landschaftlichen Reize, allerdings ist er ebenso anspruchsvoll wie abwechslungsreich. Die zu bewältigenden 1100 Höhenmeter sind der Sonne ausgesetzt und recht anstrengend, ein früher Start lohnt sich also, um der Hitze zu entkommen. Am höchsten Punkt warten schöne Ausblicke auf das Große Seehorn, den Großlitzner und weitere imposante Gipfel der Silvretta ❶, auf den Silvretta-Stausee, auch die Zimba und die Rote Wand sind sehr eindrucksvoll auszumachen.

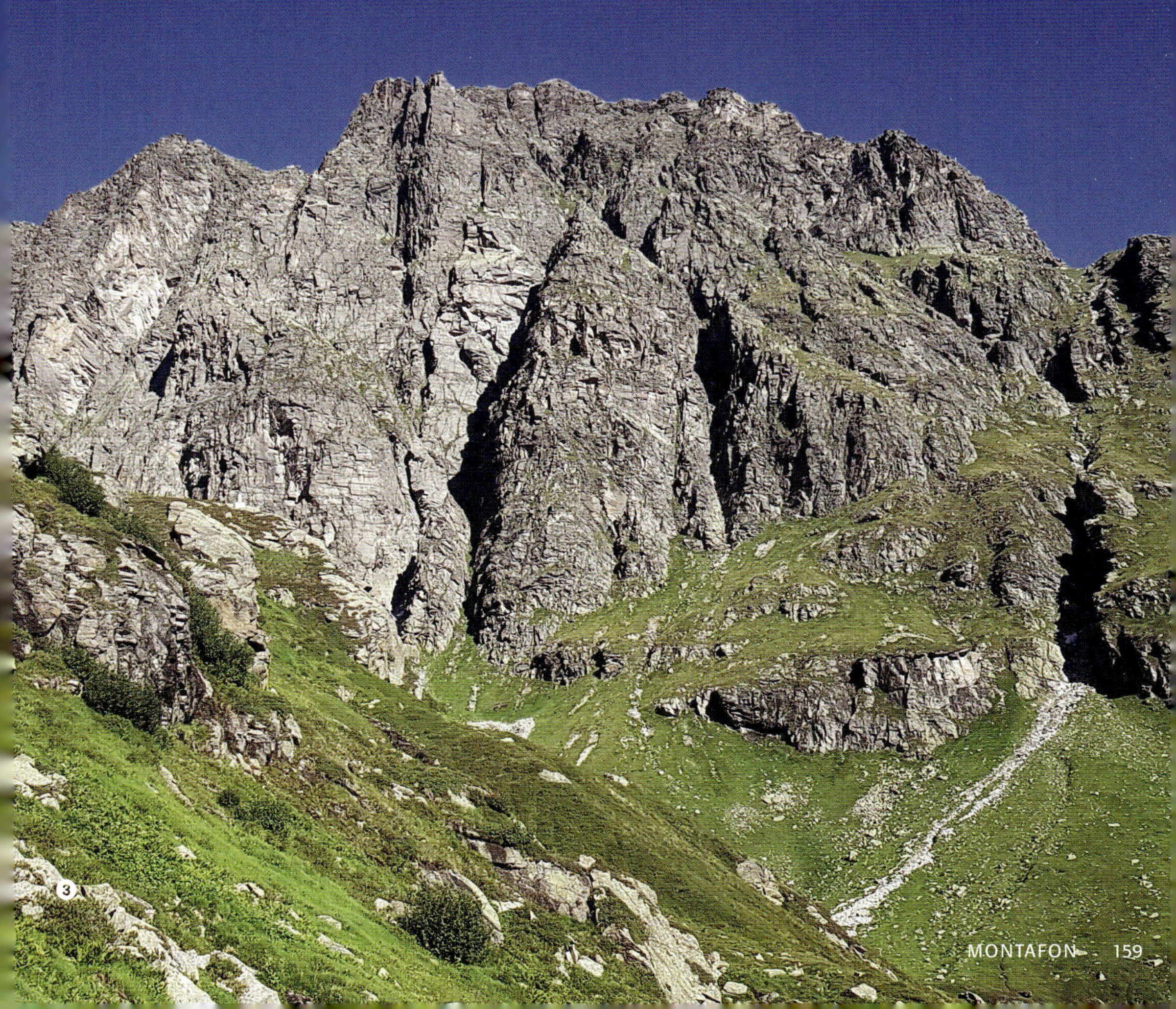

67

Breitspitze, 2196 m

Wenig begangener Gipfel mit phänomenaler Fernsicht

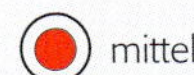 mittel  2¾- 3½ Std.  400 Höhenmeter

Die lange Anfahrt zum Kops-Stausee wird durch den einfachen und kurzweiligen Anstieg zum höchsten Punkt der Breitspitze wettgemacht.

Der kleine See vor dem Gipfelkreuz macht den Gipfelbereich einzigartig ❶. In puncto Aussicht ist die Breitspitze nicht zu übertreffen.

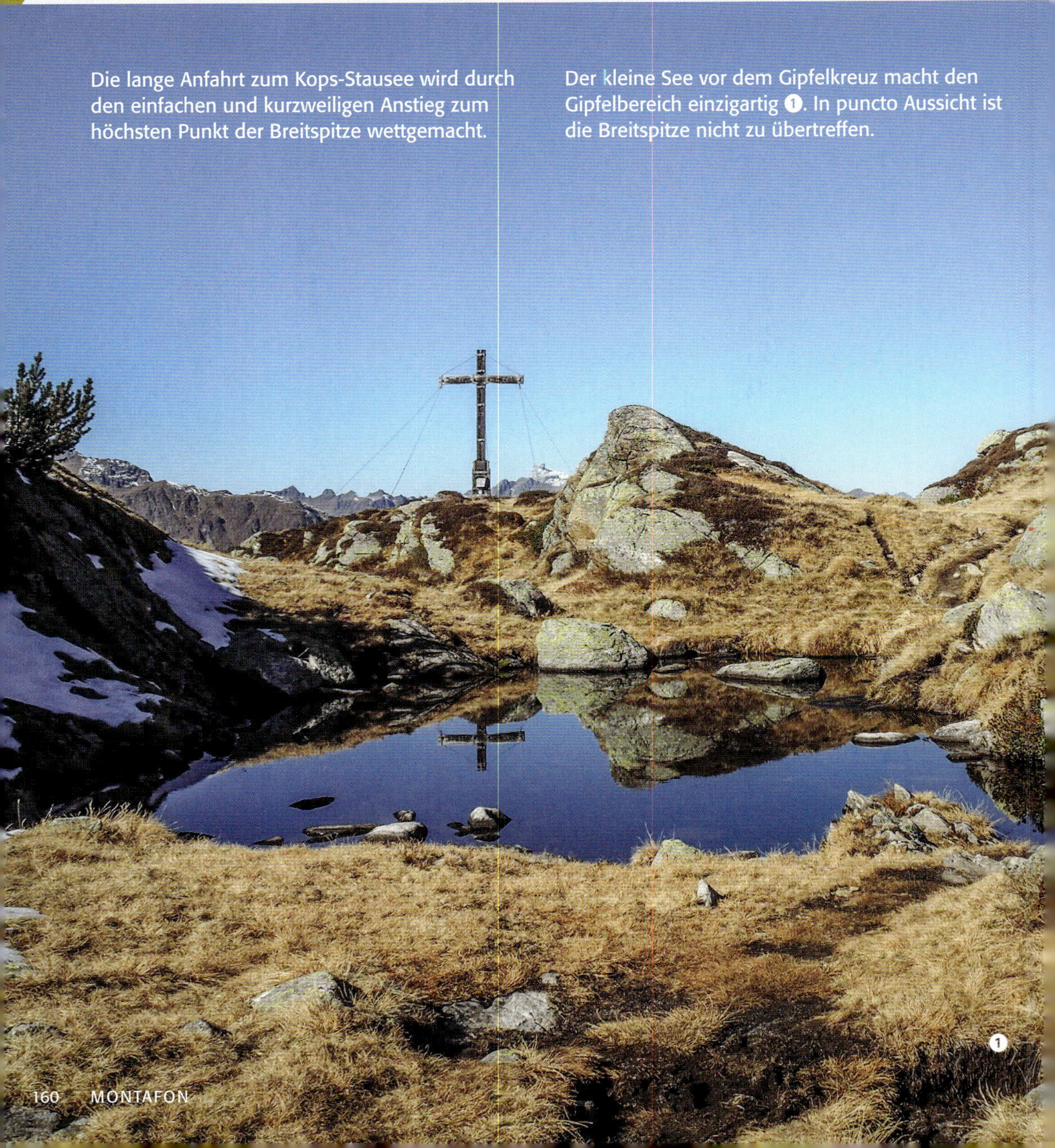

❶

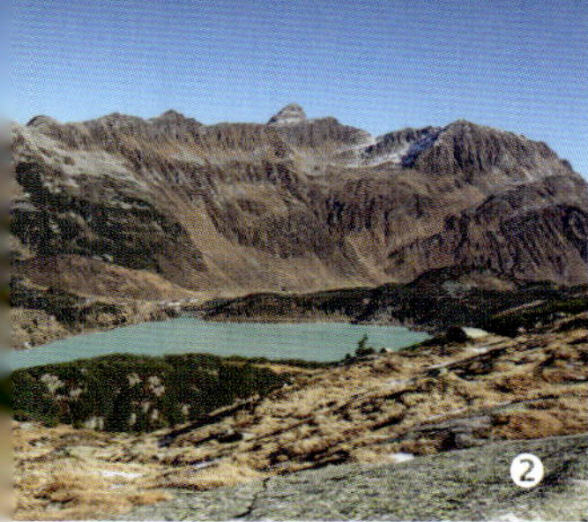

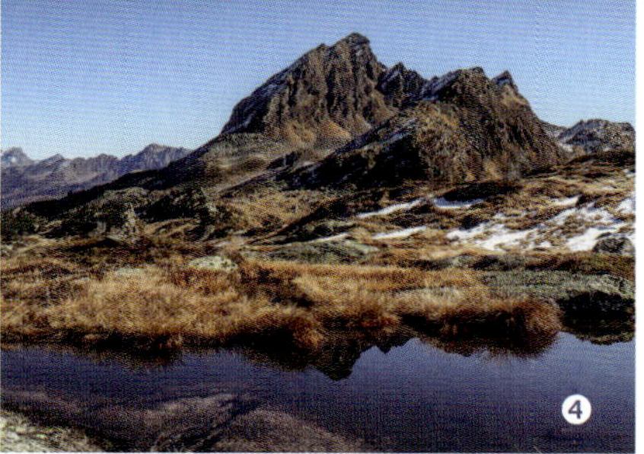

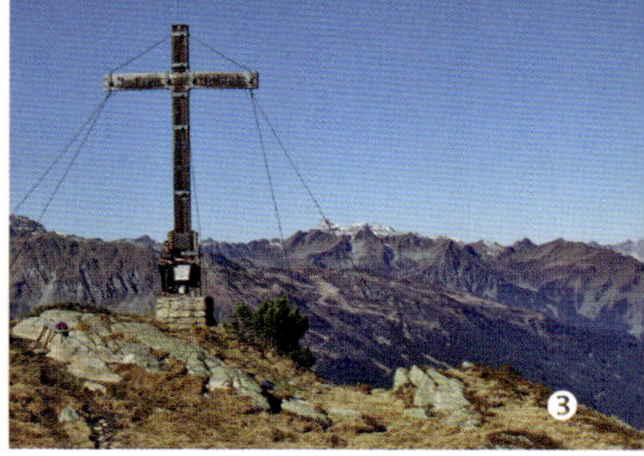

Ausgangspunkt: Parkplatz beim Kops-Stausee. Anfahrt auf der mautpflichtigen Silvretta-Hochalpenstraße über Partenen – Bieler Höhe – Zeinisjoch. Die Mautgebühr beträgt beträgt € 19,50 pro Pkw.

Einkehrmöglichkeit: Alpengasthof „Zeinisjoch" am Kops-Stausee.

Gut zu wissen: Kops-Stausee und Zeinissee sind sehr beliebte Angelreviere und zählen zu den saubersten Fischgewässern Österreichs.

Wegbeschreibung: Vom Ausgangspunkt direkt am Kops-Stausee geht es über die imposante Staumauer, kurz darauf zweigt man nach rechts auf einen breiten Fahrweg ab und folgt der weiß-rot-weißen Markierung, bis der Fahrweg in einen Wanderweg mündet und weg vom See in südwestliche Richtung weiterführt. Dreht man sich um, hat man immer wieder schöne Ausblicke auf den Stausee ❷. Deutlich steiler geht es nun auf einem schönen Wanderweg über Wurzeln und kleine Stufen aufwärts, bis wieder flacheres Gelände erreicht wird. Man wandert vorbei an kleinen Teichen sowie riesigen Steinen und Felsblöcken. Die Gegend könnte malerischer nicht sein. Bald schon ist der kleine See vor dem mächtigen Gipfelkreuz ❸ erreicht, das übrigens bereits von Partenen aus gut auszumachen ist. Das Panorama, das den Wanderer erwartet, ist einfach grandios ❹. Die imposante Silvretta-Hochalpenstraße, der Talschluss von Partenen und die Bergriesen der Umgebung stehen Spalier.

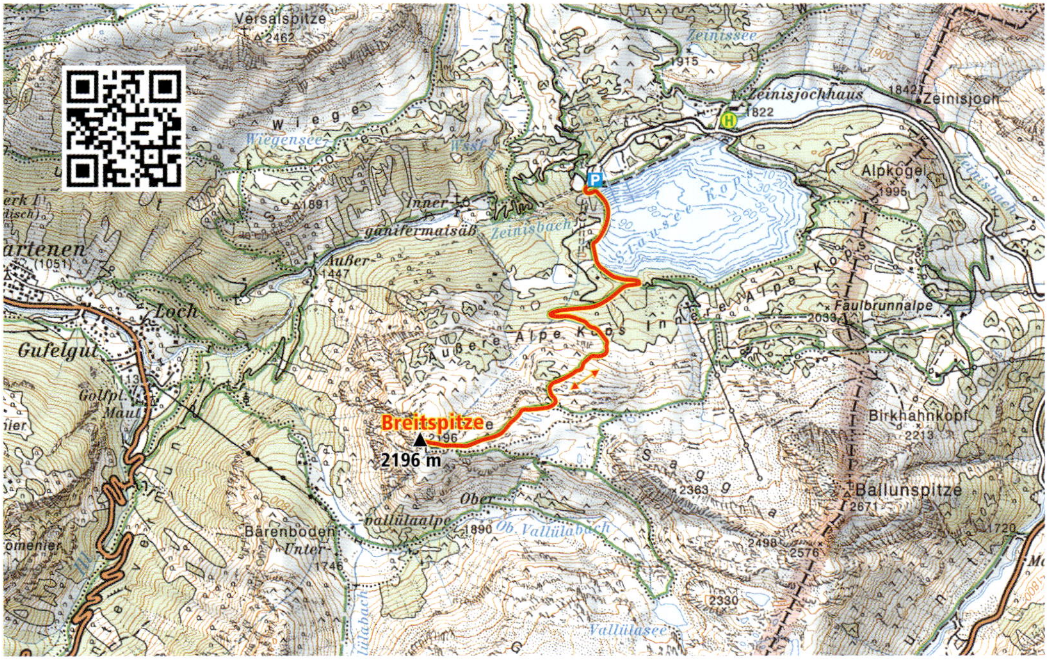

68

Madrisella, 2466 m

Eine Höhenwanderung, die ihresgleichen sucht

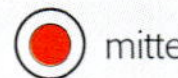 mittel  2½–3¼ Std.  460 Höhenmeter

Ausgangspunkt: Bergstation der Versettlabahn, Parkplatz an der Talstation in Gaschurn. Die Bahn fährt täglich von 8:30 bis17:00 Uhr.

Einkehrmöglichkeiten: Nova Stoba/Bergstation, Alpe Nova.

Gut zu wissen: 1. Durch die Nordwand der Madrisella führt ein beliebter Klettersteig (450 Hm, Schwierigkeiten bis C/D). Auch die Burg bietet einen schönen Klettersteig (Schwierigkeit A/B), der auch für Anfänger geeignet ist. Der Zugang ist von der Bergstation der Bahn ausgeschildert.

Wegbeschreibung: Von der Bergstation der Versettlabahn führt der Weg anfangs steil und steinig bergauf in Richtung Burg. Diese weiß-rot-weiß ausgeschilderte Wegetappe ist mit kleineren Kindern aufgrund der größeren Steine auf dem Weg eher schwieriger zu gehen, ältere Kinder hingegen werden den Wanderweg als abwechslungsreich und abenteuerlich empfinden ❶. Mit etwas Glück sieht man unterwegs Murmeltiere. Bald wird der Weg flacher. Weiter geht es durch eine idyllische Landschaft bis zur Versettla (2372 m). Unterwegs kommt man an kleineren Seen und Teichen vorbei, immer wieder eröffnet sich ein wunderbarer Rundumblick ❷. Ab der Versettla ist der Gipfel der Madrisella nur noch eine halbe Stunde entfernt ❸. Vom Fuß des Berges geht es nochmals steil aufwärts bis zum Gipfel. Hat man den höchsten Punkt erreicht, bietet sich eine herrliche Aussicht auf kleine Seen und Tümpel sowie auf die beeindruckenden Gipfel der Silvretta und des Montafons ❹.

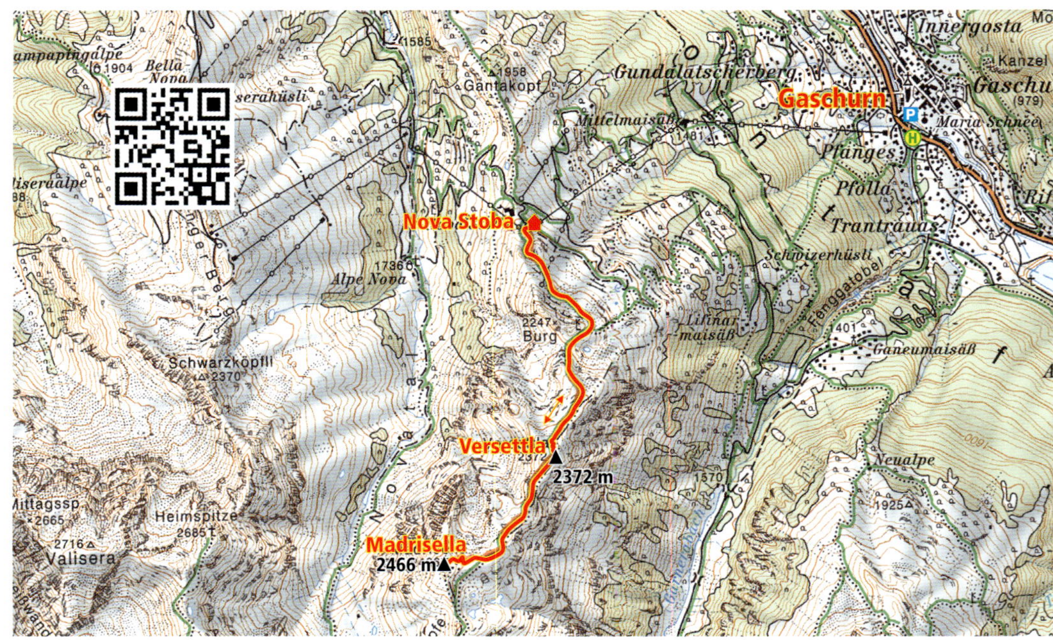

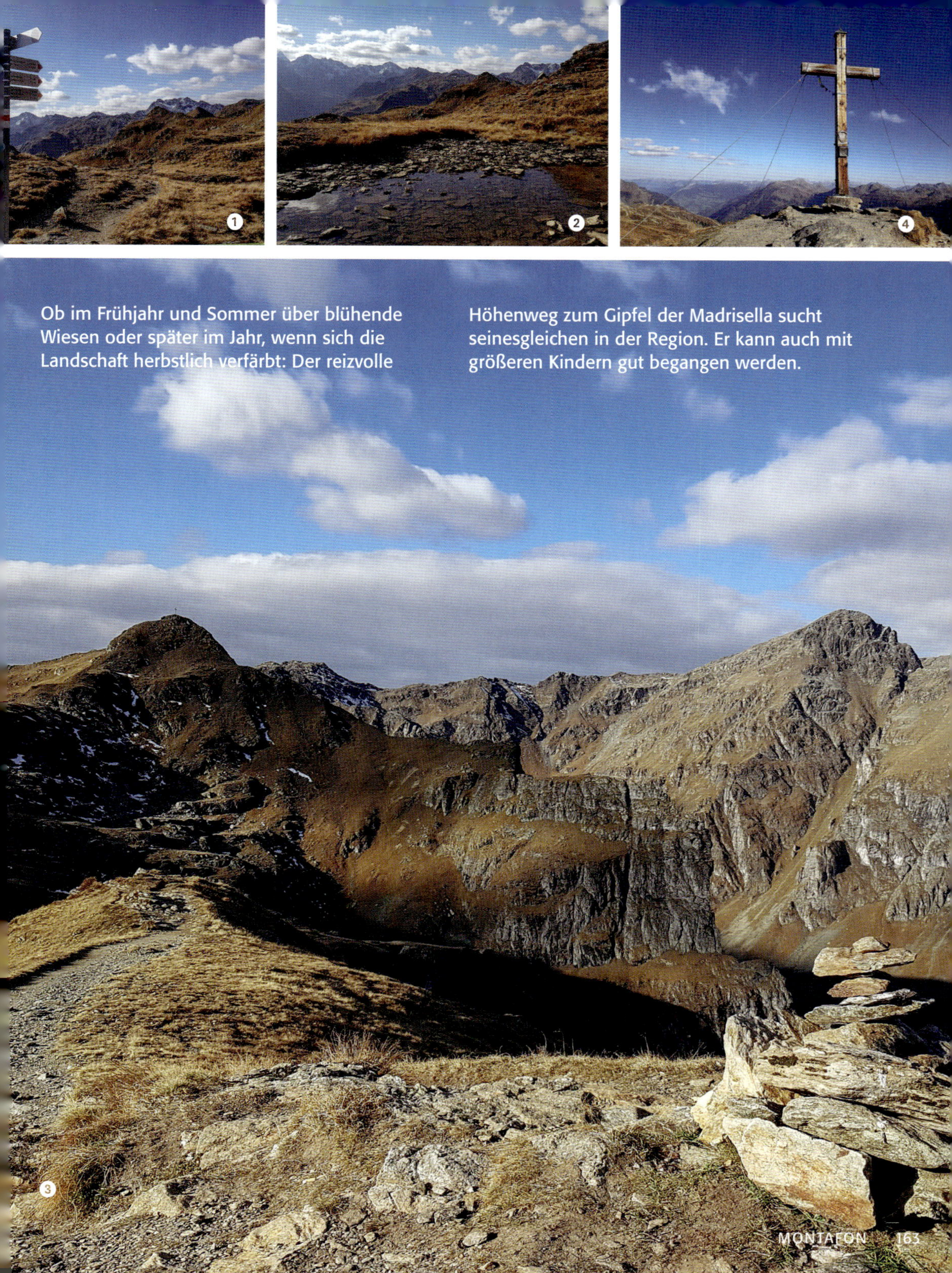

Ob im Frühjahr und Sommer über blühende Wiesen oder später im Jahr, wenn sich die Landschaft herbstlich verfärbt: Der reizvolle Höhenweg zum Gipfel der Madrisella sucht seinesgleichen in der Region. Er kann auch mit größeren Kindern gut begangen werden.

69

Riedkopf, 2552 m

„Grenzgang" zu einem wunderbaren Aussichtsgipfel

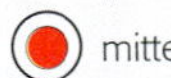 mittel  3–3¾ Std.  550 Höhenmeter

Diese abwechslungsreiche Wanderung im Grenzgebiet zwischen Montafon und Graubünden führt durch eine landschaftlich besonders reizvolle Gegend. Für den Gipfelanstieg kann man zwischen zwei Varianten wählen: zwischen dem leichteren Wiesen- und dem anspruchsvolleren Gratweg, der dem Grenzkamm folgt ❶. In beiden Fällen heißt es auf den letzten Metern noch einmal anpacken.

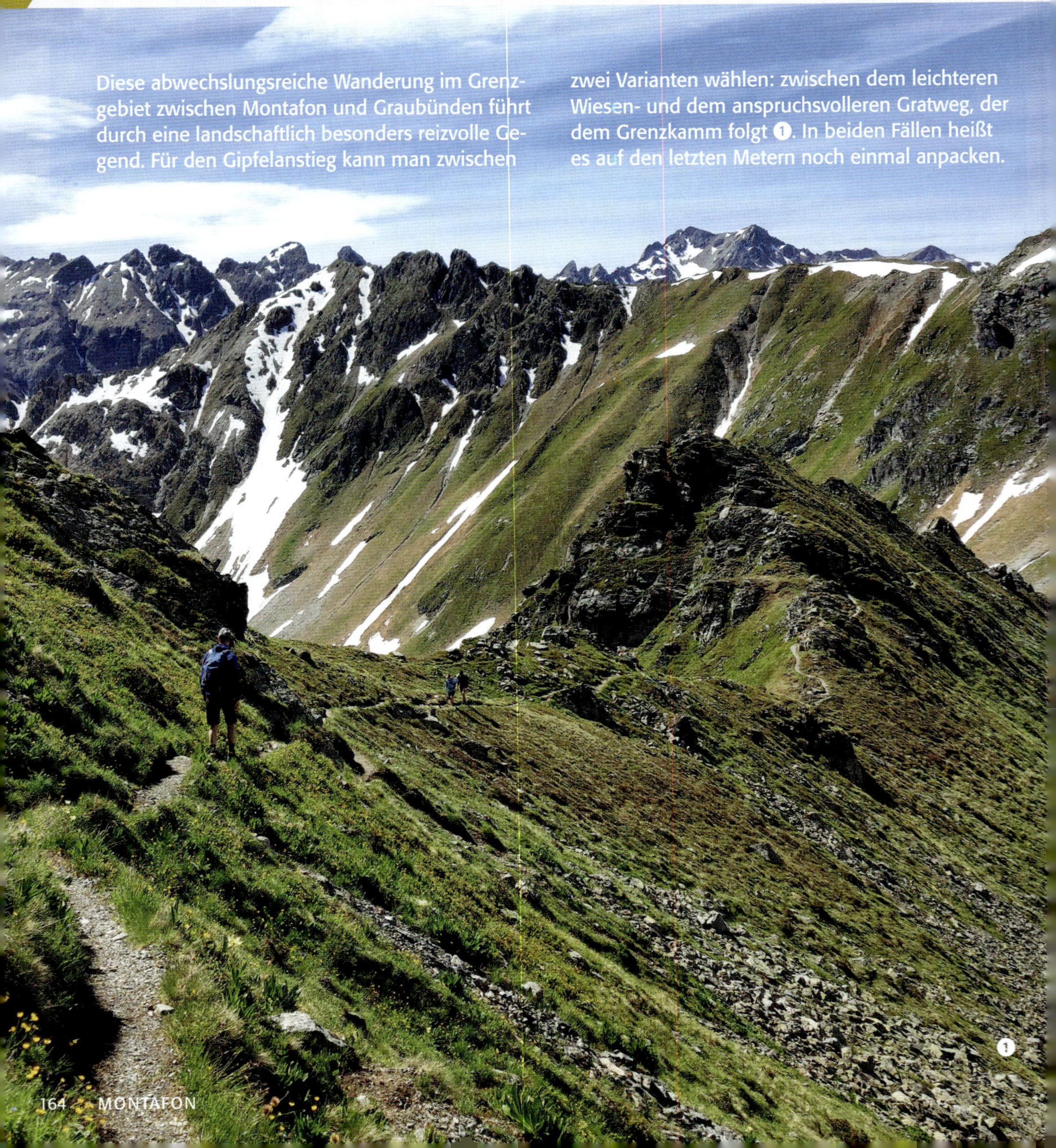

❶

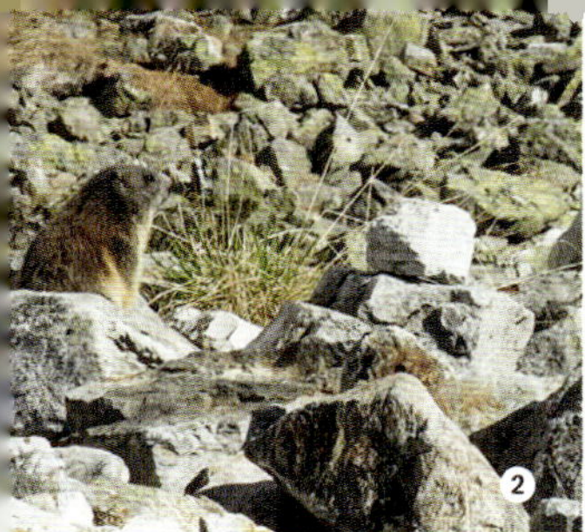

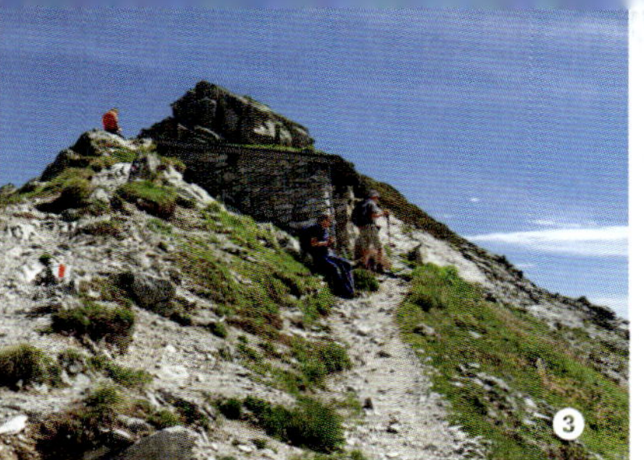

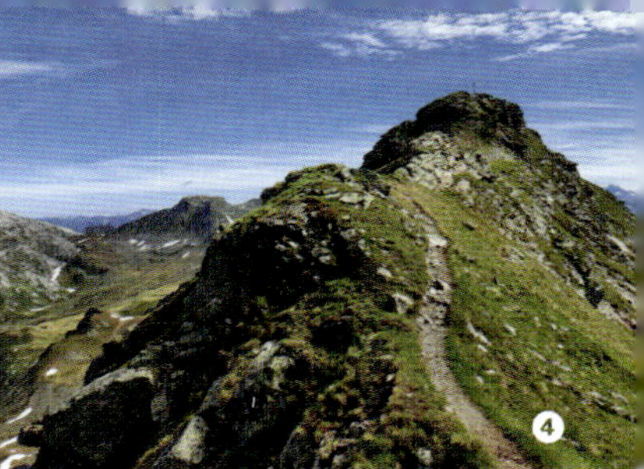

Ausgangspunkt: Bergstation der Schafbergbahn, Parkplatz an der Talstation in Gargellen. Die Bahn ist täglich von 8:30 bis 16:30 Uhr in Betrieb.
Einkehrmöglichkeit: Schafberghüsli bei der Bergstation.
Gut zu wissen: Eine abwechslungsreiche Rundwanderung führt entlang des Schmugglerpfads: ausgehend von der Bergstation über das St.-Antönier-Joch zum Gafiersee und über das Gafierjoch zurück (4½ Std., 600 Hm, mittelschwer, Trittsicherheit erforderlich). Mit etwas Glück sieht man Murmeltiere, Gämsen oder sogar Steinböcke.
Wegbeschreibung: Von der Bergstation folgt man dem breiten, gut beschilderten Weg aufwärts in Richtung Riedkopf. Nach wenigen Minuten biegt man bei einer Weggabelung rechts ab und folgt dem Wegweiser. Der Weg führt nun etwa 10 Minuten leicht bergan, bevor uns eine Abwärtspassage in weiteren 10 Minuten zu einer Abzweigung bringt. Dort geht es links und mäßig steil durch ein Feld mit größeren Steinblöcken weiter empor. Alpenrosen säumen den Weg, oft sind Murmeltiere aus nächster Nähe zu beobachten ❷. Die letzten 200 Höhenmeter zum St.-Antönier-Joch führt der Fußweg steil hinauf. Etwas unterhalb des Jochs passiert man einen kleinen malerischen See. Im Joch, das direkt an der Schweizer Grenze liegt, steht noch ein altes, verlassenes Zollhäuschen ❸.
Vom Joch aus ist erstmals ein schöner Blick auf die Schweizer Berge möglich. Hier teilt sich der Weg in einen etwas exponierten, für trittsichere Wanderer aber unschwierigen Gratweg und einen einfacheren Wiesenweg. Wer den Gratweg umgehen möchte, kann den unteren Weg wählen, der gemütlich über schöne Bergwiesen zum Ziel führt. Der schmale, teils etwas ausgesetzte Gratweg zieht immer entlang der Schweizer Grenze gen Norden, der Riedkopf ist in der Ferne bereits gut zu erkennen. In leichtem Auf und Ab wird er in einer knappen Stunde erreicht. Unterhalb des Gipfels treffen beide Wegvarianten wieder aufeinander ❹. Eine kurze Kraxelei führt zuletzt zum höchsten Punkt.

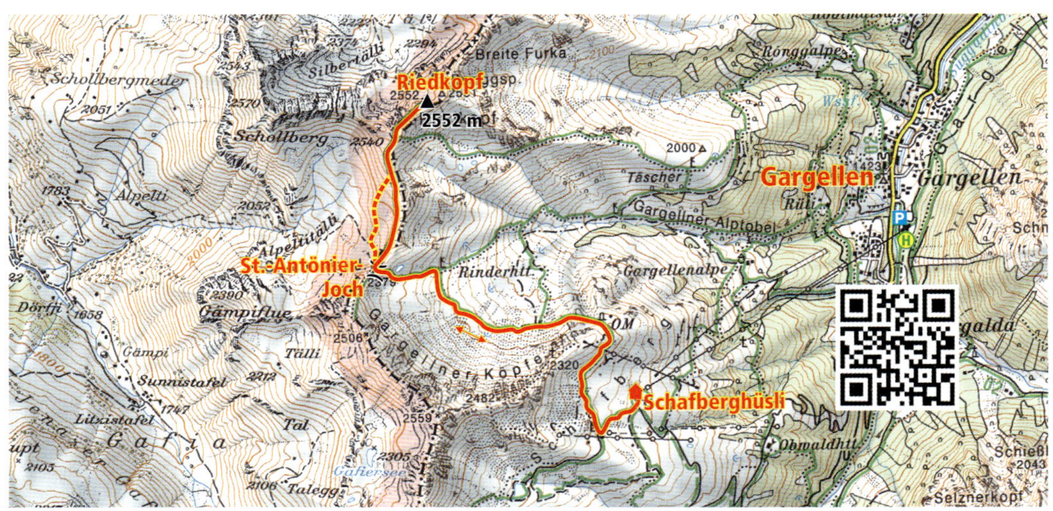

70 Versalspitze und Augstenberg, 2462 bzw. 2489 m

Zwei auf einen Streich

 mittel   2¾ –3½ Std. (Versalspitze) + ½–¾ (Augstenberg)    750 Hm bergauf / 937 Hm bergab

Ausgangspunkt: Bergstation der Tafamuntbahn, Parkplatz an der Talstation in Partenen. Die Bahn fährt täglich von 8:30 bis 12:00 Uhr und von 13:00 bis16:45 Uhr (letzte Talfahrt). Nur die erste Bahn um 8.30 Uhr fährt bis zur Bergstation, danach wird nur noch die Mittelstation angefahren. Zur Mittelstation muss man also zu Fuß zurückkehren.

Einkehrmöglichkeit: „Alpstöbli" in der Mittelstation der Bahn.

Gut zu wissen: Wer von der Silvretta-Hochalpenstraße talwärts in Richtung Partenen fährt, hat einen schönen Blick auf die Südseite der Versalspitze.

Wegbeschreibung: Bei der Bergstation der Tafamuntbahn geht es für kurze Zeit abwärts bis zur Rechtsabzweigung Richtung Versalspitze. Nun führt ein schmaler Pfad durch ein Waldstück sehr steil bergauf ❶. Bald wird der Weg sonnig, es geht durch wunderschöne Blumenwiesen, vorbei an Lawinenverbauungen, bis man schließlich das verfallende Versa haus passiert ❷. Den Gipfel vor Augen wandert man mäßig ansteigend über Alpflächen weiter bis zum Jöchli, wo es rechts in 10 Minuten auf die Versalspitze ❸ und links auf den Augstenberg geht ❹. Das fantastische Panorama von der Versalspitze mit Blick auf die Silvretta-Hochalpenstraße ❺, die Dreitausender der Silvretta und die Berge des Verwalls ist das Highlight dieser Tour. Wer noch auf den etwas höheren Augstenberg will, folgt vom Jöchli den Markierungen in nördlicher Richtung ❻. Die Gesamtgehzeit verlängert sich in diesem Fall um etwa eine halbe Stunde. Der Ausblick vom Gipfel des Augstenbergs steht dem seines Nachbarns in nichts nach. Zurück geht es auf dem gleichen Weg, allerdings zumindest bis hinab zur Mittelstation. Dort kann im gemütlichen „Alpstöbli" die Wartezeit auf die Bahn mit einer Einkehr verkürzt werden.

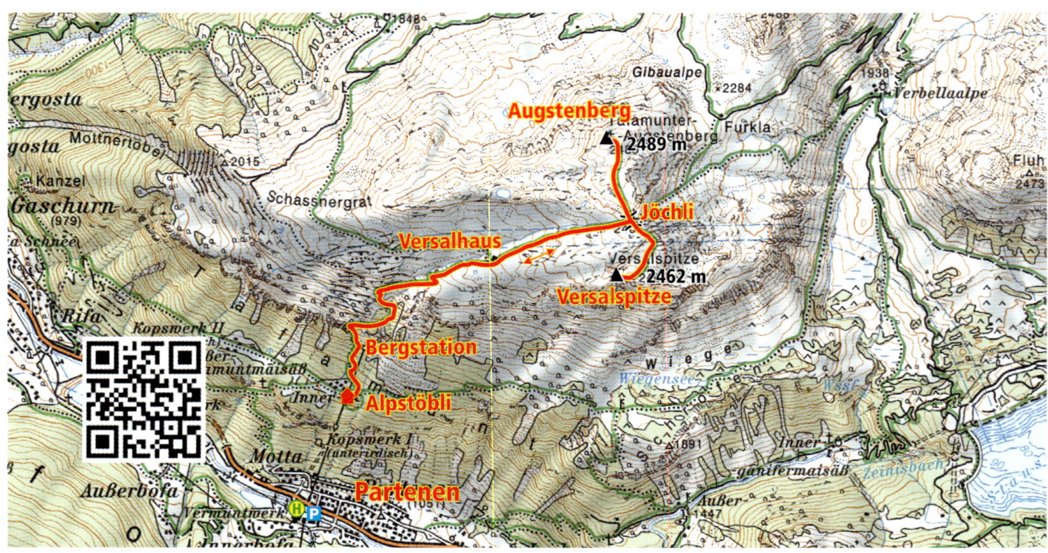

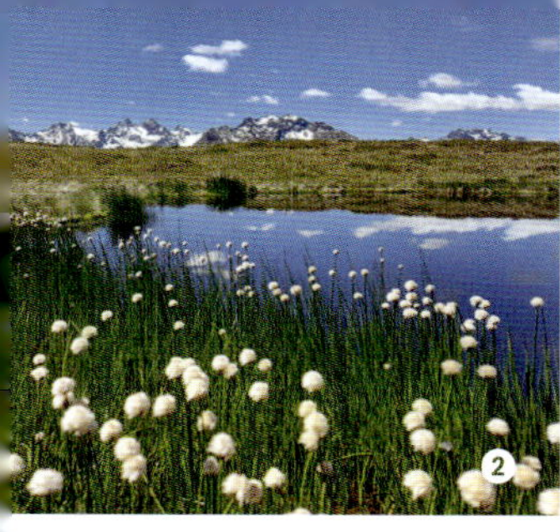

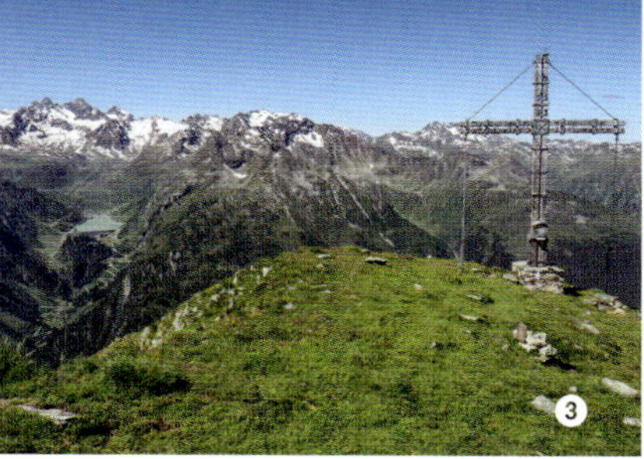

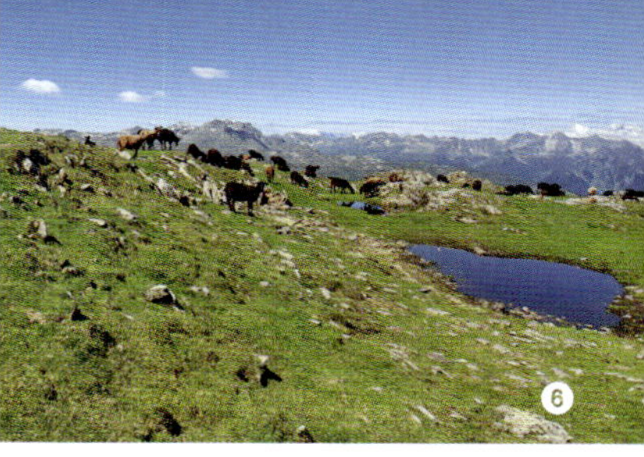

Diese Wanderung, bei der zwei Gipfel an einem Tag bezwungen werden können, bleibt vor allem wegen der wunderbaren Vegetation lange in Erinnerung. Gerade die Gegend um das aufgelassene Versalhaus mit ihren kleinen Seen und Tümpeln und den prächtigen Blumenwiesen ist traumhaft schön. Die Aussicht von den zwei Bergnachbarn lohnt es, beide zu besuchen.

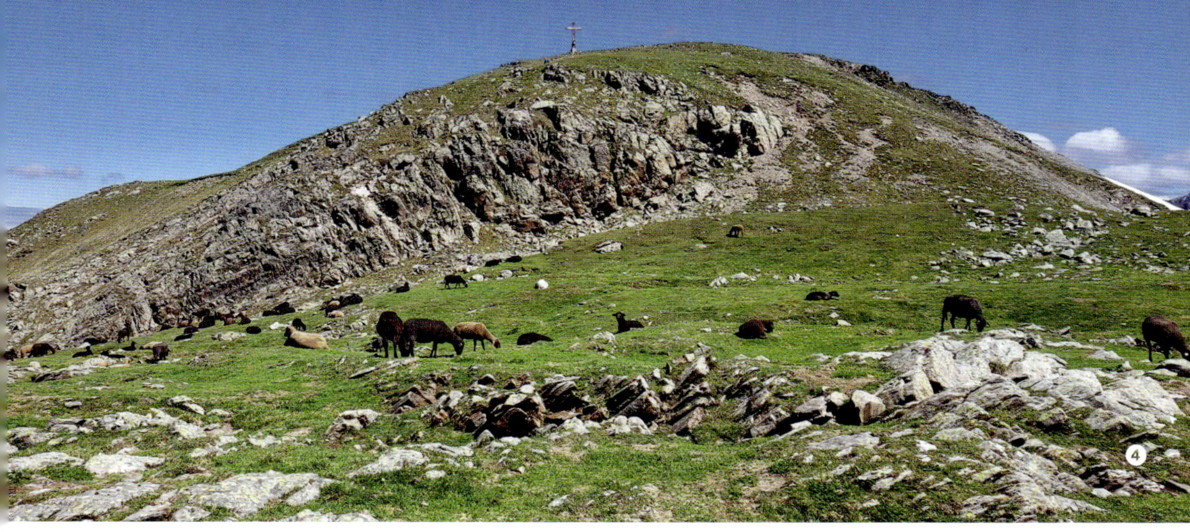

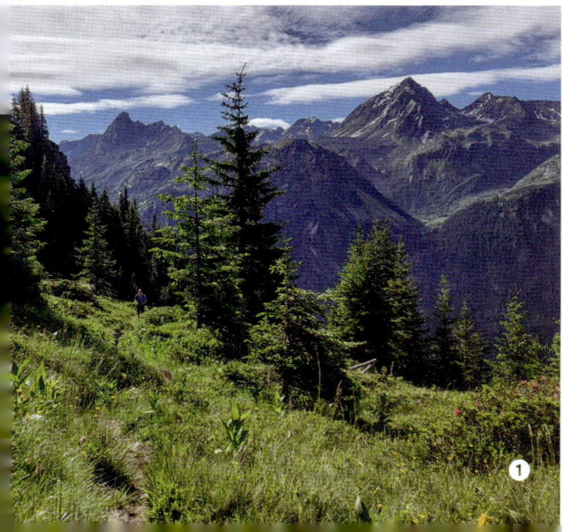

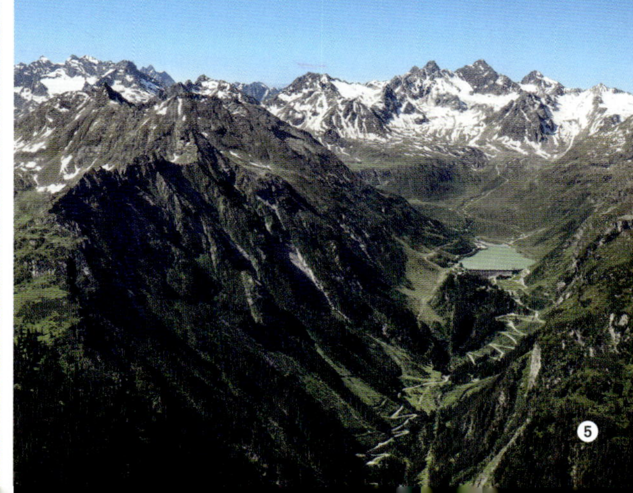

71

Sulzfluh, 2818 m

Auf den Felsgiganten des Rätikons

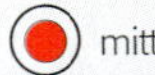 mittel  6–7½ Std.  1150 Höhenmeter

Die eintägige Wanderung auf die Sulzfluh ist mit einer längeren Anfahrt ins Schweizer Prättigau und einer langen Gehzeit verbunden, man wird jedoch mit dieser lohnenden Tour auf diesen so besonderen Gipfel mehr als entschädigt. Die Wanderung besticht durch ihre vielfältigen landschaftlichen Eindrücke, gerade der Gang durch die bizarre Steinlandschaft der Sulzfluh-Karsthochflächen ist ein besonderes Erlebnis. Am Ende der Wanderung lockt der erfrischende Partnunsee.

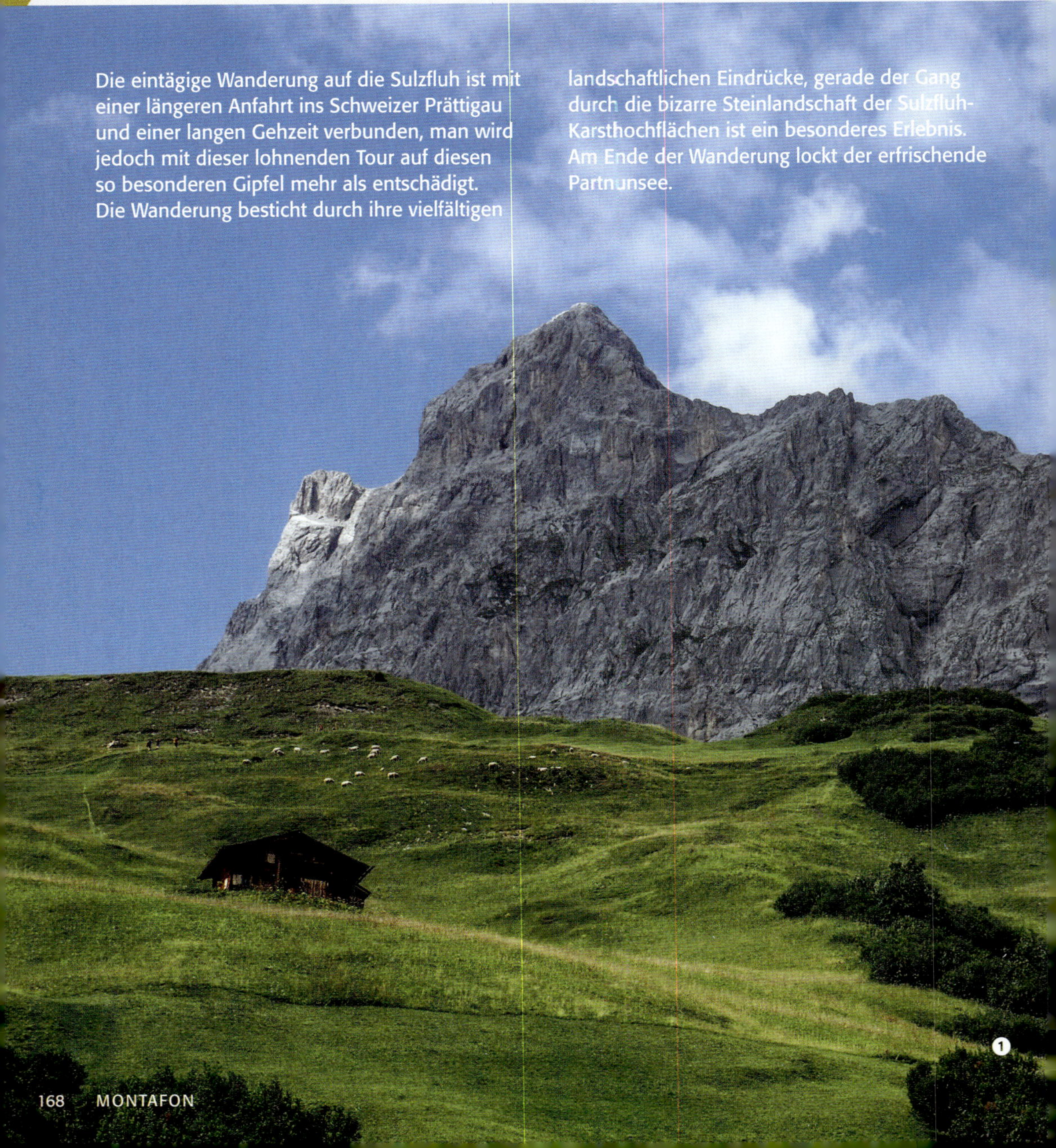

1

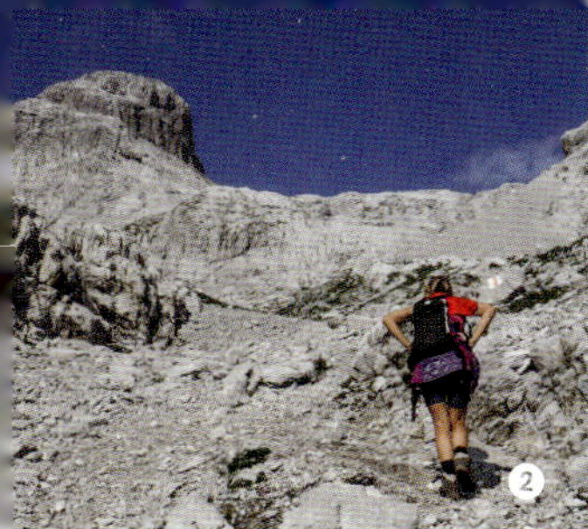

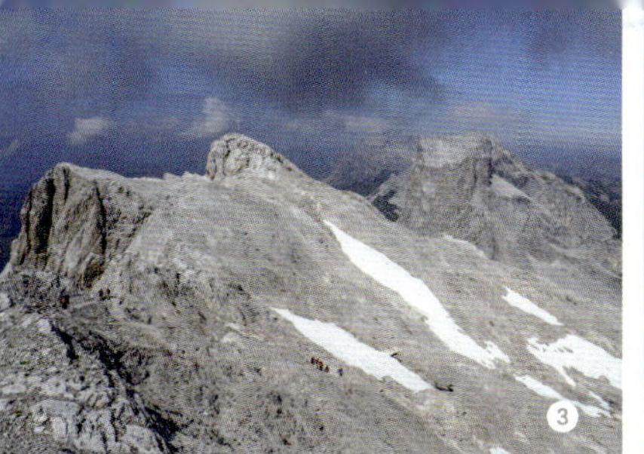

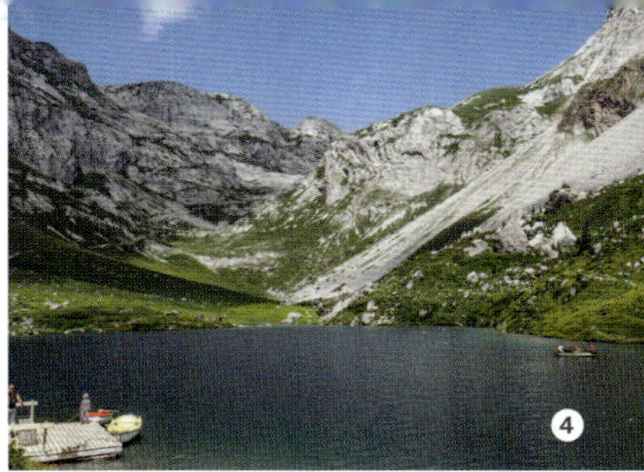

Ausgangspunkt: Bewirtschafteter Parkplatz Partnun, Sankt Antönien (Graubünden). Es gibt mehrere Parkplätze entlang der Partnunstraße, der Parkplatz P6 ist der hinterste.

Einkehrmöglichkeiten: Berghaus „Sulzfluh" in Partnun, Tilisunahütte.

Gut zu wissen: Durch die Südflanke der Sulzfluh führt ein attraktiver Klettersteig, der jedoch nur für erfahrene Klettersteiggeher geeignet ist.

Wegbeschreibung: Vom Parkplatz direkt an der Straße geht es zunächst der Straße entlang bergauf. Beim Gasthof „Sulzfluh" folgt man der weiß-rot-weißen Markierung. Bereits hier zeigt sich die Sulzfluh von ihrer imposanten Seite ❶. Rasch folgt eine Abzweigung nach links. Auf einem breiten Weg wandert man über Wiesen in nordwestliche Richtung. Bald wird der Weg anspruchsvoller und steiler. Es geht durch felsiges Gelände über eine hohe seilgesicherte Stufe, für die Trittsicherheit erforderlich ist. Geübte Berggeher werden an dieser Wegetappe Gefallen finden. Der Weg führt nun weiter ins Gemschtobel, das breit und wannenförmig zwischen mächtigen Kalkfelswänden eingebettet ist ❷. Durch diese beeindruckende Felslandschaft geht es hinauf auf den Rücken nördlich des Gipfels. Bei der Weggabelung „Gemschtobel" auf 2690 m angekommen, zweigt der Weg nach links in Richtung Gipfel ab. Über große Steinplatten und vorbei an zahlreichen weiß-rot-weißen Markierungen erfolgt nun der Gipfelanstieg. Das mächtige Gipfelkreuz der Sulzfluh ist meist gut besucht, der große Gipfelbereich bietet ausreichend Platz. Der Blick auf die nahen Drei Türme ist einmalig ❸.
Zurück geht es bis zur Abzweigung „Gemschtobel". Von dort folgt man nun der Markierung zur Tilisunahütte in Richtung Nordosten. Ein schottriger Weg führt durch eine einmalige und spannende Karstlandschaft abwärts. Die Orientierung ist nicht immer ganz einfach, aber wer aufmerksam den Markierungen und Steinmännchen folgt, kommt nicht vom Weg ab. Oberhalb der Tilisunahütte wechselt das Landschaftsbild. Über Alpflächen wandert man nun der Hütte entgegen, die zu einer verdienten Rast einlädt. Der weitere Abstieg geht, den Markierungen folgend, nun Richtung Süden. Kurzzeitig führt der Weg nochmals bergauf zum Tilisunafürkele, dann geht es auf einem sonnigen und schmalen Weglein bergab zum Partnunsee, den zügige Geher etwa eine Stunde ab Hütte erreichen. Die letzte Wegetappe ist landschaftlich besonders malerisch. Am südlichen Ende des Sees am Ufer angekommen, kann man seine müden Füße im kristallklaren Wasser erfrischen ❹. Bald mündet der Weg in den bereits bekannten Weg und führt zurück zum Ausgangspunkt.

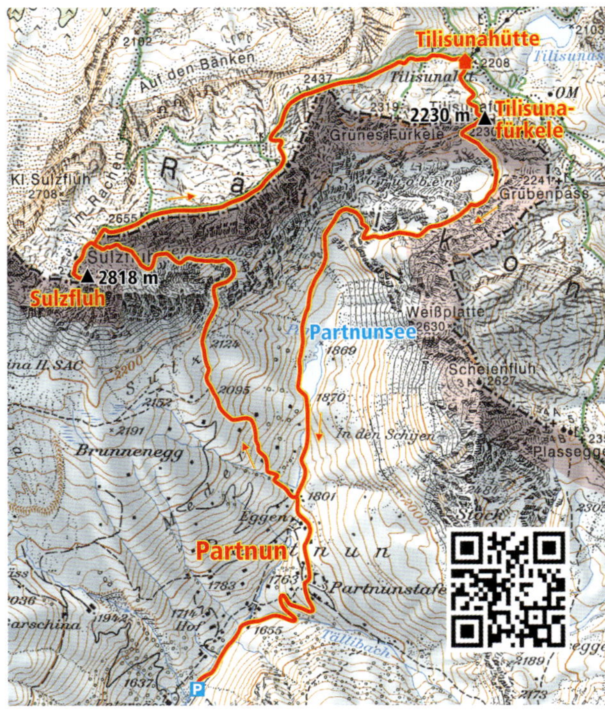

Drei Türme, 2782 m

Auf das Wahrzeichen des Montafons

schwer 9–11 Std.  1800 Höhenmeter

Ausgangspunkt: Parkplatz Golmerbahn in Tschagguns/Latschau. Anfahrt über Bludenz – Montafoner Straße L188.

Einkehrmöglichkeiten: Lindauer Hütte, diverse Gasthäuser in Latschau/Tschagguns.

Gut zu wissen: 1. Zu beachten ist, dass die beliebte Lindauer Hütte während der Hauptsaison sehr gut gebucht ist und Reservierungen oft schon Wochen im Voraus getätigt werden müssen. www. lindauerhuette.com 2. In der nordseitigen Rinne, die zum Joch hinaufführt, kann bis in den Sommer hinein Schnee liegen. Daher empfiehlt sich die Mitnahme von Spikes oder Steigeisen und Wanderstöcken.

Wegbeschreibung: Vom Parkplatz führt der viel begangene Weg zunächst zu einer Weggabelung, an der man sich zwischen zwei Wegen entscheiden muss. Beide führen durch die Postkartenidylle des Gauertals in etwa derselben Zeit zur Lindauer Hütte ❷. Es bietet sich an, den einen Weg für den Aufstieg und den anderen für den Rückweg zu wählen (Hüttenzustieg siehe Karte Tour 73). Wer den Weg zur Hütte mit dem Mountainbike abkürzen will, sollte den linken Weg wählen, dies ist der Fahrweg zur Hütte.

Der Wanderweg durch die wunderbare Maisäßlandschaft des Gauertals geht stetig bergauf, sind doch fast 800 Höhenmeter bis zur Hütte zu bewältigen. Hinter der Hütte, beim großen Alpengarten, folgt man einem von Latschen gesäumten Weglein, das mit der Markierung „Drusentor/Drei Türme" versehen ist ❸. Ein angenehmer Wanderweg führt unschwierig oberhalb der Oberen Spora Alpe weiter, bald wird dieser schmaler, steiler und felsiger. In vielen Kehren führt er zur Abzweigung „Drei Türme/Ungesicherter Steig (nicht markiert)". Dort biegt man rechts ab und wandert durch ein von Felsbrocken durchsetztes Gelände auf den auffälligen Sporaturm zu, der schon von Weitem zu sehen und den Drei Türmen vorgelagert ist. Steinmännchen am Wegrand dienen der Orientierung. Vor dem Sporaturm geht es links bergwärts durch ein riesiges Schotterfeld. Nun wird die Route mühsam, denn es ist viel loses Gestein zu überwinden ❹. Bis weit in den Sommer hinein kann hier noch Altschnee liegen ❺.

Die letzte Etappe unter dem Joch zwischen Kleinem und Mittlerem Turm ist drahtseilgesichert, was das Vorankommen erleichtert. Am Fuß des Mittleren Turms zweigt die Route nach rechts ab, ein sehr schmaler Pfad führt ab hier bis zum Gipfel ❻. Die Wegfindung ist teils etwas schwierig, weil keine Markierungen mehr vorhanden sind. Das Panorama auf dem Gipfel ist fabelhaft und lädt zu längerem Verweilen an.

Hinweis: Ein Besteigen des kreuzgeschmückten Kleinen Turms ist Kletterern vorbehalten, der Große Turm (ohne Kreuz) dagegen ist einfach zu begehen.

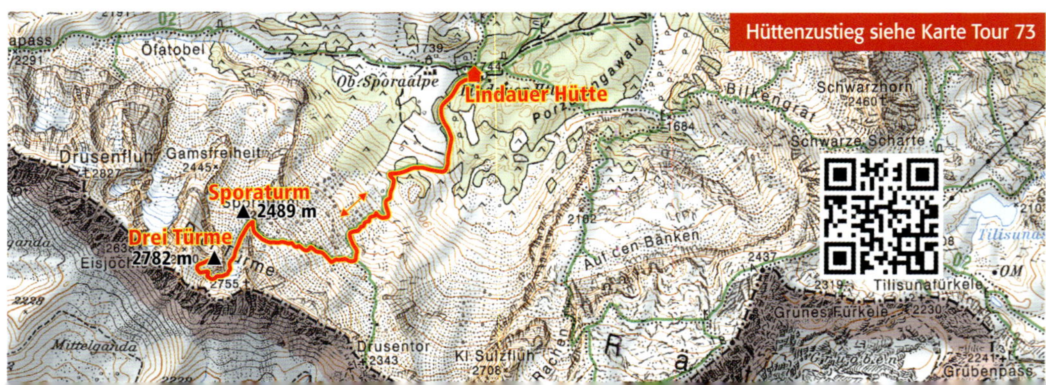

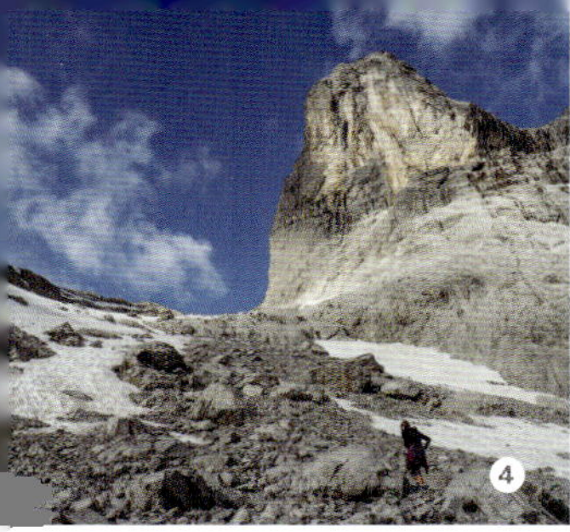

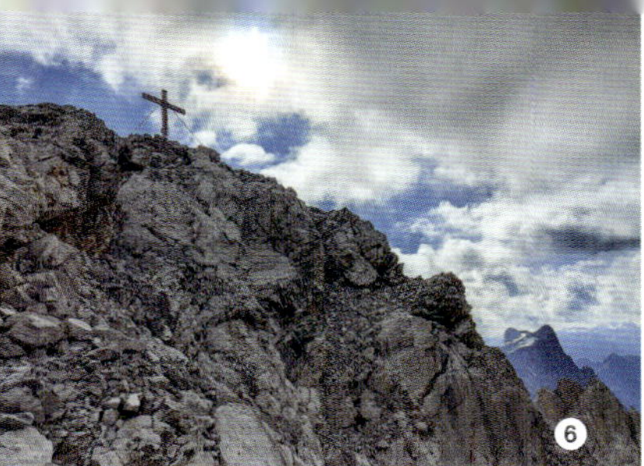

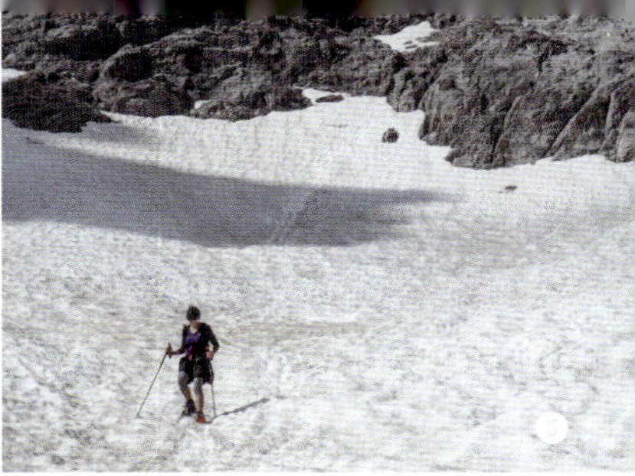

Diese lange und fordernde Tour auf den mittleren der Drei Türme lässt das Herz jedes passionierten Bergsteigers höherschlagen ❶. Ausdauer, Trittsicherheit, Schwindelfreiheit und Orientierungsvermögen im freien Gelände sind allerdings ein Muss, will man Freude an der Besteigung des Montafoner Wahrzeichens finden. Am besten plant man eineinhalb Tage ein und übernachtet in der komfortablen Lindauer Hütte, um früh am Morgen in Richtung Gipfel aufzubrechen. Von einer Besteigung an nur einem Tag ist eher abzuraten.

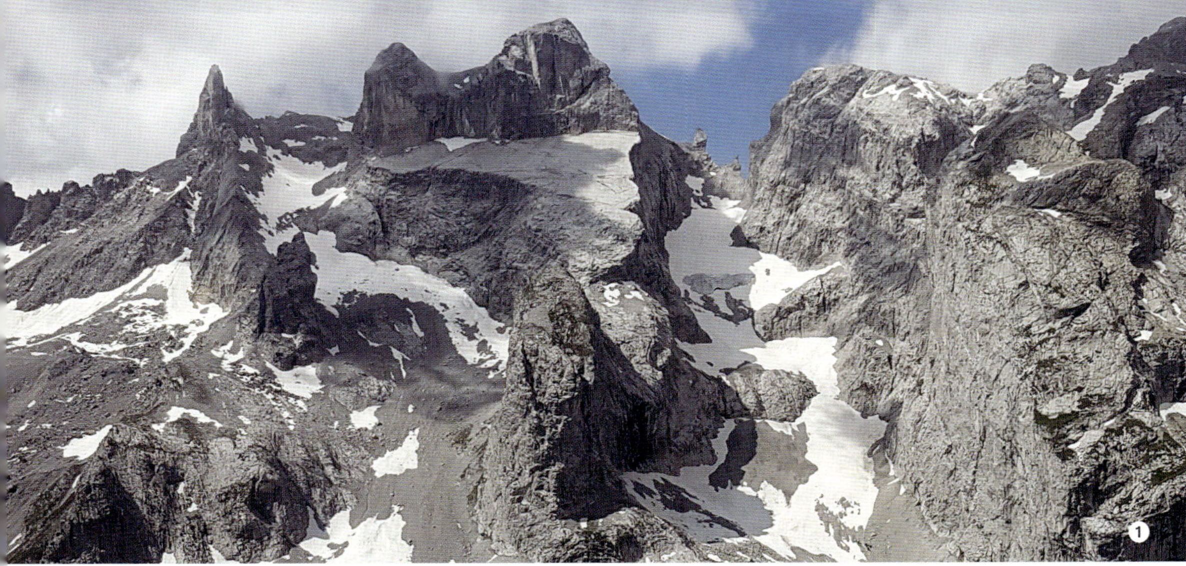

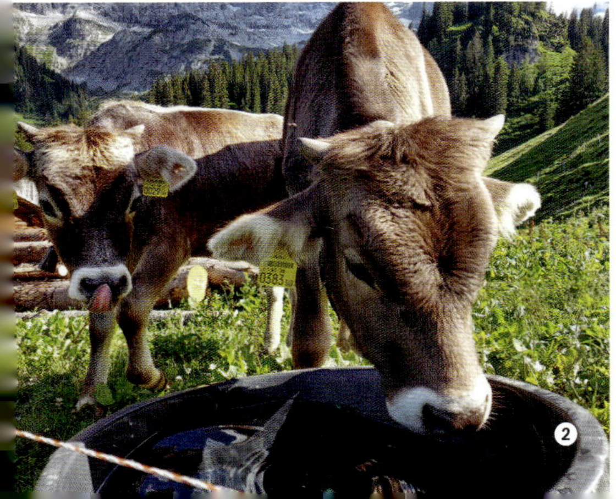

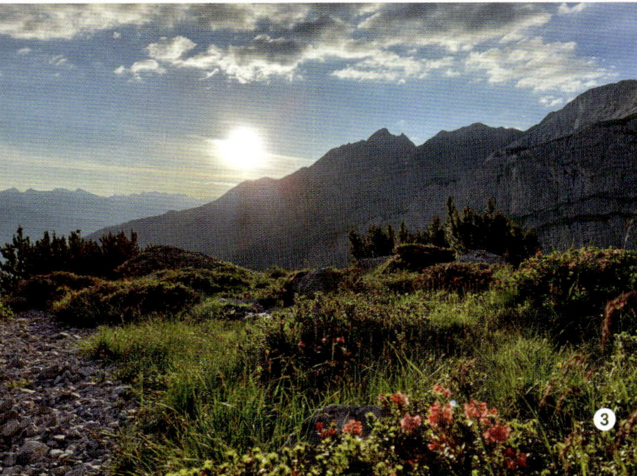

73

Geißspitze, 2334 m

Zurecht sehr beliebt

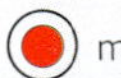 mittel  4¼– 5¾ Std.  450 Höhenmeter bergauf / 1350 Höhenmeter bergab

Diese Bergwanderung besticht mit ihrer wunderschönen Landschaft, einem aussichtsreichen Gratweg und dem genialen Blick auf die Drei Türme, die Sulzfluh und die Drusenfluh. Von der lohnenden Einkehr in der Lindauer Hütte und dem Rückweg durch das idyllische Gauertal ganz zu schweigen. Kein Wunder also, dass die Runde abschnittsweise sehr beliebt ist. Wem es möglich ist, der kommt besser außerhalb der Stoßzeiten.

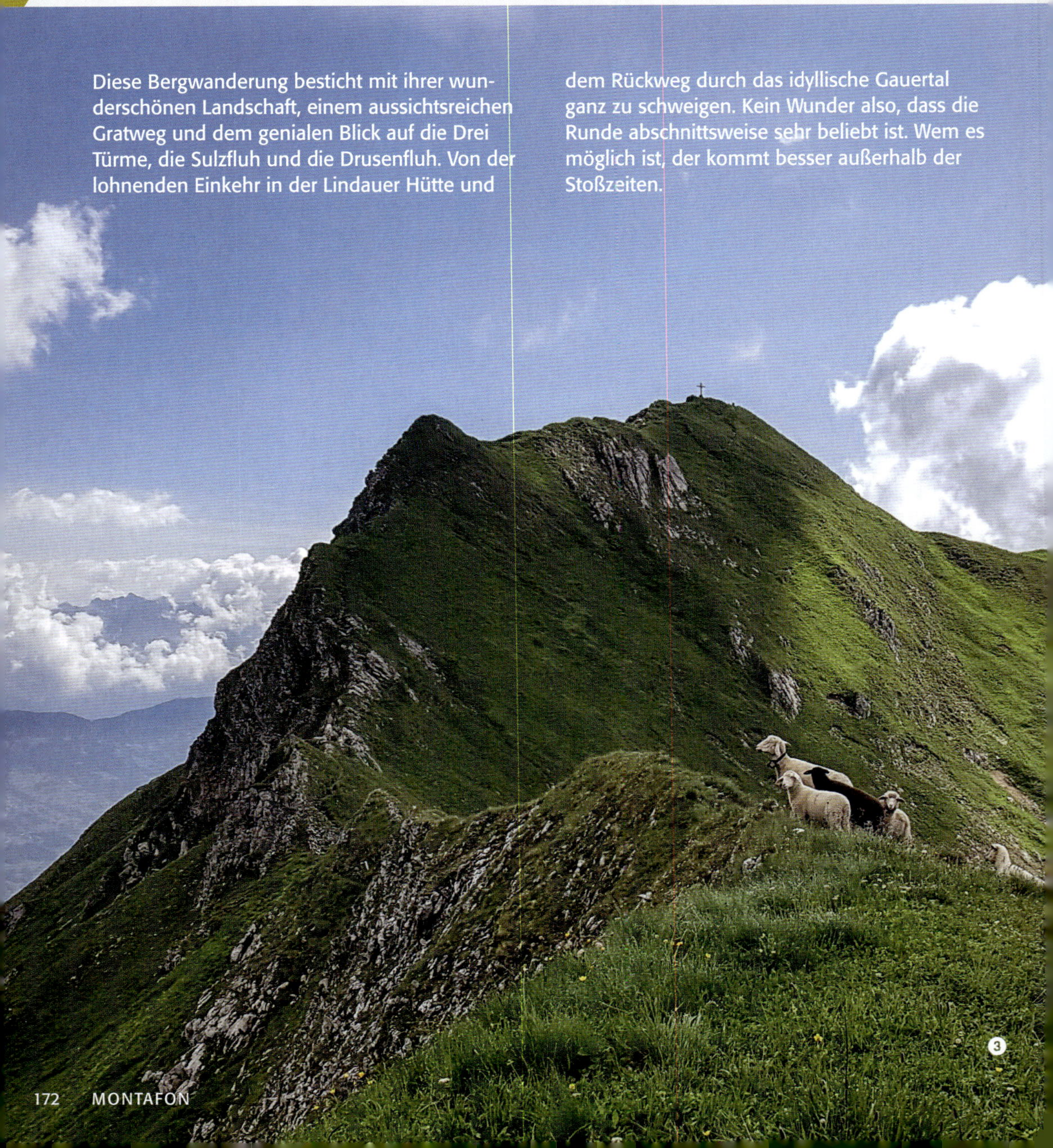

3

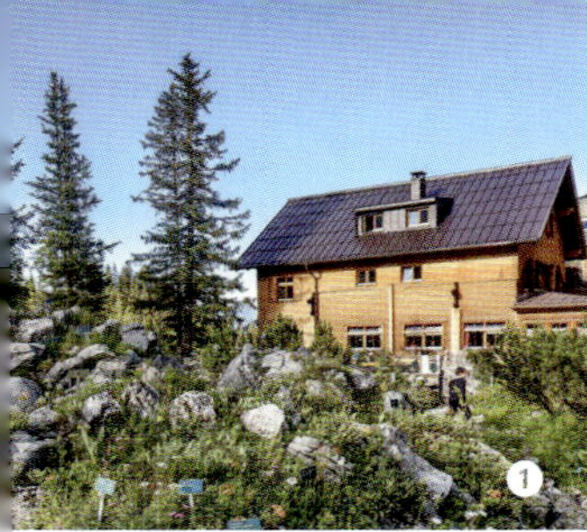

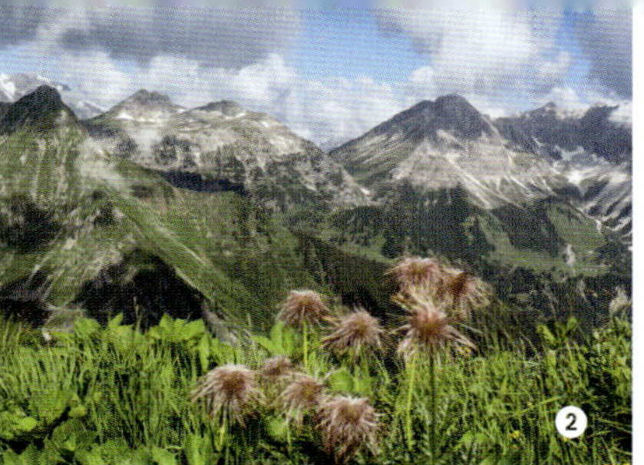

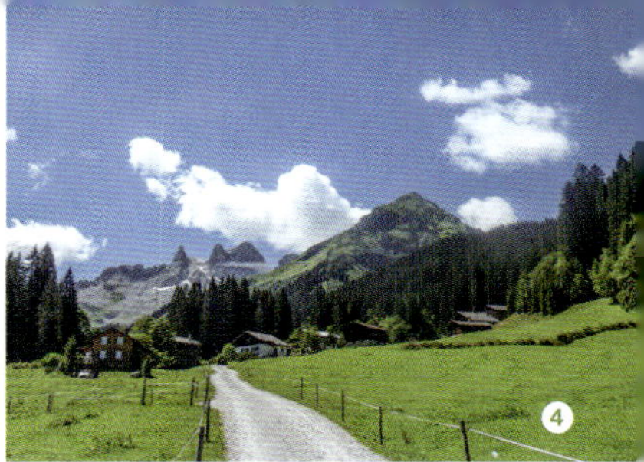

Ausgangspunkt: Bergstation Grüneck der Golmerbahn; Parkplatz an der Talstation in Tschagguns/Latschau. Die Bahn fährt täglich von 8:30 bis 17.00 Uhr.
Einkehrmöglichkeiten: Berggasthof „Golm", Lindauer Hütte.
Gut zu wissen: Einzigartig in Vorarlberg ist der 1900 m² große botanische Alpengarten bei der Lindauer Hütte ❶, der allein schon einen Besuch wert ist.
Wegbeschreibung: Von der Bergstation Grüneck der Golmerbahn geht es zu Beginn für kurze Zeit recht steil auf einem breiten Weg bergwärts, der weiß-rot-weißen Markierung in Richtung Golmer Höhenweg folgend. Bereits nach wenigen Minuten biegt man links ab und gelangt auf den Golmer Höhenweg. Der Gratweg ist zu Recht beliebt, denn der Ausblick auf die umliegende Bergwelt ist beeindruckend. Man passiert das Golmer Joch und geht in leichtem Auf und Ab weiter in Richtung Latschätzkopf. Bald schon ist die Abzweigung „Kreuzjoch/Geißspitze" erreicht. Für all jene, die einen Abstecher auf den Gipfel des Kreuzjochs machen wollen, geht es hier rechts hinauf. Die Aussicht von dort ist den kleinen Umweg allemal wert! ❷ Diejenigen, die direkt zur Geißspitze wandern wollen, folgen der Markierung nach links. Ein schmaler Pfad führt ohne große Steigungen in südwestliche Richtung dem bereits sichtbaren Gipfelkreuz entgegen ❸.
Der Abstieg führt auf einem steinigen und sonnigen Weg in südöstliche Richtung teilweise steil bergab zur beliebten Lindauer Hütte, die in etwa einer Stunde (ab Gipfel) erreicht wird. Von dort geht es unschwierig durchs schöne Gauertal ❹ zurück zum Ausgangspunkt, wobei man zwischen dem Fahrweg (rechts) und dem Fußweg wählen kann.

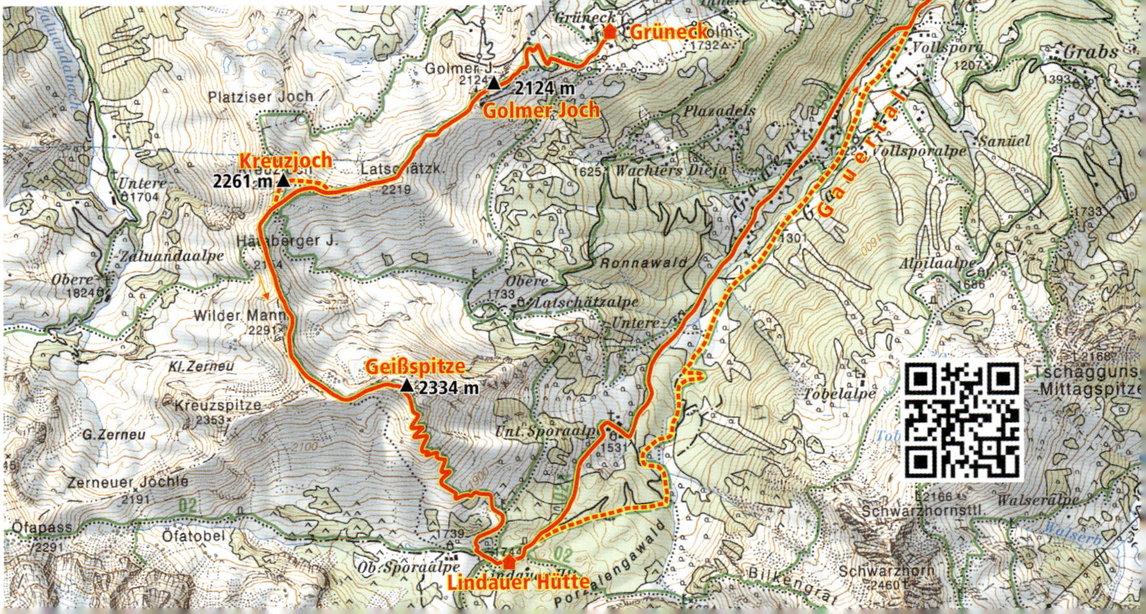

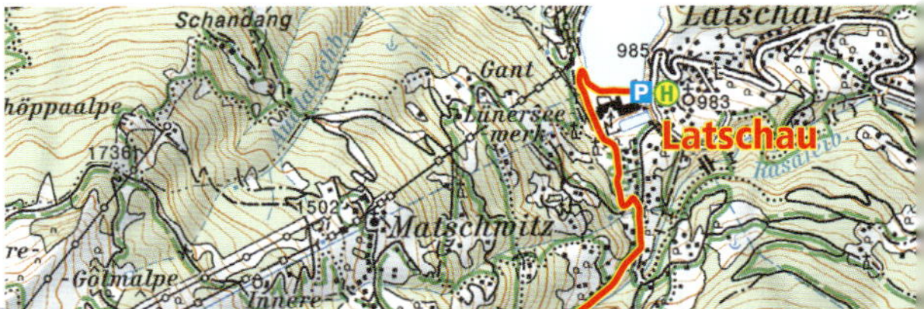

74

Golmer- und Kreuzjoch, 2261 m

Kurze Familienwanderung mit unterhaltsamem Abschluss

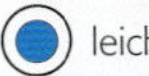 leicht  2½–3 Std.  500 Höhenmeter

Das Schönste an dieser Wanderung ist die wunderbare Aussicht vom Golmer Höhenweg und vom Gipfel des Kreuzjochs, die einem die Drei Türme, Sulzfluh und Drusenfluh von ihrer schönsten Seite präsentiert ❶. Die kurze Gehzeit und die wenigen Höhenmeter, die bis zum höchsten Punkt zu bewältigen sind, sowie der abwechslungsreiche, einfache Weg machen diese Wanderung auch für Familien mit kleineren Kindern empfehlenswert.

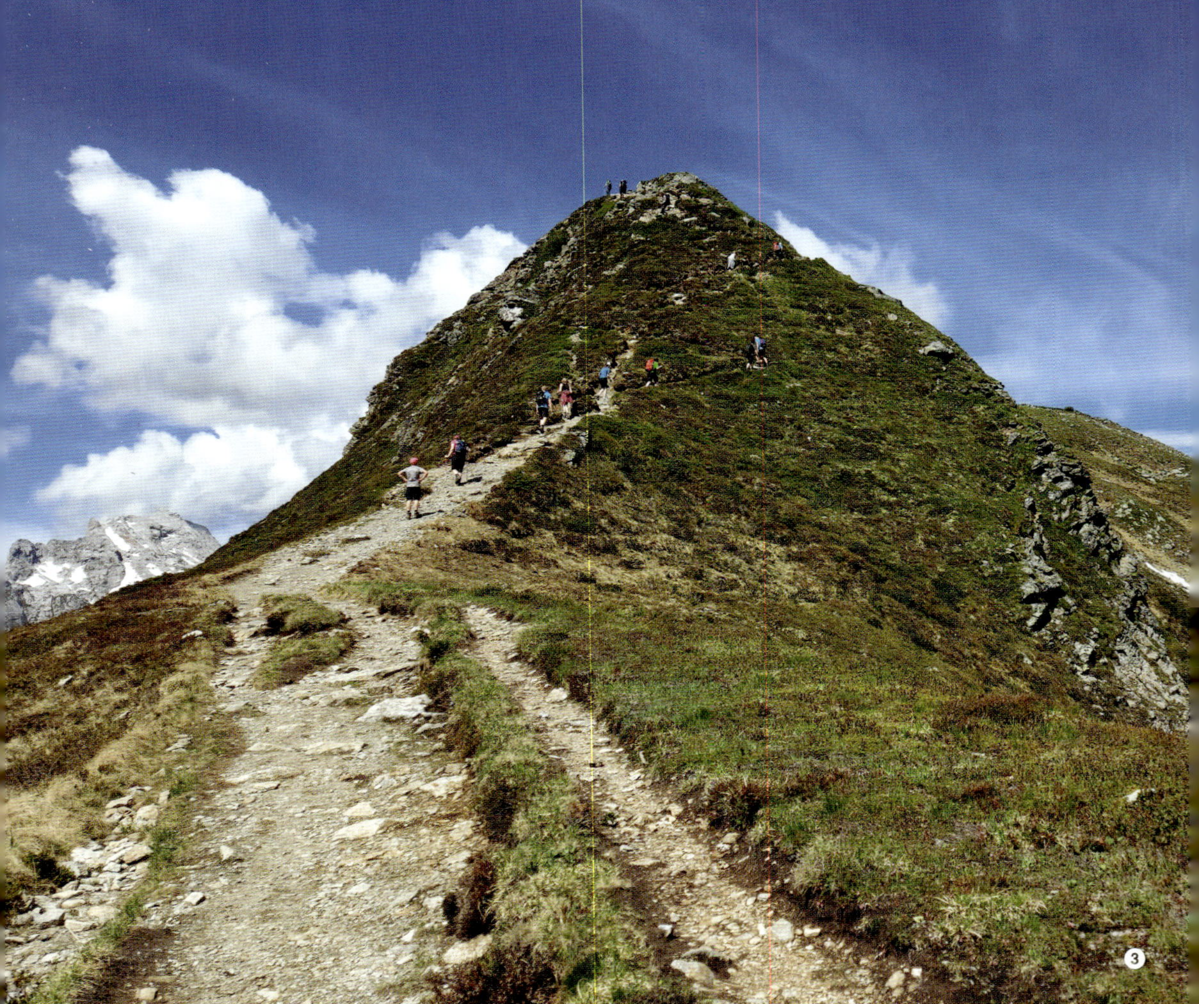

❸

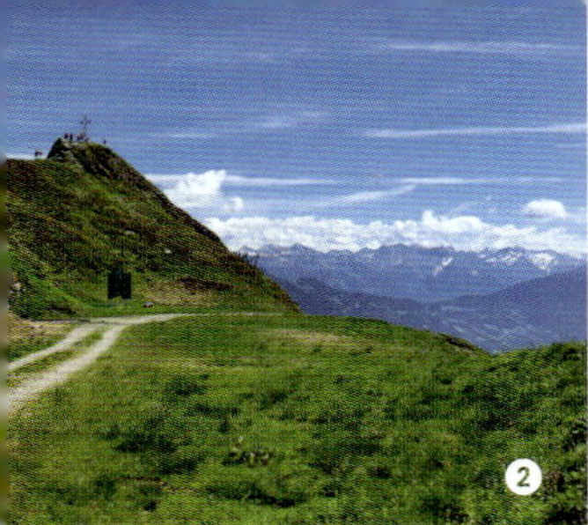

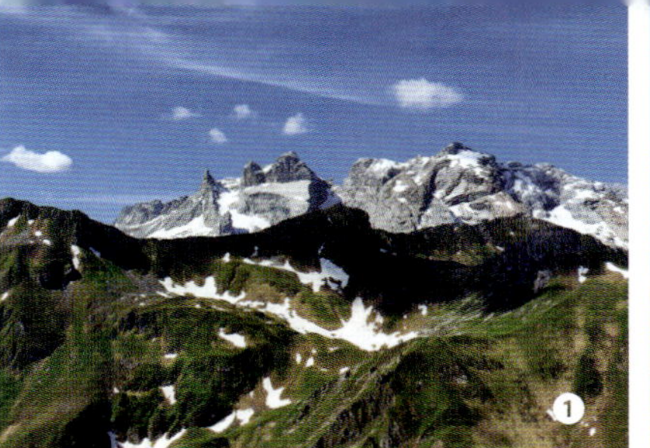

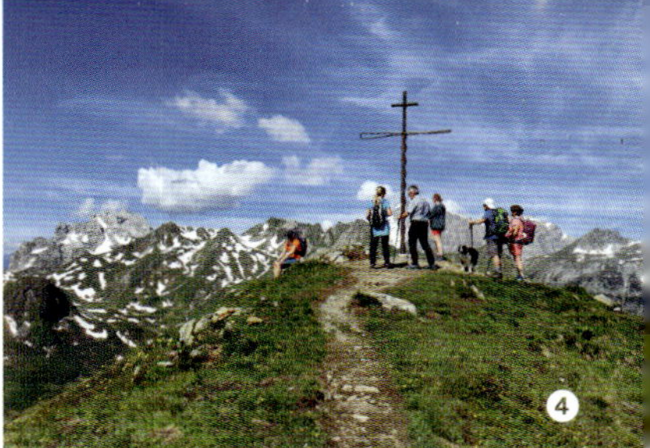

Ausgangspunkt: Bergstation Grüneck der Golmer Bahn, Parkplatz an der Talstation in Tschagguns/Latschau. Die Bahn fährt täglich von 8:30 bis 17:00 Uhr.
Einkehrmöglichkeit: Berghof „Golm".
Gut zu wissen: Der Erlebnisberg Golm bietet viele Attraktionen für Familien, wie z. B. den Waldrutschenpark, den Waldseilpark, den Flying Fox oder den Alpine Coaster, www.golm.at
Wegbeschreibung: Mit der Golmerbahn fährt man hoch zur Bergstation Grüneck, dem Startpunkt der Wanderung. Man folgt der Markierung zum Golmer Höhenweg. Der Weg ist zu Beginn recht steil, aber breit und auch für jüngere Kinder einfach zu gehen. Auf der Kammhöhe angekommen, geht es auf dem sonnigen Golmer Höhenweg in südwestliche Richtung weiter. Bei einer beschilderten Abzweigung haben wir zwei Möglichkeiten: entweder geradeaus weiter oder rechts bergauf zum Kreuz des Golmer Jochs ❷. Beide Varianten treffen später wieder aufeinander. Der Weg führt weiter in Richtung Latschätzkopf ❸. Diese Route ist sehr beliebt, unterwegs trifft man daher immer wieder auf andere Wanderer. Bei der Markierung „Geißspitze/Kreuzjoch" geht es rechts bergauf, in wenigen Minuten gelangt man zum Gipfel ❹. Von dort sind die imposanten Drei Türme, die Sulzfluh und Drusenfluh ausgezeichnet zu sehen.
Zurück zur Bergstation wandert man anfangs nach Norden über den schönen Golmer Seenweg, der weiß-rot-weiß beschildert ist, hinab in Richtung Platziser Joch. Der weitere Weg führt an zwei Seen vorbei nach Nordosten. Bei gemütlichem Gehtempo ist die Bergstation etwa eineinhalb Stunden später erreicht.

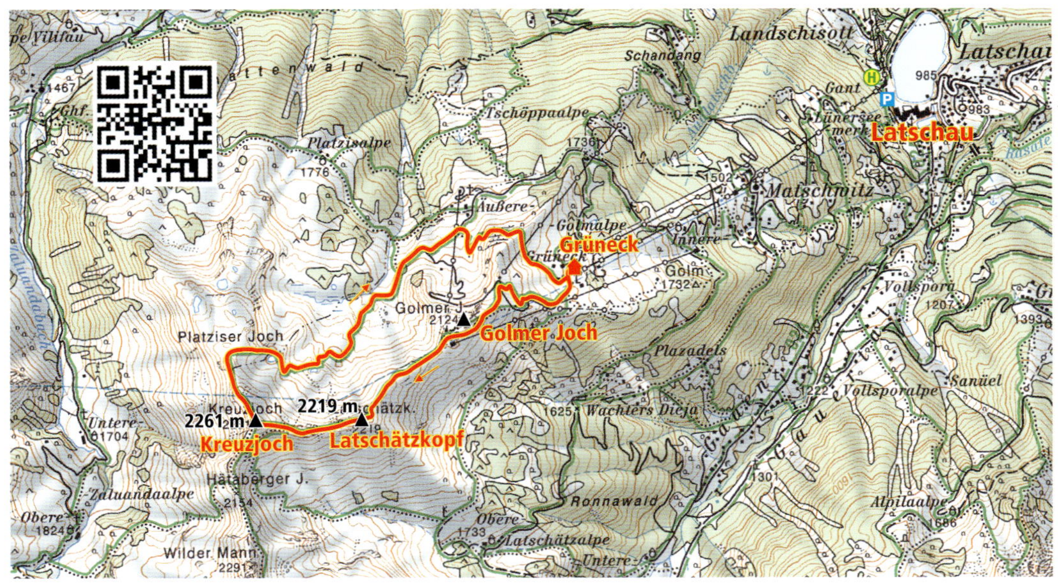

75

Tschaggunser Mittagsspitze, 2168 m

Auf eine imposante Felspyramide

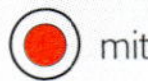 mittel  3-3¾ Std.  800 Höhenmeter

Der Weg zur Tschaggunser Mittagsspitze führt durch eine wunderschöne Gebirgslandschaft und ist leicht zu begehen. Erst auf den letzten Höhenmetern zeigt der Berg, was er von seinen Gipfelaspiranten verlangt: Jetzt sind Trittsicherheit und Erfahrung im unmarkierten und ungesicherten Felsgelände gefragt. Die Belohnung für den Einsatz folgt auf dem Fuß, denn das Panorama vom höchsten Punkt ist sagenhaft ❶. Die großartige Montafoner Bergwelt, darunter so imposante Gestalten wie Zimba, Sulzfluh, Drei Türme und das nahegelegene Schwarzhorn, zeigt sich dort oben von ihrer schönsten Seite.

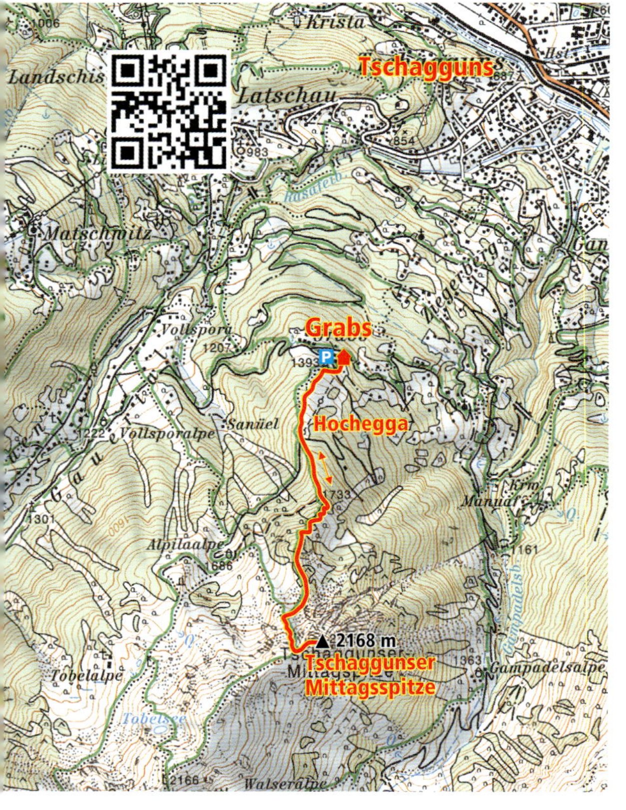

Ausgangspunkt: Privatparkplatz beim Berggasthaus „Grabs". Die Anfahrt erfolgt über Bludenz – Schruns – Tschagguns.

Einkehrmöglichkeit: Berggasthaus „Grabs".

Gut zu wissen: Tagesgäste dürfen beim Berggasthaus „Grabs" gratis parken, solange freie Parkplätze vorhanden sind. Will man sein Auto über Nacht stehen lassen, sollte im Berggasthaus ein Parkschein gelöst werden.

Wegbeschreibung: Der weiß-rot-weiß gekennzeichnete Wanderweg zur Tschaggunser Mittagsspitze führt von Anfang an steil bergauf in südliche Richtung. Nach einer knappen halben Stunde erreicht man die Abzweigung Hochegga. Mit der weiß-blau-weißen Markierung geht es nun geradeaus weiter, zuerst durch den schattigen Wald, nach einer Rechtsabzweigung mäßig ansteigend durch herrliche Bergwiesen und vorbei an zahllosen Heidelbeersträuchern. Je nach Jahreszeit kann im Vorübergehen immer wieder genascht werden. Von hier sind die mächtige Zimba ❷ und die Drei Türme, das Wahrzeichen des Montafons, bereits sehr imposant anzuschauen. Auch das Staubecken Rodund in Vandans ist von hier oben gut auszumachen ❸.

Der schöne Wanderweg (bei Nässe anspruchsvoll!) führt weiter in südliche Richtung durch eine herrliche Landschaft bis zur Abzweigung Mittagsspitze (40 Min.) und von dort bis an den Fuß der Mittagsspitze ❹. Erst diese letzte Etappe im felsigen Gelände wird schwierig, Markierungen oder Sicherungen sind nicht vorhanden. Für trittsichere, schwindelfreie Berggeher, die Erfahrung mitbringen und sich in diesem Gelände orientieren können, wird diese Tour jedoch mühelos und mit Spaß zu meistern sein ❺.

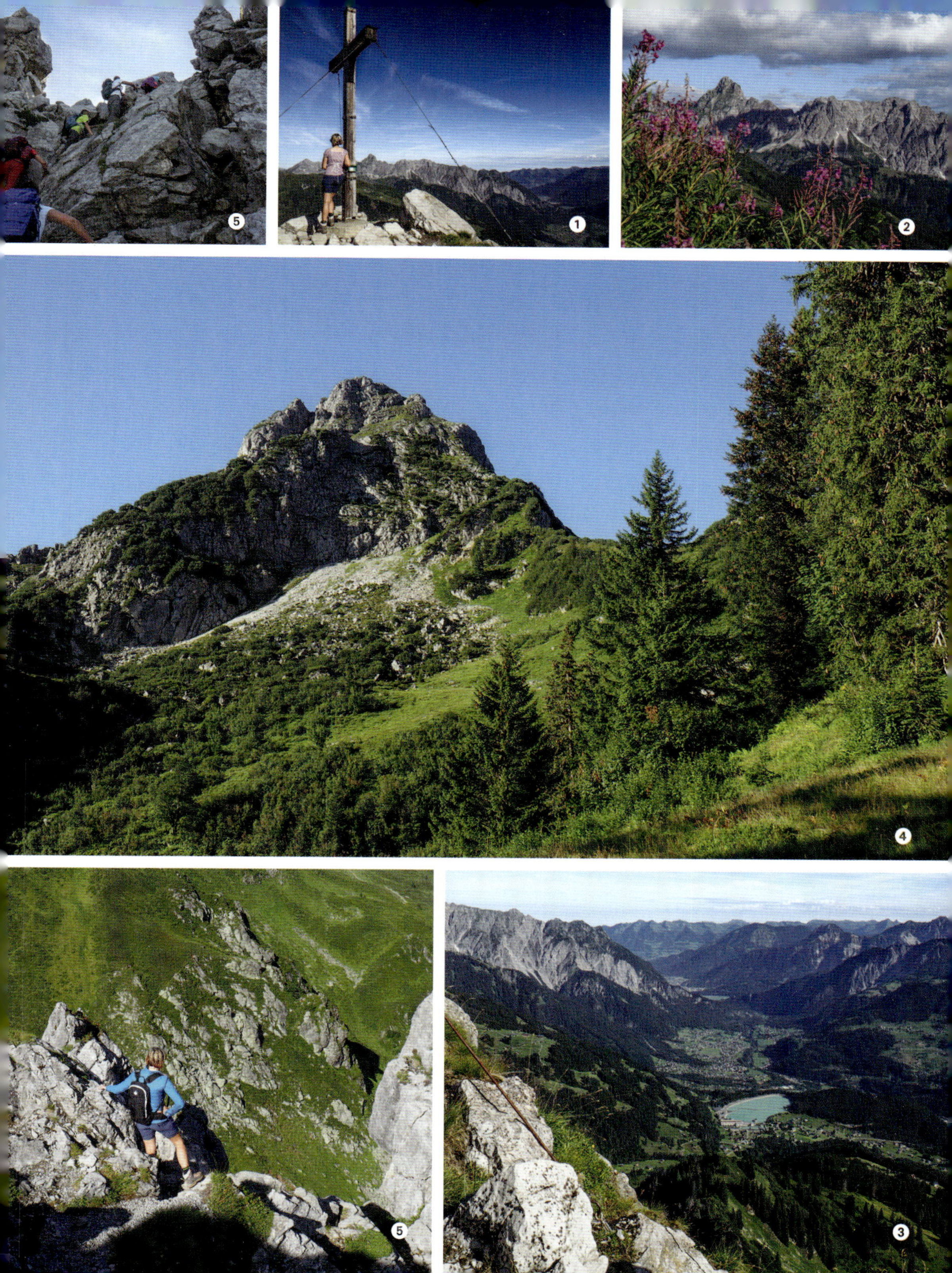

76 Zamangspitze, 2387 m

Leicht erreichbarer Spitz mit Weitblick bis zur Bernina

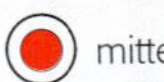 mittel  2–2½ Std.  230 Höhenmeter

Zamangspitze und Kreuzjoch (Tour 77) liegen nicht weit auseinander und können sehr gut miteinander kombiniert werden. Nimmt man die Hochjoch- und die Sennigratbahn zu Hilfe, sind nur wenige Höhenmeter zu bewältigen, bis man die fantastische Fernsicht von diesen zwei Aussichtsgipfeln genießen kann. Auf der Zamangspitze geht es dabei in der Regel deutlich ruhiger zu als am oft besuchten Kreuzjoch. Am Ende der Wanderung geht es dann mit der Bahn gemütlich und knieschonend wieder zurück nach Schruns.

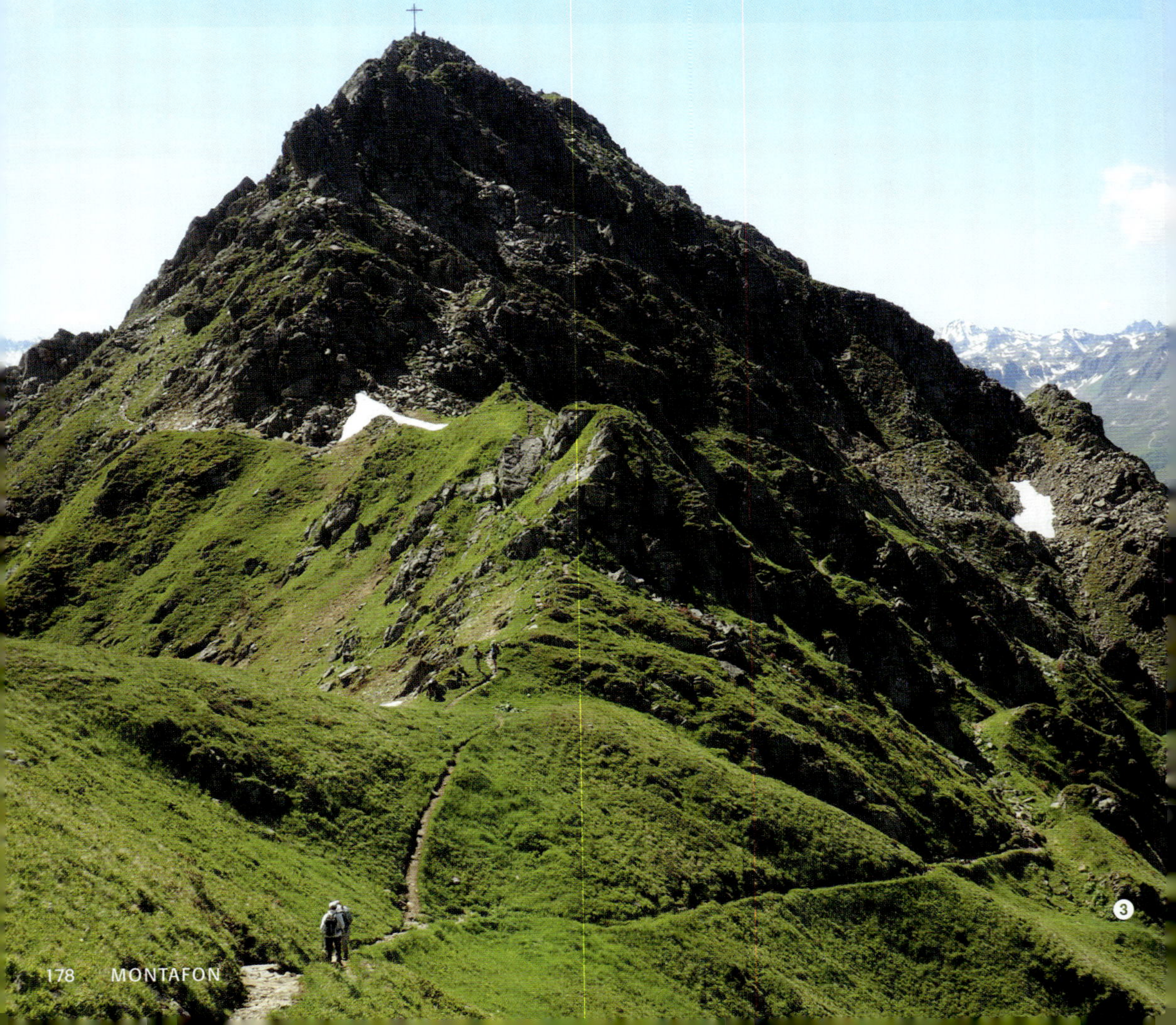

3

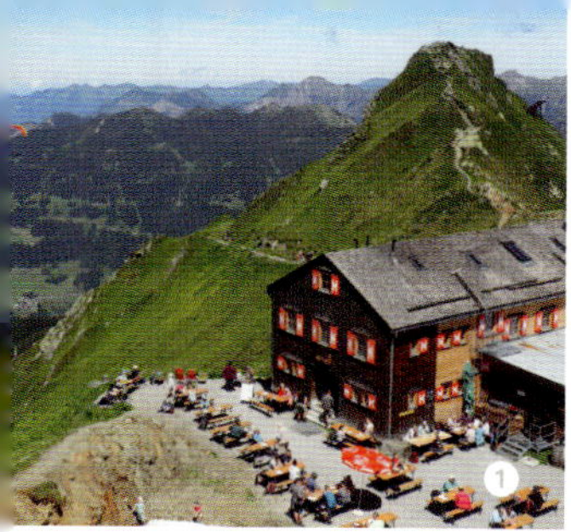

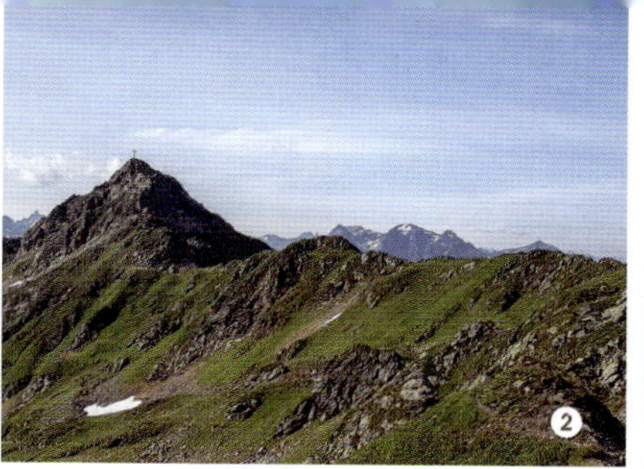

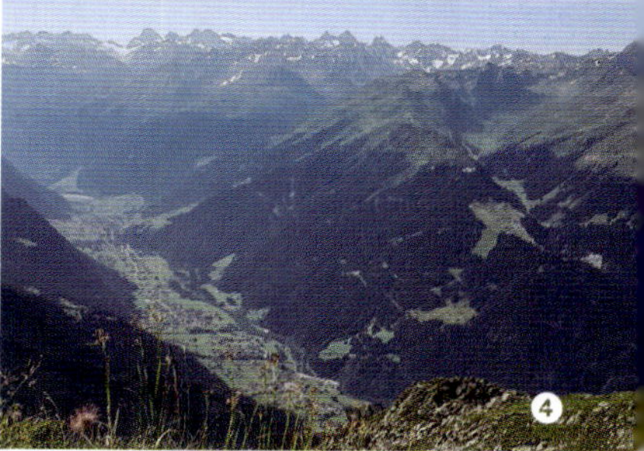

Ausgangspunkt: Bergstation der Sennigratbahn; Parkplatz an der Talstation der Hochjochbahn in Schruns. Die Bahn fährt täglich von 8:30 bis 17:00 Uhr; die Sennigratbahn von 8:45 bis 16:30 Uhr, wobei zwischen 11:45 und 13:00 Uhr Mittagspause ist.
Einkehrmöglichkeiten: Wormser Hütte, Restaurant „Kapell" bei der Bergstation der Hochjochbahn.
Wegbeschreibung: Zuerst fährt man mit der Hochjochbahn zur Bergstation und geht dann zum Sessellift der Sennigratbahn, die den Wanderer bis auf 2278 m Höhe bringt. Von der Bergstation der Sennigratbahn wandert man gemütlich und eher flach mit wunderschönem Blick ins Tal zur Wormser Hütte ❶. Dieser Streckenabschnitt ist einfach zu gehen und wird dementsprechend häufig frequentiert. Von der Hütte weisen weiß-blau-weiße Markierungen den Weg bergauf in Richtung Kreuzjoch. Auf dem schmalen Pfad in Richtung Gipfel braucht man stellenweise seine Hände, dieser Abschnitt ist jedoch nur kurz und für trittsichere Geher unschwer zu bewältigen. Das Panorama vom Kreuzjoch ist wunderbar, das Montafon zeigt sich von seiner allerschönsten Seite, unzählige Gipfel sind zu sehen. Die Zamangspitze ist vom Kreuzjoch aus in südlicher Richtung bereits gut als markante Pyramide zu erkennen. Für kurze Zeit geht es bergab, anschließend führt der Weg entlang des Kamms in leichtem Auf und Ab weiter ❷. Bald kommt man zu einer Weggabelung, von der zwei Wege zum Gipfel führen. Der linke Weg ist als alpiner Steig gekennzeichnet, der rechte rot-weiß-rot markiert und deutlich einfacher. Dieser Variante ist spätestens beim Abstieg der Vorzug zu geben. Wählt man für den Aufstieg den schwierigeren linken Weg, kommen stellenweise auch die Hände zum Einsatz, das Gipfelkreuz ist aber auf beiden Varianten schnell erreicht ❸. Der fantastische Weitblick vom Gipfel reicht bis zur Berninagruppe ❹.

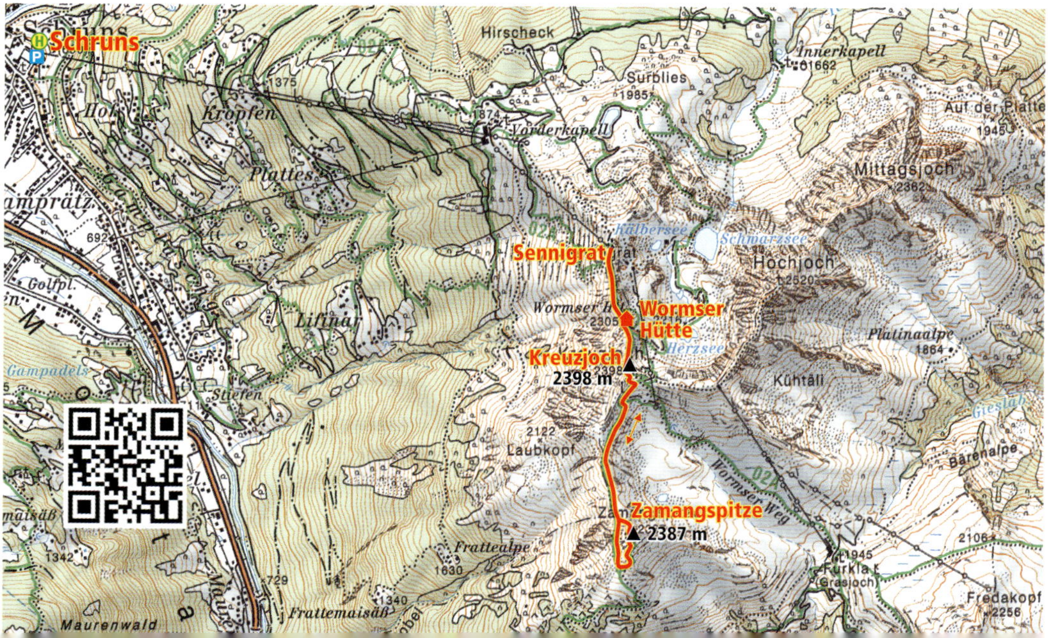

Kreuzjoch, 2398 m

Reizvolle Berg- und Seenwanderung

77

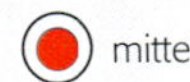 mittel  2½– 3½ Std.  550 Höhenmeter

Das viel begangene Kreuzjoch, im Herzen des Montafons gelegen, ist ein herrlicher und daher viel besuchter Aussichtsberg. Der Gipfelanstieg verlangt Trittsicherheit. Auf dem Weg dorthin passiert man drei schön gelegene Bergseen und die einladende Wormser Hütte.

Ausgangspunkt: Bergstation der Hochjochbahn; Parkplatz an der Talstation der Hochjochbahn, in Schruns. Die Bahn fährt täglich von 8:30 bis 17:00 Uhr.

Einkehrmöglichkeiten: Wormser Hütte, Restaurant „Kapell" an der Bergstation.

Gut zu wissen: 1. Die Wanderung ist für den Spätherbst nicht zu empfehlen, da man am Morgen für längere Zeit im Schatten wandert.

2. Es gibt ein weiteres Kreuzjoch im Montafon, nämlich jenes am Golm (siehe Tour 74).

Wegbeschreibung: Von der Bergstation der Hochjochbahn führen die weiß-rot-weißen Markierungen nach links in Richtung Wormser Hütte ❶. Zuerst geht es auf einem breiten Weg in weiten Kehren hinauf, vorbei am Speichersee und durch den Schitunnel. Dann verläuft der Weg zwischen dem Schwarz- und dem Kälbersee ❷. Bevor die Wormser Hütte erreicht wird, passiert man noch den malerischen Herzsee ❸. Ab der Hütte sind es nur 15 Minuten bis zum viel begangenen Gipfel des Kreuzjochs. Der weiß-blau-weiß markierte Schotterweg ist zuweilen schmal, teilweise braucht man seine Hände für leichtere Kraxeleien im Fels. Für erfahrene und trittsichere Geher ist der Zugang zum Gipfel jedoch einfach. Vom Gipfel beeindruckt die Aussicht auf Sulzfluh, Drei Türme, Zimba, Rote Wand und viele weitere Gipfel ❹.

Es gibt verschiedene Möglichkeiten, zurück ins Tal zu gelangen: Man kann entweder auf demselben Weg zur Bergstation der Hochjochbahn zurückwandern und bequem mit dieser zu Tal fahren.

Oder man steigt von der Wormser Hütte zur nahe gelegenen Bergstation der Sennigratbahn ab und fährt mit dieser zur Bergstation der Hochjochbahn.

Eine dritte Möglichkeit ist der Wanderweg, der von der Bergstation der Sennigratbahn zur Hochjochbahn führt.

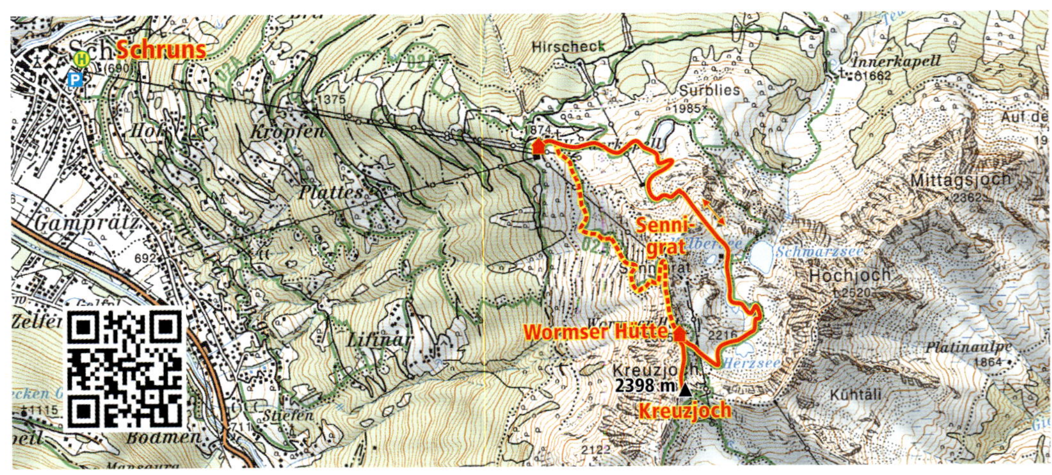

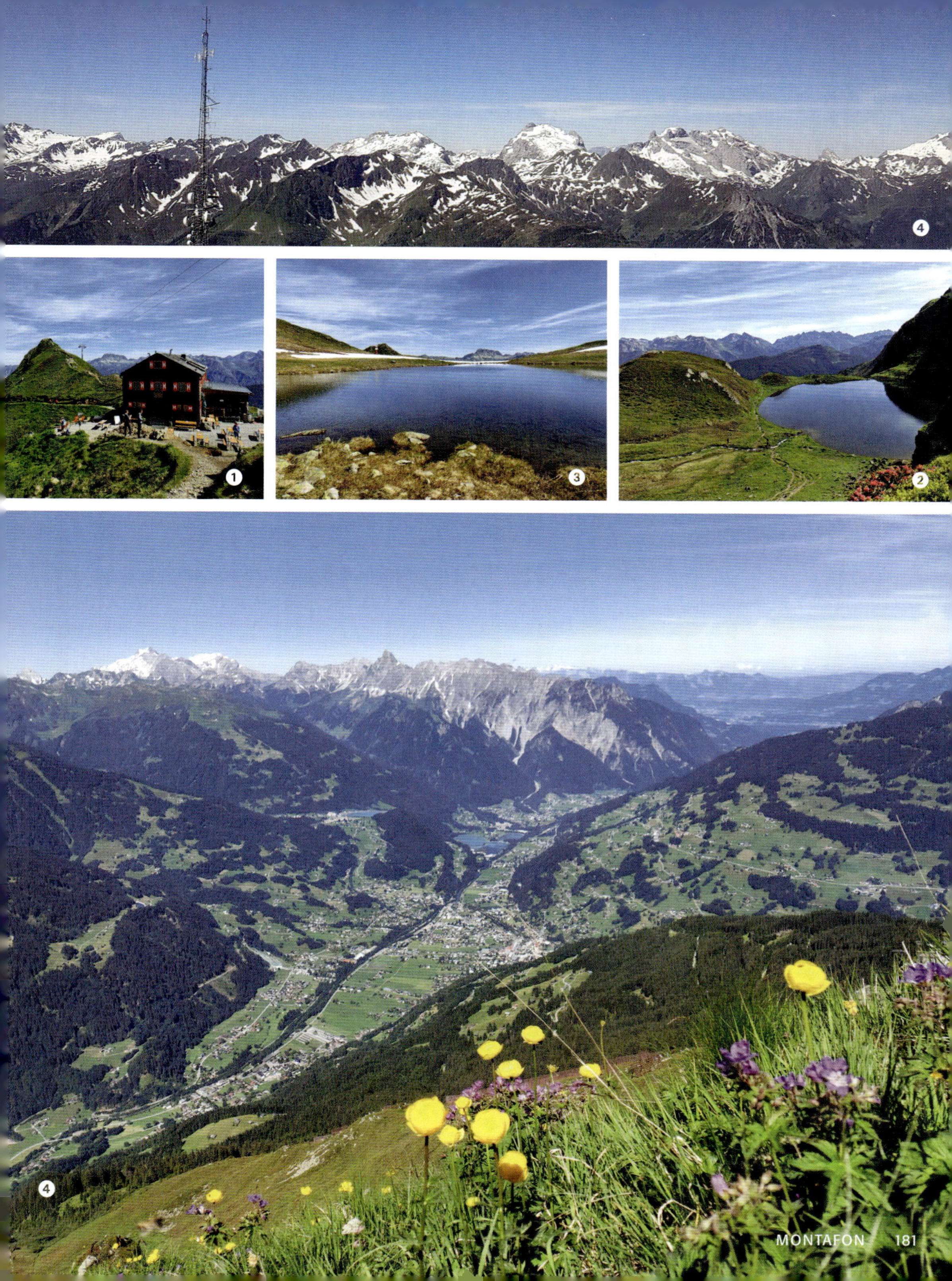

78

Zimba, 2643 m

Das elegante Vorarlberger Matterhorn

 schwer – Klettern bis zum unteren 4. Schwierigkeitsgrad  7–9 Std.  1100 Höhenmeter

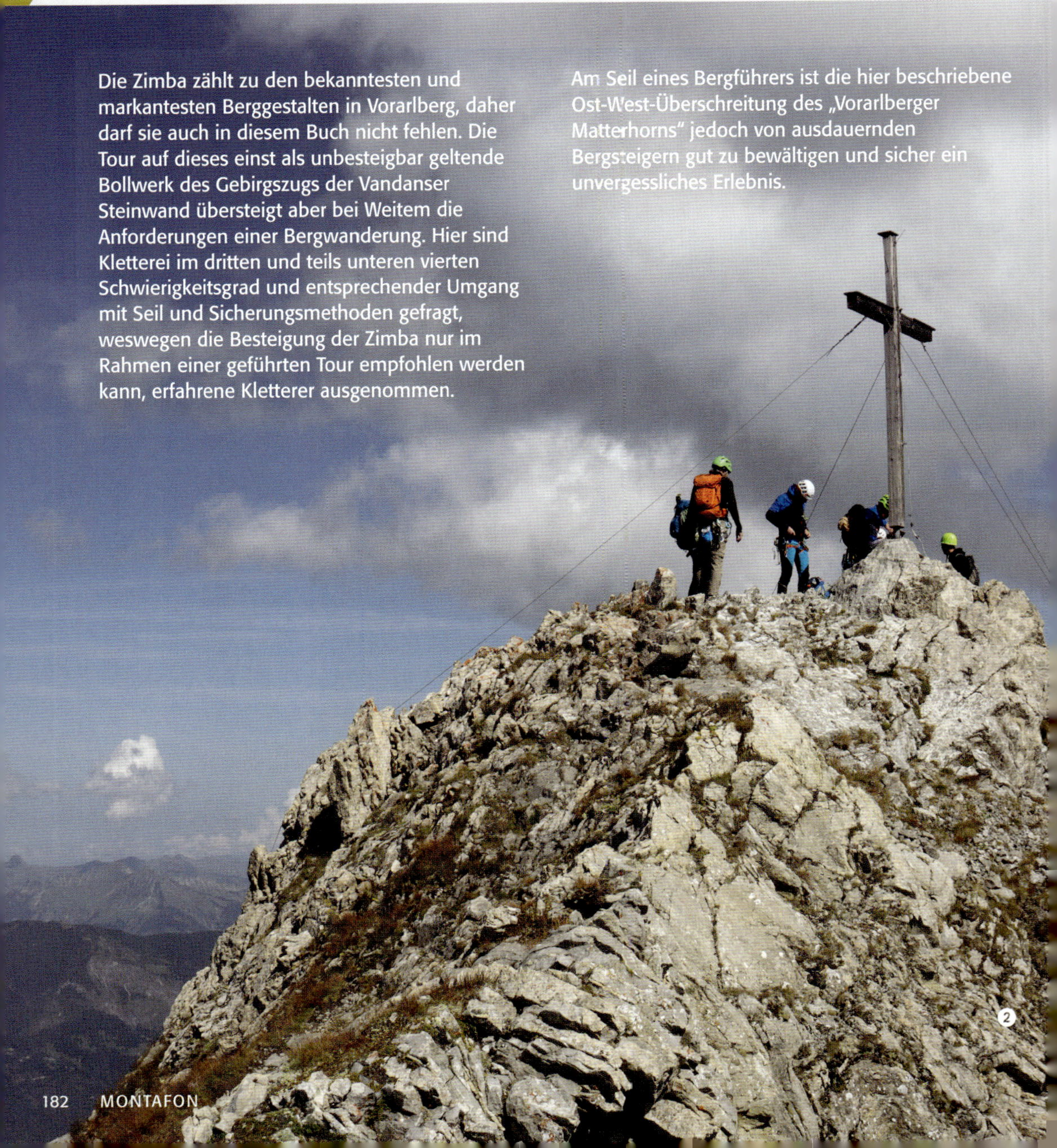

Die Zimba zählt zu den bekanntesten und markantesten Berggestalten in Vorarlberg, daher darf sie auch in diesem Buch nicht fehlen. Die Tour auf dieses einst als unbesteigbar geltende Bollwerk des Gebirgszugs der Vandanser Steinwand übersteigt aber bei Weitem die Anforderungen einer Bergwanderung. Hier sind Kletterei im dritten und teils unteren vierten Schwierigkeitsgrad und entsprechender Umgang mit Seil und Sicherungsmethoden gefragt, weswegen die Besteigung der Zimba nur im Rahmen einer geführten Tour empfohlen werden kann, erfahrene Kletterer ausgenommen.

Am Seil eines Bergführers ist die hier beschriebene Ost-West-Überschreitung des „Vorarlberger Matterhorns" jedoch von ausdauernden Bergsteigern gut zu bewältigen und sicher ein unvergessliches Erlebnis.

2

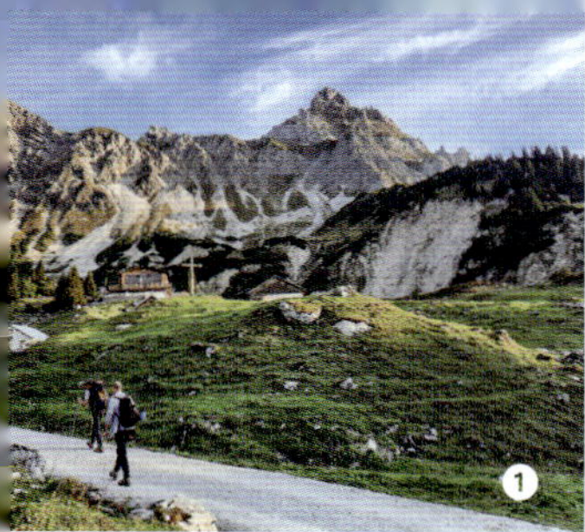

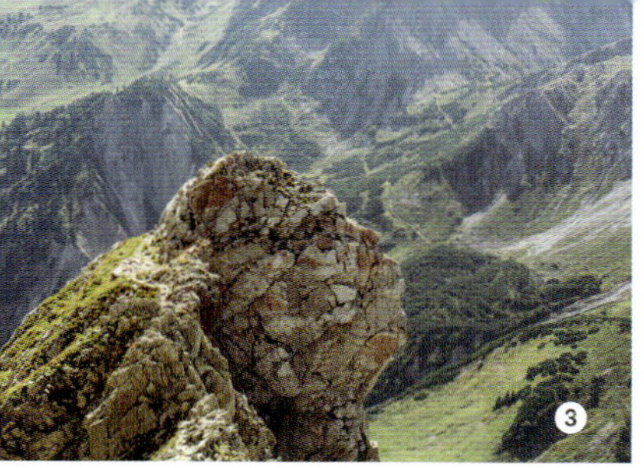

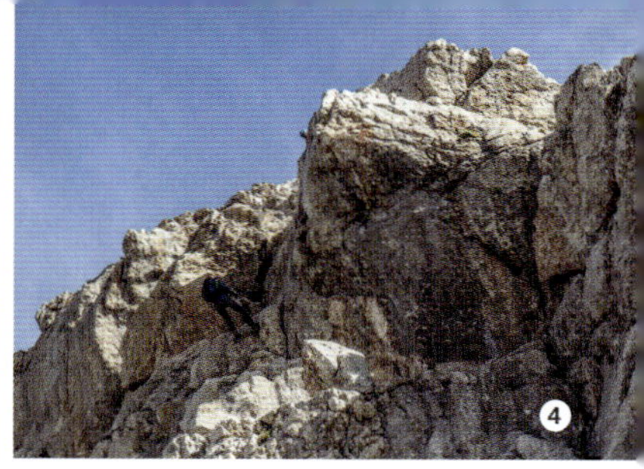

Ausgangspunkt: Vom Bahnhof Vandans mit dem Wanderbus Rellstal bis zur Haltestelle Alpengasthof „Rellstal".

Einkehrmöglichkeiten: Heinrich-Hueter-Hütte.

Gut zu wissen: Für die anspruchsvolle Besteigung der Zimba ist zwingend ein Bergführer notwendig, ausgenommen sind erfahrene Kletterer.

Wegbeschreibung: Ab der Haltestelle Alpengasthof „Rellstal" führt eine Schotterstraße bis zur Heinrich-Hueter-Hütte, die man zu Fuß in etwa 45 Minuten erreicht. Von der Hütte aus hat man in Richtung Norden freie Sicht auf die Zimba und den westlich der Hütte liegenden Saulakopf ❶. Der weitere Anstieg folgt dem Zimbajochsteig nach Norden. Nach etwa einer halben Stunde gabelt sich der Weg, man zweigt rechts (nach Osten) in Richtung Neyerscharte ab. Diese Scharte ist nach dem Bludenzer Anton Neyer benannt, dem 1848 die Erstbegehung der Zimba im Alleingang gelang. Nach der Abzweigung geht es längere Zeit an der Südseite der Zimba entlang, bis an den Einstieg in den seilversicherten Klettersteig. Die Wegfindung ist teils etwas schwierig. Für die Begehung des abwechslungsreichen Klettersteigs (Schwierigkeitsgrad überwiegend B mit kurzen Stellen C) benötigt man etwa eine Stunde. Am Ende des Klettersteigs in der Neyerscharte angekommen, beginnt die anspruchsvolle freie Kletterei. In teilweise schönem Fels, aber auch über lockeres und brüchiges Gestein führt die Route über den Ostgrat in Richtung Gipfel. Die Kletterschwierigkeiten bewegen sich überwiegend im zweiten und dritten Schwierigkeitsgrad, eine sehr abgekletterte und glatte Schlüsselstelle kurz vor dem Gipfel wird mit IV– bewertet. Sicherungshaken sind vorhanden. Aufmerksamkeit, Erfahrung und ein gutes Auge sind vorteilhaft, um alle befestigten Haken zu finden. Am Gipfel angekommen, bietet sich dem Alpinisten ein grandioser Ausblick auf Teile des Rheintals und die umliegende Bergwelt ❷.

Der Abstieg über den Westgrat verläuft meist im zweiten Schwierigkeitsgrad ❸. Über eine 25 m hohe, nahezu senkrechte Felswand wird abgeseilt ❹. Danach geht es durch leichteres felsdurchsetztes Gelände hinab zum Zimbajoch. Von dort aus führt der sehr steile, aber seilversicherte Zimbajochsteig hinunter zur Heinrich-Hueter-Hütte.

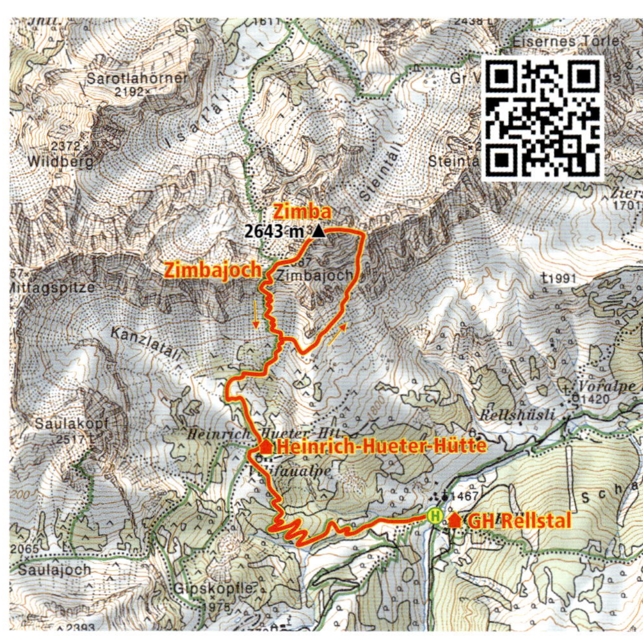

79

Itonskopf, 2089 m

Hoch über dem Sonnenbalkon des Montafons

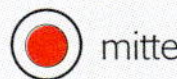 mittel  4½–6 Std.  1030 Höhenmeter

Ausgangspunkt: Parkplatz bei der Kirche Bartholomäberg.

Einkehrmöglichkeiten: Hotel Bergerhof, Restaurant Fischerstöbli oder Gasthaus Mühle in Bartholomäberg.

Gut zu wissen: Das bei Worms gelegene historische Bergwerk Bartholomäberg bietet unter fachkundiger Führung eine etwa halbstündige Bergwerksführung, bei der rund 115 m des Stollens besichtigt werden können. Weitere Infos unter: www.facebook.com/Bergwerk.Bartholomaeberg/

Wegbeschreibung: Bei der Kirche von Bartholomäberg geht es auf der Straße bergwärts, der Ausgangspunkt ist gut beschildert. Nach wenigen Minuten kommt eine Weggabelung. Beide Wege, sowohl der geradeaus verlaufende Lindaweg als auch der scharf nach rechts abbiegende Roferweg, führen in Richtung Itonskopf. Wir wählen die kürzere Variante über den Roferweg. Nach der zweiten Kehre führt ein Fußweg von der Straße links in den Wald, es geht mit der weiß-rot-weißen Markierung bergauf und weiter über Wiesen am historischen Bergwerk vorbei zum Fritzensee 2. Die Gegend ist sehr reizvoll, man wandert über sonnige Wiesen, vorbei an alten Maisäßhütten, die Aussicht ins Tal und zu den umliegenden Bergen des Montafons ist herrlich. Vom idyllischen Fritzensee geht es zuerst auf einem breiten Fahrweg recht flach ein Stück in Richtung Osten, dann links nach Nordwesten etwas steiler über eine große Alpwiese hinauf zur Jagdhütte. Hier beginnt die Rundwanderung über Itonskopf – Wannaköpfle – Monteneu und retour zur Jagdhütte. Dem Wegweiser zum Itonskopf folgend wandert man ohne große Steigung in leichtem Auf und Ab auf einem breiten Fahrweg eine knappe Stunde, bis man zum Wegweiser „Wieskopf 1860 m" kommt. Links führt der von Latschen gesäumte schmale Pfad bergauf, kurz darauf folgt eine weitere Linksabzweigung, Nun heißt es, sich auf einen steilen Weg mit einigen Wurzeln und etwas losem Schotter sowie einen felsigen Gipfelanstieg einzustellen. Die letzten 100 m zum Gipfel sind leicht exponiert, jedoch gut mit Fixseilen gesichert 3. Der Aufenthalt auf dem sonnenreichen Gipfel mit herrlichem Panorama belohnt für den langen Anstieg 4.

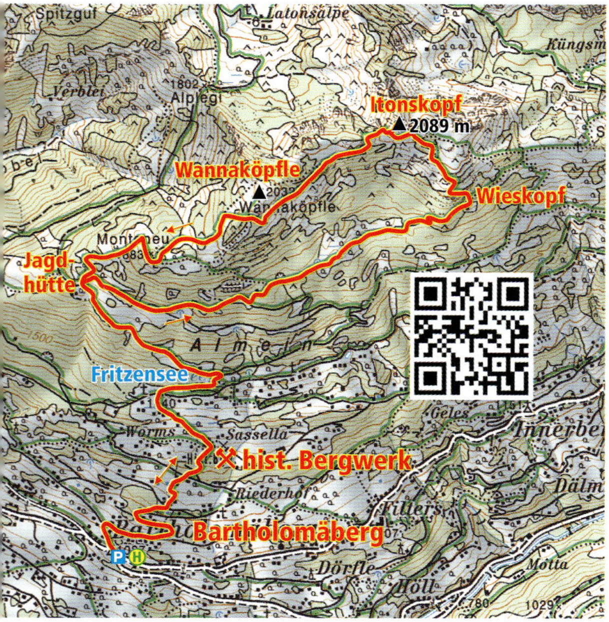

Zurück geht es vom Gipfel zuerst 100 m hinab bis zur Abzweigung, nun jedoch nicht nach links auf dem gleichen Weg retour, sondern nach rechts und in südwestliche Richtung unterhalb vom Wannaköpfle vorbei, hinab bis zum schönen Aussichtspunkt Monteneu. Von Monteneu geht es hinab zum Wegkreuz „Jagdhütte" und auf demselben Weg zurück nach Bartholomäberg.

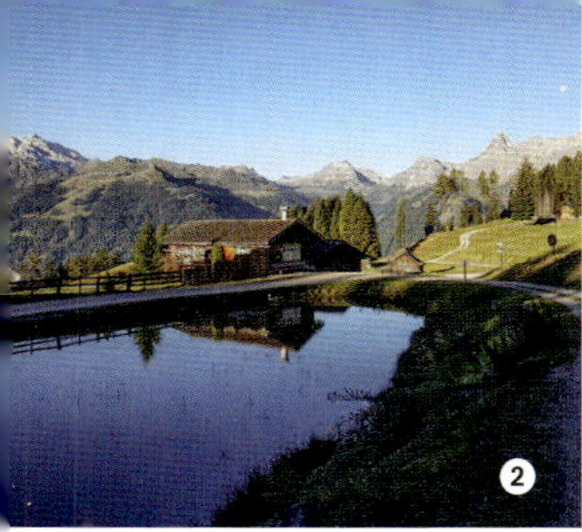

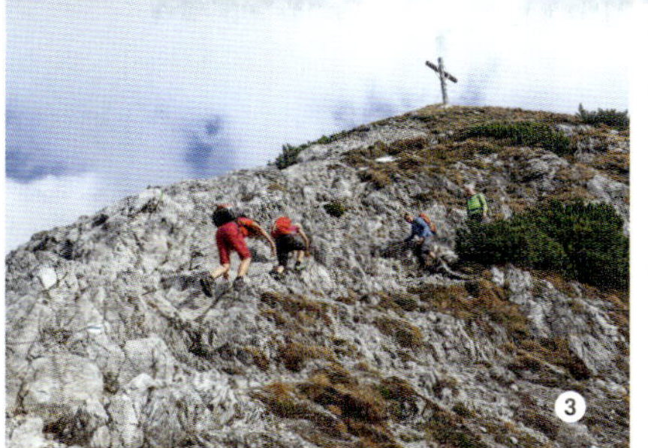

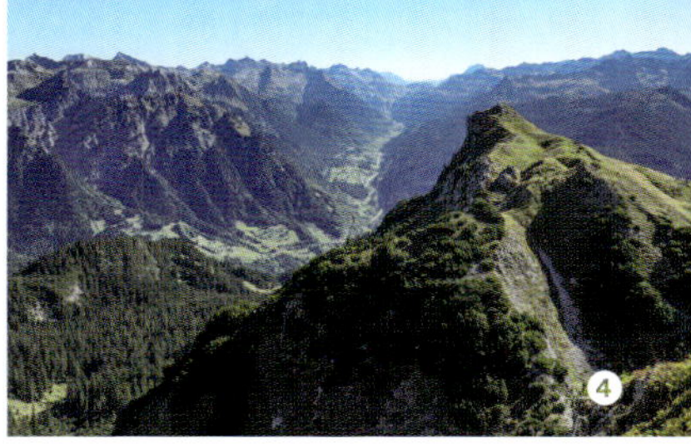

Die sonnige und aussichtsreiche Rundwanderung auf den Itonskopf führt durch eine idyllische Maisäßlandschaft und vorbei am historischen Schaubergwerk Bartholomäberg zum Fritzensee. Der Weg von der Abzweigung „Jagdhütte" bis zur Abzweigung „Wieskopf" kann sich trotz des schönen Panoramas etwas in die Länge ziehen. Kurzweiliger geht es danach auf einem schmalen Pfad weiter Richtung Gipfel ①. Mit dem Weg Richtung Wannaköpfle und Monteneu schließt sich die Runde.

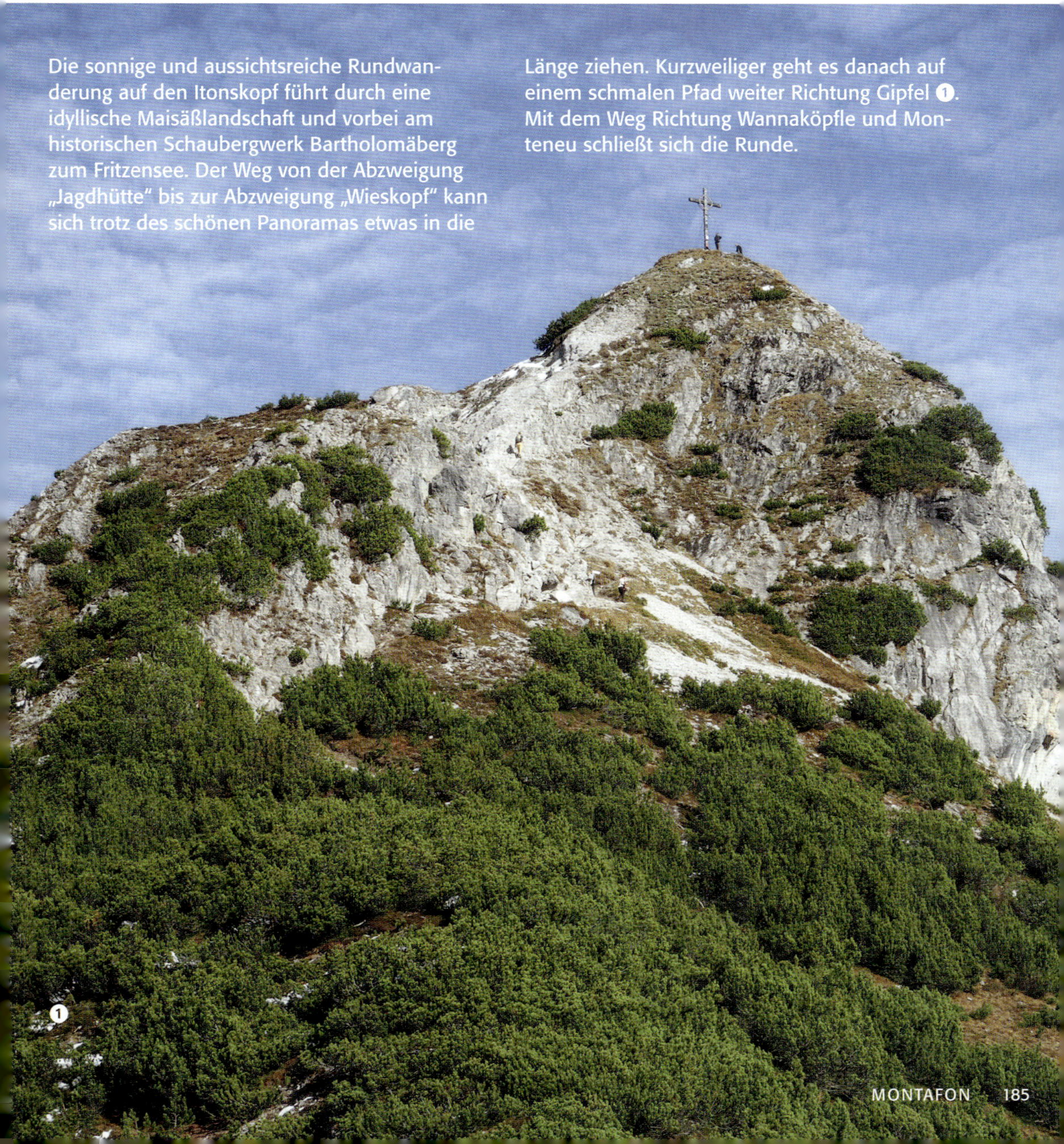

80

Davenna und Zwölferkopf, 1843 m

Ruhige Pfade auf weniger bekannte Aussichtsberge

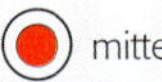 mittel  5–6 Std.  820 Höhenmeter

Die beiden benachbarten und trotzdem sehr unterschiedlichen Gipfel von Davenna und Zwölferkopf erheben sich hoch über dem Eingang ins Klostertal und ins Montafon. Ihre Besteigung kann sehr gut miteinander kombiniert werden. Der Gipfelanstieg auf den Zwölferkopf verlangt Trittsicherheit, der Weg auf die Davenna ❶ ist deutlich einfacher.

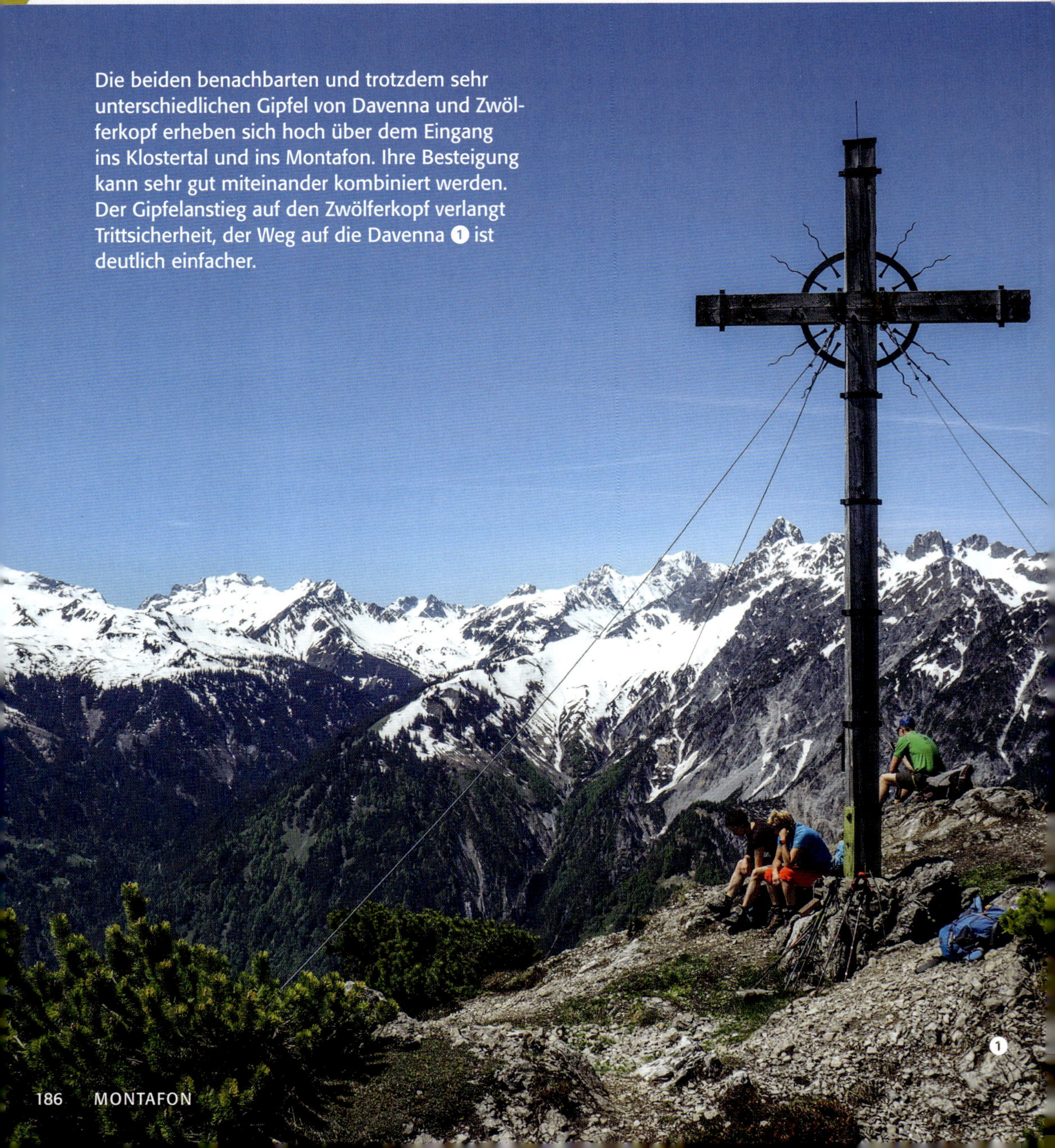

❶

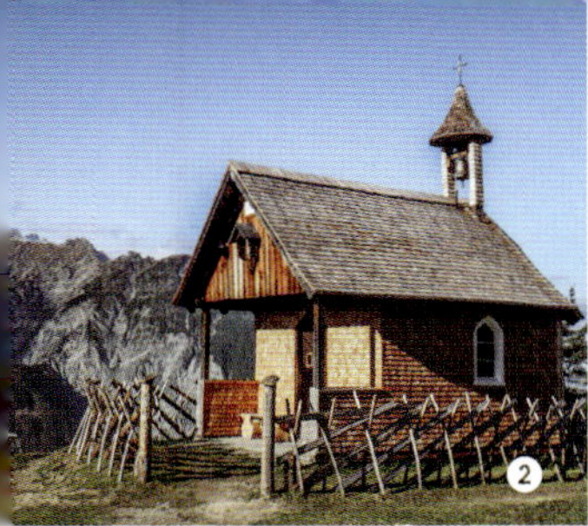

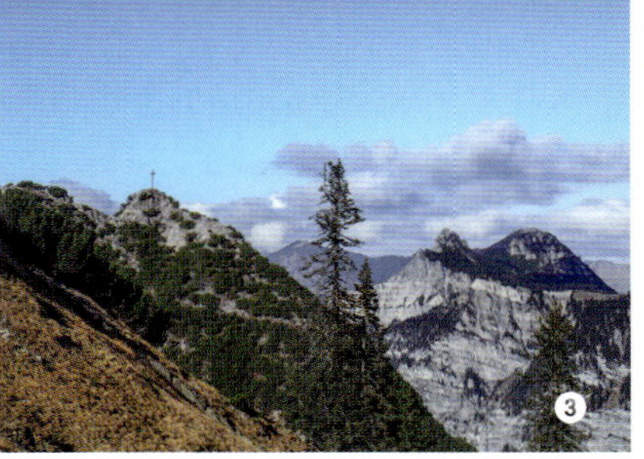

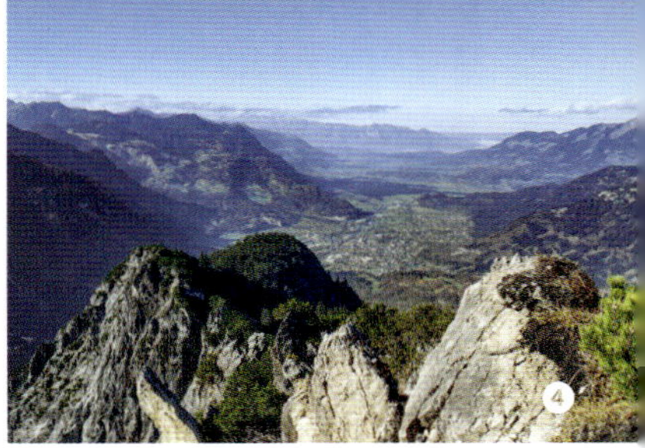

Ausgangspunkt: Parkplatz bei der Kirche in Bartholomäberg.
Einkehrmöglichkeit: Alpengasthaus „Rellseck".
Gut zu wissen: 1. Die Etappe von Bartholomäberg bis Alplegi zieht sich zu Fuß ziemlich in die Länge und bietet sich für die Fahrt mit dem Mountainbike an.
2. Wer die Wanderung noch etwas verlängern möchte, kann über den schön gelegenen Fritzensee ins Tal zurückkehren (siehe Tour 79).
Wegbeschreibung: Vom Wanderparkplatz bei der Kirche hält man sich aufwärts nach Nordwesten, eine gelb-weiße Markierung weist den Weg in Richtung Davenna. Für einige Zeit geht es sonnig bergauf, bei einer Rechtsabzweigung biegt man von der Straße ab und wandert in den Wald hinein. Bald passiert man eine Hütte mit einer gelb-weißen Markierung. Der breite, steile und gut markierte Weg führt geradeaus weiter. Auf einem schönen Wanderweg geht es nun gemütlich bis zur unterhalb des gleichnamigen Gasthauses gelegenen Kapelle Rellseck, die ein sehr beliebtes Fotomotiv ist 2. An der Kapelle vorbei weiter bergauf, bis zur nächsten Weggabelung, wo ein breiter, einfacher Fahrweg bis ins Joch Alplegi führt. Unterwegs begegnet man immer wieder anderen Wanderern und Mountainbikern. Kurz nach dem höchsten Punkt von Alplegi folgt eine Linksabzweigung bergab. Die Markierung weist auf einen schmalen Weg, der oberhalb eines Fahrweges nach Norden führt. Der sehr schmale, teils von Latschen gesäumte Pfad ist bei Nässe rutschig, Wanderstöcke sind in diesem oft abschüssigen Gelände sehr hilfreich. Der Weg macht einen Bogen gen Westen, bald schon ist der Zwölferkopf aus der Ferne zu erkennen 3. Über Wurzeln und kleinere Stufen geht es in Richtung Gipfel bis zu einer Weggabelung, an der sich die Anstiege zu Zwölferkopf (rechts) und Davenna (links) trennen. Der Gipfel des Zwölferkopfs ist schnell erreicht, für die letzten 10 Minuten ist Trittsicherheit gefragt, denn einige Stellen sind leicht exponiert und hin und wieder benötigt man seine Hände für den steilen Aufstieg. Zurück an der Abzweigung geht es dann nach rechts in Richtung Davenna. Ein schmaler Weg führt zunächst flach dahin, kurz vor dem Ziel folgt eine Senke. Über einen letzten Anstieg wird der schöne Aussichtsgipfel dann unschwierig erreicht. Die Aussicht ins Tal und auf die umliegenden Berge ist wunderbar und belohnt den Wanderer für die zurückgelegten 820 Höhenmeter und die fast 9 km zum Gipfel 4.

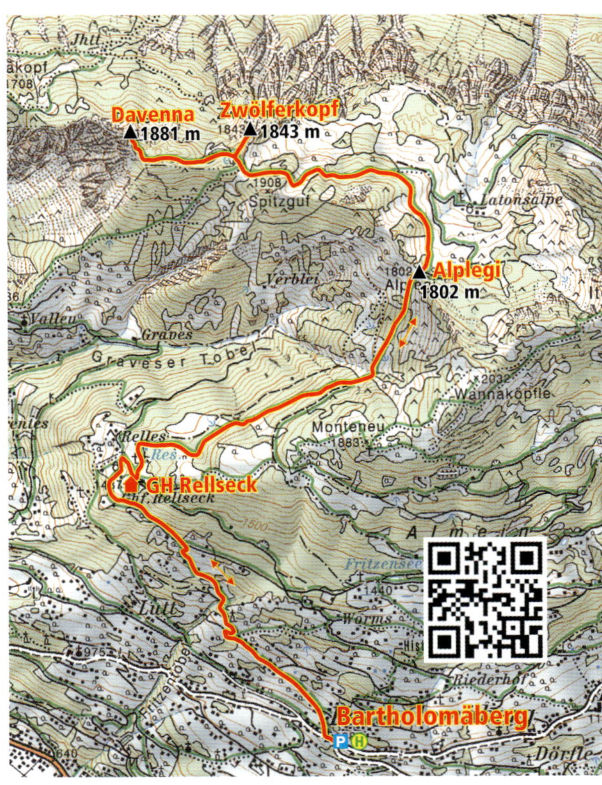

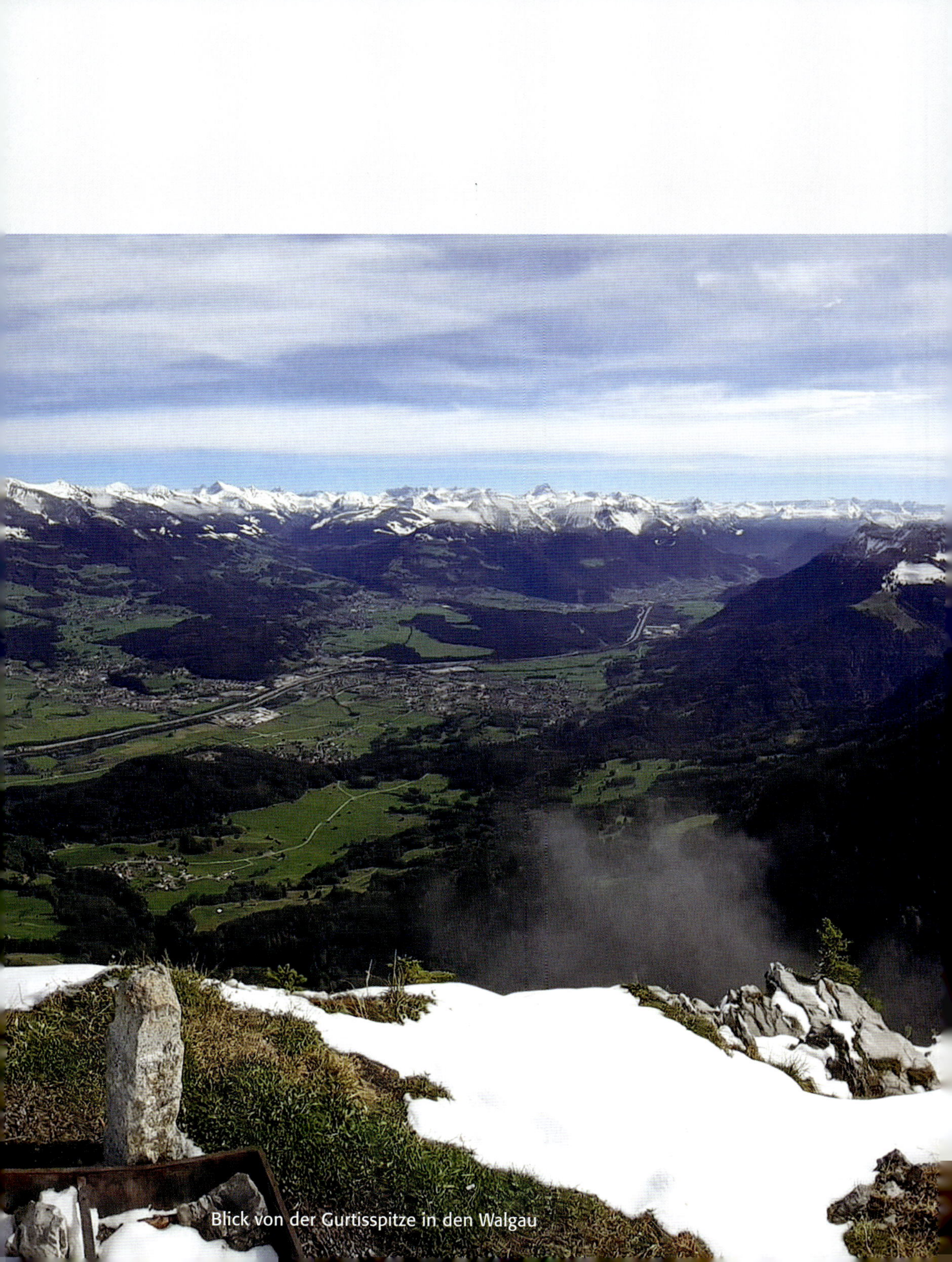
Blick von der Gurtisspitze in den Walgau

Walgau/Brandner Tal

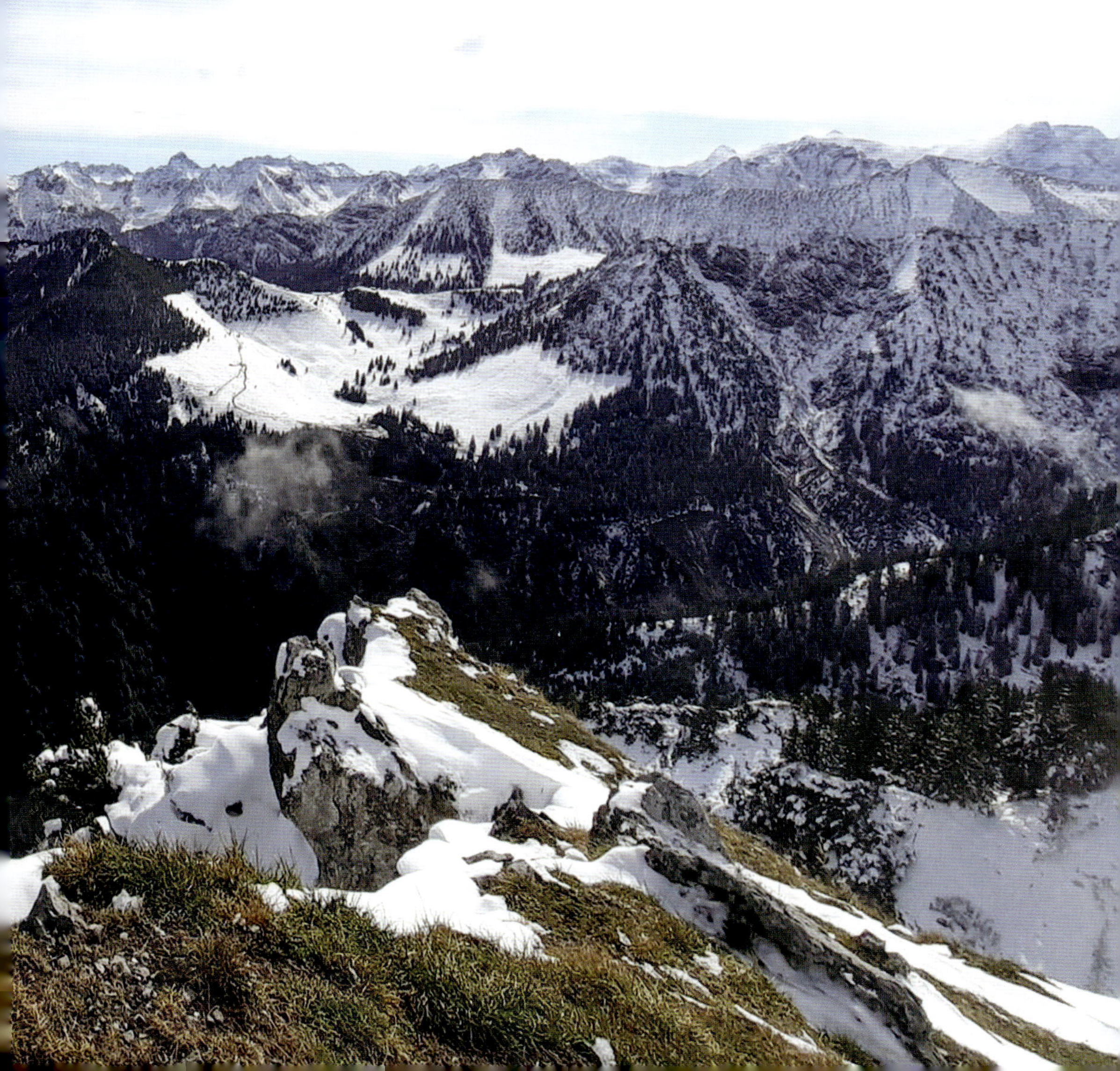

81

Schesaplana, 2965 m

Der höchste Gipfel des Rätikons

 mittel  4½–5¾ Std. 1000 Höhenmeter

Ausgangspunkt: Bergstation der Lünerseebahn; Parkplatz bei der Talstation. Anfahrt über Bludenz – Bürserberg – Brand. Die Bahn ist täglich von 8:00 bis 17:00 Uhr in Betrieb.

Einkehrmöglichkeiten: Douglasshütte bei der Bergstation, Totalphütte, Schattenlaganthütte (an der Zufahrtstraße).

Gut zu wissen: 1. Wer früh auf der Schesaplana sein möchte, kann noch vor dem Bahnbetrieb starten und in ca. 40 Minuten zu Fuß über den Bösen Tritt zum Lünersee wandern. Oder die Tour auf eineinhalb Tage aufteilen und auf der Totalphütte ❷ übernachten.
2. Die Schesaplana ist auch über die Mannheimer Hütte und die Reste des Brandner Gletschers oder von der Schweiz aus über die Schesaplanahütte zu erreichen.

Wegbeschreibung: Von der Bergstation der Lünerseebahn geht es zunächst gemütlich am Westufer des türkis-blauen Lünersees entlang bis zur Abzweigung Totalphütte/Schesaplana ❸. Nun geht es stetig bergauf, anfangs noch mäßig, dann zunehmend steiler. Erst das letzte Stück zur Hütte wird wieder etwas flacher. Dreht man sich um, hat man einen sagenhaften Blick auf den immer kleiner werdenden Lünersee ❹. An der Hütte wird der Weiterweg zur Schesaplana mit 2 Stunden Gehzeit angegeben. Es geht durch felsiges Gelände bergauf, das in der Morgenfrische ❺ am angenehmsten zu meistern ist. Weiß-blau-weiße Markierungen weisen den Weg. Nach etwa einer Stunde wird eine Mulde erreicht, von der es rechts weg und ziemlich steil und anstrengend bergauf geht ❻. Es folgt eine seilgesicherte Etappe, der sogenannte Südwandsteig, der bei „Gegenverkehr" etwas knifflig werden kann. Am höchsten Punkt dieser Passage angekommen, trifft man auf das Grenzschild „Schweiz/Österreich". Von hier sind es nur noch wenige Minuten bis zum fast 3000 m hohen Gipfel.

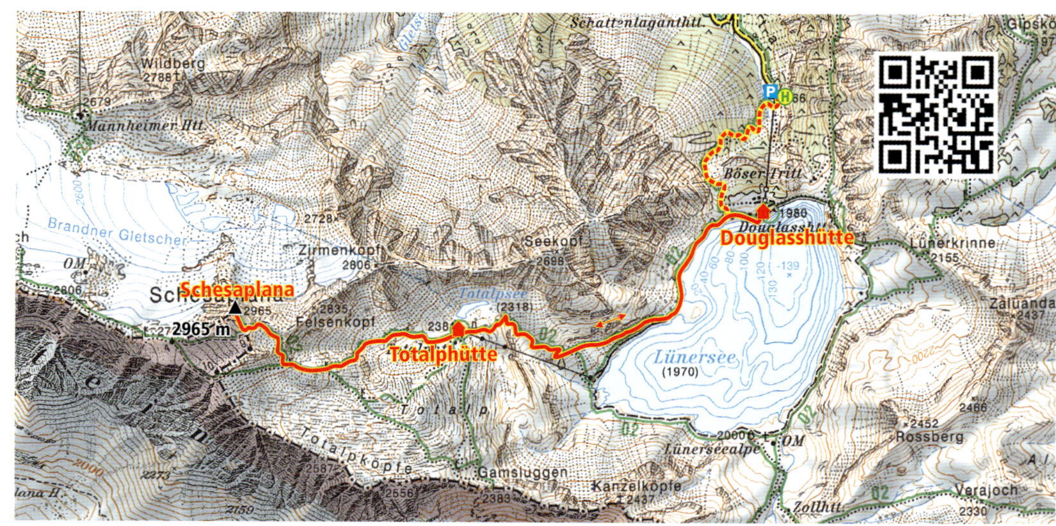

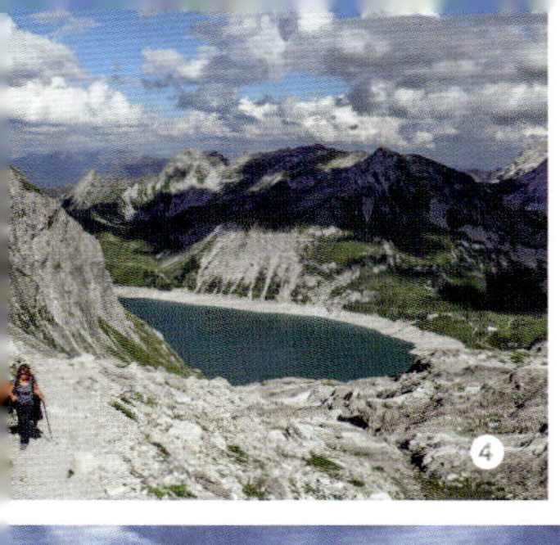

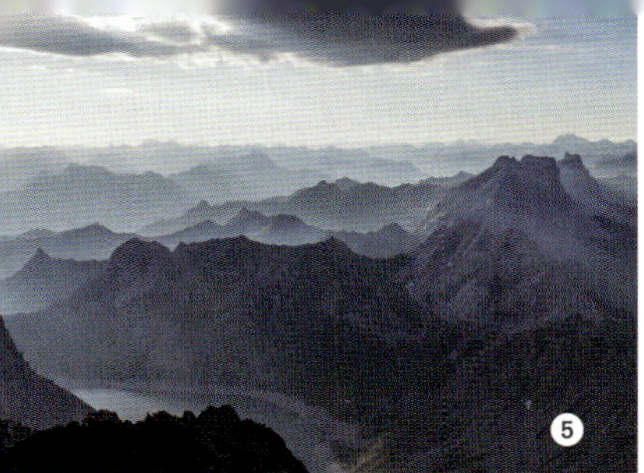

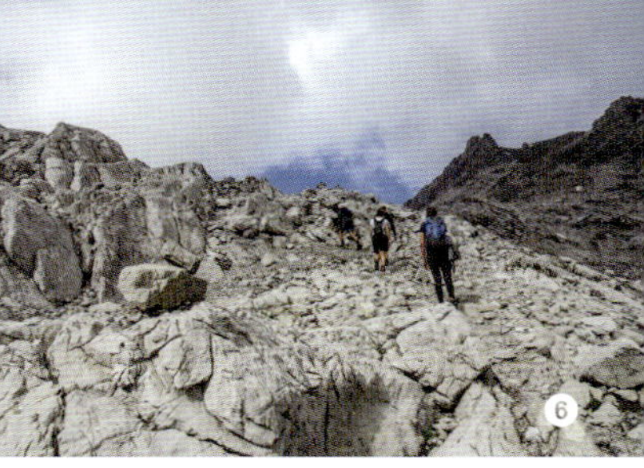

Die Schesaplana ist ein äußerst beliebter und häufig besuchter Gipfel ❶. Kein Wunder, dass von allen Seiten Wege dorthin führen, wo sich Österreich und die Schweiz auf knapp 3000 Metern begegnen. Wir wählen den vergleichsweise leichten Südanstieg über die Totalphütte, mit Startpunkt am Lünersee – auf der letzten Etappe zum Gipfel ist gleichwohl Trittsicherheit gefragt. Vom Gipfel bietet sich eine wahrhaft grenzenlose Rundumsicht. Es lohnt sich, auf der Totalphütte zu übernachten, um bereits zeitig am Morgen auf diesem unvergleichlichen Gipfel zu stehen.

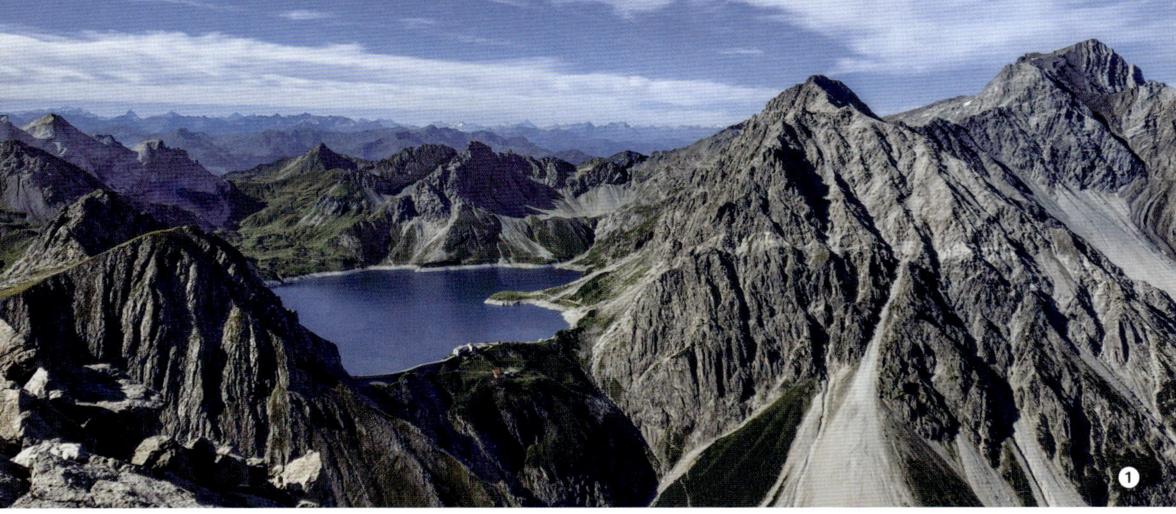

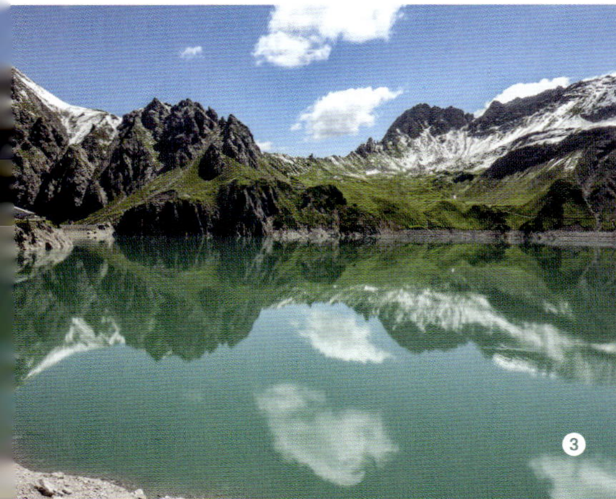

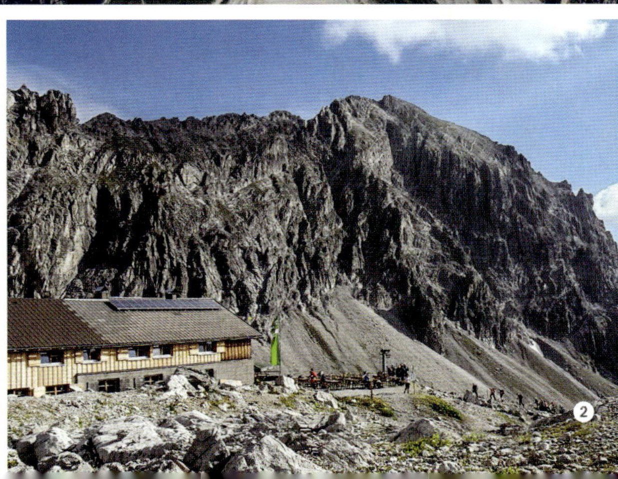

82 Panüeler Kopf, 2859 m

Über Spusagang und Straußsteig zum Sehnsuchtsberg

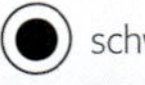 schwer  7–9 Std.  1600 Höhenmeter

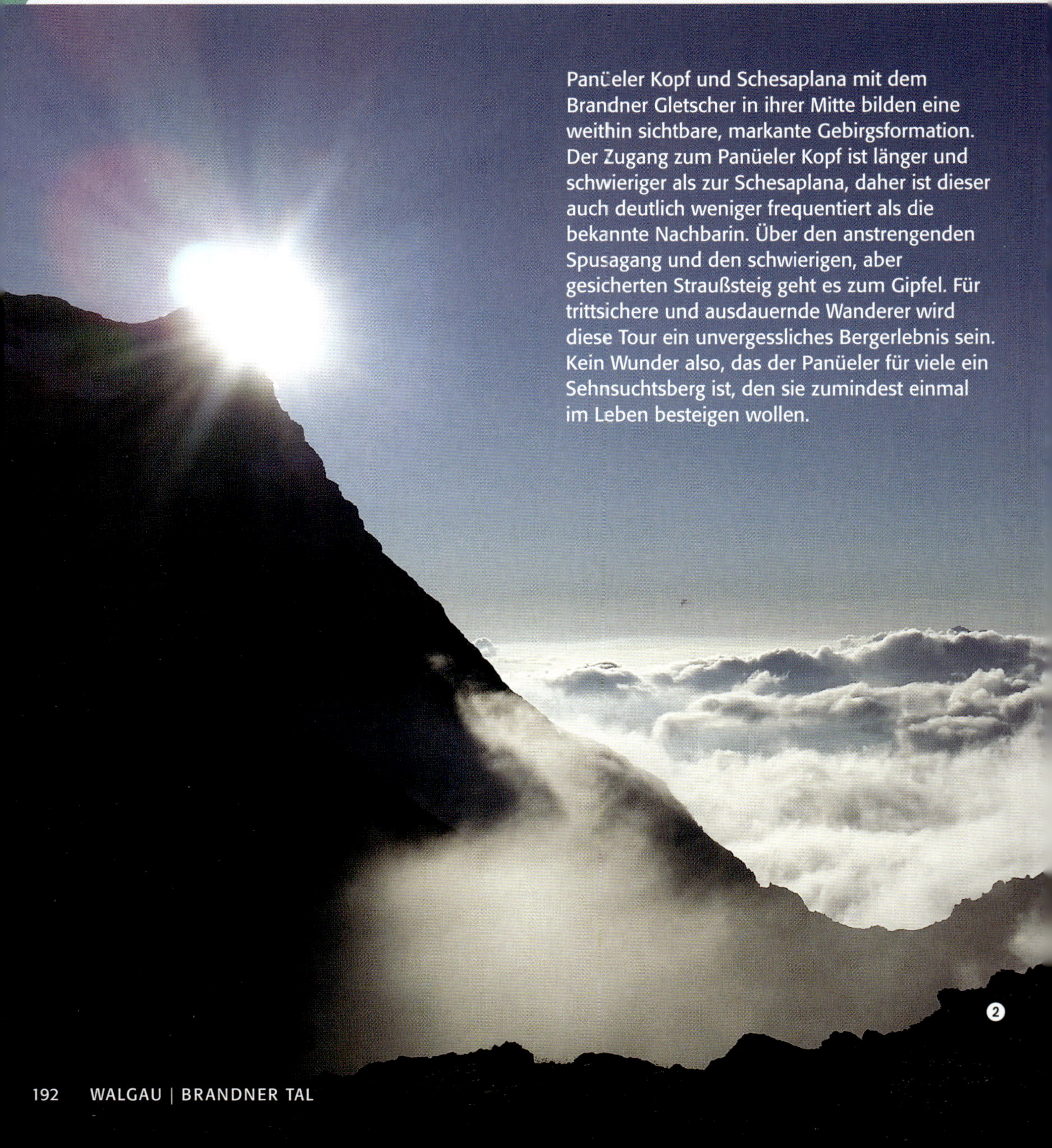

Panüeler Kopf und Schesaplana mit dem Brandner Gletscher in ihrer Mitte bilden eine weithin sichtbare, markante Gebirgsformation. Der Zugang zum Panüeler Kopf ist länger und schwieriger als zur Schesaplana, daher ist dieser auch deutlich weniger frequentiert als die bekannte Nachbarin. Über den anstrengenden Spusagang und den schwierigen, aber gesicherten Straußsteig geht es zum Gipfel. Für trittsichere und ausdauernde Wanderer wird diese Tour ein unvergessliches Bergerlebnis sein. Kein Wunder also, das der Panüeler für viele ein Sehnsuchtsberg ist, den sie zumindest einmal im Leben besteigen wollen.

2

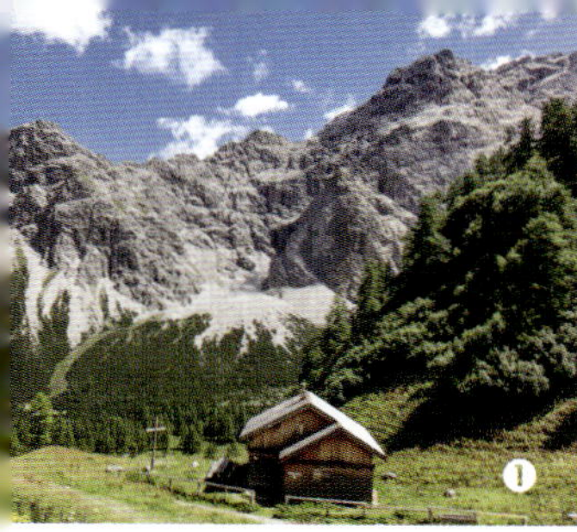

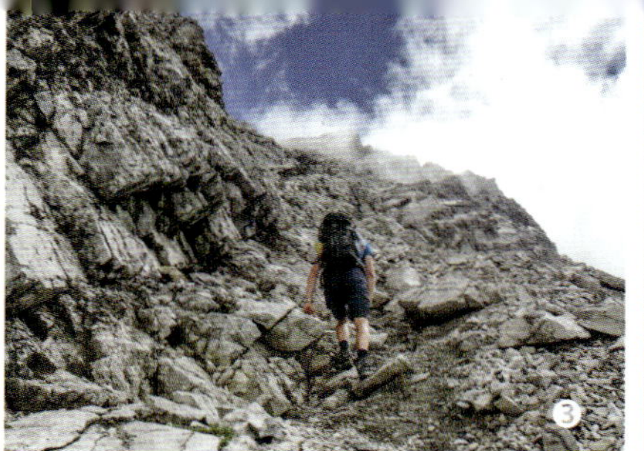

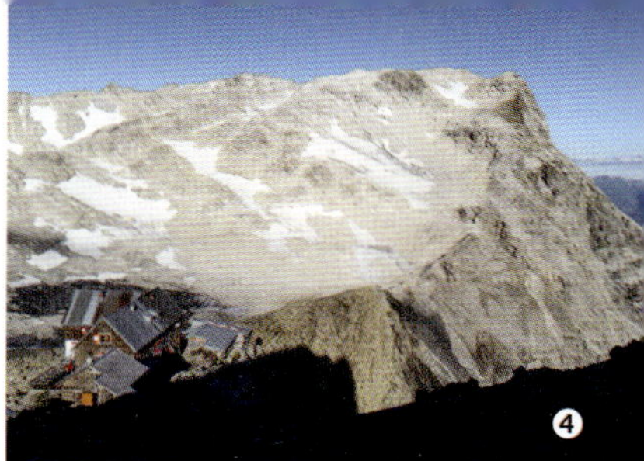

Ausgangspunkt: Nenzinger Himmel. Dieser ist nur mit dem Nenzinger-Himmel-Taxi (Kleinbusse) erreichbar. Anmeldung am Vortag bei Lisi & Friedl Touristik (www.wanderbus.at).

Einkehrmöglichkeiten: „Himmelwirt" (Alpengasthof „Gamperdona") oder Gamperdona Alpe im Nenzinger Himmel.

Gut zu wissen: Der Nenzinger Himmel, ehemals eine reine Alpsiedlung, beherbergt mittlerweile nebst der Alpe fast 200 Ferienhütten, die von einer imposanten Bergkulisse umgeben sind.

Wegbeschreibung: Vom Nenzinger Himmel aus geht es zuerst flach dem Güterweg entlang in Richtung Panüelalpe ❶. Bald zweigt links der markierte Fußweg ab, der schön durch das bewaldete Gebiet bergauf führt. Nach etwa 45 Minuten kommt man zu einer Weggabelung, bei der die Abzweigung nach rechts zum Hirschsee führt. Wir folgen jedoch der Beschilderung hinauf zum Panüeler Kopf ❷. Die Gehzeit wird hier mit 3½ Stunden angegeben. Hier beginnt der sogenannte Spusagang: Der Weg ist gut markiert, wird nun aber steil und anstrengend. Man hat wunderbare Ausblicke hinunter auf den kleinen Hirschsee sowie in den idyllischen Nenzinger Himmel. Im oberen Bereich wird das Gelände zunehmend schroff und felsig. Nach etwa 2–2½ Stunden und knapp 900 Höhenmetern erreicht man die Scharte, die direkt vor dem Oberzalimkopf liegt. Die Beschilderung „Spusagang-Straußsteig" weist den weiteren Anstieg. Von hier sind es noch knapp 2 Stunden bis zum Gipfel. Der weiß-blau-weiß markierte schmale und teilweise exponierte Steig schlängelt sich durch die Felsen empor, es sind einige höhere Stufen zu bewältigen, auch die Hände kommen öfters zum Einsatz ❸. Die schwierigen Passagen sind mit Drahtseilen und Metallbügeln gesichert. Einmal ist eine schwierige Stelle auf einer etwas luftigen Metallleiter zu überwinden. Bald ist die breite Schulter nordöstlich des Gipfels erreicht. Rechts geht es das letzte kurze Stück hinauf zum Gipfelkreuz des Panüeler Kopfes. Der Blick über den Brandner Gletscher, zur Schesaplana, zur Mannheimer Hütte und auf die umliegende Bergwelt des Rätikons ist fantastisch.

Hinweis: Eine empfehlenswerte Alternative zu dieser langen Tagestour mit gleichem Hin- und Rückweg ist es, die Tour zu einer Zweitagestour auszubauen, mit Übernachtung auf der Mannheimer Hütte ❹. Am nächsten Tag kann von der Hütte über den Brandner Gletscher auf den Schaflochsattel aufgestiegen werden und über den Liechtensteiner Höhenweg bis zum Salarueljoch (Kleine Furka) oder bis zum Hochjoch (Große Furka) und von dort zurück in den Nenzinger Himmel gewandert werden.

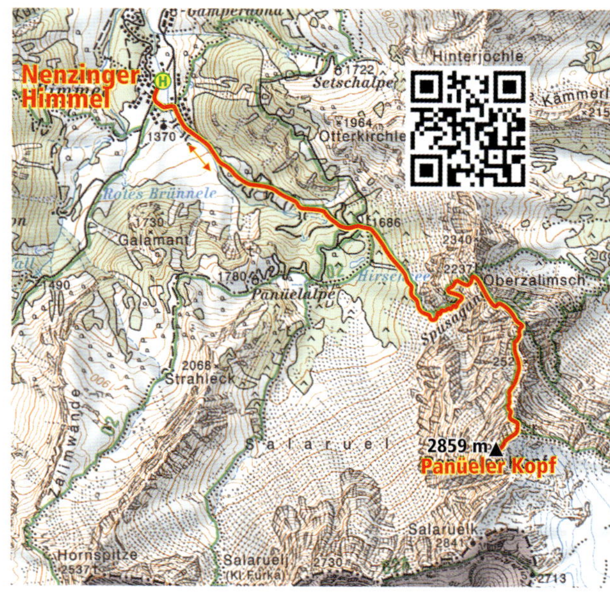

Saulakopf, 2517 m

Der schönste Ausblick auf den Lünersee

83

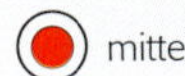 mittel  3¼–4½ Std.  600 Höhenmeter

Bereits am Startpunkt der Wanderung bestimmt der wunderbare Blick auf den türkis-blauen Lünersee das Bild, der 2019 zum „schönsten Platz Österreichs" gekürt wurde. Dieser erfrischende Anblick wird uns in vielen Varianten auf dieser Tour begleiten. Der Weg zum Saulakopf ist ein äußerst lohnendes, abwechslungsreiches Unterfangen für Wanderer, die über Trittsicherheit und Erfahrung im alpinen Gelände verfügen. Der gewaltige Ausblick vom Gipfel wird nur schwer zu toppen sein ❶.

Ausgangspunkt: Bergstation der Lünerseebahn; Parkplatz bei der Talstation. Anfahrt über Bludenz – Bürserberg – Brand. Die Bahn ist täglich von 8:00 bis 17:00 Uhr in Betrieb.

Einkehrmöglichkeiten: Douglasshütte an der Bergstation, Schattenlaganthütte (an der Zufahrtstraße).

Gut zu wissen: 1. Wer noch vor der ersten Bahn starten möchte, kann in ca. 40 Minuten zu Fuß über den Bösen Tritt zum Lünersee wandern.
2. Der Saulakopf bietet auch einen Klettersteig (Schwierigkeit C/D).

Wegbeschreibung: Von der Bergstation der Lünerseebahn führt der Weg in Richtung Saulajochsteig zunächst einmal über die Terrasse der Douglasshütte, dann über eine Stiege hinunter zum Staudamm – mit einmaligem Blick über den See und die umliegenden Berge. Die Staumauer wird überquert, bis bei einer Weggabelung der bezeichnete Pfad in Richtung Saulajoch/Saulakopf beginnt. Dieser führt nach links, zuerst eine Zeit lang abwärts und schließlich leicht ansteigend an der Westflanke des Schafgafalls ❷ entlang. Der Weg ist zum Teil schmal und etwas ausgesetzt, daher sollte für diese Etappe Erfahrung in alpinem Gelände und Trittsicherheit mitgebracht werden. Nach etwa einer Stunde gelangt man zum Saulajoch. Kurz darauf trifft man auf den nächsten Wegweiser, dem man nach Norden in Richtung Saulakopf folgt. Der Weg führt anfangs an Latschen vorbei und weiter über einen steilen Schotterweg bergwärts. Auf dieser Etappe sind Wanderstöcke (vor allem beim Rückweg!) von großem Vorteil. Im oberen Teil ist der Weg an mehreren schmalen, ausgesetzten Passagen seilgesichert, hin und wieder werden die Hände gebraucht. Das letzte Stück zum Gipfel führt über steiles, felsiges Gelände, in dem die weiß-blau-weißen Bodenmarkierungen nicht immer ganz leicht zu finden sind.

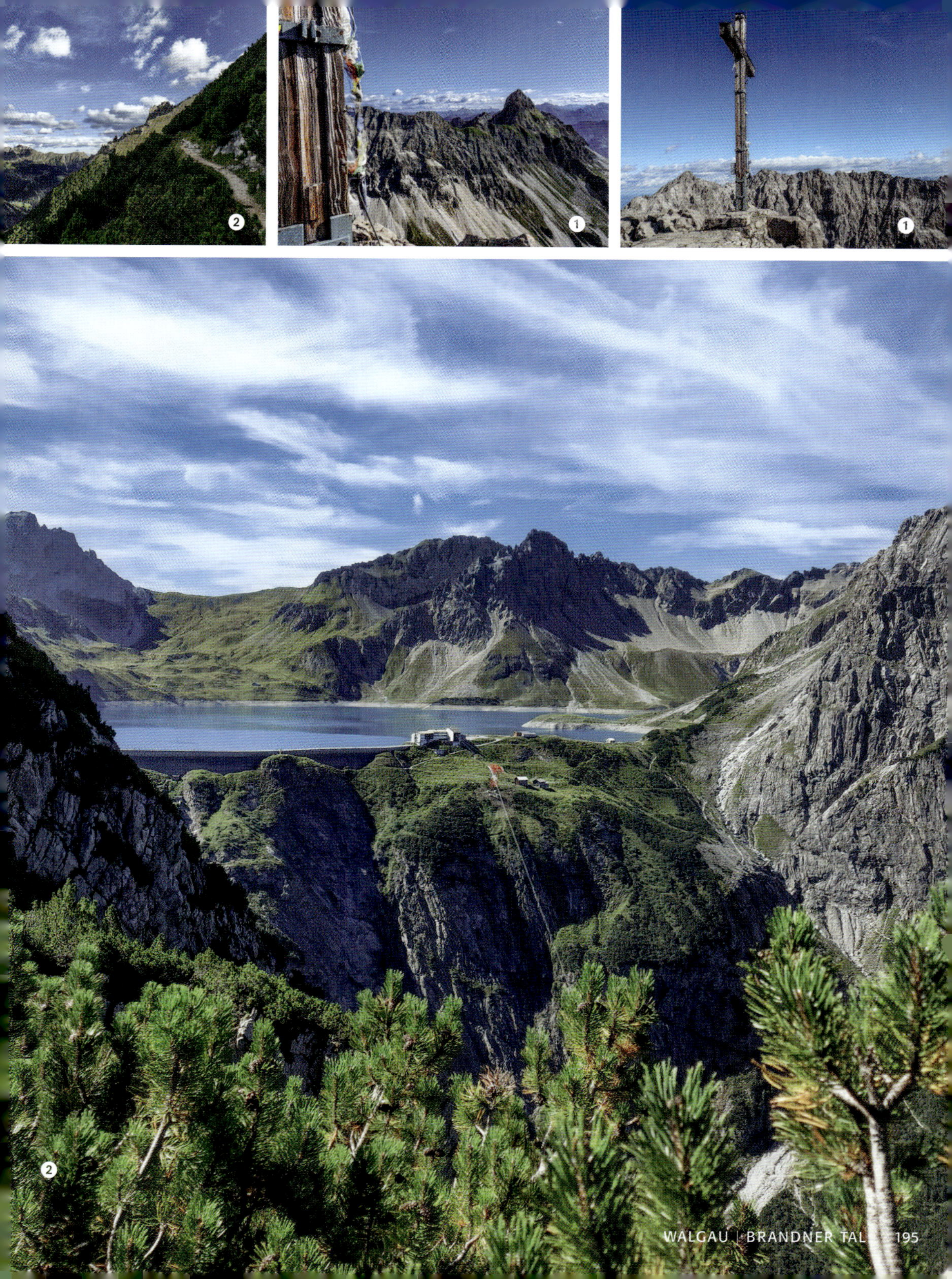

84

Mottakopf, 2176 m

Auf den Hausberg von Brand

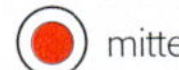 mittel  3½–4¾ Std.  900 Höhenmeter

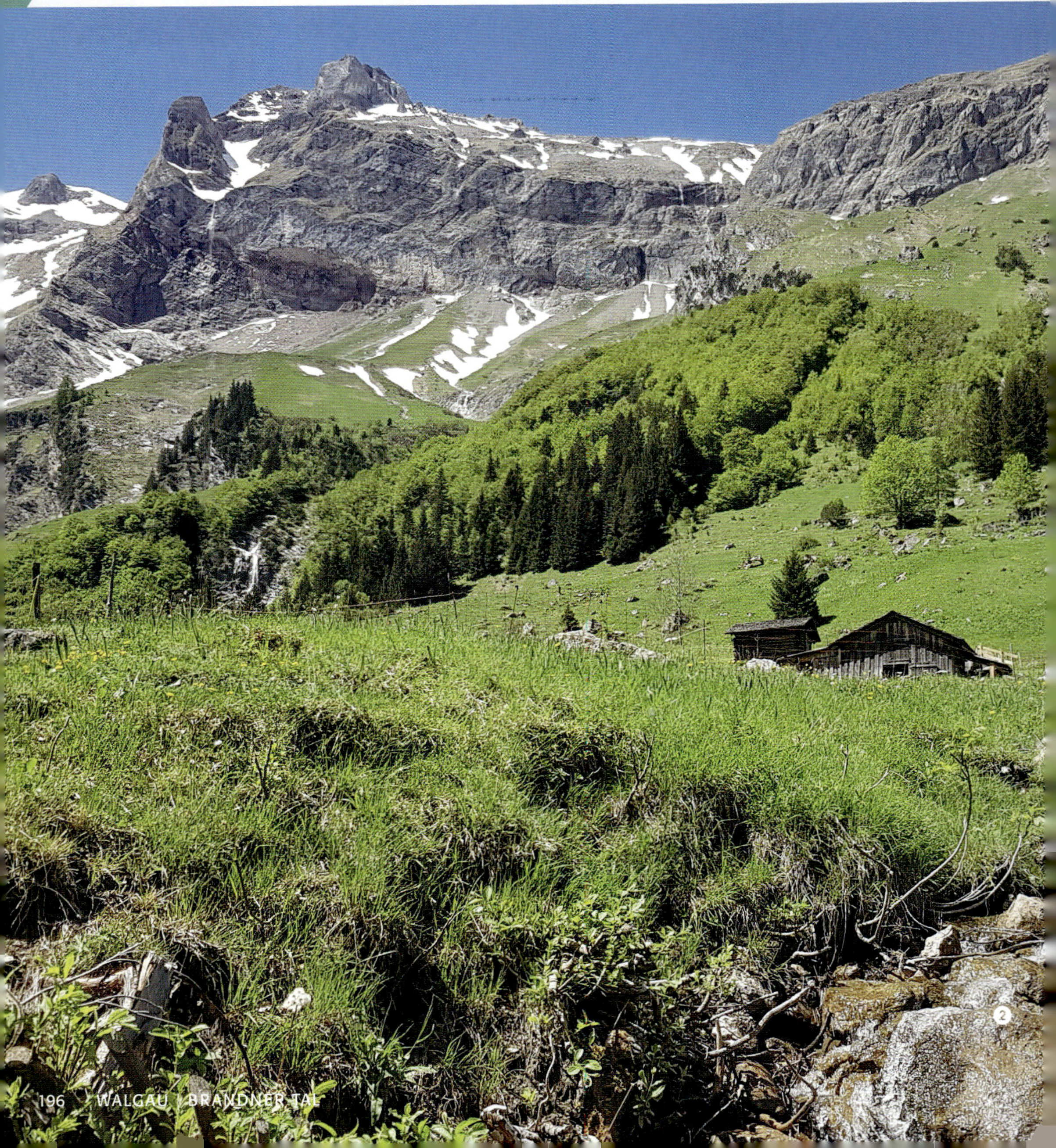

2

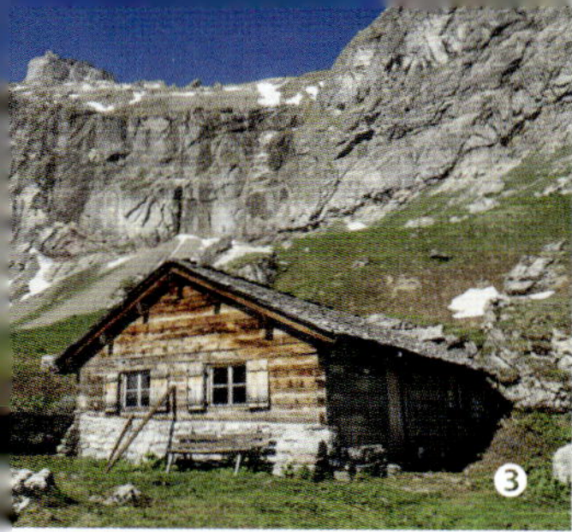

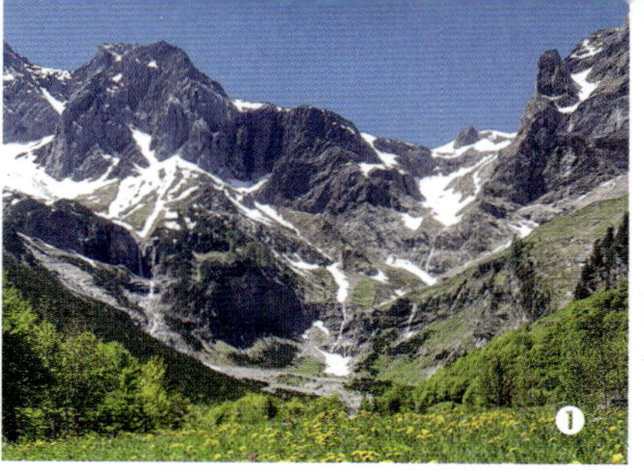

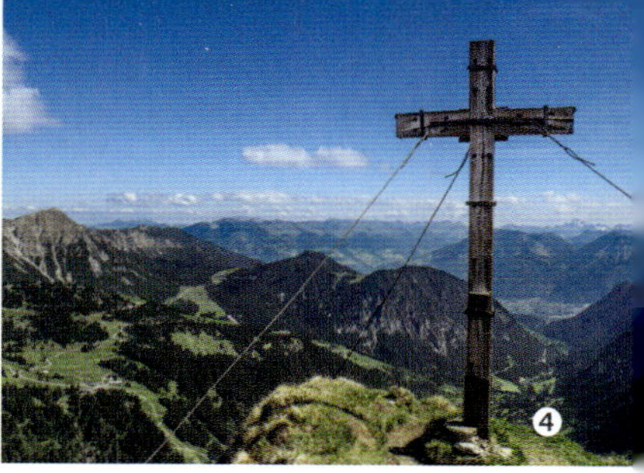

Der Mottakopf thront mächtig über dem beliebten Tourismusort Brand. Für gute Geher ist die Besteigung des Gipfels eine abwechslungsreiche Halbtagestour. Die Aussicht auf die umliegenden Bergriesen wie Schesaplana, Zimba oder Panüeler Kopf, auf Brand, Bludenz und den Lünersee ist von dort oben einfach fantastisch. Die Wanderung führt durch eine wahre Bilderbuchlandschaft und ist größtenteils sehr sonnig. Wer die 900 Höhenmeter nicht in der größten Hitze bewältigen will, sollte früh aufbrechen.

Ausgangspunkt: Bushaltestelle Brand/ Sonnenlagant (Landbuslinie 580) bzw. kleiner Parkplatz bei der Gletscherbachbrücke (es sind nur sehr wenige Parkplätze vorhanden!), Anfahrt über Bludenz – Bürserberg – Brand.

Einkehrmöglichkeiten: Diverse Gasthäuser in Brand.

Gut zu wissen: 1. Bei Nässe oder schlechter Sicht ist von dieser Wanderung abzuraten, da der Wanderweg ab der Oberen Sonnenlagantalpe teilweise sehr schmal und abschüssig ist.
2. In Brand gibt es speziell für die kleinen Gäste einen Tier-Erlebnispfad, einen Tierwelten-Weg und einen Barfußweg, der Jung und Alt gefallen wird.

Wegbeschreibung: Der Aufstieg zum Mottakopf startet direkt bei der Gletscherbachbrücke, weiß-rot-weiße Markierungen weisen den Weg. Durch bunte Blumenwiesen ❶ und am malerischen Gletscherbach entlang geht es aufwärts ❷. Nach kurzer Zeit kommt eine Abzweigung, bei der links abgebogen wird. Über zahlreiche Serpentinen erreicht man die schön gelegene und urige Obere Sonnenlagantalpe auf 1843 m Höhe ❸. Ab hier führt der Weg zuerst steil bergauf nach Westen, anschließend in nördlicher Richtung weiter. Ab der Alpe ist der Weg weiß-blau-weiß markiert, das heißt, er wird anspruchsvoller. Für erfahrene und trittsichere Geher ist er aber leicht zu meistern. Das Gipfelkreuz wird nach ungefähr 2 Stunden Gehzeit erreicht ❹.

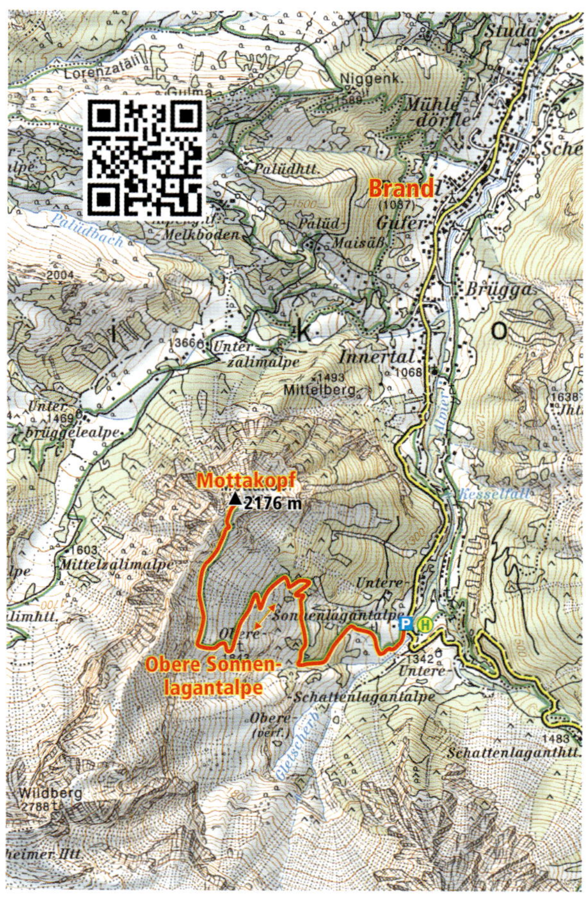

85

Fundelkopf, 2401 m

Schwieriger, aber lohnender Aussichtsberg im Brandner Tal

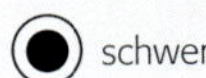 schwer  3½–4½ Std.  800 Höhenmeter

Ausgangspunkt: Bergstation der Palüdbahn, Parkplatz an der Talstation in Brand. Die Bahn ist von Mittwoch bis Sonntag sowie an Feiertagen von 9:00 bis 16:45 Uhr in Betrieb.

Einkehrmöglichkeiten: Alpengasthof Melkboden bei der Bergstation, diverse Gasthäuser in Brand.

Gut zu wissen: Diese Tour kann auch direkt von Brand aus gemacht werden. Der Anstieg verlängert sich dann um etwa 1½ Stunden und um ca. 500 Höhenmeter.

Wegbeschreibung: Von der Bergstation führt ein gut beschilderter, einfacher und breiter Wanderweg in Richtung Innerpalüdalpe. Es geht zu Beginn kurz durch den Wald, dann mäßig ansteigend und sonnig über freie Alpflächen und am Palüdbach entlang bis zur schön gelegenen Alpe ❶. Den imposanten Fundelkopf hat man die meiste Zeit rechts vor sich im Blickfeld ❷. Der malerische Palüdbach begleitet uns eine ganze Zeit lang weiter auf dem Anstieg ins Amatschonjoch. Dieser Übergang in den Nenzinger Himmel ist ein herrlicher Aussichtspunkt und daher ein beliebter Rastplatz. Ein Wegweiser zum Fundelkopf ist am Amatschonjoch nicht vorhanden. Somit orientiert man sich am Weg durch ein Latschenfeld, der in nordwestlicher Richtung bergauf führt. Die folgenden 350 Höhenmeter zum Gipfel geht es meist sehr steil und durch den fehlenden Schatten ziemlich anstrengend bergwärts. Nach dem Latschenfeld wird das Gelände stellenweise abschüssig, loses Geröll säumt den Weg. Wanderstöcke sind für diesen Streckenabschnitt sehr hilfreich, vor allem auf dem Rückweg. Trittsichere und erfahrene Wanderer werden vor allem Gefallen am nun folgenden Wegabschnitt haben, der die Schlüsselstelle des Anstiegs bildet: Über einige Meter muss man geduckt unter einem Felsvorsprung herumgehen. Diese knifflige, seilgesicherte Stelle ist ein beliebtes Fotomotiv ❸. Es folgen weitere leicht ausgesetzte, nun allerdings ungesicherte Stellen, bei denen auch die Hände zum Einsatz kommen, bis schließlich der höchste Punkt erreicht ist ❹.

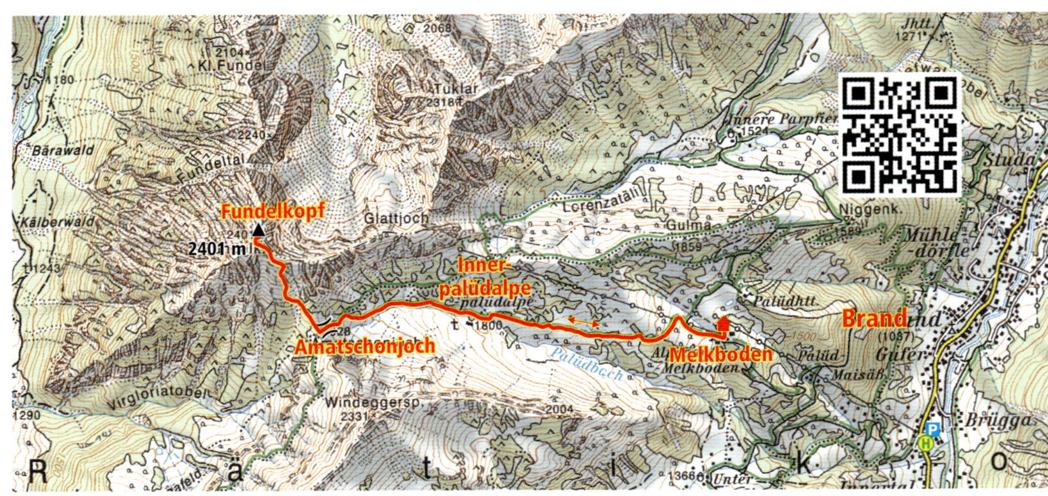

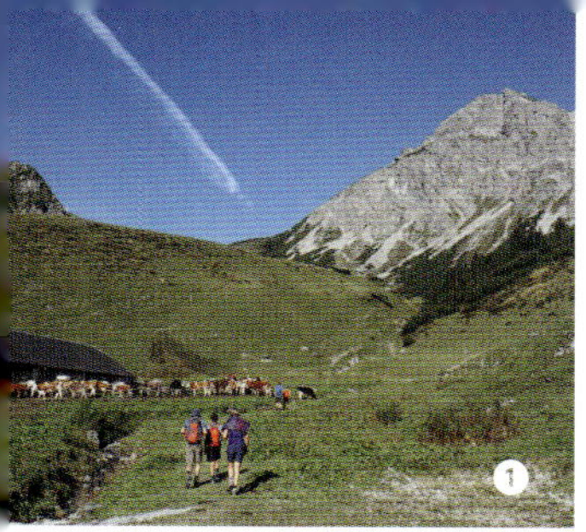

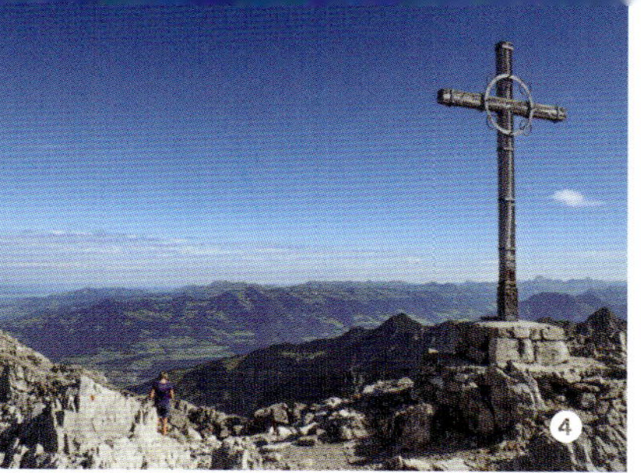

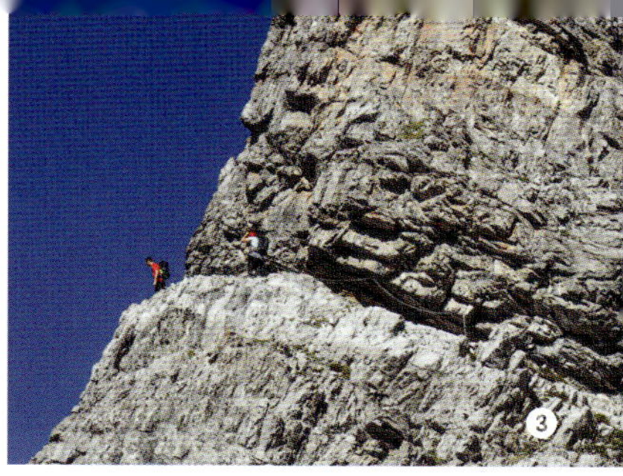

Das Amatschonjoch und der Fundelkopf bestechen durch den wunderschönen Ausblick auf die Gipfel des Brandner Tals, des Rätikons und auf die Bergwelt im nahen Liechtenstein. Der schwierige Anstieg sollte aber nicht unterschätzt werden. Trittsicherheit und Schwindelfreiheit sind absolut notwendig! Der Weg bis zum Joch führt durch die reinste Bilderbuchlandschaft, mit artenreichen Alpflächen und einem sprudelnden Gebirgsbach.

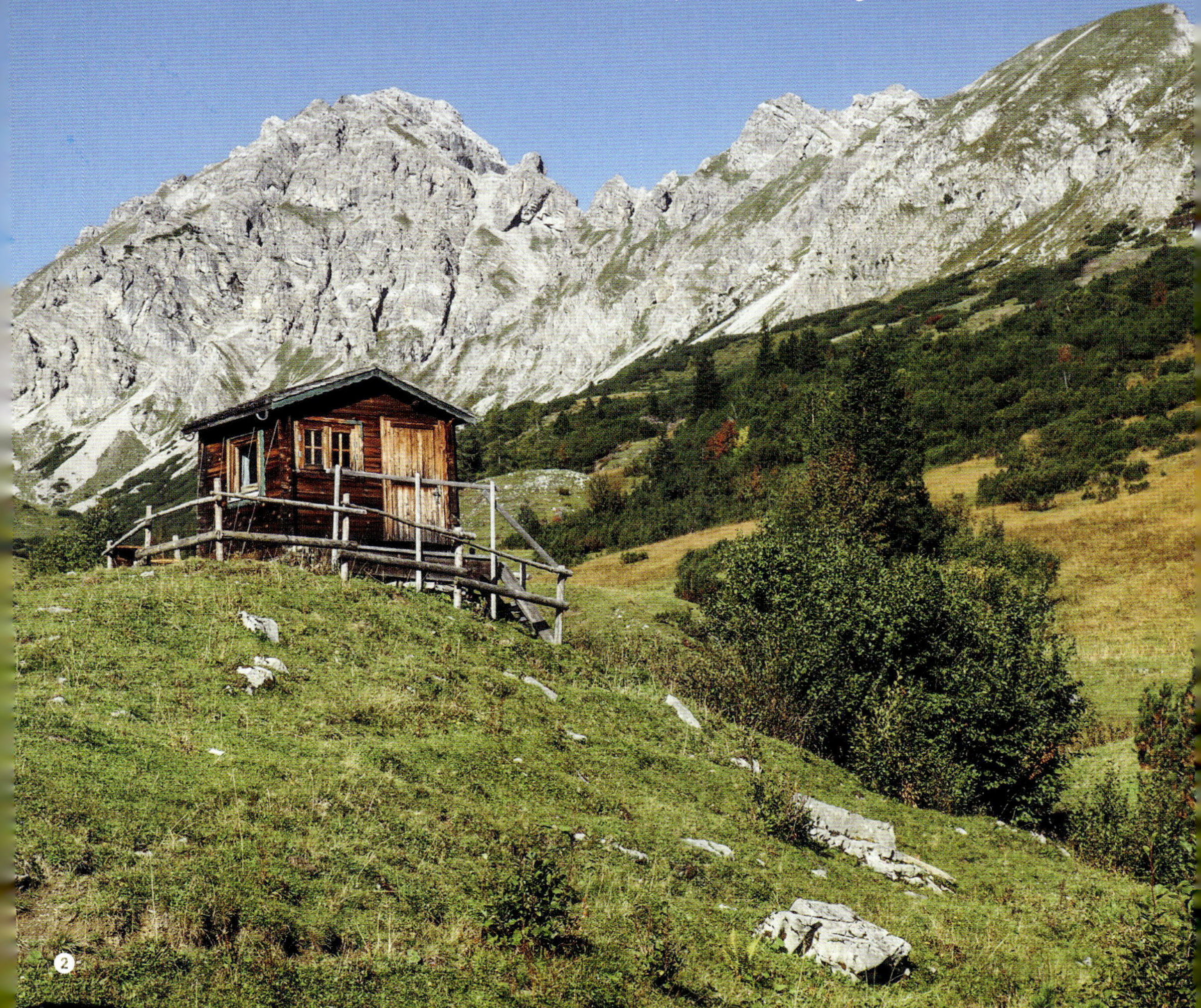

2

86

Schillerkopf, 2006 m

Zum Dichterberg im Brandner Tal

 mittel  3¼–4 Std.  800 Höhenmeter

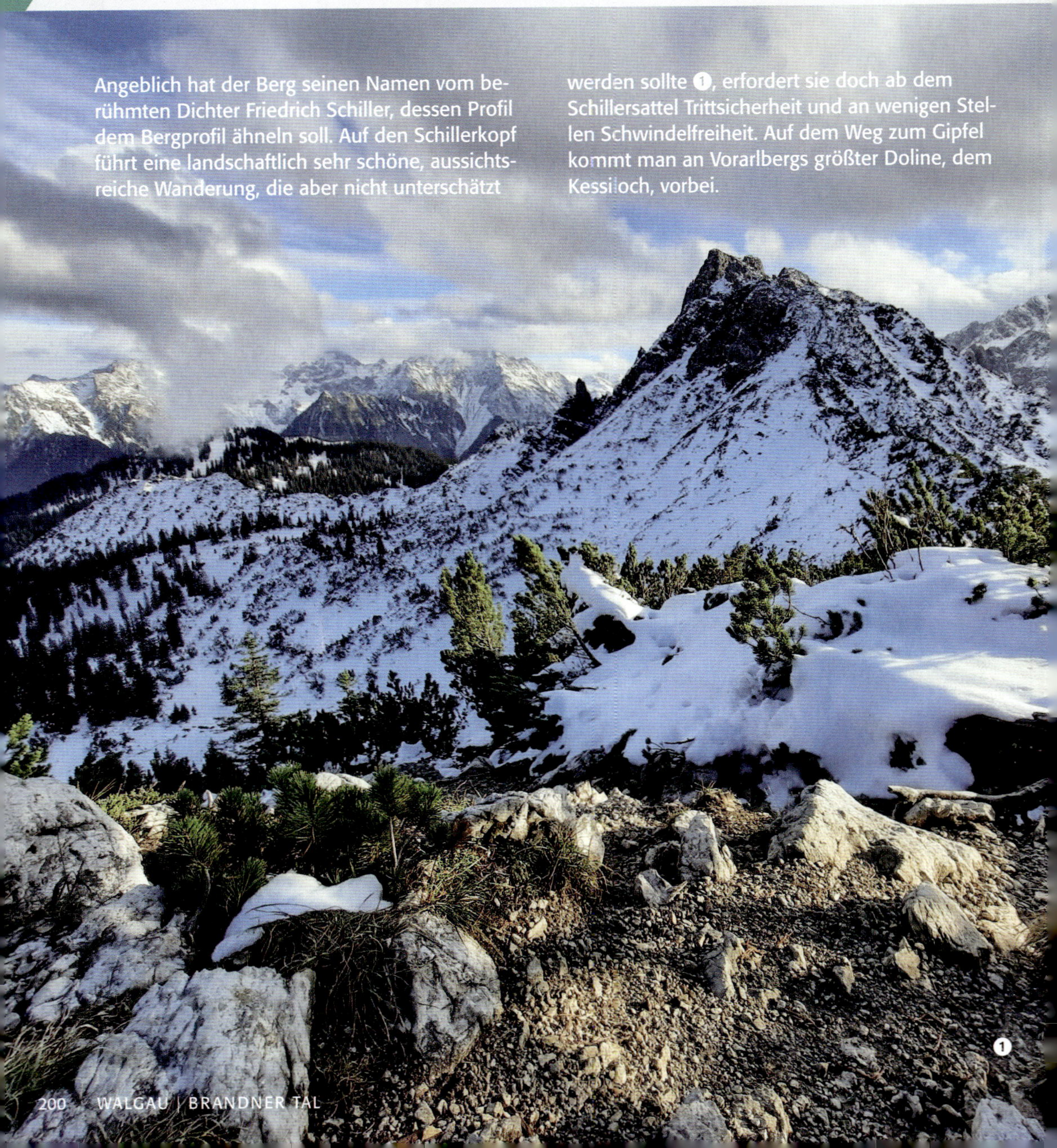

Angeblich hat der Berg seinen Namen vom berühmten Dichter Friedrich Schiller, dessen Profil dem Bergprofil ähneln soll. Auf den Schillerkopf führt eine landschaftlich sehr schöne, aussichtsreiche Wanderung, die aber nicht unterschätzt werden sollte ❶, erfordert sie doch ab dem Schillersattel Trittsicherheit und an wenigen Stellen Schwindelfreiheit. Auf dem Weg zum Gipfel kommt man an Vorarlbergs größter Doline, dem Kessiloch, vorbei.

❶

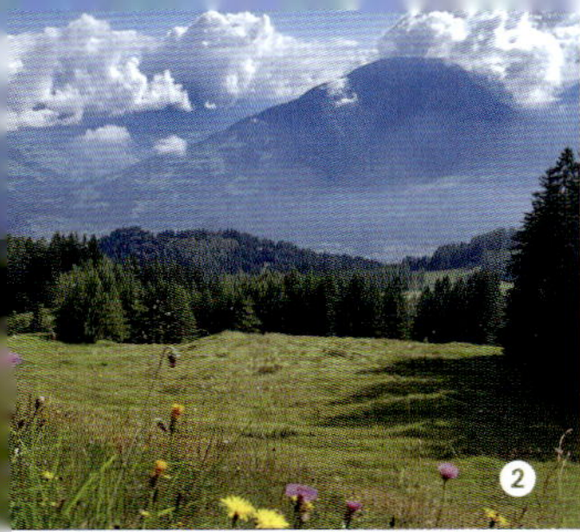

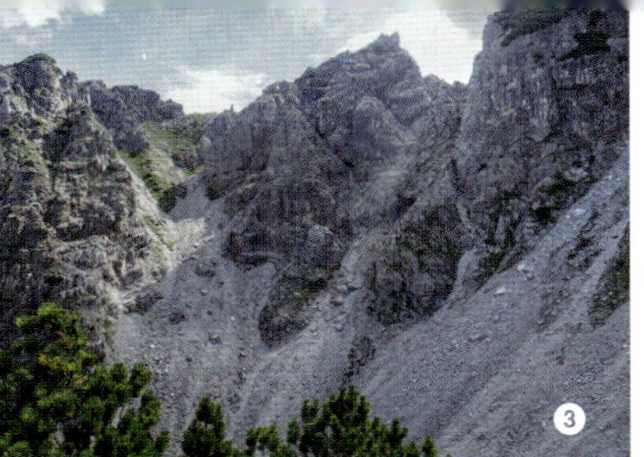

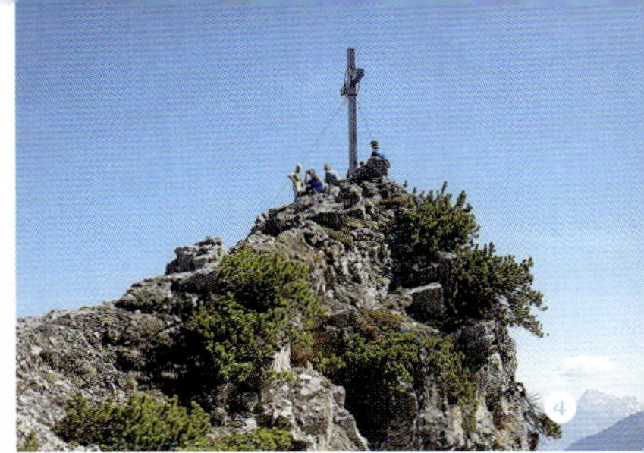

Ausgangspunkt: Wanderparkplatz Tschengla, Bürserberg. Die Anfahrt erfolgt über Bludenz – Bürserberg, dort am Ortsanfang vor dem Feuerwehrhaus rechts in Richtung Bikepark abzweigen. Es geht vorbei am Ferienpark und nachfolgend zu einer Kreuzung, bei der links abgebogen wird. Die Strecke von der Abzweigung beim Feuerwehrhaus bis zum Wanderparkplatz Tschengla ist ganze 3 km lang.

Einkehrmöglichkeit: Ronaalpe (Schau-Sennerei).

Gut zu wissen: Für konditionsstarke Geher gibt es ab dem Schillersattel die Möglichkeit, einen Abstecher auf die nahe Mondspitze (Tour 87) zu machen und von dort zurück zum Parkplatz zu wandern.

Wegbeschreibung: Vom Wanderparkplatz Tschengla folgt man der weiß-rot-weißen Markierung bergauf zum Schillersattel. Zu Beginn sind Weiden mit Kühen zu durchqueren ❷. Wer mit Hund unterwegs ist, sollte diesen an der kurzen Leine führen. Nachfolgend kreuzt man einige Male Mountainbike-Routen, hier muss damit gerechnet werden, dass immer wieder Mountainbiker den Wanderweg queren. Es folgt eine Etappe, bei der es eine Zeitlang mäßig ansteigend über Wurzeln und durch den Wald geht. Das letzte Teilstück bis zum Schillersattel ist sehr steil und kann bei heißem Wetter sehr schweißtreibend werden. Im Sattel angekommen, biegt man links auf den weiß-blau-weißen Weg ab und wandert auf der zunehmend anspruchsvollen, schmalen und teilweise ausgesetzten Route weiter. Bald geht es um das Naturdenkmal Kessiloch herum. Mit einem Durchmesser von etwa 300 m und einer Tiefe von 100 m schaut diese Doline aus wie ein riesiger Krater ❸. Der Pfad wird noch schmaler und ist teilweise verwachsen. Hohe Tritte sind zu überwinden. Bald schon ist das Gipfelkreuz zu erkennen ❹. Kurzzeitig geht es ein paar Schritte bergab. Diese letzten Minuten unter dem Gipfelkreuz sind ausgesetzt, aber teilweise hilfreich mit einem Seil versehen. Auf dem höchsten Punkt angelangt, wartet ein beeindruckender Ausblick auf Bludenz, die Schesaplana, das Rheintal und das Brandner Tal.

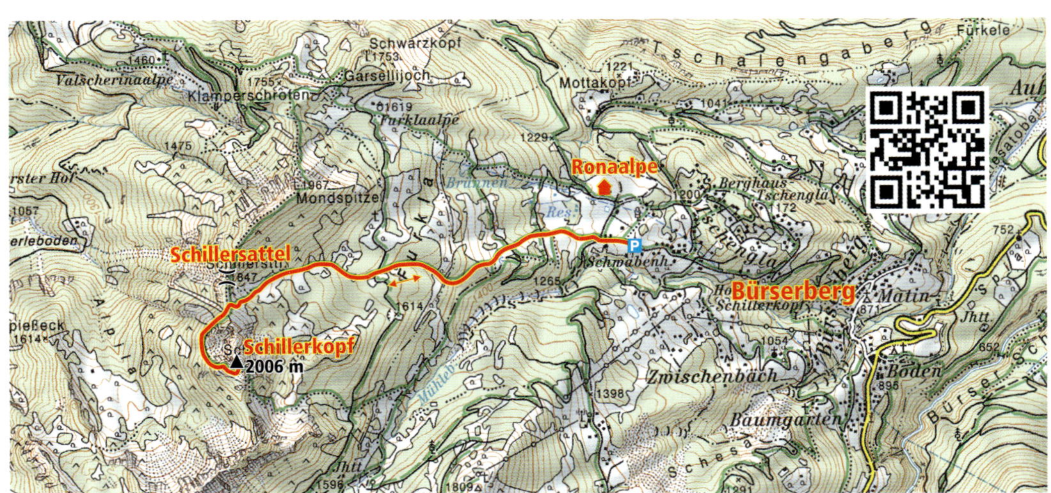

87

Mondspitze, 1967 m

Familientaugliche Rundwanderung mit Weitblickgarantie

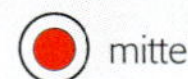 mittel  3½–4 Std.  750 Höhenmeter

Ausgangspunkt: Wanderparkplatz Tschengla, Bürserberg. Die Anfahrt erfolgt über Bludenz – Bürserberg, dort am Ortsanfang vor dem Feuerwehrhaus rechts in Richtung Bikepark abzweigen. Es geht vorbei am Ferienpark und nachfolgend zu einer Kreuzung, bei der links abgebogen wird. Die Strecke von der Abzweigung beim Feuerwehrhaus bis zum Wanderparkplatz Tschengla ist ganze 3 km lang.

Einkehrmöglichkeiten: Bei der Ronaalpe (Schau-Sennerei) kann bei der Käseherstellung zugeschaut werden. Dort kann man auch frische Kuhmilch, Käse, Joghurt, Alpbutter und Milchmixgetränke kaufen.

Gut zu wissen: 1. Die Besteigung von Mondspitze und Schillerkopf (Tour 86) lässt sich für trittsichere und ausdauernde Geher sehr gut kombinieren.
2. Sehr interessant sind die geheimnisvollen Steinkreise im Tschenglagebiet, die vermutlich Kultplätze unserer Vorfahren waren.

Wegbeschreibung: Vom Parkplatz geht es zuerst leicht ansteigend den Fahrweg bergauf bis zu einer Weggabelung in Richtung Schillersattel ❷. Die markante Mondspitze sieht man als grüne Pyramide vor sich stehen. Der weiß-rot-weiß markierte Fußweg führt über eine Wiese aufwärts, danach steiler über die freien Alpflächen und durch kurze Waldabschnitte, immer in westliche Richtung ❸. Man kreuzt mehrmals breite Fahr- bzw. Wanderwege. Unter dem Schillersattel sieht man linker Hand den markanten Gipfelaufbau des Schillerkopfs (Tour 86). Die letzten 200 Höhenmeter bis zum Sattel werden auf einem steilen und anstrengenden Zickzackweg überwunden. Vom Sattel geht es in etwa einer halben Stunde über den Kamm nach Nordosten bis zum Gipfel. Der latschengesäumte Weg ist teilweise etwas abschüssig und erfordert ein gewisses Maß an Trittsicherheit. Auf dem höchsten Punkt angekommen, kann ein Gipfelkreuz bewundert werden, das in seiner Art einzigartig in Vorarlberg ist ❹.
Für den Rückweg wendet man sich nun nach Norden zum Klamperasättele und weiter zum Garsellijoch. Die 250 Höhenmeter zum Klamperasättele sind sehr steil, felsig und teilweise etwas ausgesetzt. Eine exponierte Passage wurde mit einem Drahtseil und einigen Metalbügeln entschärft. Danach geht es auf dem einfachen Fahrweg, der vom Nenzinger Berg heraufführt, weiter. Man folgt dem Fahrweg nach rechts und wandert dann auf einem Fußweg hinab zur Furkla Alpe, weiter zur Rona Alpe und schließlich zum Parkplatz.

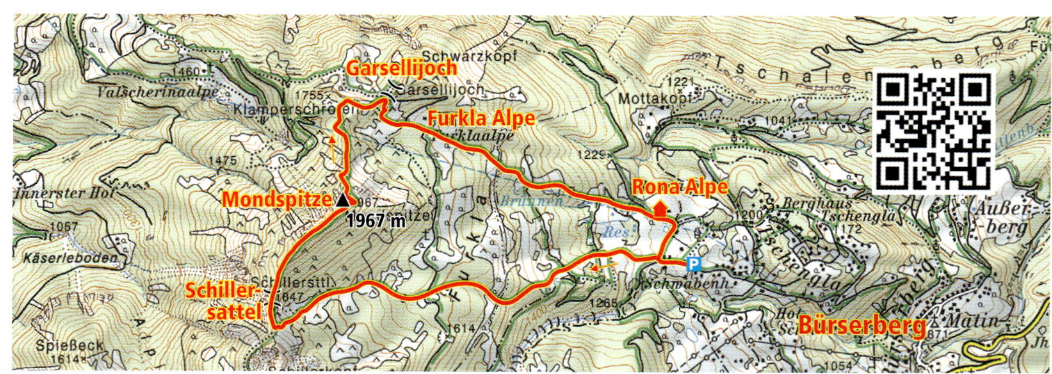

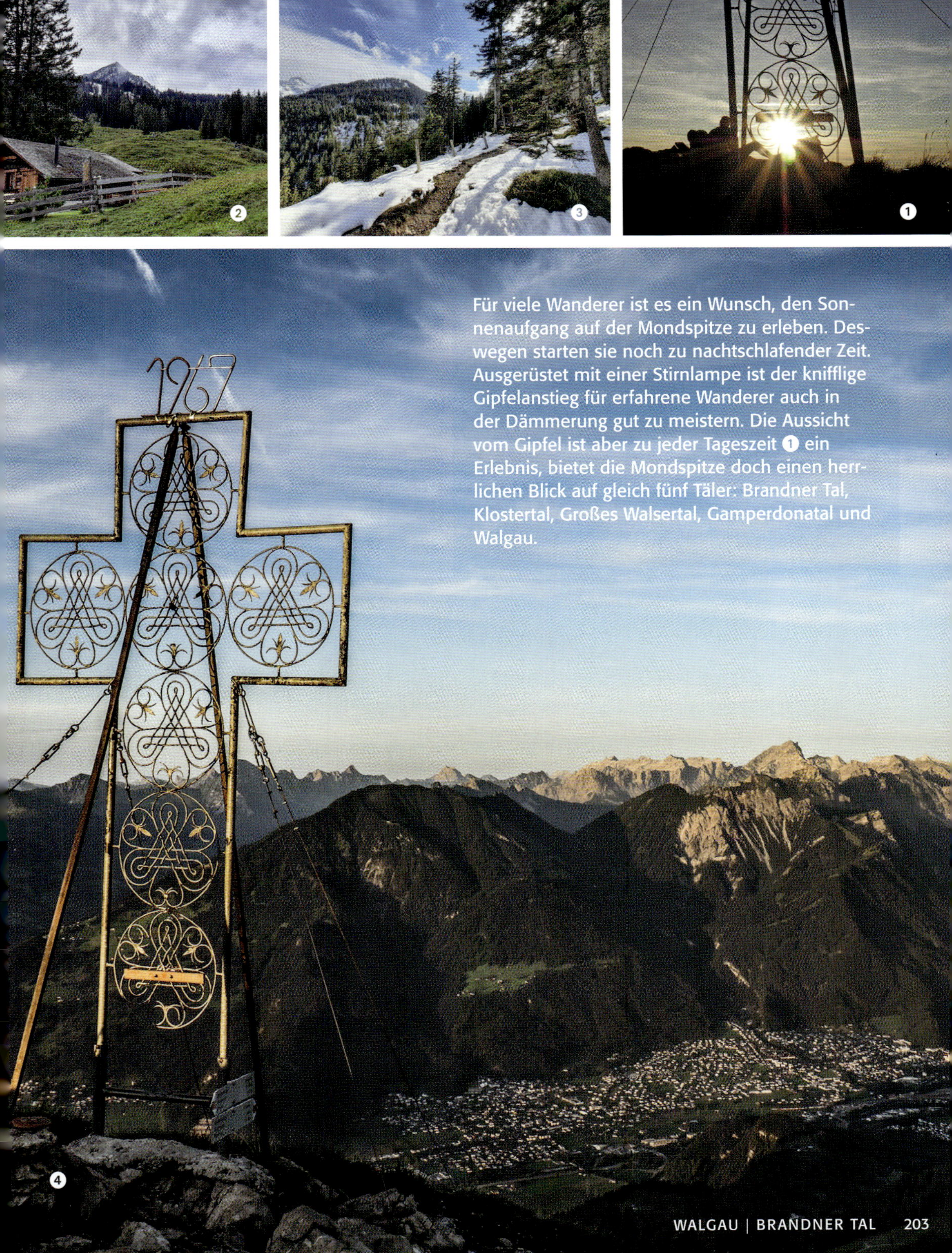

Für viele Wanderer ist es ein Wunsch, den Sonnenaufgang auf der Mondspitze zu erleben. Deswegen starten sie noch zu nachtschlafender Zeit. Ausgerüstet mit einer Stirnlampe ist der knifflige Gipfelanstieg für erfahrene Wanderer auch in der Dämmerung gut zu meistern. Die Aussicht vom Gipfel ist aber zu jeder Tageszeit ❶ ein Erlebnis, bietet die Mondspitze doch einen herrlichen Blick auf gleich fünf Täler: Brandner Tal, Klostertal, Großes Walsertal, Gamperdonatal und Walgau.

88

Gampberg, 1711 m

Aussichtsgipfel hoch über der idyllischen Gampalpe

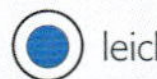 leicht  3–4 Std.  650 Höhenmeter

Diese gemütliche Familienwanderung führt über einen einfachen Weg zuerst auf die Gampalpe und anschließend auf den Gampberg. Der Fahrweg zur Gampalpe ist auch bei Mountainbikern sehr beliebt. Die Tour lässt sich also auch als Bike-and-Hike-Kombination gestalten. Die Gegend um die Gampalpe ist bekannt für ihre Blumenpracht, mit etwas Glück kann man dort zur richtigen Jahreszeit sogar den einen oder anderen Frauenschuh entdecken.

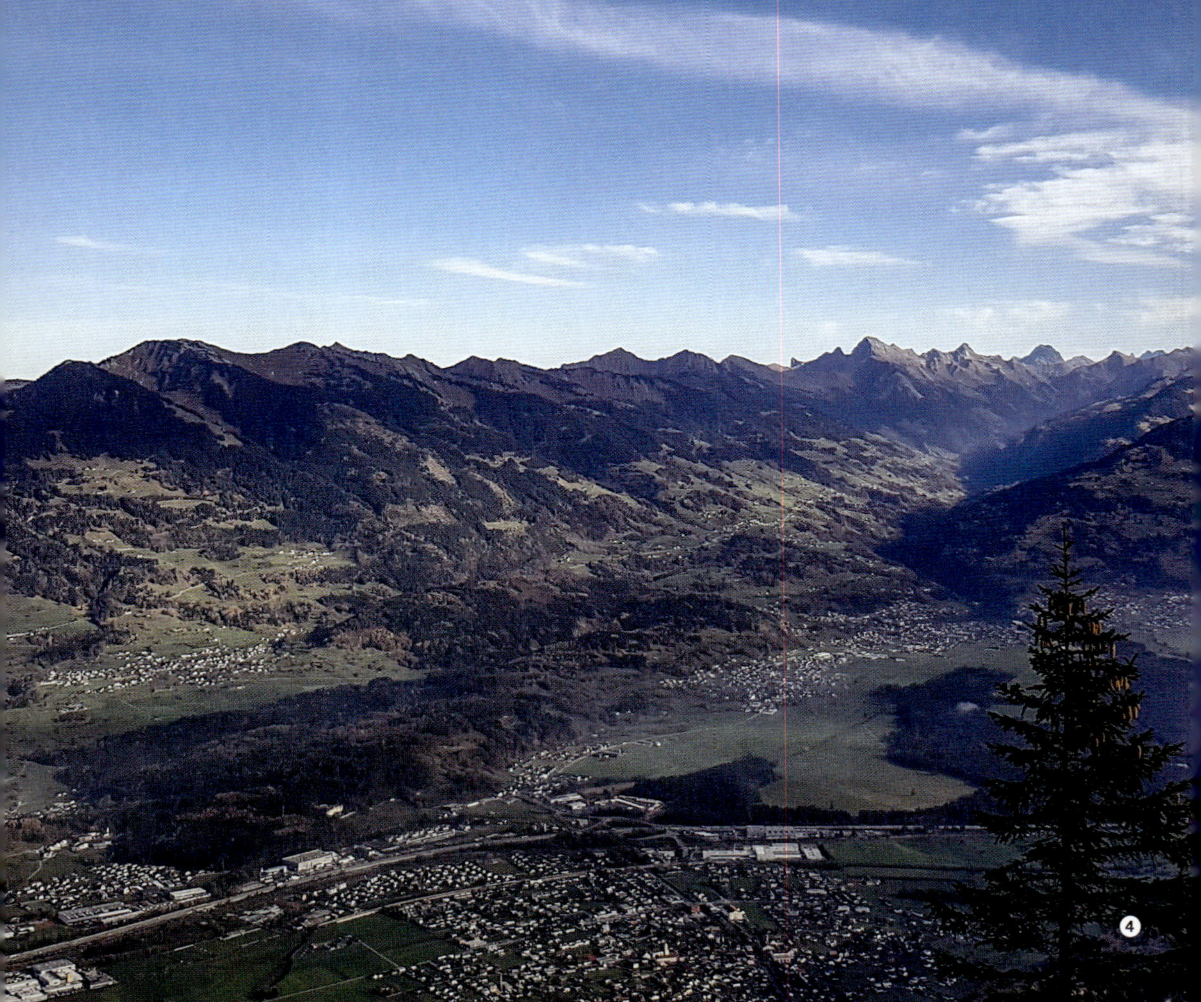

4

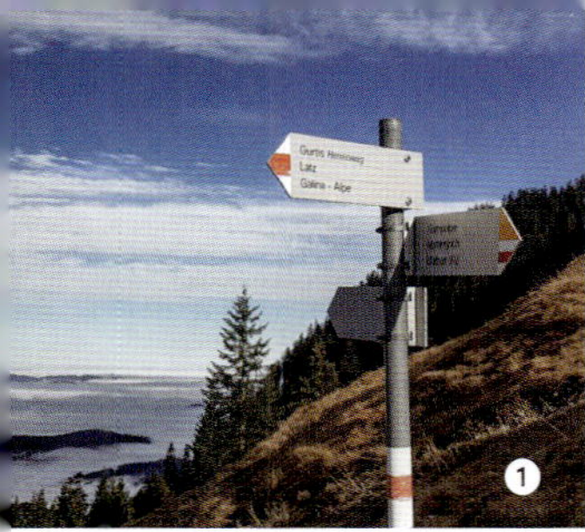

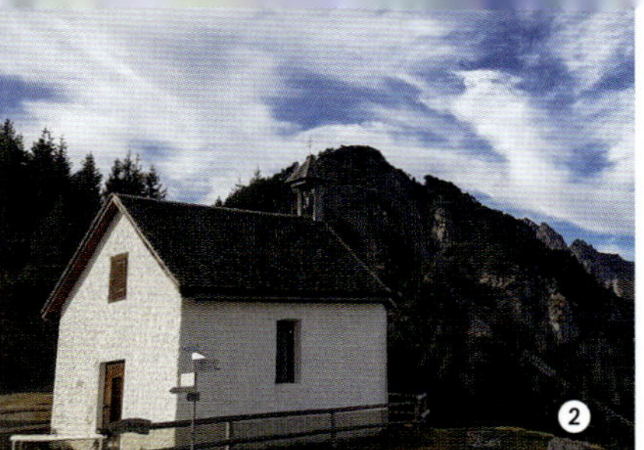

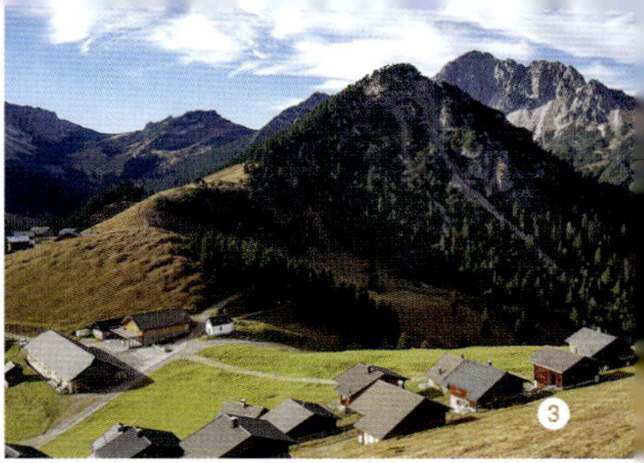

Ausgangspunkt: Wanderparkplatz Beschlinger Berg. Anfahrt von Frastanz Richtung Gurtis/Gampelün, bei der Kapelle links bergab nach Gampelün; weiter nach Latz zu einer großen Wiese mit Heuhütten. Bei einer Heuhütte mit der Aufschrift „ -n. Gamp" wird rechts abgebogen (der QR-Code führt zu diesem Punkt). Es geht am Fahrverbotsschild vorbei, die Zufahrt bis zum Wanderparkplatz ist nämlich erlaubt. Die Anfahrt von Nenzing erfolgt über Beschling und die Straße „Habere".

Einkehrmöglichkeiten: Berghaus Mattajoch auf der Gampalpe.

Gut zu wissen: 1. Auf der Gampalpe sind Ladestationen für E-Bikes vorhanden.

2. Von der Gampalpe aus gelangt man in 2½–3 Stunden über das Mattajoch bis ins liechtensteinische Malbun.

Wegbeschreibung: Direkt beim Wanderparkplatz befindet sich ein Wegweiser zur Gampalpe. Man folgt der gelb-weißen Markierung. Der breite Fahrweg führt über viele Kehren aufwärts durch den Wald. Die Steigung ist mäßig und für die ganze Familie gut machbar, aber der Weg ist nicht besonders spannend und zieht sich etwas in die Länge. Im Wald kann sich der Wanderer jedoch an den schönen alten Buchen sowie an Ausblicken auf Gurtisspitze, Hohe Köpfe und Galinakopf erfreuen. Ein paar wenige Kehren können deutlich abgekürzt werden, indem man vom Fahrweg auf einen Fußweg wechselt. Dieser weiß-rot-weiße beschilderte Weg ist kürzer und interessanter zu gehen, aber auch etwas schwieriger. Nachdem gut 300 Höhenmeter geschafft sind, kommt man zu einem Gatter, das aus dem Wald hinaus auf freie Alpflächen führt. Ein sonniger Güterweg ❶ bringt uns nach Gamp mit der Kapelle, der Alpe und den Ferienhäusern ❷.

Oberhalb von Gamp führt ein anfangs breiter Weg nach Nordosten weiter, man hat von etwas oberhalb bereits einen wunderbaren Blick auf die schöne Alpe ❸. Der Gipfelanstieg gestaltet sich steil, aber nach knapp einer halben Stunde ist der höchste Punkt erreicht. Am riesigen Gipfelkreuz des Gampbergs angekommen, öffnen sich herrliche Tiefblicke in den Walgau ❹ und das Rheintal. Beim Rückweg sollte auf der Gampalpe auf jeden Fall ein Zwischenstopp eingeplant werden.

Hinweis: Alternativ kann die Wanderung auf die Gampalpe auch von Gurtis aus über den Herrenweg gegangen werden. Dieser Anstieg führt längere Zeit entlang des Galinabachs.

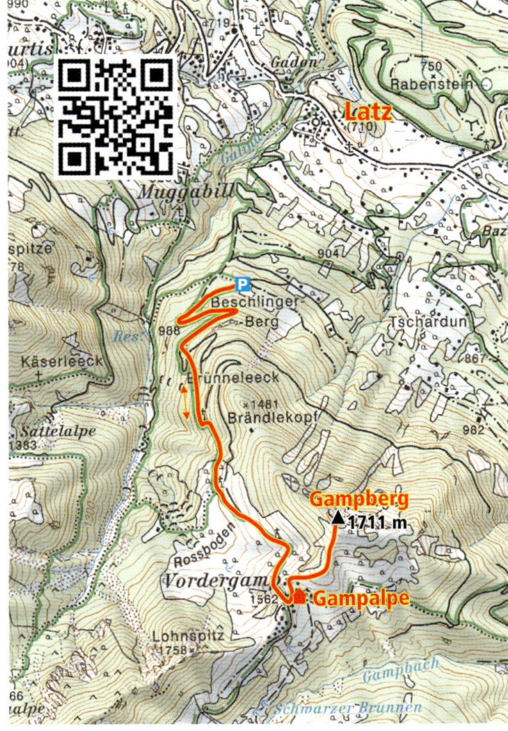

89

Hohe Köpfe, 2048 m

Herausfordernde Bergtour hoch über Gurtis

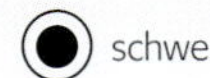 schwer  5½–7 Std.  1100 Höhenmeter

Ausgangspunkt: Parkplatz im Ortszentrum von Gurtis; Anfahrt über Frastanz oder Nenzing.
Einkehrmöglichkeit: Sattelalpe.
Gut zu wissen: Die Hohen Köpfe haben zwei Gipfel: den nördlichen (2048 m), den ein Kreuz ziert und der meistens begangen wird, und den etwas höheren südlichen Gipfel (2066 m).
Wegbeschreibung: Direkt bei der Kirche in Gurtis folgt man dem Wegweiser zur Sattel- und zur Galinaalpe. Nach 100 m kommt man zu einem Feldkreuz, bei dem rechts abgebogen wird. Nach weiteren 250 m macht das Sträßchen eine scharfe Rechtskurve. Hier muss dem Weg über die Wiese links bergauf gefolgt werden. Der Wegweiser, der zur Sattelalpe und Gurtisspitze weist, ist leider nicht bei der Abzweigung, sondern erst 50 m danach angebracht. Ab hier führt der Weg einige Zeit als Hohlweg durch einen herrlichen Mischwald bergauf. Zwischendurch geht es an Lichtungen mit lohnender Aussicht vorbei und über freie Wiesenflächen. Nach etwa 1¼ Stunden ist die heimelige Sattelalpe erreicht ❶. Dahinter ragen die schroffen Felswände der Hohen Köpfe empor ❷.

Ab der Sattelalpe geht es abwechslungsreich durch lichten Wald, über Geröllfelder und über freie Alpflächen weiter zur Galinaalpe. Von dort führt ein weiß-blau-weiß markierter Steig rechts über die Wiesen bergauf. Der Weg ist nur zu Beginn nicht sehr gut erkennbar, bald sind jedoch wieder Wegmarkierungen zu sehen. Der schöne Pfad führt etwa 350 Höhenmeter über Alpflächen und durch Latschen steil bergauf bis zum Kamm. Von dort geht es durch ein großes Latschenfeld in nördliche Richtung weiter ❸. Ohne große Schwierigkeiten erreicht man so in leichtem Auf und Ab den Gipfel ❹.

Nach der ausgiebigen Gipfelschau geht es Richtung Norden auf dem Höhenweg hinab zum Spitzwiesle, der Einsattelung zwischen Gurtisspitze und den Hohen Köpfen. Dies ist der schwierigste, aber auch interessanteste Streckenabschnitt. Der Weg ist steil, schmal, mit viel losem Geröll, das Gelände abschüssig. Einige ausgesetzte Passagen sind jedoch mit Fixseilen versichert ❺. Vom Spitzwiesle führt der Weg schließlich unschwierig hinab zur Sattelalpe und von dort auf dem Hinweg retour nach Gurtis ❻.

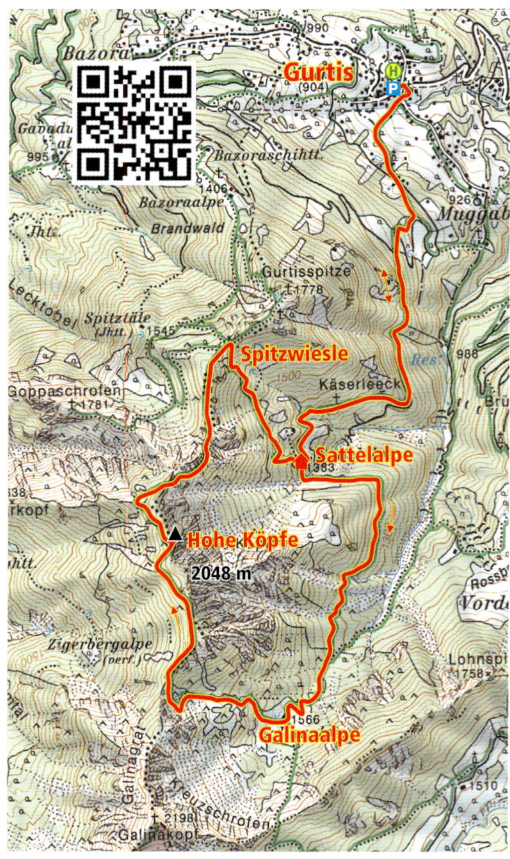

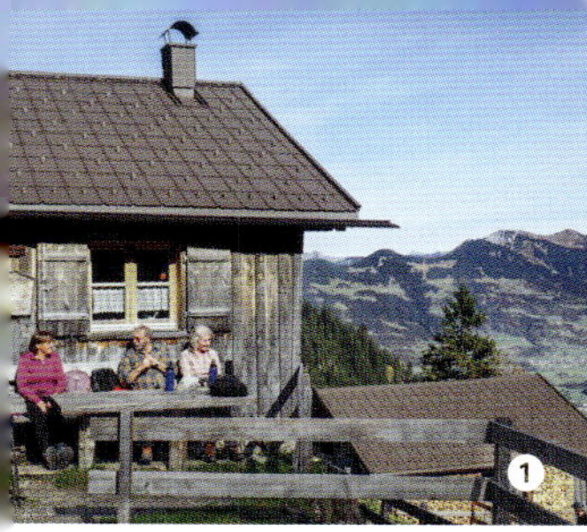

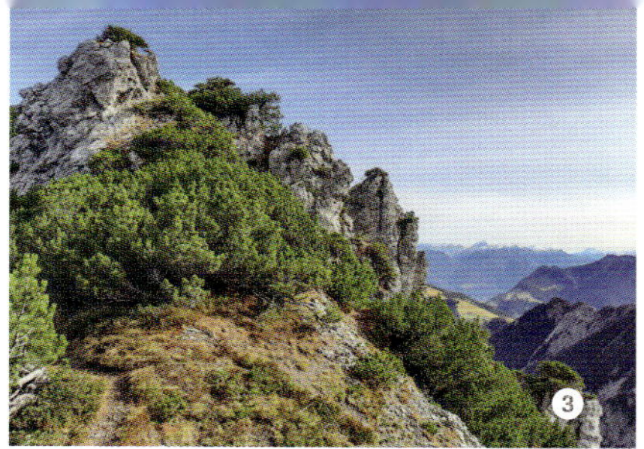

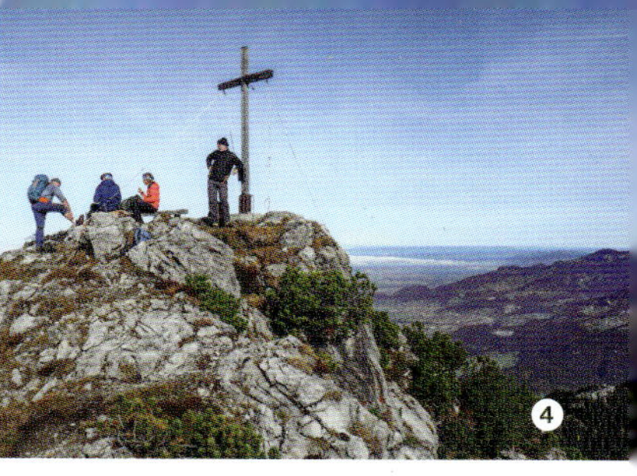

Wer von Gurtis aus eine anspruchsvollere Bergtour unternehmen möchte, wird von den Hohen Köpfen nicht enttäuscht werden. Diese Bergtour ist deutlich länger als die so beliebte Gurtisspitze (Tour 94), auch anstrengender und schwieriger, gleichzeitig aber landschaftlich besonders abwechslungsreich und sehr reizvoll.

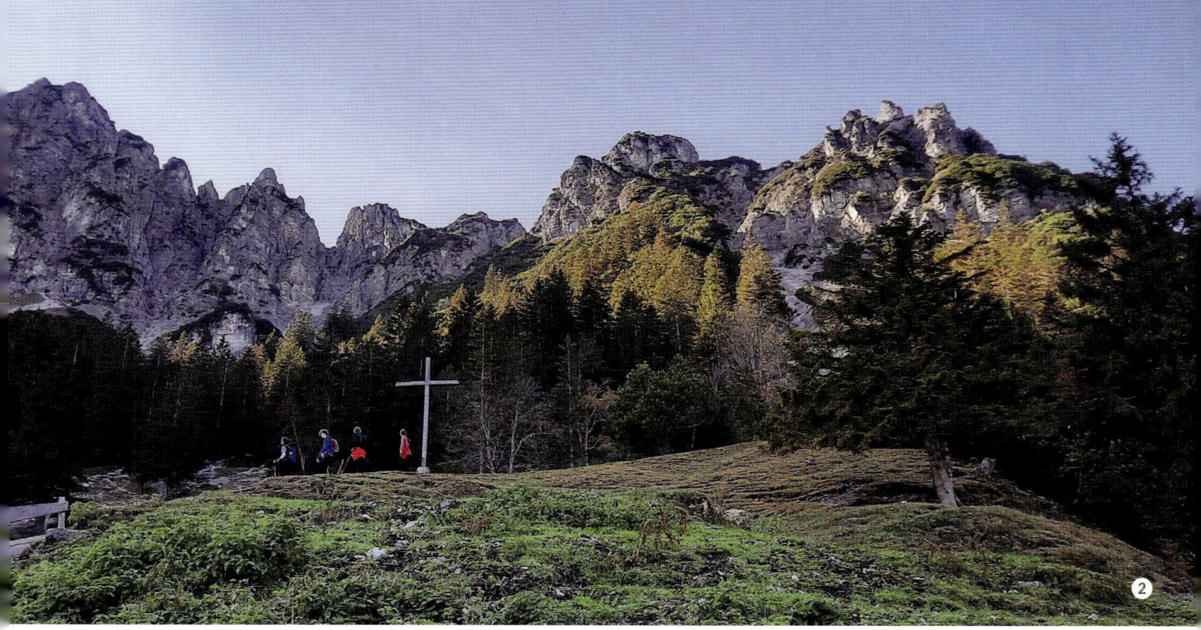

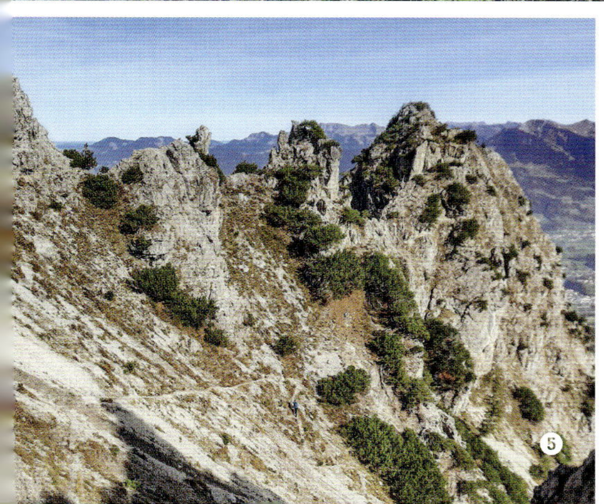

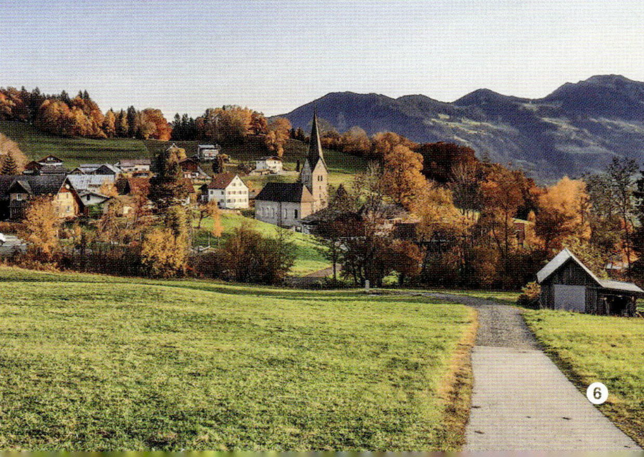

90

Gamsfreiheit, 2211 m

Wandern, wo die Gämsen springen

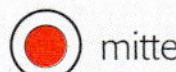 mittel  4 ½–6¾ Std.  860 Höhenmeter

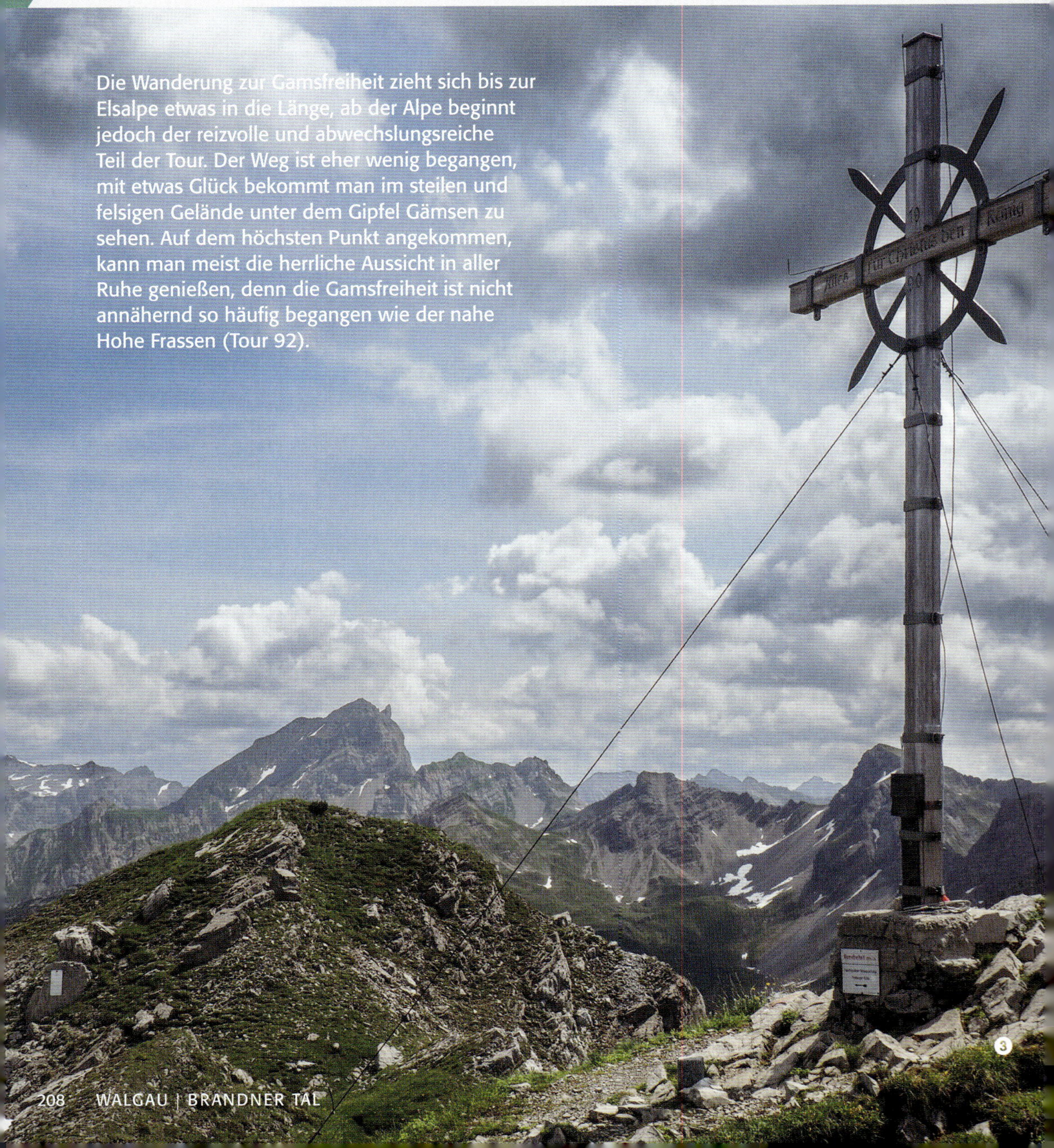

Die Wanderung zur Gamsfreiheit zieht sich bis zur Elsalpe etwas in die Länge, ab der Alpe beginnt jedoch der reizvolle und abwechslungsreiche Teil der Tour. Der Weg ist eher wenig begangen, mit etwas Glück bekommt man im steilen und felsigen Gelände unter dem Gipfel Gämsen zu sehen. Auf dem höchsten Punkt angekommen, kann man meist die herrliche Aussicht in aller Ruhe genießen, denn die Gamsfreiheit ist nicht annähernd so häufig begangen wie der nahe Hohe Frassen (Tour 92).

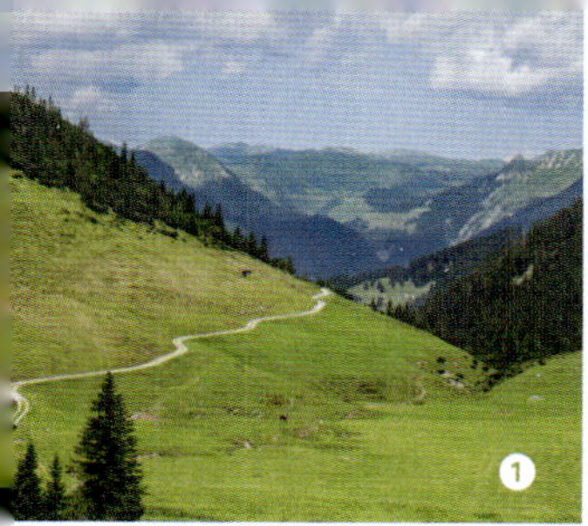

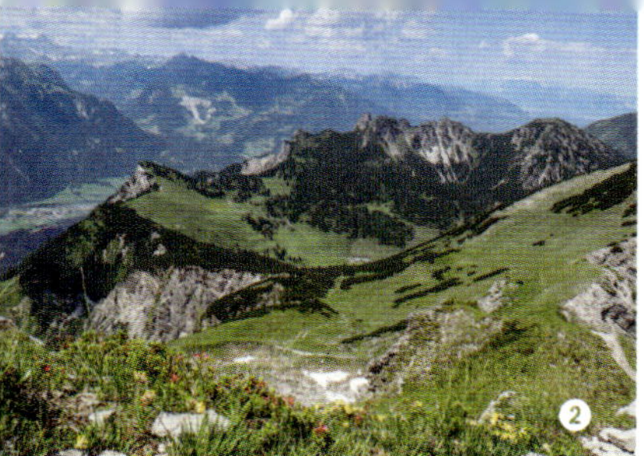

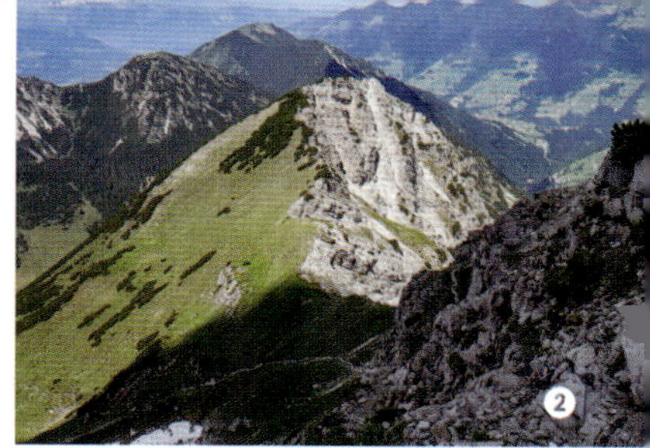

Ausgangspunkt: Bergstation der Muttersbergbahn; Parkplatz an der Talstation in Bludenz. Die Bahn fährt täglich von 9:00 bis 17:00 Uhr.

Einkehrmöglichkeiten: Elsalpe, Alpengasthof „Muttersberg" an der Bergstation.

Gut zu wissen: Bei Mountainbikern beliebt ist die Route von Bludenz auf den Muttersberg und weiter über den Tiefenseesattel zur Elsalpe.

Wegbeschreibung: Von der Bergstation der Muttersbergbahn geht es für einige Minuten auf einem breiten Weg bergab bis zu einer Weggabelung. Von dort folgt man der weiß-rot-weißen Markierung in Richtung Tiefenseesattel. Der sonnige und breite Weg führt für längere Zeit nach Osten. Nach etwa 30 bis 40 Minuten zweigt ein schmaler weiß-rot-weiß markierter Fußweg links ab und steigt steil und über Wurzeln bergwärts, bis er nach kurzer Zeit wieder in den Fahrweg mündet, der zum Tiefenseesattel führt. Dort wenden wir uns nach rechts und wandern auf einem breiten und sonnigen Weg flach in etwa einer halben Stunde zur schönen Elsalpe ❶. Nach der Alpe geht es kurz leicht ansteigend bis zu einer Abzweigung. Dort halten wir uns nach links und steigen in einem weiten Bogen bergauf. Ein schmaler Wanderweg führt steil über schöne Alpflächen und vorbei an Latschen in Richtung Gipfel ❷. Über die Westflanke führt ein schmaler, steiniger Pfad zum Gipfel ❸. Für diese anspruchsvolle Etappe sollte man trittsicher sein.

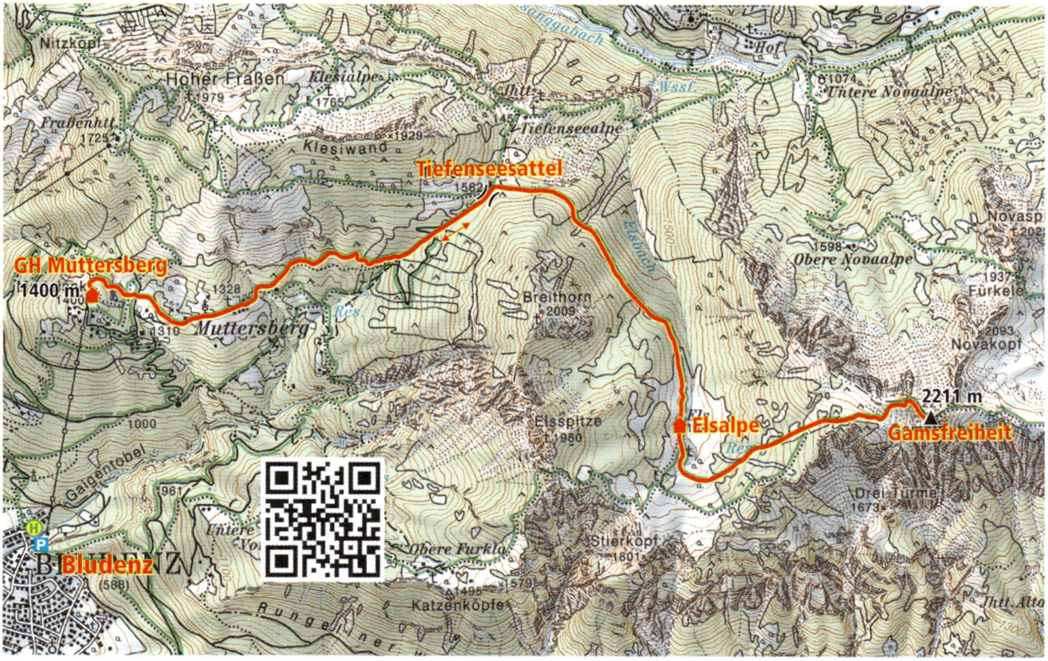

91

Breithorn, 2009 m

Wenig begangener Aussichtsgipfel mit herrlichem Panorama

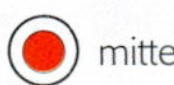 mittel  3¼–4¼ Std.  700 Höhenmeter

Ausgangspunkt: Bergstation der Muttersbergbahn; Parkplatz an der Talstation in Bludenz. Die Bahn fährt täglich von 9:00 bis 17:00 Uhr.
Einkehrmöglichkeit: Alpengasthof „Muttersberg" an der Bergstation.
Gut zu wissen: Die Abzweigung beim Tiefenseesattel ist etwas schwierig zu finden, ist man jedoch auf dem richtigen Weg, führt die Route ohne weitere Abzweigungen geradeaus zum Gipfel.
Wegbeschreibung: Von der Bergstation der Muttersbergbahn führt der Weg ein paar Minuten bergab durch den Wald, bei der nachfolgenden Abzweigung geht es dann rechts weg, der Markierung zum Tiefenseesattel folgend. Auf dem breiten und sonnigen Fahrweg sind so gut wie immer andere Wanderer und Mountainbiker anzutreffen. Von unterwegs ist der Gipfel des Breithorns bereits gut zu erkennen ❶. Nach etwa 30 bis 40 Minuten kommt man zu einer Linksabzweigung. Ein steiniger Pfad führt hier vom Fahrweg in den Wald hinein und weiter bergwärts, ehe er wenig später erneut in den Fahrweg mündet, der zum Tiefenseesattel führt. Nun heißt es aufgepasst, denn die Abzweigung zum Breithorn ist etwas schwierig zu finden. Blickt man von der Beschilderung direkt am Sattel nach oben auf den steilen Hang, sieht man einen roten Pfosten aus dem Boden ragen. Außerdem sind die Äste einer Latsche rot markiert. Hat man den Weiterweg erst einmal ausgemacht, ist er nicht mehr zu verfehlen.

Der schmale und des Öfteren rutschige Pfad führt ohne weitere Abzweigungen steil bergauf zum Gipfel. Hie und da sind rote Punkte am Wegesrand zu finden, die der Orientierung dienen. Anfangs geht es durch Latschen empor. Bei Nässe ist der erdige Weg rutschig und somit nicht empfehlenswert. Auch bei trockenem Wetter ist Trittsicherheit erforderlich. Je weiter man nach oben kommt, umso lichter wird der Weg. Immer wieder öffnen sich grandiose Ausblicke ❷ auf die Umgebung und ins Tal ❸ – ein Vorgeschmack auf die Aussicht vom Gipfel ❹, die für alle Mühen entschädigt.

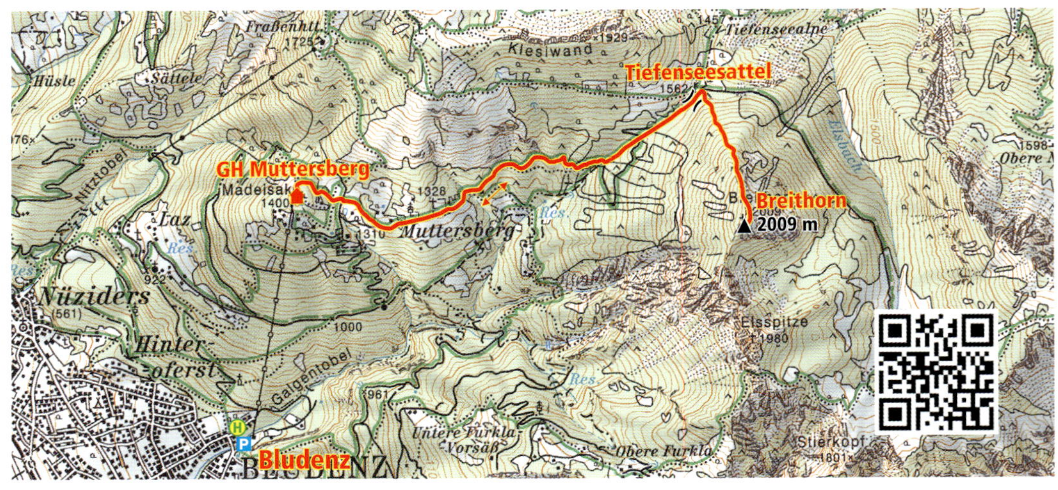

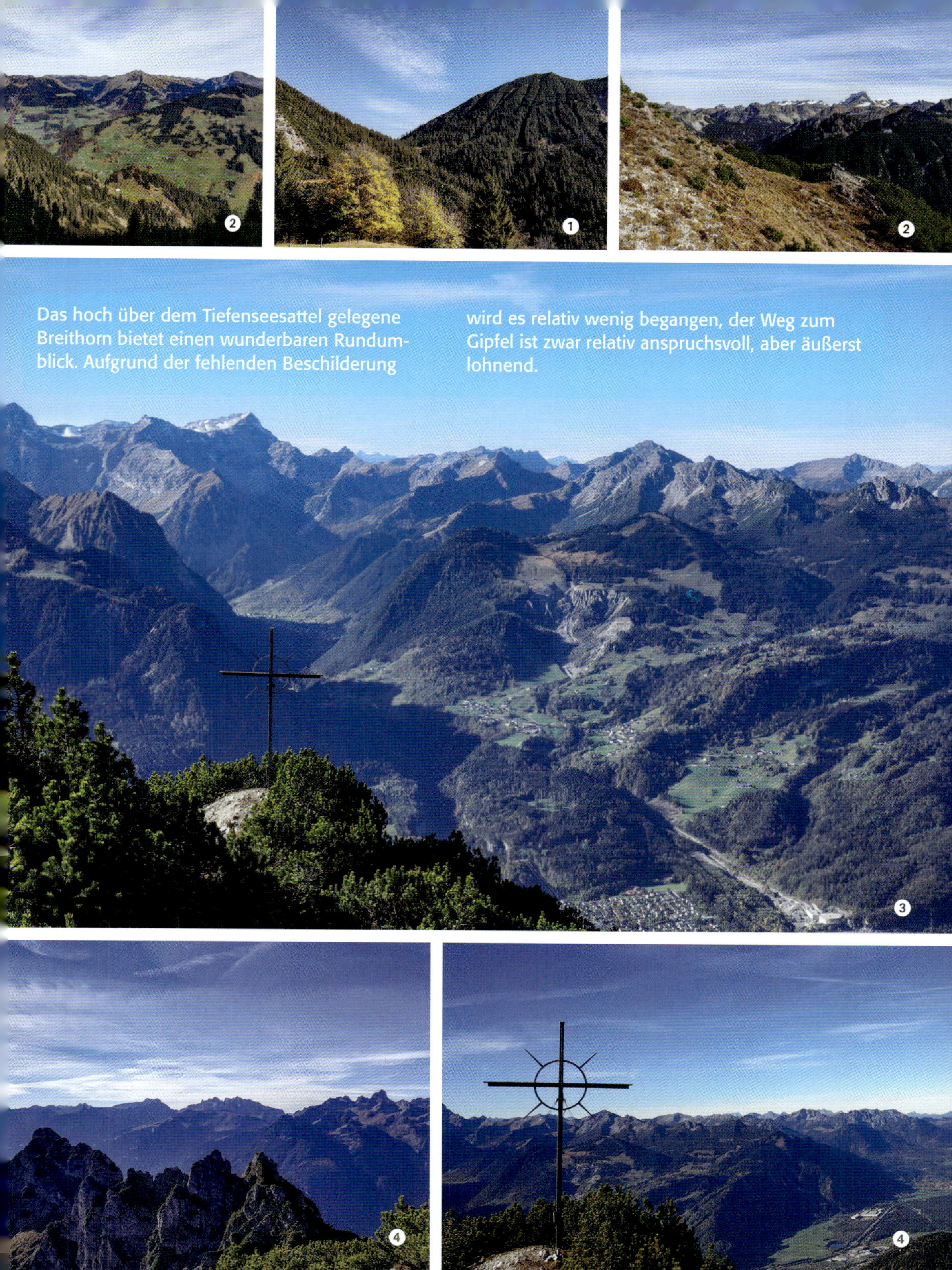

Das hoch über dem Tiefenseesattel gelegene Breithorn bietet einen wunderbaren Rundumblick. Aufgrund der fehlenden Beschilderung wird es relativ wenig begangen, der Weg zum Gipfel ist zwar relativ anspruchsvoll, aber äußerst lohnend.

92

Hoher Frassen, 1979 m

Der Hausberg von Bludenz

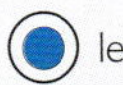 leicht   2½–3½ Std.    620 Höhenmeter

Der Hohe Frassen ist der Hausberg der Bludenzer und dementsprechend viel begangen. Aufgrund der südseitigen Exposition kann man meist schon früh im Jahr das erste Mal auf den Frassen wandern. Ein absolutes Highlight ist es, den Sonnenauf- oder -untergang auf diesem Gipfel zu erleben ❶, inklusive einer Übernachtung in der nahen Frassenhütte.

❶

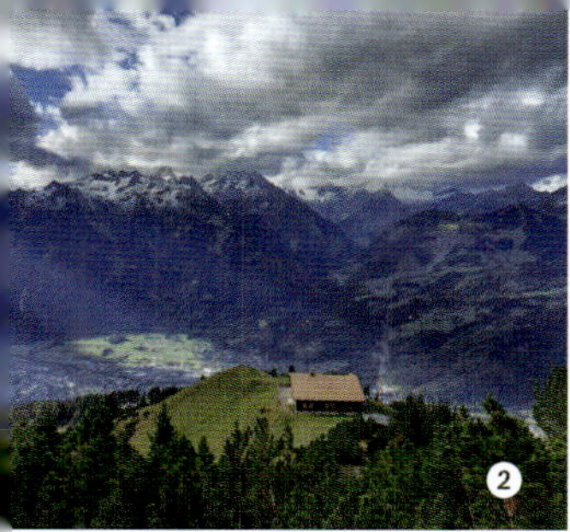

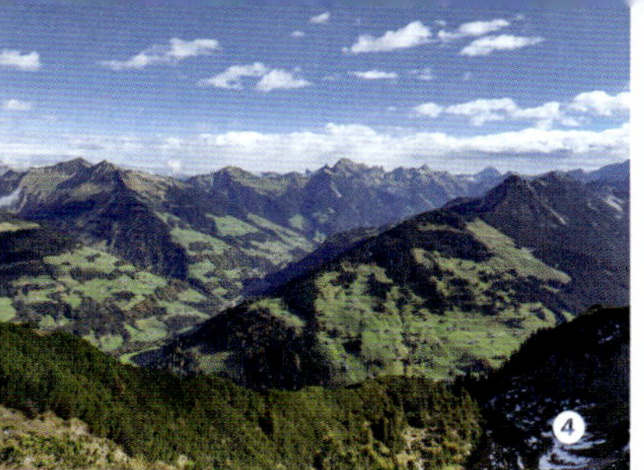

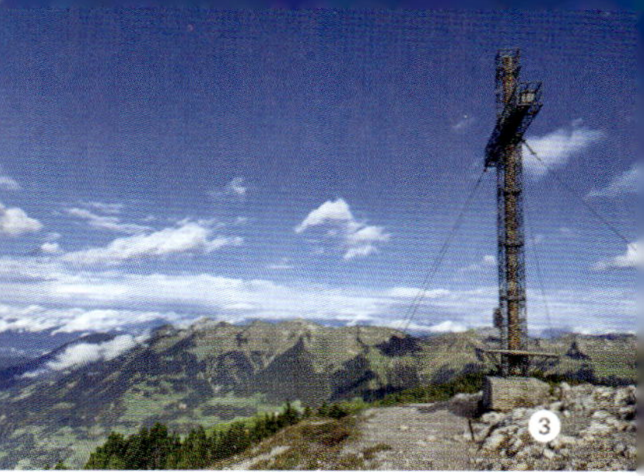

Ausgangspunkt: Bergstation der Muttersbergbahn; Parkplatz an der Talstation in Bludenz. Die Bahn fährt täglich von 9:00 bis 17:00 Uhr.
Einkehrmöglichkeitenen: Frassenhütte, Alpengasthof „Muttersberg“ an der Bergstation der Bahn.
Gut zu wissen: 1. Man kann auch von Raggal auf den Hohen Frassen wandern. Von dieser Seite aus ist der Anstieg allerdings etwas länger.
2. In den Wintermonaten ist der Gipfel des Hohen Frassen für Skitourengeher ein begehrtes Ziel.
Wegbeschreibung: Von der Bergstation der Muttersbergbahn geht es zunächst einige Minuten abwärts und dann kurz flach bis zu einer Abzweigung, an der eine weiß-rot-weiße Markierung in den Wald hinein weist. Schon geht es auf einem steilen Weg stetig bergauf, später sonnig am Berg entlang. Der Weg führt über unzählige Wurzeln und Stufen. Je später man unterwegs ist, umso anstrengender und schweißtreibender wird der sonnige Aufstieg. Ungefähr 30 bis 40 Minuten ab der Bergstation teilt sich der Weg. Beide Wege führen zur Hütte, der rechte ziemlich steil, der linke ist etwas gemütlicher. Eine gute Viertelstunde später ist die Frassenhütte erreicht ❷. Von dort geht es auf einem steilen, von Latschen gesäumten Pfad weiter bergwärts. Der Gipfel ist für schnelle Geher etwa eine halbe Stunde später erreicht ❸. Jetzt kann der wunderbare Blick auf Bludenz, den Walgau und die imposante Zimba sowie ins Große Walsertal ❹ genossen werden. Zurück zur Bergstation geht es auf derselben Route. Ein Zwischenstopp auf der schönen Terrasse der Frassenhütte rundet den Tag perfekt ab.

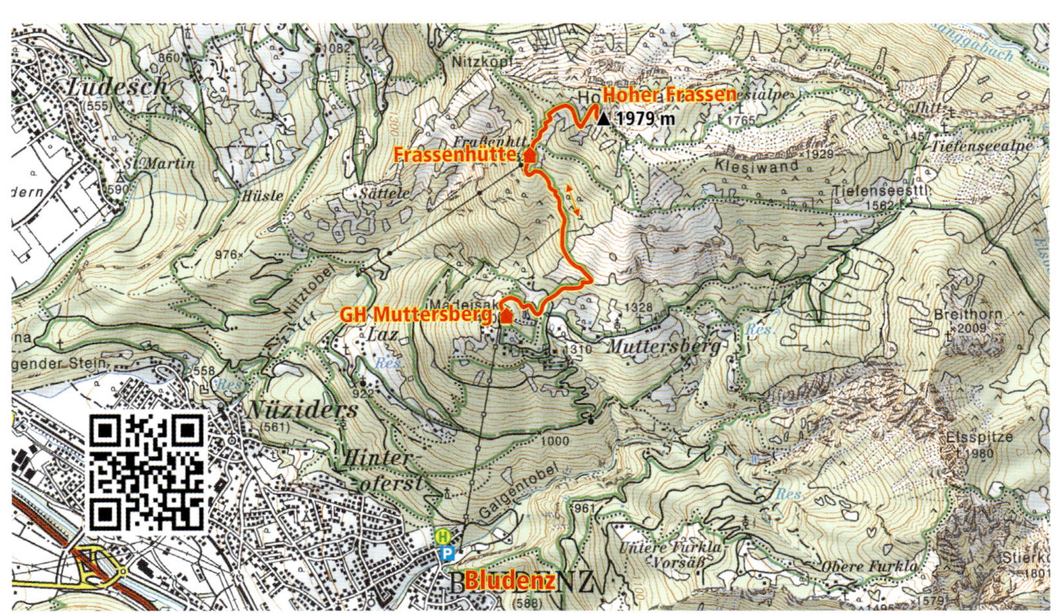

93

Goppaschrofen, 1781 m

Klein, aber oho

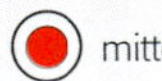 mittel  4–5½ Std.  730 Höhenmeter

Obwohl nicht einmal 1800 m hoch, hat es der Goppaschrofen doch in sich. Er ist zwar bei Weitem nicht so bekannt wie sein Nachbar, die Gurtisspitze, bietet jedoch eine spannende, wenig begangene Tour für versierte Bergwanderer. Von unterwegs ergeben sich immer wieder schöne Weitblicke auf das Rheintal.

Ausgangspunkt: Parkplatz Gavadurarüfi, Bazora. Anfahrt von Frastanz oder Nenzing über Gurtis nach Bazora; kurz nach der Talstation des Schilifts befindet sich der Parkplatz.

Einkehrmöglichkeit: Alpengasthof „Brunella-Stüble" in Gurtis.

Gut zu wissen: Eine Herausforderung der besonderen Art ist für konditionsstarke und erfahrene Geher die Besteigung gleich dreier Gipfel an einem Tag: Gurtisspitze (Tour 94), Goppaschrofen und Hohe Köpfe (Tour 89).

Wegbeschreibung: Vom Parkplatz folgt man dem Wegweiser in Richtung Goppaschrofen. Bereits nach 200 m kommt eine Markierung, bei der der Weg nach links abzweigt. Ein schöner weiß-rot-weiß beschilderter Fußweg führt steil bergauf zum Schihang Bazora. Nach etwa einer halben Stunde quert der Weg erstmals den Schilift und gabelt sich, wobei beide Wegarme zur Schihütte Bazora führen. Von dort zieht der Weg zuerst weiter in Richtung Schilift, danach entlang der Liftstützen steil bergauf zur Bergstation und zuletzt etwas flacher zur Bazoraalpe.

Oberhalb der Alpe führt der Weg in den Wald. Bei der Abzweigung Brandwald folgt man geradeaus dem Schild Goppaschrofen. Ab hier ist das Waldgelände meist steil abfallend, am Weg sind viele Wurzeln und einige höhere Stufen zu überwinden. Es geht auf einem mäßig steilen Waldweg bis an den Waldrand. Von dort sind erstmals die steil abfallenden Wände des Goppaschrofens aus der Nähe zu sehen ❶.

Es geht sonnig und mit wenig Steigung weiter. Bald wird der Weg schmaler und macht einen weiten Bogen in südwestliche Richtung. Je näher man zum Gipfel kommt ❷, umso anspruchsvoller und steiler wird das felsige Gelände ❸. Einzelne Wegabschnitte sind seilgesichert, trotzdem sollte man für die Gipfeletappe schwindelfrei und trittsicher sein ❹.

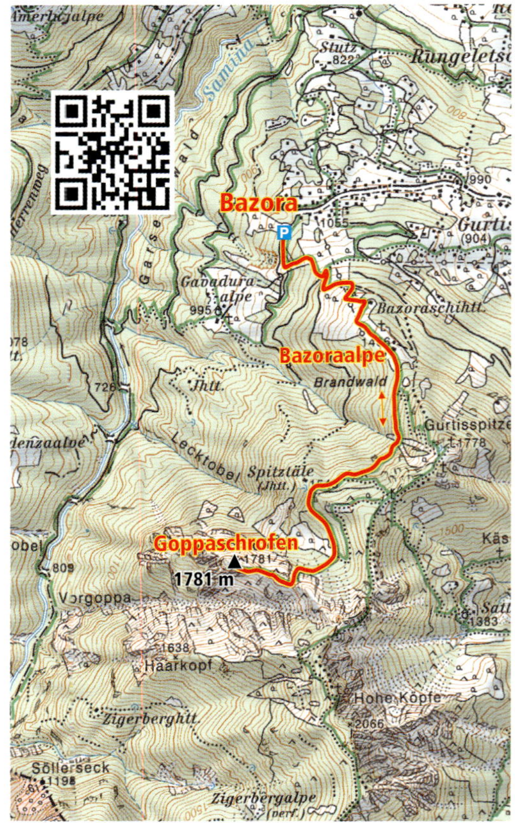

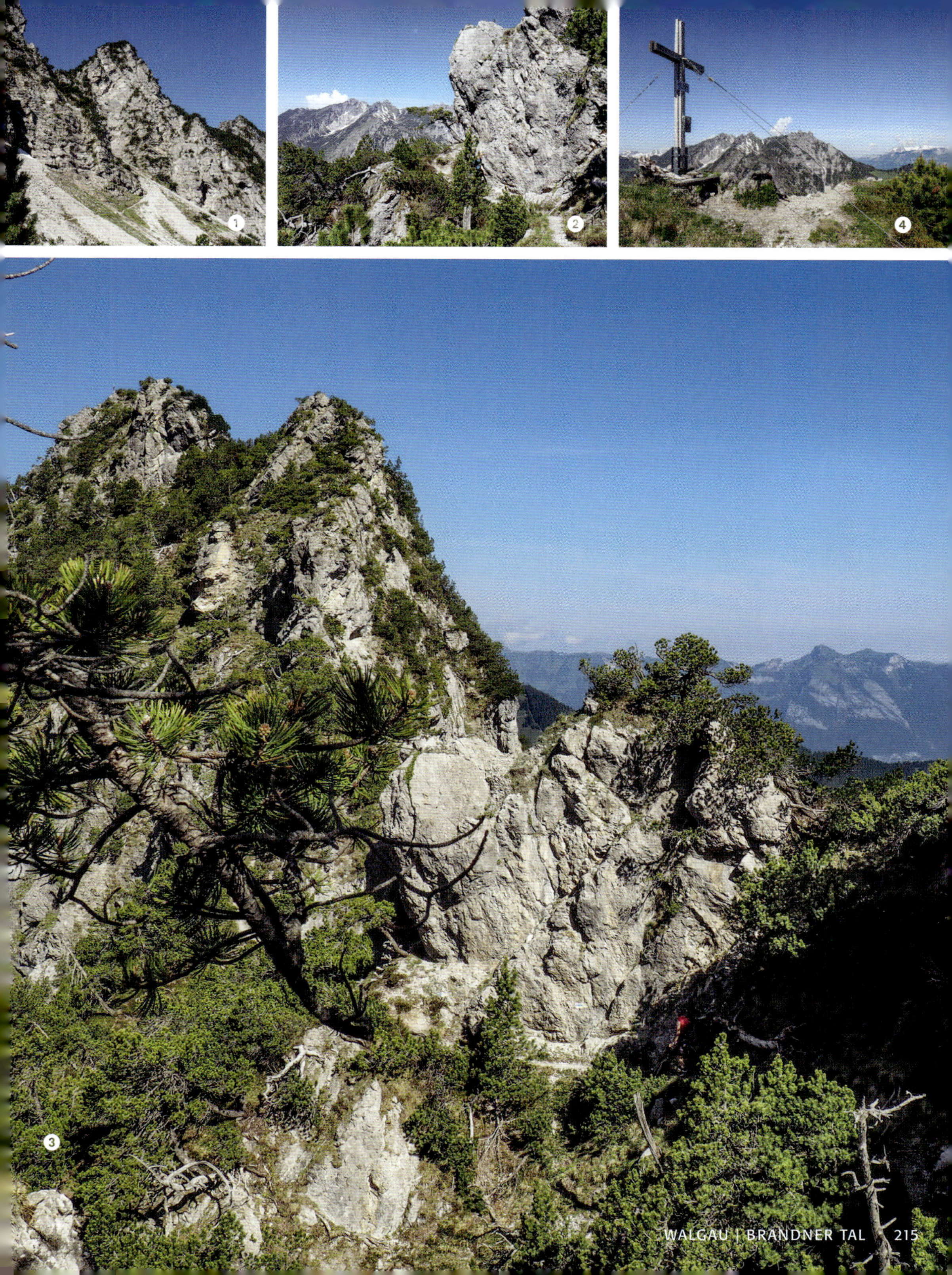

Gurtisspitze, 1778 m

Familienausflug auf den Hausberg von Gurtis

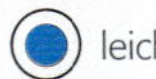 leicht  2½–3½ Std.  700 Höhenmeter

Viele Einheimische haben die Gurtisspitze vom Wandertag während ihrer Schulzeit oder als sonntägliche Familienwanderung in Erinnerung. Es handelt sich um eine sehr reizvolle, einfache Bergwanderung mit hervorragendem Rundblick.

Bei günstigen Wetterverhältnissen reicht die Sicht bis zum Bodensee und weit in die umliegenden Gebirgszüge hinein. Besonders beeindruckend ist der Tiefblick auf das ursprüngliche Bergdorf Gurtis.

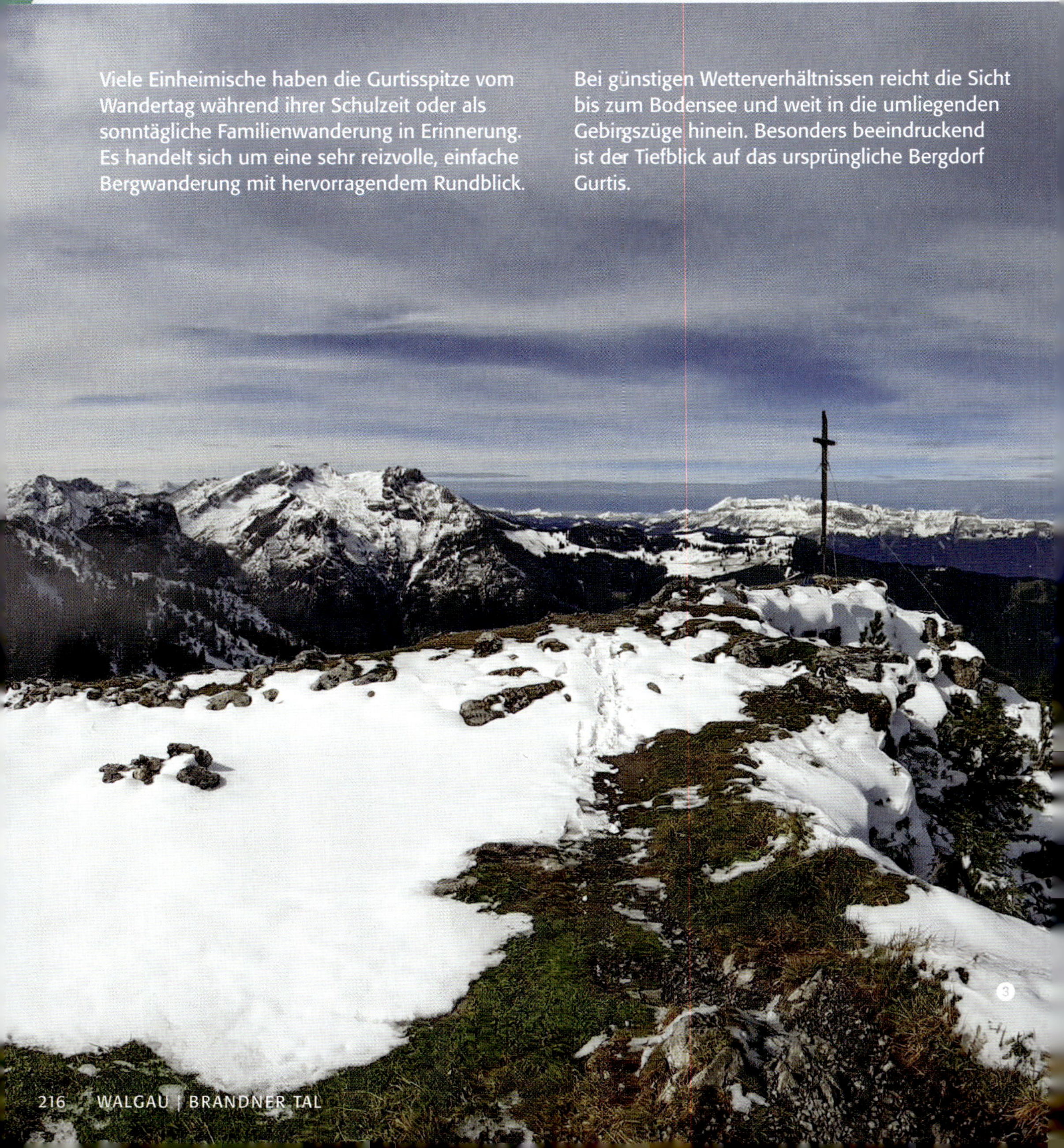

3

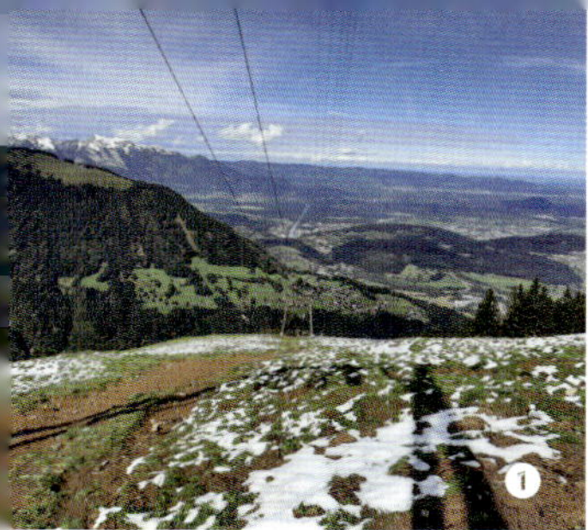

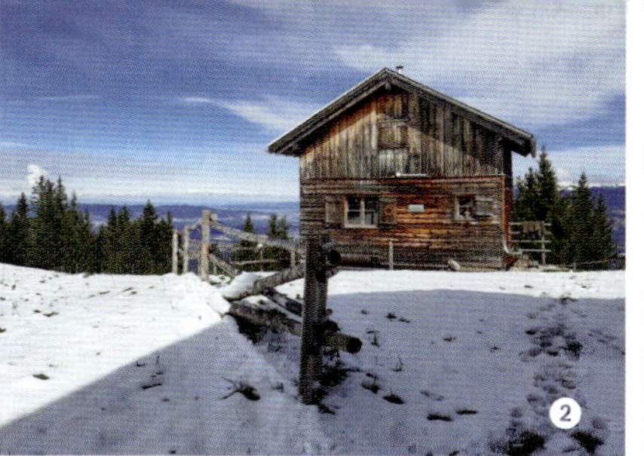

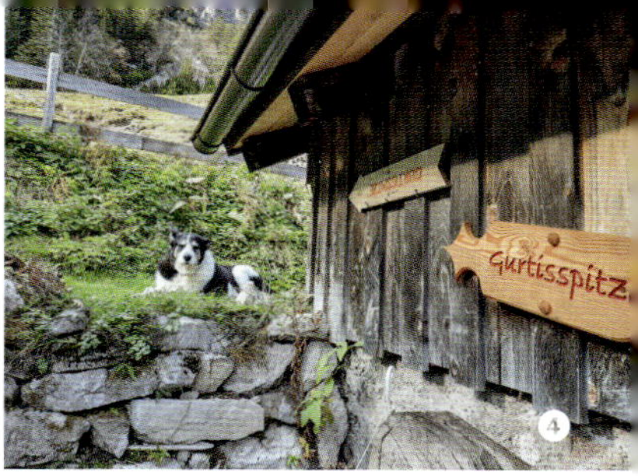

Ausgangspunkt: Parkplatz Gavadurarüfi, Bazora. Anfahrt von Frastanz oder Nenzing über Gurtis nach Bazora; kurz nach der Talstation des Schilifts befindet sich der Parkplatz.

Einkehrmöglichkeit: Alpengasthof „Brunella-Stüble" in Gurtis.

Gut zu wissen: Bereits 1948 wurde auf der Bazora der erste Schilift in Betrieb genommen. Zur Bazora gehört neben dem weithin sichtbaren Bazorahang mit dem Schilift auch die Wohnsiedlung, die größtenteils aus Ferienhäusern besteht.

Wegbeschreibung: Direkt beim Parkplatz befindet sich die erste Beschilderung zur Bazoraalpe/Gurtisspitze. Schon nach wenigen Schritten rücken die anmutigen Drei Schwestern (Tour 95) rechts vorne ins Blickfeld. Bereits nach 200 m folgt der nächste Wegweiser, hier zweigt der Weg links in Richtung Gurtisspitze ab. Ein schöner weiß-rot-weiß gekennzeichneter Fußweg führt nun steil bergauf zu den Wiesen des Schihanges ❶. Nach etwa einer halben Stunde Gehzeit quert der Weg erstmals den Schilift und gabelt sich kurz danach. Beide Wegarme führen in etwa 10 Minuten zur Schihütte Bazora, von wo es zuerst weiter in Richtung Schilift, danach entlang der Liftstützen steil bergauf zur Bergstation und zuletzt etwas flacher zur schön gelegenen Bazoraalpe geht. ❷ Direkt oberhalb der Alpe führt der Weg in den Wald, nach 10 Minuten ist der Wegweiser „Brandwald 1480 m" erreicht, wo man links abzweigt und dem Schild „Gurtisspitze" folgt. Ab hier ist das Waldgelände meist steil abfallend, am Weg sind viele Wurzeln und einige höhere Stufen zu überwinden. Mit kleinen Kindern ist auf diesem Wegstück Vorsicht angebracht, sie sind jetzt besser an die Hand zu nehmen. Auch der Warnhinweis bezüglich erhöhter Vorsicht bei Nässe und Absturzgefahr bei Schnee und Vereisung ist ernst zu nehmen. Direkt nach einem gut erkennbaren, markanten Felsen führt das letzte Wegstück steil auf den Kamm südlich des Gipfels. Das gut sichtbare Gipfelkreuz ist nun in wenigen Minuten erreicht ❸.

Hinweis: Die Wanderung lässt sich sehr gut zu einer schönen Rundwanderung von insgesamt 4½–5½ Stunden ausbauen, wenn für den Rückweg die Route über die Sattelalpe (Einkehrmöglichkeit) ❹ gewählt wird. Dann ist es jedoch empfehlenswert, den Parkplatz im Ortszentrum von Gurtis als Ausgangspunkt zu nehmen.

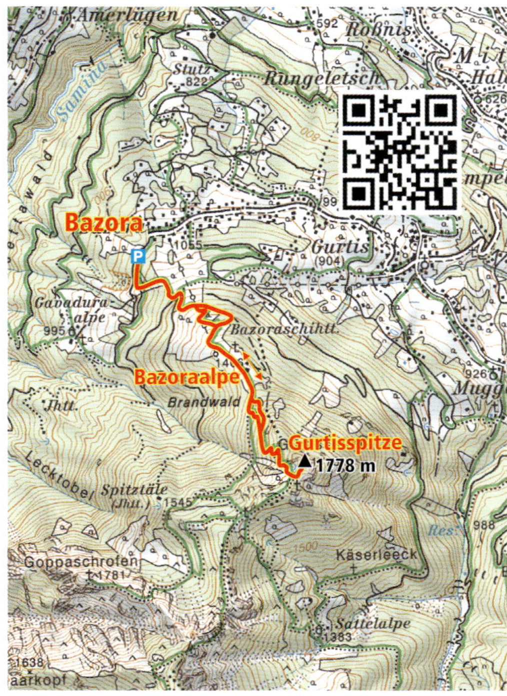

95

Drei Schwestern, 2053 m

Luftige Bergtour auf sagenhafte Gipfel

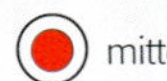 mittel  4¾–6½ Std.  1200 Höhenmeter

Die Drei Schwestern stehen wie drei felsige Zöllnerinnen genau auf der Grenze zwischen Vorarlberg und Liechtenstein. Von beiden Seiten aus wird diese markante Felsgruppe gern und oft bestiegen. Aufgrund ihrer vorgeschobenen Lage am Grenzkamm bieten die Gipfel einen eindrucksvollen Tiefblick aufs Rheintal, aber auch auf die umliegende Bergwelt ❶. Ihre Besteigung wird zum Schluss hin eine recht luftige Angelegenheit und verlangt auf jeden Fall Schwindelfreiheit und Trittsicherheit.

Ausgangspunkt: Parkplatz vor der Materialseilbahn der Feldkircher Hütte in Frastanz/Amerlügen.

Einkehrmöglichkeiten: Feldkircher Hütte und Hinterälpele.

Gut zu wissen: Der Name geht auf eine Sage zurück, die davon berichtet, dass drei Schwestern, anstatt die heilige Messe zu besuchen, in die Berge gingen, um Beeren zu sammeln. Zur Strafe dafür wurden sie in Felsen verwandelt.

Wegbeschreibung: Vom Parkplatz folgt man der Beschilderung in den Wald hinein und wandert auf dem recht steilen und steinigen Älpeleweg hinauf zur Feldkircher Hütte. Die nächste Wegetappe führt nur mehr mäßig ansteigend auf einem Forstweg zum Vorder- und zum Hinterälpele. Die weiß-rot-weiß beschilderte Route führt abwechselnd durch den Wald, dann wieder über offene Weideflächen. Die drei Kilometer lange Strecke zwischen Vorder- und Hinterälpele zieht sich vor allem auf dem Rückweg ziemlich in die Länge. Nach dem Hinterälpele geht es auf einem schmaleren Weg bis zur Weggabelung Prafazei. Von dort an ist der Weg bis zum Gipfel als alpiner Steig gekennzeichnet und weiß-blau-weiß markiert. Ein schmaler Pfad führt durch Geröll in Kehren bergauf, bis man auf ein spektakuläres Felsentor trifft, das auch ein sehr beliebtes Fotomotiv ist ❷.

Ab dem Felsentor beginnt der spannende und anspruchsvolle Teil der Tour, der unter anderem auch über zwei luftige Leitern in Richtung Gipfel führt ❸. Wer nicht absolut schwindelfrei und trittsicher ist, sollte nicht weitergehen. Teile des Aufstiegs sind exponiert, aber glücklicherweise seilgesichert. Durch einen schmalen Kamin geht es über massive Holzsprossen weiter bergauf. Es folgt ein schmaler Pfad, der sich empor in Richtung Gipfel windet ❹. Interessanterweise ist der Hauptgipfel der einzige der drei Gipfel, auf dem sich kein Gipfelkreuz befindet.

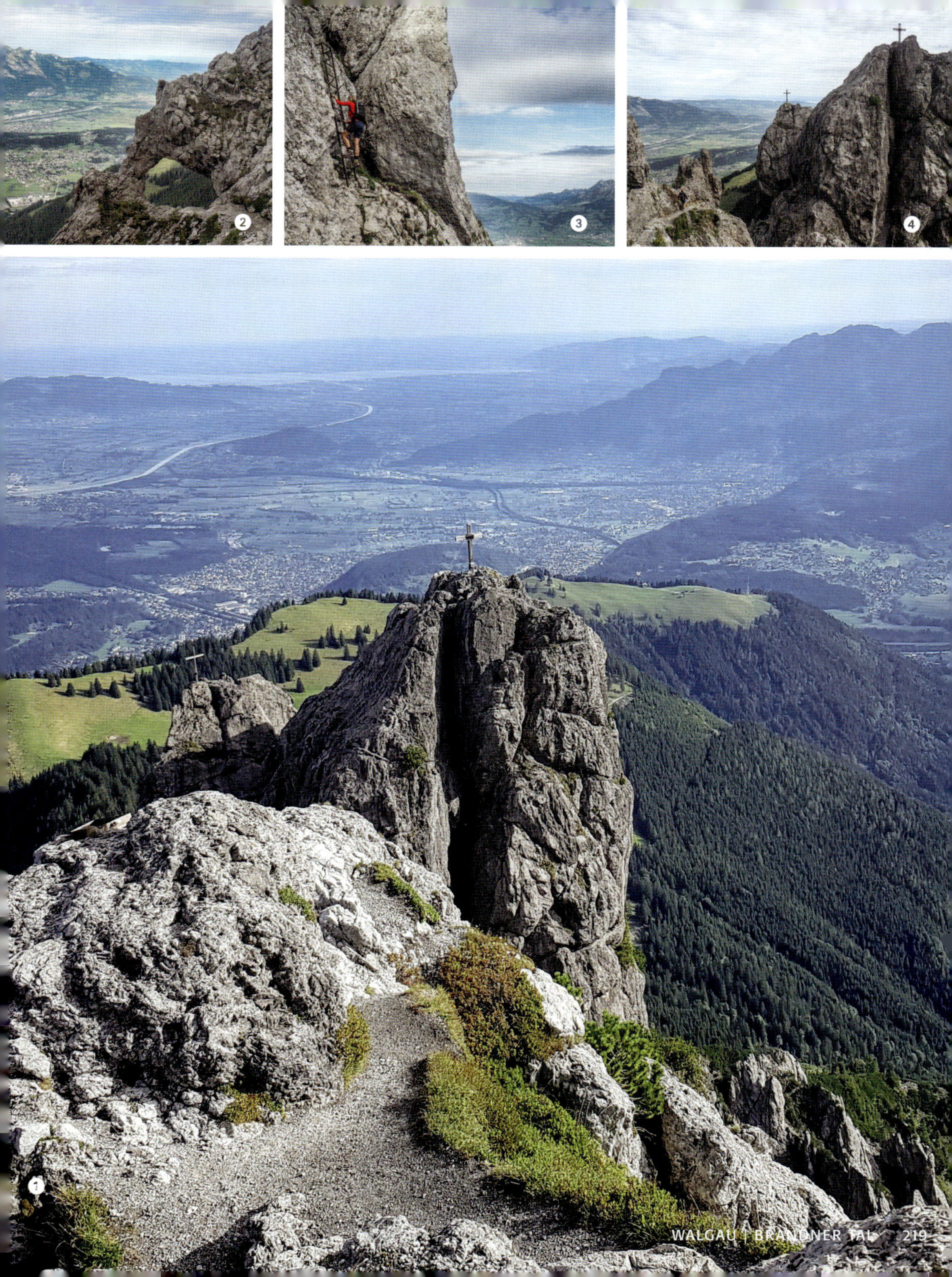

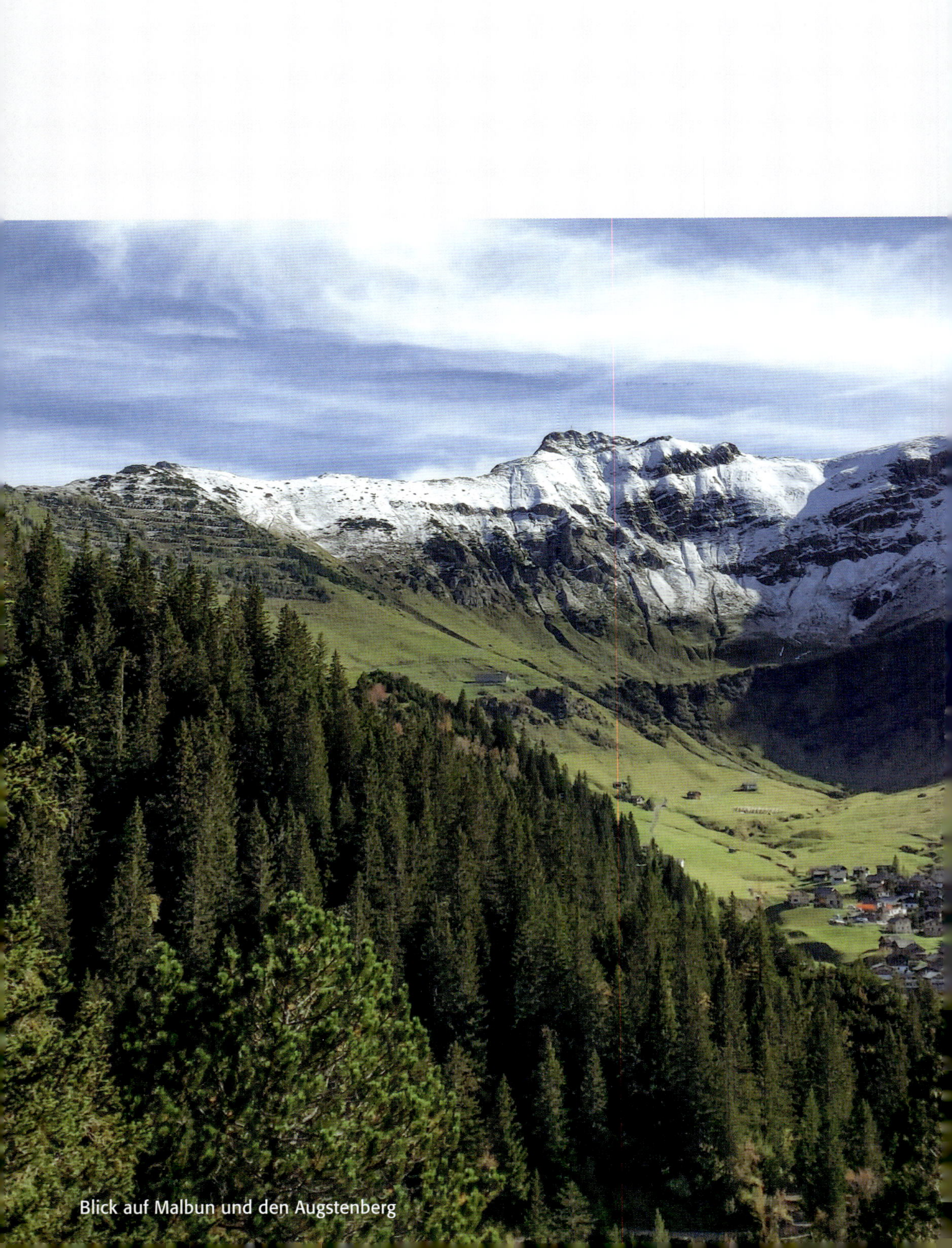

Blick auf Malbun und den Augstenberg

Liechtenstein

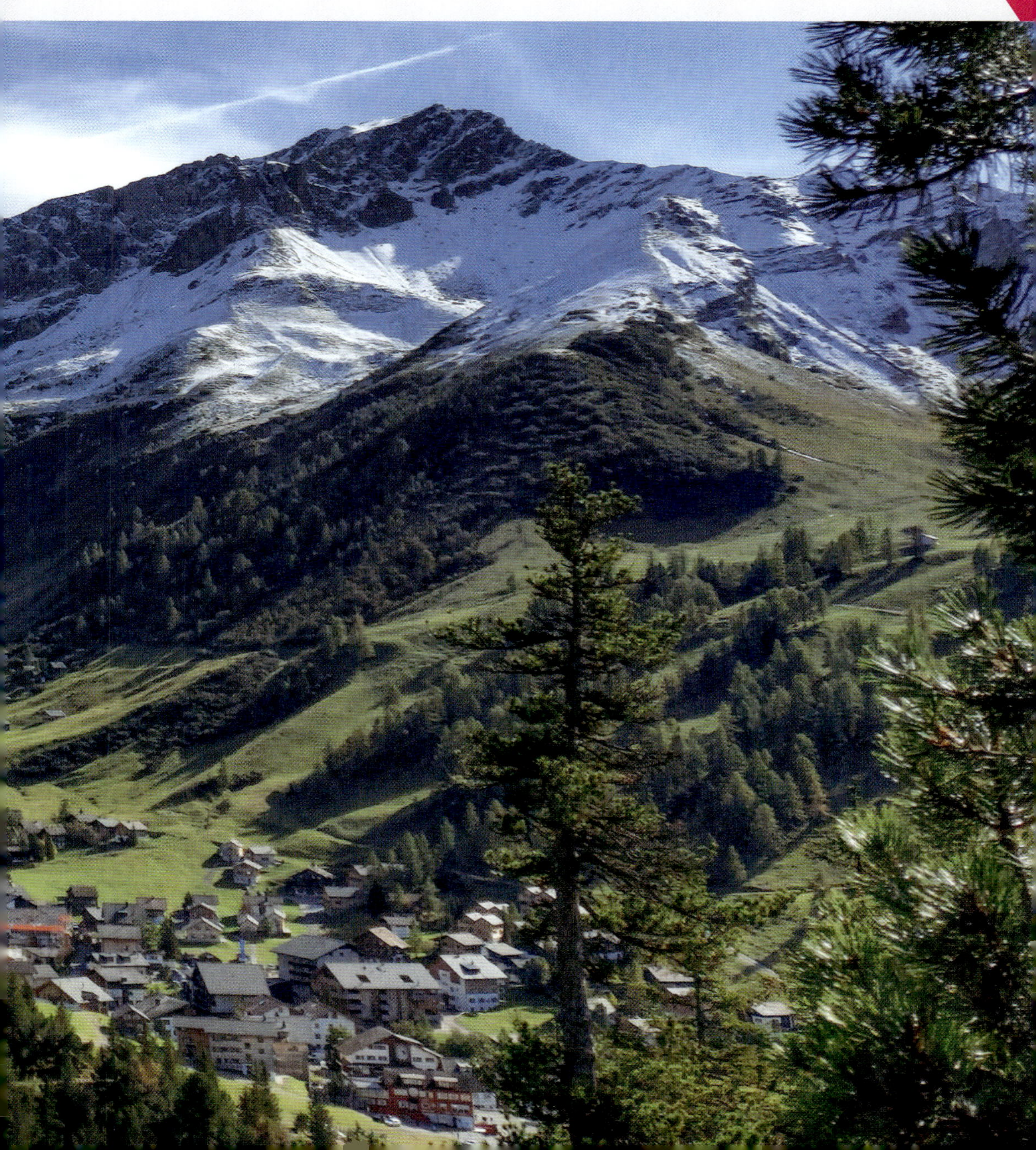

Naafkopf, 2571 m

Doppeltes Gipfelglück mit Drei-Länder-Blick

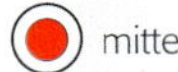 mittel  5–6¼ Std.  920 Höhenmeter

Das auffällige Gipfelkreuz des Naafkopfs steht gleich in drei Ländern: in Liechtenstein, der Schweiz und in Österreich. Auf dem „Grenzgang" zum Naafkopf wird quasi im Vorbeigehen noch der Augstenberg als Auftakt mitgenommen. Für den Naafkopf selbst ist eine gute Kondition erforderlich, vor allem der sonnige Rückweg nach Malbun kann sich ziemlich in die Länge ziehen. Wie gut, dass man vor dem Talabstieg in der Pfälzer Hütte rasten kann.

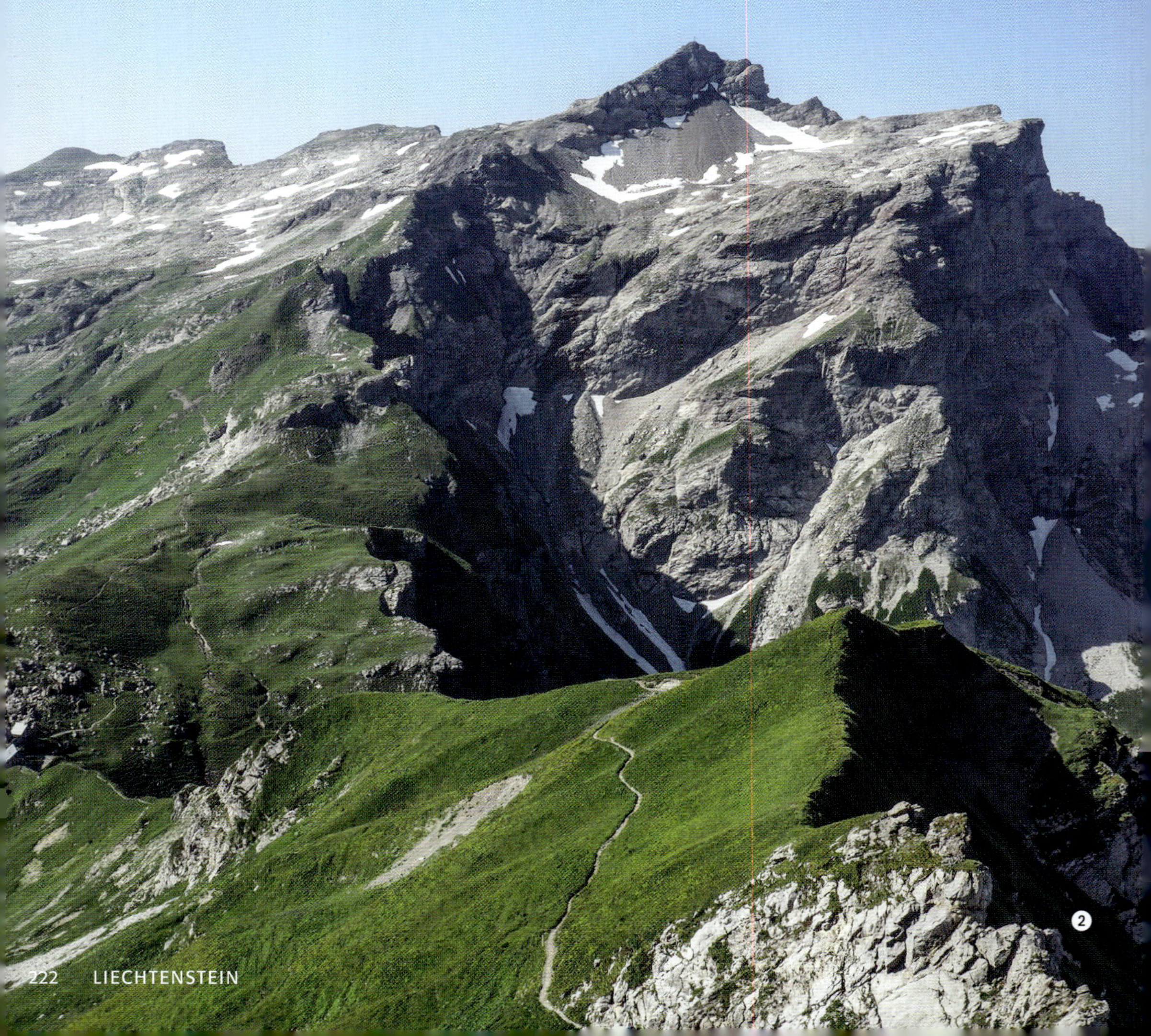

2

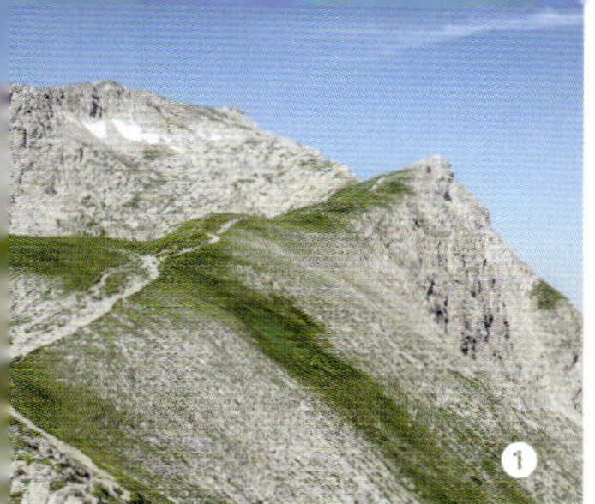

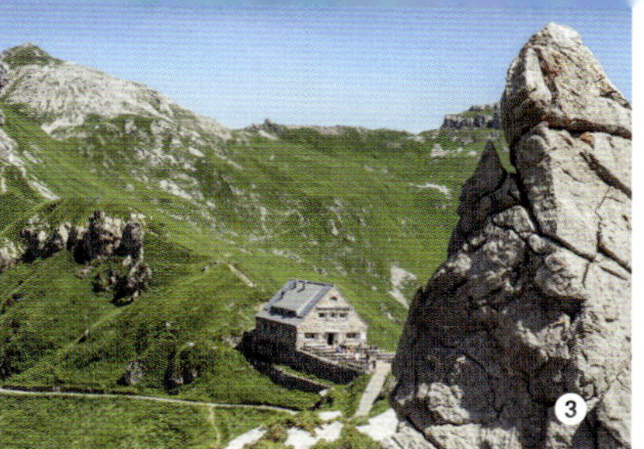

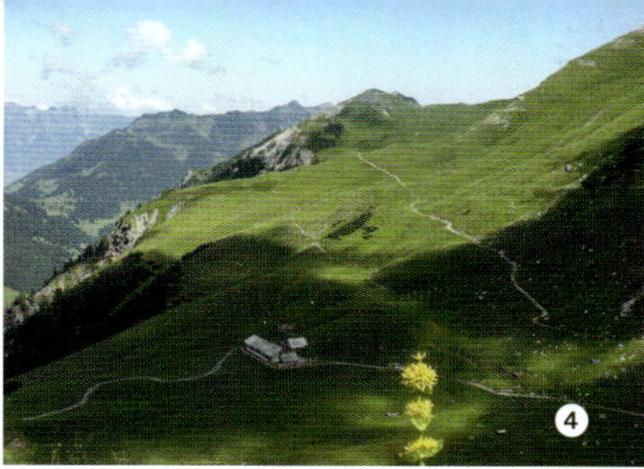

Ausgangspunkt: Bergstation der Sesselbahn Sareis, Malbun, Parkplatz am Ortsanfang von Malbun. Die Bahn fährt Montag bis Freitag von 8:30 bis 17:00 Uhr, Samstag, Sonntag und an Feiertagen von 8:00 bis 17:00 Uhr.

Einkehrmöglichkeiten: Bergrestaurant „Sareis", Pfälzer Hütte, diverse Gasthäuser in Malbun.

Gut zu wissen: Da die gesamte Wanderung sehr sonnig ist, sollten auf jeden Fall eine Kopfbedeckung und ausreichend zu trinken mitgeführt werden.

Wegbeschreibung: Ausgehend von der Bergstation Sareis führt der weiß-rot-weiß markierte Gratweg in leichtem Auf und Ab unschwierig über den Bergkamm, vorbei am Sareiser Joch, in Richtung Augstenberg, der aus der Ferne schon gut auszumachen ist ❶. Die letzten Höhenmeter zu diesem wunderbaren Aussichtsgipfel verlaufen durch felsiges Gelände.

Der Weiterweg abwärts zur Pfälzer Hütte ist steil und steinig. Eine höhere Stufe ist seilversichert und verlangt etwas Trittsicherheit. Die Pflanzenwelt auf dieser Etappe ist besonders vielfältig und schön. Von unterwegs ist der imposante Naafkopf, der sich hoch über der Pfälzer Hütte erhebt, bereits gut zu sehen ❷.

Von der Hütte führt ein gut markierter Weg anfangs über grüne Hänge in südliche Richtung aufwärts. Nach ungefähr 20 Minuten kommt man zu einer Weggabelung, bei der es geradeaus in Richtung Gipfel weitergeht (rechts führt der Weg in den Klettergarten). Der nachfolgende Pfad ist steil und schmal. Über Geröll geht es weiter bergauf, meist genau entlang der liechtensteinisch-österreichischen Grenze. Aufgrund des steilen Geländes und des fehlenden Schattens ist dieser Streckenabschnitt vor allem an heißen Tagen anstrengend. Ist schließlich der Gipfel mit seinem besonderen Gipfelkreuz erreicht, öffnen sich wunderbare Blicke auf das Drei-Länder-Eck Liechtenstein, Schweiz und Vorarlberg.

Der Abstieg zur Hütte erfolgt auf demselben Weg. Dort bietet sich eine Einkehr an ❸, bevor man den Rückweg nach Malbun antritt. Auf einem breiten, mäßig steilen Weg wandert man hinab bis zu einer Weggabelung. Von dort geht es Richtung Täli und bis zur Tälihöhe ❹ wieder bergauf weiter, ehe man durch bunte Blumenwiesen teils ziemlich steil hinab nach Malbun wandert.

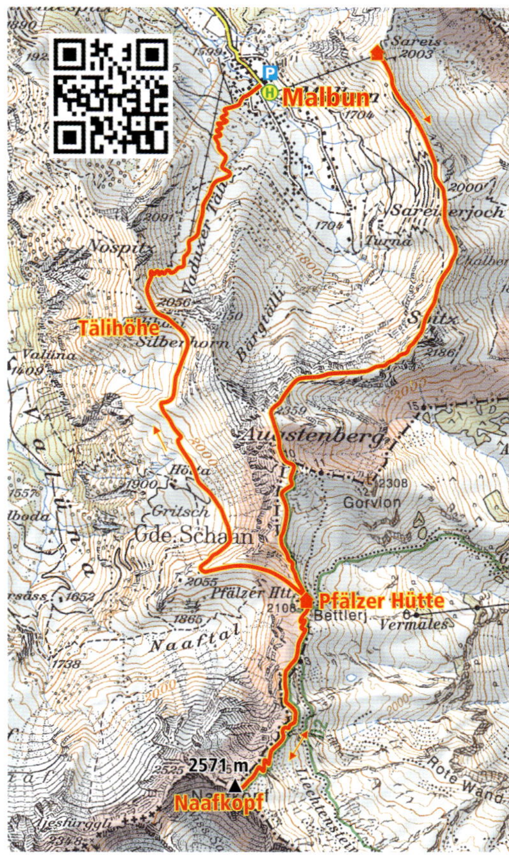

97

Rappenstein, 2222 m

Wo einem das Rheintal zu Füßen liegt

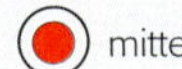 mittel  5–6¾ Std.  920 Höhenmeter

Die lange Wanderung zum Rappenstein führt durch eine äußerst reizvolle Landschaft ❶, das beginnt schon mit dem malerischen Gänglesee am Ausgangspunkt und dem entspannten Wandern am erfrischenden Valünerbach entlang. Immer wieder begeistern die artenreichen Bergwiesen, durch die der Weg führt. Die Aussicht vom höchsten Punkt und vom Kamm, auf dem der Rückweg verläuft, ist kaum zu toppen. Das Rheintal liegt einem förmlich zu Füßen.

Ausgangspunkt: Parkplatz am Gänglesee in Triesenberg/Steg (Liechtenstein).

Einkehrmöglichkeiten: Restaurant „Seeblick" in Steg, Alp Valüna.

Gut zu wissen: Der Gänglesee ist ein schönes Ausflugsziel für Naturbegeisterte. Hier kann mit der ganzen Familie die schöne Umgebung genossen werden, Grillplätze laden zum gemeinsamen Picknick ein ❷.

Wegbeschreibung: Vom Ausgangspunkt in Steg geht es auf einem gut beschilderten, nur wenig steigenden Weg nach Süden am Valünerbach entlang bis zur urigen Alpe Valüna. Der breite Weg führt von dort zunächst noch nach Süden weiter, ehe er einen großen Bogen in nordwestliche Richtung schlägt. Immer wieder zeigen sich entlang des Weges neugierige und wenig scheue Murmeltiere. Unschwierig geht es nun auf einem sonnigen Weg über mehrere Kehren weiter bergauf, bis schließlich die Gapfahlalpe erreicht ist. Nach der Alpe wird der Weg schmaler. Ein steiler Aufstieg führt über Alpflächen zum Rappensteinsattel. Auf einem schmalen Weglein geht es schließlich durch wunderschön blühende Wiesenflächen hinauf zum höchsten Punkt ❸. Der herrliche Rundumblick lässt verstehen, warum der Gipfel so gut besucht ist ❹.

Zurück geht es zuerst bis zur Weggabelung am Rappensteinsattel. Von dort halten wir uns nun geradeaus, der Markierung folgend, auf dem Gratweg, von dem sich immer wieder schöne Blicke auf das Rheintal auftun ❺. In stetigem Auf und Ab geht es auf dem Bergrücken nach Norden, teils sonnig, dann wieder für längere Zeit durch den Wald. Man passiert die Erhebungen von Goldlochspitz, Kolme, Heubüal und Chrüppel und gelangt schließlich zurück nach Steg. Alternativ kann natürlich auch auf dem Anstiegsweg zurück zum Gänglesee gewandert werden.

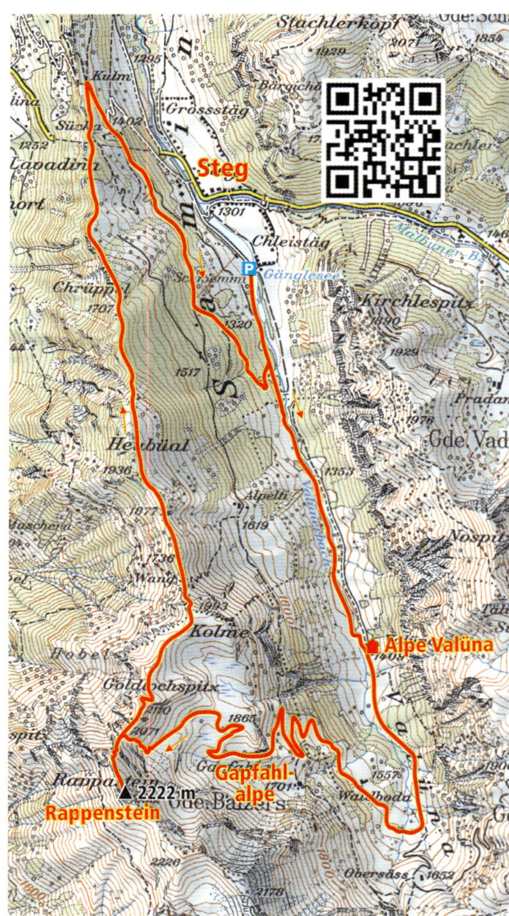

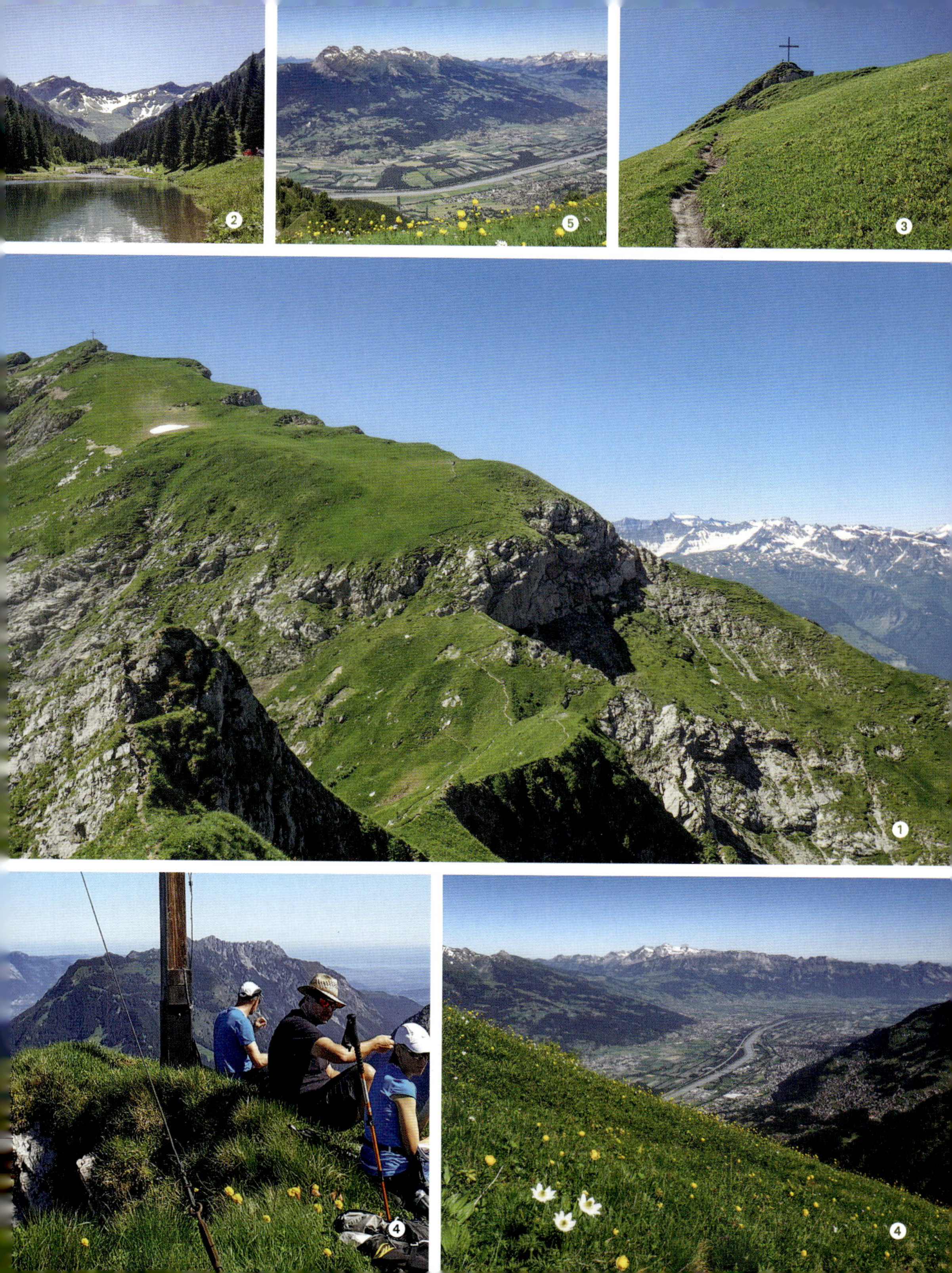

98

Augstenberg, 2359 m

Ideal für die ganze Familie

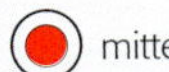  2¾–3¾ Std.  600 Höhenmeter

Der bekannte Fürstin-Gina-Weg ① zum Augstenberg führt durch eine wahre Bilderbuchlandschaft. Kein Wunder, dass dieser Gipfel mit seiner traumhaften Aussicht in Liechtenstein so bekannt und beliebt ist, gerade auch bei Familien mit Kindern. Murmeltierbegegnungen ② sind dort an der Tagesordnung und werden vor allem die jüngeren Wanderer entzücken.

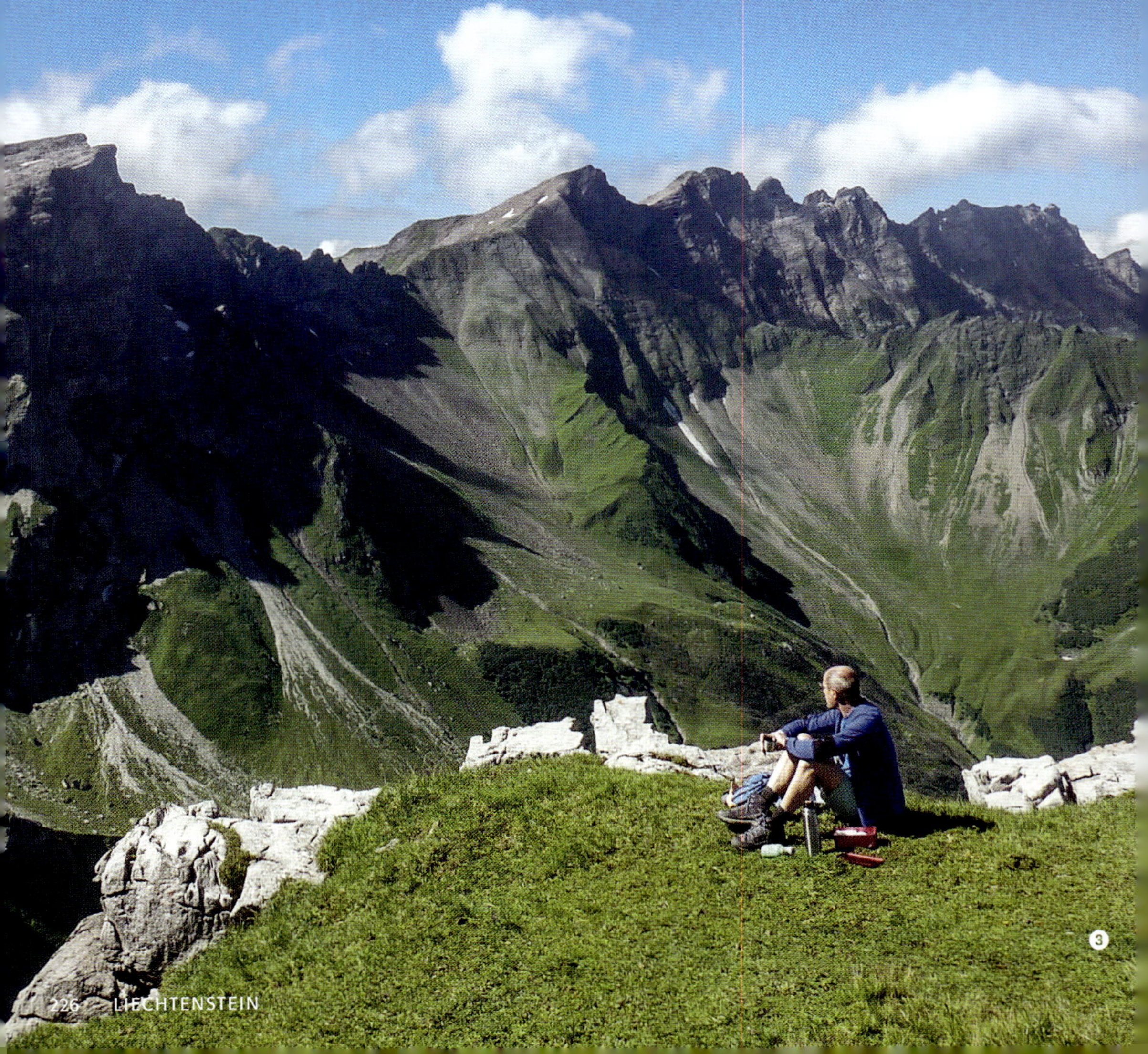

③

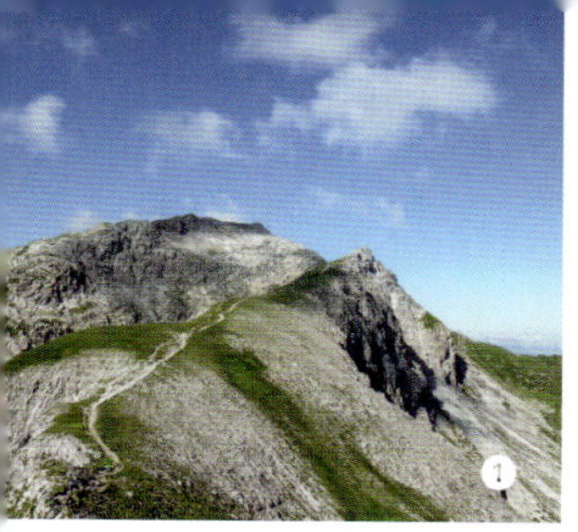

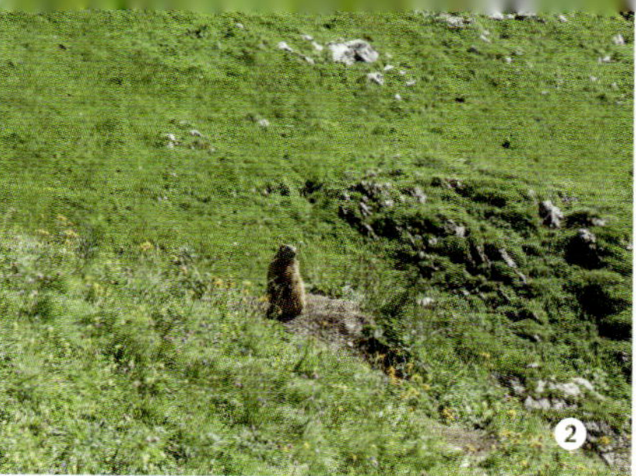

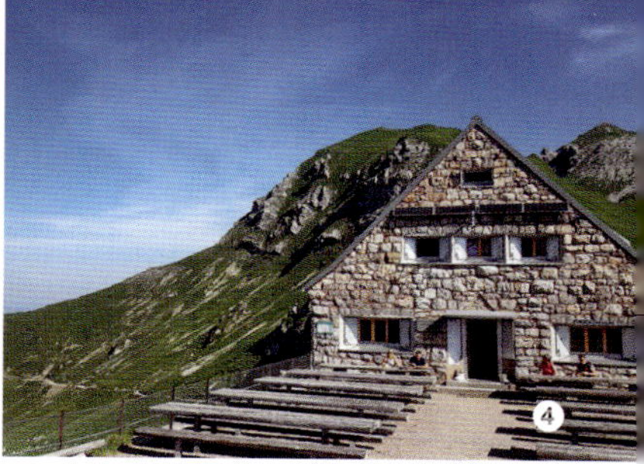

Ausgangspunkt: Bergstation der Sesselbahn Sareis, Malbun, Parkplatz am Ortsanfang von Malbun. Die Bahn fährt Montag bis Freitag von 8:30 bis 17:00 Uhr, Samstag, Sonntag, und an Feiertagen von 8:00 bis 17:00 Uhr..

Einkehrmöglichkeiten: Bergrestaurant Sareis, Pfälzer Hütte.

Gut zu wissen: Die Wanderung auf den Augstenberg ist auch vom Nenzinger Himmel aus gut machbar, die Gesamtgehzeit beträgt 5–6 Stunden.

Wegbeschreibung: Von der Bergstation Sareis führt der Fürstin-Gina-Weg in leichtem Auf und Ab unschwierig über den Bergkamm, vorbei am Sareiser Joch, in Richtung Augstenberg, der aus der Ferne schon gut auszumachen ist. Von unterwegs hat man immer wieder schöne Blicke Malbun. Der zunächst einfache Gratweg wird später anspruchsvoller. Es geht über teils höhere Stufen kurz bergab, dann wieder leicht ansteigend und einfach auf einem grünen Bergkamm 3 weiter. Die letzten Höhenmeter unter dem Gipfel führen steil und teilweise über höhere Stufen durch felsiges Gelände bergauf. Der sagenhafte Rundblick vom Gipfel entlohnt mehr als genug für die Anstrengung. Wenig unterhalb des Gipfels liegt die Pfälzer Hütte 4, die zur Einkehr lockt. Der Abstieg dorthin ist allerdings steil und verlangt Trittsicherheit. Von der Pfälzer Hütte geht es auf dem Hinweg retour. Alternativ kann man über die Tälihöhe nach Malbun hinabwandern.

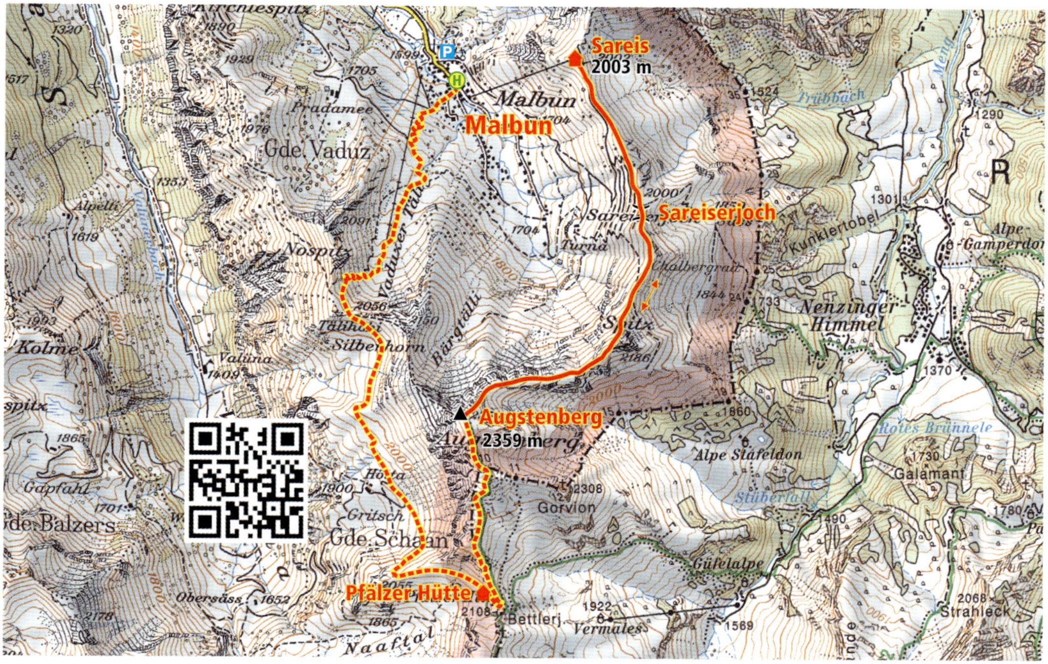

99

Schönberg, 2104 m

Abwechslungsreiche Familienwanderung

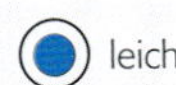 leicht  3–4¼ Std.  500 Höhenmeter

Der Schönberg trägt seinen Namen zu Recht: Die wunderbare Aussicht vom Gipfel, die herrliche Umgebung und der malerische Talort Malbun machen diese Wanderung zu einem Erlebnis, an dem die ganze Familie Spaß haben wird.

Ausgangspunkt: Parkplatz am Ortsanfang von Malbun (Liechtenstein).

Einkehrmöglichkeiten: Gasthäuser in Malbun.

Gut zu wissen: Wer über die Schlossstraße nach Malbun fährt, kann einen Zwischenstopp beim Schloss Vaduz einlegen, und das imposante Bauwerk, das hoch über Vaduz thront, von außen bestaunen.

Wegbeschreibung: Vom Parkplatz geht es in Richtung Zentrum und bei der ersten Markierung Richtung Schönberg hoch zu einer kleinen Kapelle. Vor der Kapelle hält man sich links und wandert in nördliche Richtung weiter. Längere Zeit geht es gemächlich aufwärts, der Weg ist breit und auch für kleinere Kinder gut zu meistern ❶. Nach etwa 20 bis 30 Minuten kommt man an einem kleinen See vorbei, der sich spätestens auf dem Rückweg wunderbar für eine Pause eignet ❷. Etwas oberhalb des Sees findet sich ein schöner Picknickplatz. Der Weg führt weiter bis zu einer Weggabelung, hier heißt es nach rechts abzweigen. Kurz darauf, beim Sassförkle, geht es links (nach Westen) weiter. Der leicht ansteigende Weg wird nun schmaler. Eine gute Viertelstunde nach dem Sassförkle ist erstmals der Schönberg in der Ferne zu erkennen. In einem weiten Bogen geht es nun bis zu einer Abzweigung, wo man sich zwischen zwei Wegen entscheiden muss. Nach links führt ein weiß-rot-weiß markierter Weg, der schließlich von Südwesten her über einen Grat den Gipfel erreicht. Geradeaus verläuft ein viel begangener unmarkierter Weg ❸ durch eine Senke, der kurz darauf scharf nach rechts abzweigt und teilweise durch Latschen hinauf in ein kleines Joch führt. Von dort erreicht man linkshaltend den Gipfel mit dem einfachen Kreuz ❹. Es empfiehlt sich, den unmarkierten Weg für den Aufstieg und den weiß-rot-weiß markierten Weg für den Abstieg zu nehmen.

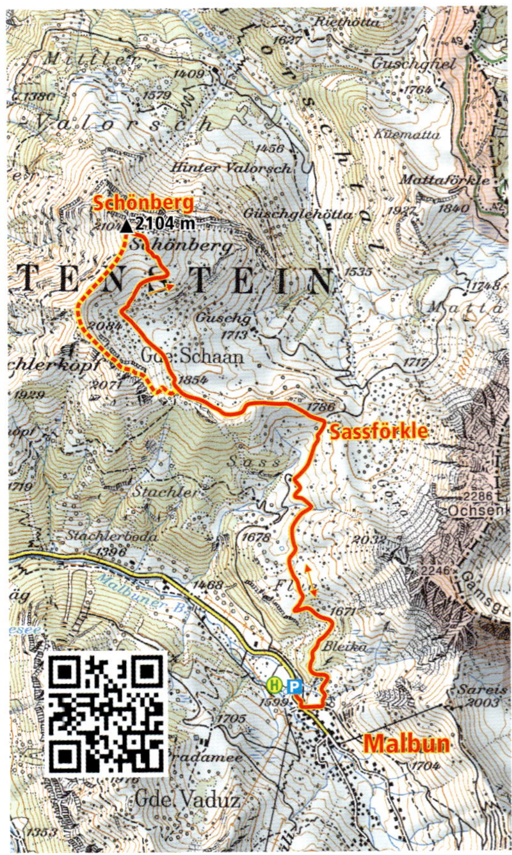

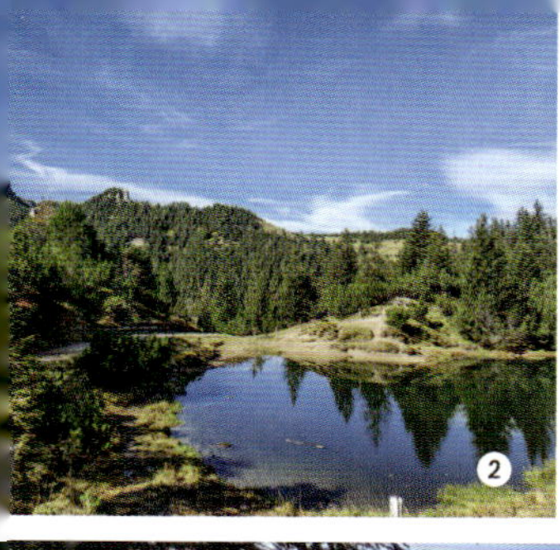

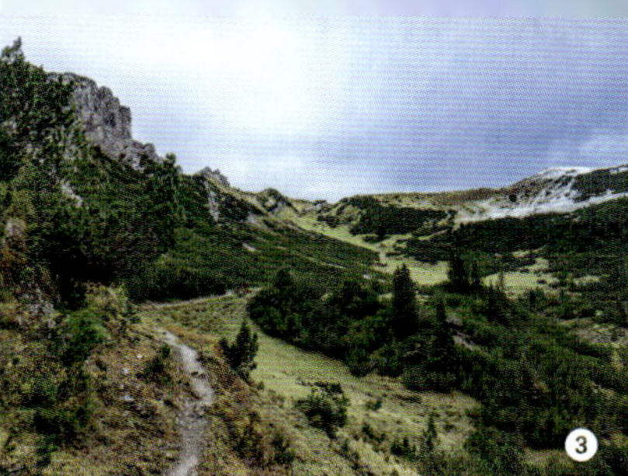

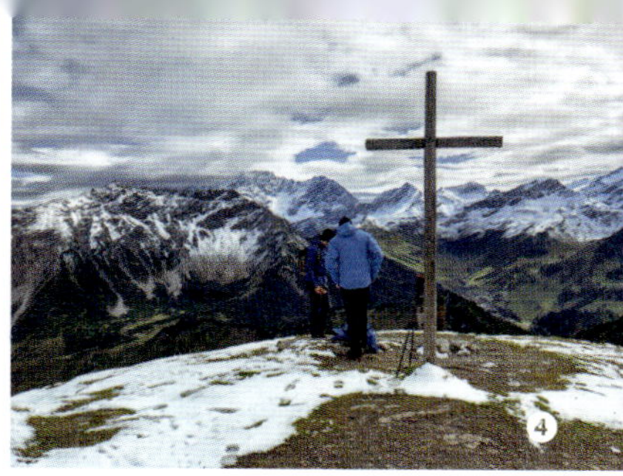

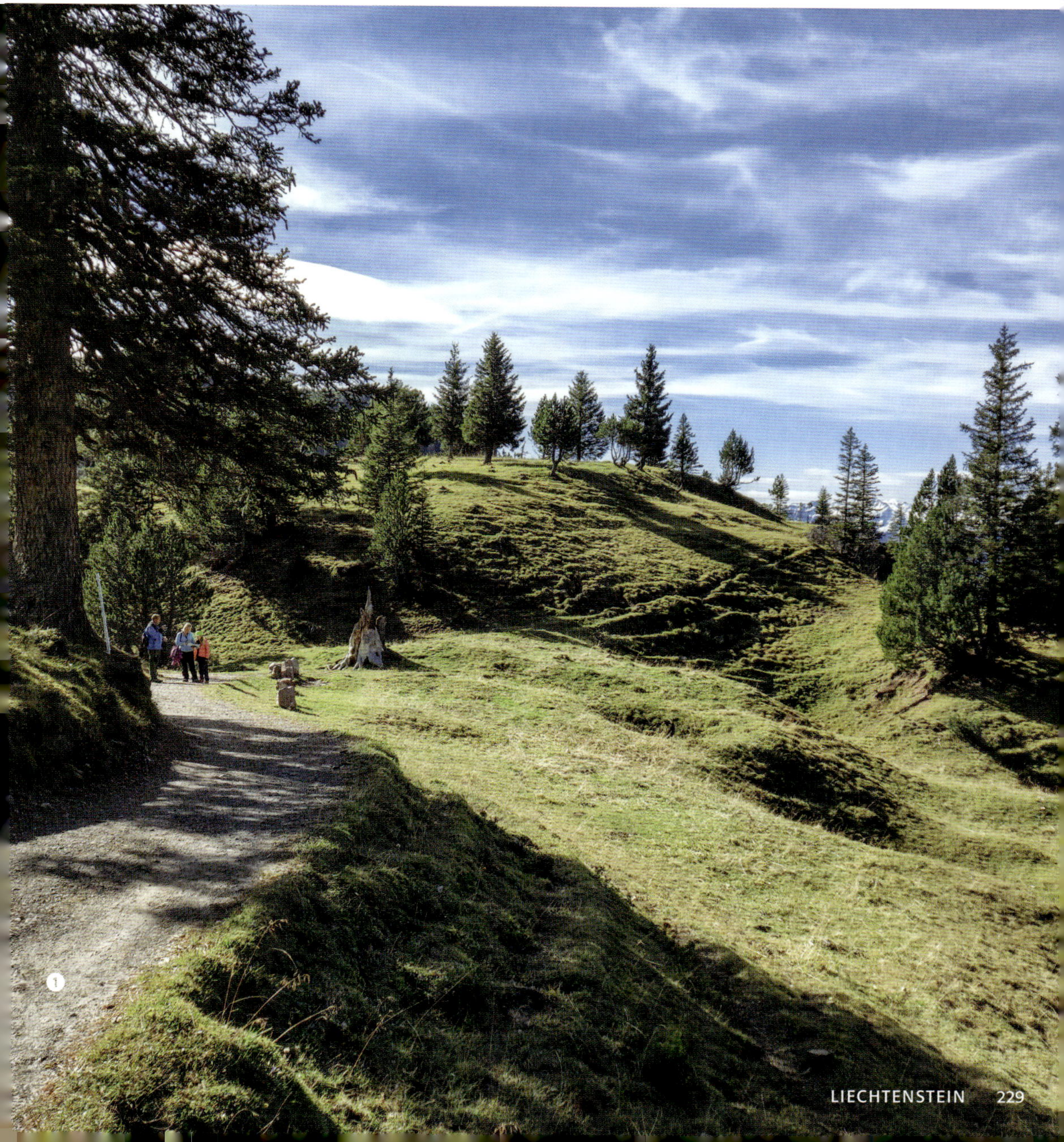

Alpspitz, 1943 m

100

Panoramareich und abenteuerlich: der Fürstensteig

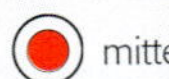 mittel  3 ¼–4 ½ Std.  450 Höhenmeter

Der Fürstensteig ist mit Sicherheit der bekannteste und imposanteste alpine Steig in der gesamten Region. Schon der Blick von diesem exponierten Felssteig hinab ins Rheintal und auf die umliegenden Berge ist gewaltig, von der Gipfelsicht ganz zu schweigen: So markante Gipfel wie Säntis, Churfirsten oder die Drei Schwestern stehen Spalier.

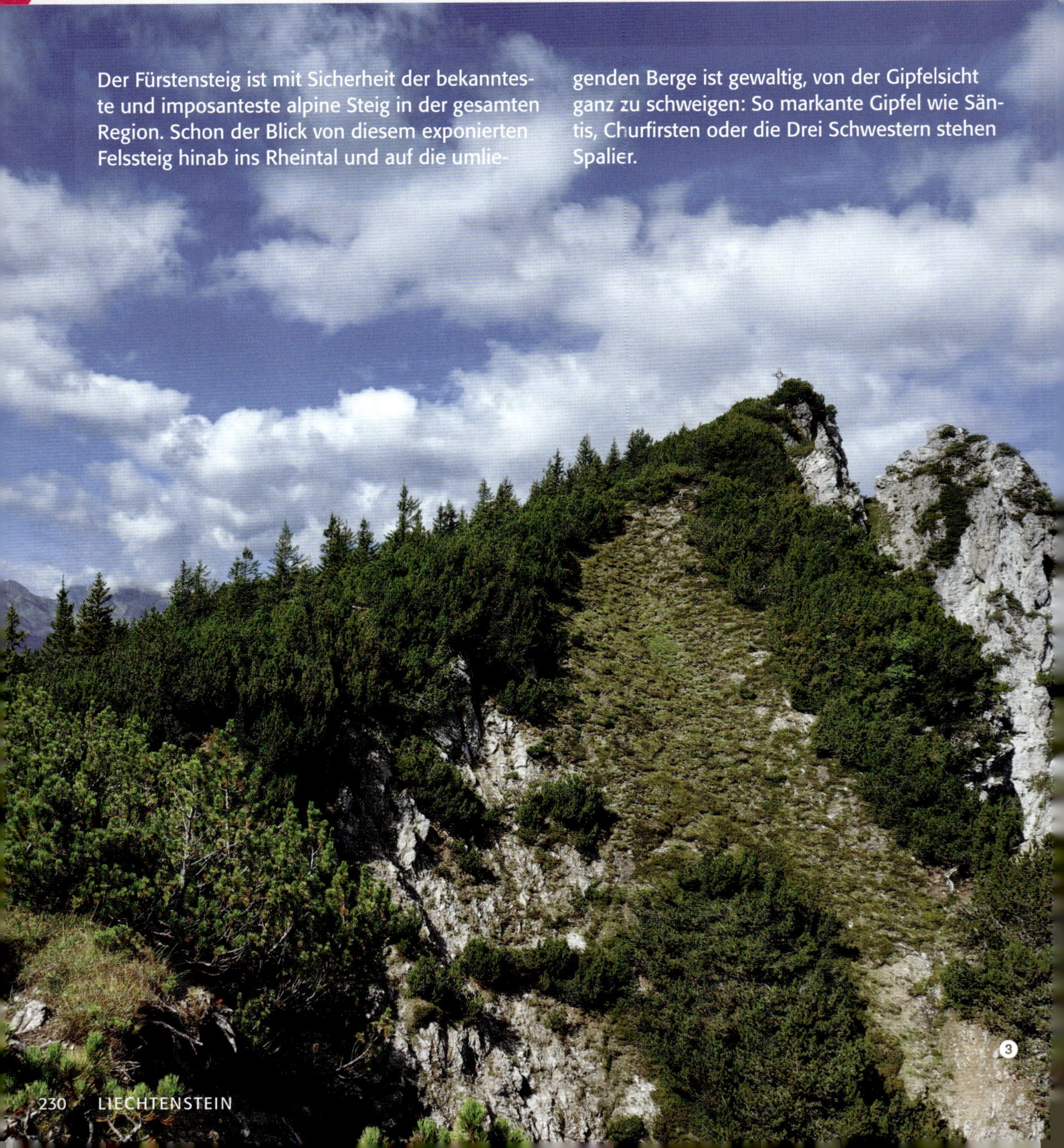

3

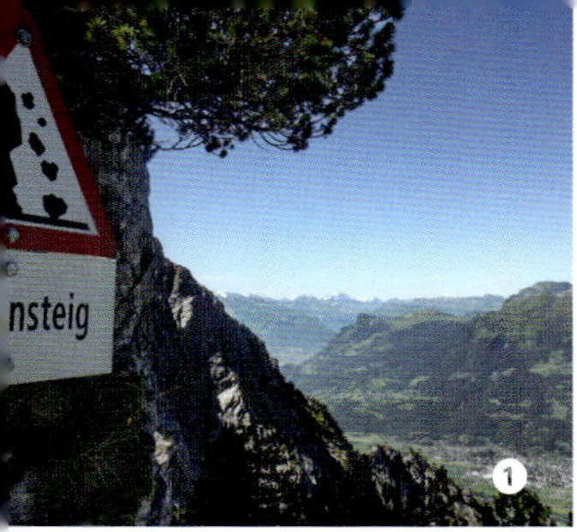

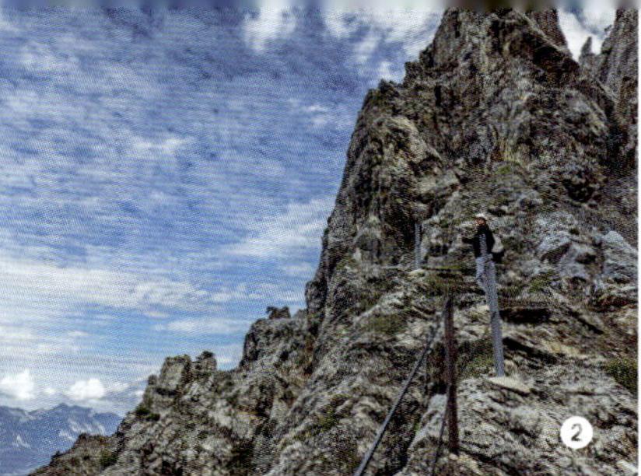

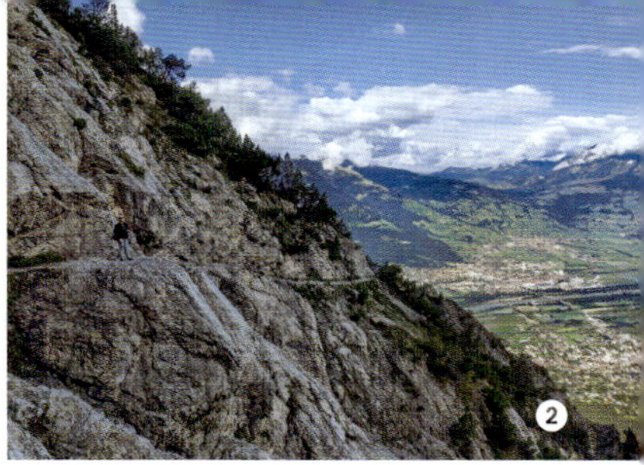

Ausgangspunkt: Wanderparkplatz Gaflei/Liechtenstein. Anfahrt über Feldkirch – Vaduz – Triesenberg.
Einkehrmöglichkeiten: Gaflei Stuba im Clinicum Alpinum (direkt beim Wanderparkplatz), Bergrestaurant „Matu" in Gaflei.
Gut zu wissen: Das 1944 errichtete Gipfelkreuz am Alpspitz ist das älteste in Liechtenstein.
Wegbeschreibung: Vom Wanderparkplatz geht es anfangs auf einem breiten Weg aufwärts, nach einer Linksabzweigung führt ein schmaler Pfad in leichter Steigung durch den Wald. Nach etwa 20 bis 30 Minuten ist der Einstieg in den Fürstensteig erreicht. Nun beginnt ein imposanter, in den Fels gehauener alpiner Steig, der den Wanderer in etwa 45 Minuten zum Gafleisattel bringt ❶. Der Steig ist schmal, steinig und häufig ausgesetzt. Trittsicherheit und Schwindelfreiheit sind auf jeden Fall erforderlich, auch wenn die schwierigen Stellen mit Drahtseilen versehen sind ❷. Vom Gafleisattel wandern wir in Richtung „Vorder Bärgälla/Gaflei". Ein schmales Weglein führt zu Beginn mäßig steil weiter, später wird der Weg deutlich breiter und führt sehr steil in den Alpspitzsattel, wo er rechts abzweigt. Eine Markierung, die zum Gipfel der Alpspitze weist, ist nicht vorhanden, das Gipfelkreuz ist aber bereits deutlich erkennbar ❸. Der schmale Weg führt stetig ansteigend durch Latschen in etwa 15 Minuten zum aussichtsreichen Gipfel.
Für den Rückweg geht man kurzzeitig denselben Weg zurück und zweigt dann kurz unter dem Gipfel rechts nach Südwesten auf einen sonnigen Wanderweg ab, der bis zur Abzweigung am Bargällasattel führt. Dort geht es, der Markierung folgend, auf einem einfachen Weg weiter bis zur Bargellaalpe und von dort in etwa einer halben Stunde zurück zum Ausgangspunkt.

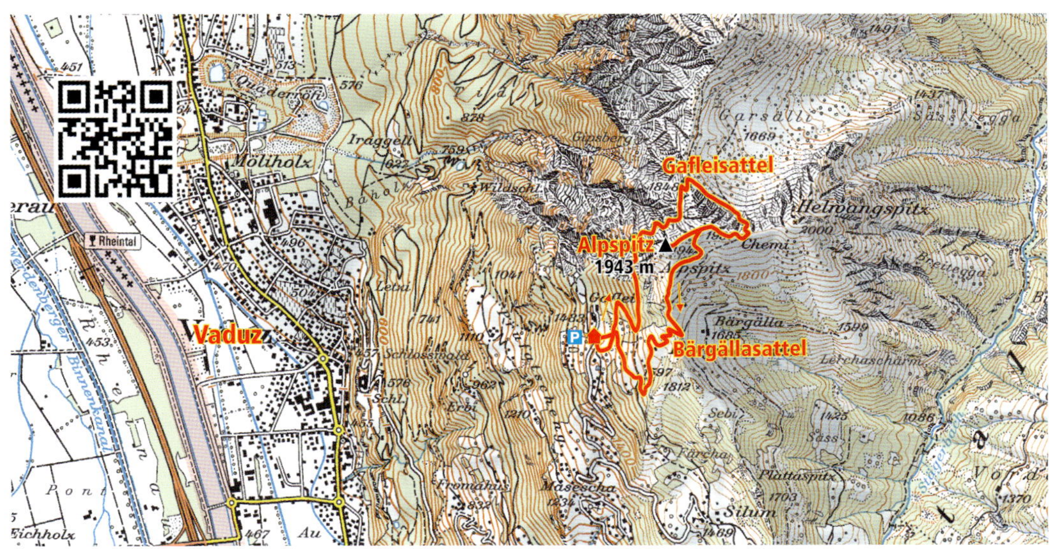

101

Galinakopf, 2198 m

Längerer Marsch auf einen dominanten Grenzwächter

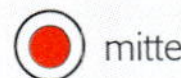 mittel  4¼–5¾ Std.  700 Höhenmeter

Die Wanderung zum Galinakopf, über den genau die Landesgrenze zwischen Vorarlberg und Liechtenstein verläuft, punktet mit einer herrlichen Landschaft und einem imposanten Ausblick auf die Berge der Umgebung und auf den besonders malerischen Talort Malbun.

Ausgangspunkt: Parkplatz am Ortsanfang von Malbun (Liechtenstein).

Einkehrmöglichkeiten: Diverse Gasthäuser in Malbun.

Gut zu wissen: Von Vorarlberg wäre der Gipfel mit einem recht langen Anmarsch von Gurtis aus oder über die Gampalpe zu erreichen.

Wegbeschreibung: Vom Parkplatz geht es Richtung Ortszentrum, vorbei am „Malbun Center", direkt daneben ist der erste Wegweiser zu finden. Die Straße bringt uns hinauf zur Kapelle Malbun, von dort geht es nach links auf einem einfachen, aber landschaftlich äußerst reizvollen Kiesweg zum Sassförkle ❶. Unterwegs passiert man einen kleinen See und etwas oberhalb, auf der gegenüberliegenden Seite des Weges, einen Picknickplatz, der zu einer Rast einlädt ❷. Beim Sassförkle führt links ein schmaler Pfad zum Schönberg (Tour 99). Zum Galinakopf führt jedoch geradeaus ein breiter Fahrweg weiter. Die bis oben hin grasbewachsene Südflanke des Galinakopfs ist nun die meiste Zeit in nördlicher Richtung als imposante Pyramide im Blick. Es geht nun kurz bergab bis zu einer Weggabelung, dort zweigt man Richtung Galinakopf rechts ab. Wir wandern an der Mattaalpe vorbei und auf einem leicht ansteigenden, breiten Güterweg bis ins Mattaförkle. Von dort führt ein schmaler Pfad rechts vom Fahrweg nach Norden bergauf Richtung Galinakopf ❸. Ab hier ist der Weg weiß-rot-weiß markiert. Etwas schwieriger geht es nun hinauf zum Guschgfieljoch, das direkt an der Landesgrenze liegt. Von dort wandern wir dem Grenzkamm entlang weiter, anfangs nur leicht ansteigend, die letzten 250 Höhenmeter dann sehr steil zum Gipfel, der ein wirklich traumhaftes Panorama bietet ❹.

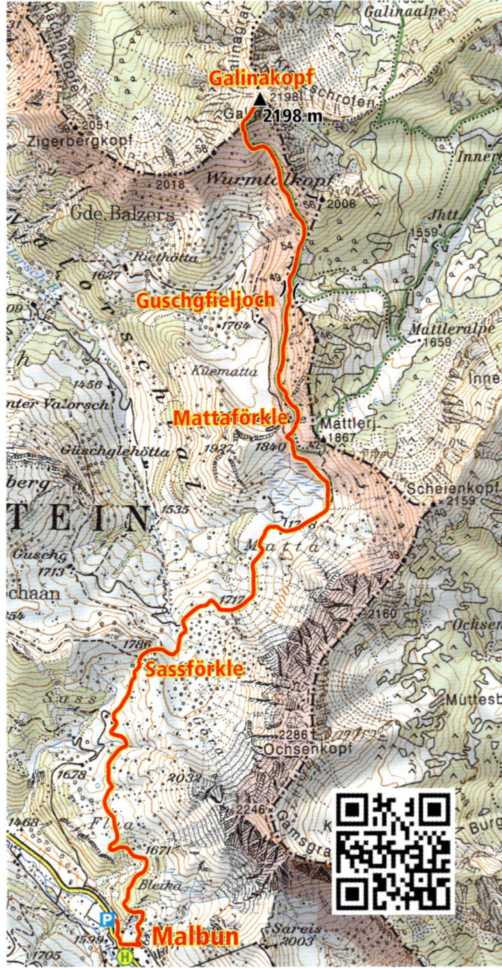

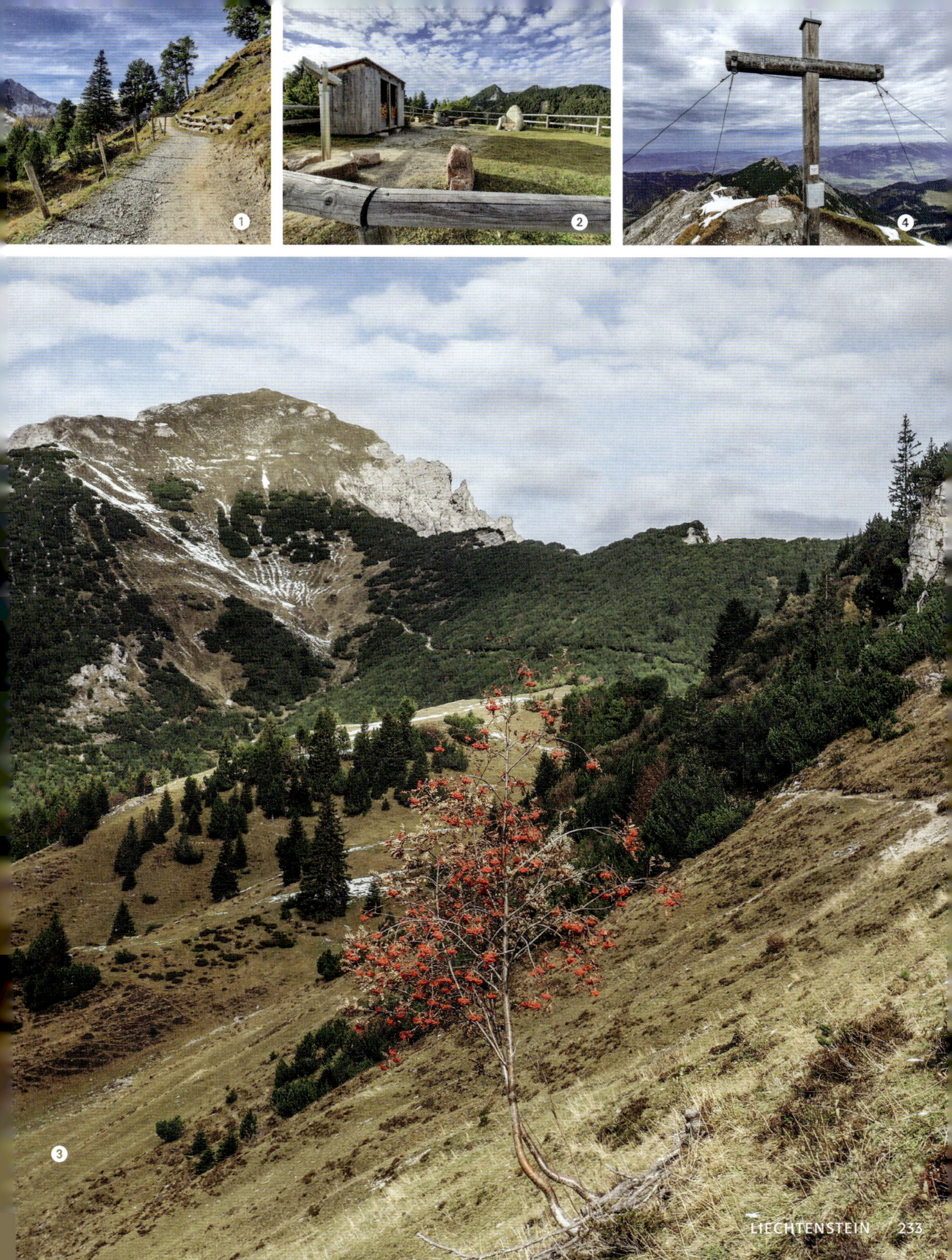

Gipfel und Talorte von A bis Z

Die Ausarbeitung der in diesem Führer beschriebenen Routen entstand nach bestem Wissen und Gewissen der Autorin. Trotzdem erfolgen alle Angaben ohne Gewähr, da diese sich vor Ort je nach Verhältnissen grundlegend ändern können. Die Benützung dieses Führers und die Begehung der darin vorgestellten Routen geschehen auf eigenes Risiko. Haftung für etwaige Unfälle und Schäden jeder Art wird aus keinem Rechtsgrund übernommen.

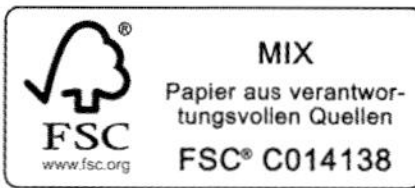

Dieses Buch wurde mit Farben auf Pflanzenölbasis, Klebestoffen ohne Lösungsmittel und Drucklacken auf Wasserbasis auf FSC®-zertifiziertem Papier produziert. FSC® (Forest Stewardship Council) ist eine internationale Non-Profit-Organisation, die sich für eine ökologische und sozialverantwortliche Nutzung der Wälder unserer Erde einsetzt.

4. aktualisierte Auflage 2025

Umschlagentwurf, Layout und digitale Gestaltung: Tyrolia-Verlag, Innsbruck
Umschlagbilder: Blick vom Saulakopf (Tour 83, Abbildung vorne); Gipfelgrat am Großen Widderstein (Tour 60, Abbildung Rückseite)
Fotos: Heike Bechtold; Abbildung Seite 53 (unten rechts): Philipp Rützler (Wolfurt)
Karten: Kartenausschnitte im Maßstab 1:50.000 und Übersichtskarten © BEV 2021 – Bundesamt für Eich- und Vermessungswesen in Wien, bev.gv.at; Routeneintragungen: Studio HM, Hall in Tirol, nach Vorlagen der Autorin
Lithografie: Martin Zak, Scharnitz
Druck und Bindung: FINIDR, Tschechien
ISBN 978-3-7022-3934-3
E-Mail: buchverlag@tyrolia.at
Internet: www.tyrolia-verlag.at